dreissig-, sechzig-, hundertfältig ·
Basler Predigten aus sechs Jahrhunderten

TVZ

Katrin Kusmierz, Niklaus Peter (Hrsg.)

dreissig-, sechzig-, hundertfältig

Basler Predigten aus sechs Jahrhunderten

TVZ

Theologischer Verlag Zürich

Gedruckt mit Unterstützung der Berta Hess-Cohn Stiftung, Basel

Umschlaggestaltung:
g : a gataric ackermann visuelle gestaltung www.g-a.ch
Satz: Claudia Wild, Stuttgart
Druck: ROSCH BUCH GmbH, Scheßlitz

Die Deutsche Bibliothek – Bibliographische Einheitsaufnahme

Die Deutsche Bibliothek verzeichnet diese Publikation in der Deutschen Nationalbibliographie; detaillierte bibliographische Daten sind im Internet über <http://dnb.ddb.de> abrufbar

ISBN 3-290-17314-3

© 2004 Theologischer Verlag Zürich

Inhaltsverzeichnis

Vorwort

«*dreissig-, sechzig-, hundertfältig*» – unter diesem Titel sind im vorliegenden Buch einundzwanzig Predigten versammelt, die eine Spanne von sechs Jahrhunderten umfassen und sich (fast) alle auf einen geographischen Ort konzentrieren: die Stadt Basel. Die Reihe wird eröffnet vom Basler Reformator *Johannes Oekolampad* und endet mit einer Predigt des scheidenden Kirchenratspräsidenten der Evangelisch-reformierten Kirche Basel-Stadt *Georg Vischer*, dem dieser Band zu seinem 65. Geburtstag gewidmet ist. Jeder Predigt ist ein ausführlicher Kommentar beigefügt, der jeweils von verschiedenen Autoren und Autorinnen verfasst wurde. Neben einer Analyse der Predigt machen die Kommentare in einer biografischen Skizze mit dem Prediger oder der Predigerin bekannt und situieren die Texte in ihrem historischen und theologischen Kontext.

Basler Predigten
Auf den Boden von Zeit und Raum gefallen, bringt das Wort Gottes «dreissig-, sechzig-, hundertfältige» Frucht. Die Predigt ist eine dieser zahlreichen Früchte: Das Wort nistet sich ein in Seele, Geist und Gemüt, reift heran und gewinnt immer wieder neu Gestalt in der Verkündigung und im Gottesdienst, im Leben der Hörerinnen und Hörer, es wirkt in sozialen Prozessen und verfestigt sich in Mentalitäten und Institutionen. «Die Saat geht auf» – so der Titel der letzten Predigt. Es ist reizvoll, diesen fortlaufenden inkarnatorischen Prozess über Jahrhunderte hinweg an ein und demselben Ort zu beobachten. Die ausgewählten Predigten weisen dabei gleichermassen auf die Konstanz *und* die Kontextualität des Wortes Gottes. Es ist das Wort, das im Anfang war und ist und sein wird, und zugleich das Wort, das stets aktuell in eine bestimmte Gegenwart hinein gesprochen ist.

Deshalb wird es nicht überraschen, dass die meisten Reden in einem starken Bezug zu ihrem jeweiligen historischen Umfeld stehen. Die Sammlung lädt nicht nur zu einer theologie- und kirchengeschichtlich interessanten Zeitreise durch eine lebendige, sich wandelnde Auslegungs- und Predigtkunst ein, sondern bietet darüber hinaus vielfältige Einblicke in die Kulturgeschichte der Stadt Basel. In den Predigten spiegeln sich das aktuelle Zeitgeschehen, philosophische und theologische Debatten, gesellschaftliche und politische Konflikte: gleich zu Beginn etwa in der Predigt *Johannes Oekolampads (1482–1531)* über Glauben und Werke von 1523, von der eine direkte Linie zur Basler Reformation von 1529 führt, die das Leben und die Kultur der Stadt so tiefgreifend veränderte; in der Abendmahlshomilie des *Johannes Grynaeus (1540–1617)*, in der sich die Auseinandersetzungen ums Herrenmahl und der Geist der reformierten Orthodoxie spiegeln; in *Hieronymus Annonis (1697–1770)* Predigt zur Eröffnung der Herbstwarenmesse im Jahre 1744, welche die leidenschaftliche pietistische Kritik am Weltlichen mit einem rhetorisch fulminanten Appell an die geistliche Ökonomie («kaufet die Zeit!») verbindet; in der skandalträchtigen Predigt von *Johannes Frey (1743–1800)*, der sich für den Geist der Aufklärung stark machte (und darüber seine Stelle verlor), oder in jener von *Wilhelm Martin Leberecht de Wette (1780–1849)*, die im Kontext der Trennungswirren zwischen Basel-Stadt und Basel-Landschaft entstand und auf diese eine Antwort zu geben versuchte. Die Auseinandersetzung zwischen «Positiven» (den theologisch Konservativen) und religiös «Freisinnigen» (den Liberalen) und der sich daran anschliessende Bekenntnisstreit in der Basler Kirche der zweiten Hälfte des 19. Jahrhunderts findet in der Rede des konservativen Ratsherrn *Adolf Christ (1807–1877)* und der Predigt des ersten liberalen Pfarrers, *Alfred Altherr (1843–1918)*, eine Art gegenstrebige Fortsetzung. Mit *Gustav Benz (1866–1937)* und *Leonhard Ragaz (1868–1945)*, dem Maurerstreikprediger von 1903, sind zwei prägende Figuren der evangelisch-sozialen bzw. religiös-sozialen Bewegung des frühen 20. Jahrhunderts vertreten. Auf eindrückliche Weise wird die Beziehung zwischen Judentum und Christentum sowohl in der Predigt von *Gustav Benz* als auch bei *Rabbiner Arthur Weil (1880–1959)* thematisiert; auf der einen Seite Benz mit seiner Deutung des Opferganges Abrahams, der sich gegen den immer stärker werdenden Antisemitismus ausspricht, und auf der anderen Seite Rabbiner Weil, dessen Predigt eine Reaktion auf den von christlichen Theologen aus der Schweiz (u. a. Wilhelm Vischer und Karl Barth) verfassten «Weihnachtsbrief an die Juden» darstellt, zu einem Zeitpunkt, als die Judenverfolgung in Europa schon in vollem Gange war.

Manche Predigten bzw. ihre Verfasser und Verfasserinnen treten über die Zeit hinweg miteinander in einen Dialog: so weht beispielsweise der Geist *Karl Barths (1886–1968)* durch mehrere Predigten, nicht nur durch seine eigene, in der Basler Strafanstalt gehaltene Predigt. Daran lässt sich erkennen, wie prägend dieser wohl bedeutendste «Basler» Theologe des letzten Jahrhunderts für viele nachfolgende Generationen war. Von *Eduard Thurneysen (1888–1974)*, dessen Freundschaft für Barths eigene Entwicklung so wichtig war, ist eine frühe Konfirmationspredigt dieses Wort-Gottes-Theologen und späteren Münsterpfarrers aufgenommen worden, mit *Hans-Urs von Balthasar (1905–1988)* kommt einer der eindrücklichsten katholischen Rezipienten und Gesprächspartner Barths zu Wort. *Dorothee Hoch (1917–1996)* stand zeitlebens in kreativer Auseinandersetzung mit ihrem Lehrer Barth, was sich indirekt auch in ihrer Predigt widerspiegelt. Sie übernahm nach ihrer Tätigkeit in Ökumenischen Hilfswerken, in der Basler Mission und in der Erwachsenenbildung das Pfarramt am Basler Frauenspital und wurde zur Pionierin des *Clinical Pastoral Training* für die ganze Schweiz.

Marianne Kappeler, Marga Bührig, Elsy Weber und *Dorothee Hoch* verbindet die Tatsache, dass sie alle Theologinnen der ersten Stunde und einige von ihnen Pionierinnen im Pfarramt waren. In ihren Predigten scheinen an manchen Orten die Kämpfe auf, die sie für die volle Anerkennung und Akzeptanz von Frauen in Kirche und Theologie auszufechten hatten. Ihre Predigten in diesem Band vermögen das (historisch bedingte) Ungleichgewicht zwischen predigenden Frauen und predigenden Männern im Verlauf dieser sechs Jahrhunderte ein wenig (zu wenig?) auszubalancieren. Für diese Pionierarbeit steht *Marianne Kappeler (1905–1994)*, die nach jahrelangem Warten in der Stellung einer Pfarrhelferin 1960 als eine der ersten in der Evangelisch-reformierten Kirche Basel-Stadt zur Pfarrerin ordiniert wurde. Dafür steht in anderer Weise *Elsy Weber (1919–1999)*, die nach dem Theologiestudium und einem Pfarramt in Zürich-Seebach als Oberin des Riehener Diakonissenhauses berufen wurde. Es kommt damit auch eine Vertreterin eines Werkes der Basler Christentumsgesellschaft zu Wort, die für die Religionsgeschichte Basels von grosser Bedeutung ist.

Um anzudeuten, dass die vielfältigen Wirkungen des Wortes nicht auf die engen Grenzen Basels beschränkt sind und dass auch die Evangelisch-reformierte Kirche Basel-Stadt in vielfältigen Beziehungen zu Kirchen in der Region und in der Welt steht, wurde die Lörracher Abschiedspredigt *Johann Peter Hebels (1760–1826)* aufgenommen, dessen poetische Theologie ihren Nährboden in der Regio Basiliensis hatte und dieser zeitlebens verbunden blieb, auch nachdem er in Karlsruhe Gymnasialdirektor und dann Prälat der Badischen Kirche geworden war. Weltweite Wirkungen zeitigte das verkündete biblische Wort durch die missionarische und soziale Arbeit der Basler Mission. Stellvertretend dafür steht die Ordinationsansprache bzw. das persönliche Zeugnis von *Hermann Anandraja Kaundinja (1825–1893)* aus Mangalore in Südindien, der am Missionshaus in Basel seine Ausbildung zum Missionar durchlaufen hatte. Die Öffnung zur weltweiten Kirche und der Kampf für die Rechte der Frauen ist dokumentiert in der Predigt von *Marga Bührig (1915–2002)*, gehalten am Basler Missionsfest des Jahres 1986 (also während ihrer Jahre im

Präsidium des Ökumenischen Rates der Kirchen 1983–1989). Die seit der Reformation intensive Verbindung zwischen Basel und der Reformierten Kirche Ungarns ist durch die Predigt *Richárd Bodokys (1908–1996)* bezeichnet. Er war Pfarrer und Direktor des mit dem Riehener Diakonissenhaus verbundenen ungarischen Diakonissenbundes Filadelfia. In seiner aus dem Ungarischen übersetzten Predigt von 1947 spiegelt sich die für die ungarischen Christen kurz nach den Schrecken des Krieges schon bedrohlich abzeichnende Lage unter dem kommunistischen Régime. Von Richárd Bodoky führt auch ein familiärer Faden zu dem Prediger und Jubilar, mit dem dieser Band schliesst – zu *Georg Vischer (*1939)* und zu seiner Frau Dorottya Vischer-Bodoky.

Georg Vischer zum 65. Geburtstag

Dieser Band ist eine Dankesgabe an Georg Vischer, der zwölf Jahre die Geschicke der Basler Kirche als Präsident des Kirchenrates geleitet hat. Georg Vischers starkes und ihn durch seine universitäre und kirchliche Laufbahn hindurch begleitendes Interesse an der Predigt gaben den Anstoss und die Idee zum Konzept dieses Buches. Er selbst ist ein leidenschaftlicher Ausleger des Wortes und ein ebenso leidenschaftlicher Prediger. Insgesamt fünf Jahre lang – zuerst in Wuppertal und später in Heidelberg – war er Assistent für Praktische Theologie bei Prof. Dr. Rudolf Bohren, einem der bedeutendsten Homiletiker im deutschsprachigen Raum. In den Jahren seiner pfarramtlichen Tätigkeit hat sich Georg Vischer viel eigene Predigtpraxis erworben: Nach seiner Ordination trat er seine erste Pfarrstelle in Buus/Maisprach an; eine zweite Amtszeit folgte nach seinem längeren Aufenthalt in Heidelberg (1976–1980) in der Gemeinde St. Theodor im Kleinbasel. Auch nach seiner Wahl zum Kirchenratspräsidenten der Evangelisch-reformierten Kirche Basel-Stadt im Jahr 1992 war und ist es ihm stets ein Anliegen, regelmässig Gottesdienste und Predigten zu gestalten. In Gesprächen mit ihm wird schnell deutlich, dass Gottesdienst und Predigt für ihn das Rückgrat der Kirche bilden.

Das vorliegende Buch soll mit dem Blick auf die reiche Wirkungsgeschichte des biblischen Wortes in der Basler Kirche dazu beitragen, dass die Freude am biblischen Wort weiterwirkt und auch in Zukunft dreissig-, sechzig-, hundertfältige Frucht bringt.

Hinweis

Das Quellenverzeichnis auf Seite 325 informiert über die Herkunft und einen allfälligen Erstdruck aller Texte, deren Sprache, Orthographie und Interpunktion – wo es uns um der besseren Lesbarkeit willen notwendig schien – stillschweigend den heutigen Gepflogenheiten angepasst wurden. Wir danken den Rechteinhabern (Verlagen bzw. Familienangehörigen) für deren freundliche Erlaubnis zum Nachdruck der Texte.

Dank

Ein besonderer Dank gilt der Berta Hess-Cohn Stiftung und ihrem Präsidenten Martin Hug, die mit ihrer grosszügigen finanziellen Unterstützung die Publikation dieses Bandes ermöglicht haben.

Unser Dank geht sodann an die Kommentatoren und Kommentatorinnen dieses Bandes. Sie haben in kurzer Zeit und mit grossem Engagement ihre Texte verfasst. In ihren Beiträgen kommt die Begeisterung für und zugleich die lebhafte Auseinandersetzung mit «ihren» Predigern und Predigerinnen deutlich zum Ausdruck. Sie haben sehr viel zum Gelingen dieses Buches beigetragen.

Mit guten Ideen haben Peter Breisinger, Kirchenratssekretär, Pfr. Dr. h. c. Theophil Schubert und Dr. Martin Sallmann das Konzept dieses Buches wesentlich mit beeinflusst. Peter Breisinger war zudem um die finanziellen Belange besorgt, Martin Sallmann hat uns in der Suche nach möglichen Predigttexten unterstützt. Danken möchten wir besonders auch Nadja Papageorgiu, die die Texte sorgfältig lektoriert hat, sowie Anna Peter für das Transkribieren der älteren Predigten.

Zudem geht unser Dank an das Archiv zur Geschichte der schweizerischen Frauenbewegung, Gosteli-Stiftung, in Worblaufen, an Frau Elsie Arnold und Else Kähler, die den Nachlass von Marga Bührig verwalten, an die Familie Bodoky und an die Reproabteilung der Universitätsbibliothek Basel.

Katrin Kusmierz und Niklaus Peter
Basel, im Juli 2004

JOHANNES OEKOLAMPAD

Christus in dir

Gehalten im Advent 1523
in der Martinskirche zu Basel

Es stossen sich manche an der Predigt vom Glauben, wenn ich sage: Allein durch den Glauben werden wir gerechtfertigt. Aber die wissen gar nicht, was Glaube ist, noch wie gross die Wirkung des Glaubens ist, noch haben sie überhaupt etwas vom Glauben geschmeckt. Und so schimpfen sie und wagen die Worte, die herauskommen wie: «Faule Christen! Verächter der guten Werke.» Aber da sage ich nun durchaus Nein, und will es beweisen, dass aus dem Glauben nur Gutes kommt. Sie täuschen sich nämlich, weil sie glauben, ich rede von dem eingebildeten, sogenannten historischen Glauben, der im Munde obenauf schwimmt und von dem das Herz ganz fern ist. Der wahre Glaube ist dieser Glaubensart aber gar sehr und über alle Massen feind. Und so beginnt nun auch St. Johannes, nachdem er die Heuchler, die sich auf gute Werke verlassen, zurückgewiesen hat, zu schelten die faulen und falschen Christen, die sich von ihrem falschen Glauben die Seligkeit versprechen. Es heisst nämlich weiter:

«Und an dem merken wir, dass wir ihn kennen, so wir seine Gebote halten. Wer da sagt: Ich kenne ihn, und hält seine Gebote nicht, der ist ein Lügner, und in solchem ist keine Wahrheit. Wer aber sein Wort hält, in dem ist wahrlich die Liebe Gottes vollkommen. Daran erkennen wir, dass wir in ihm sind. Wer da sagt, dass er in ihm bleibt, der soll auch wandeln, gleich wie er gewandelt hat.» 1. Johannesbrief 2,3 – 6

Der Evangelist sagt: «Wir merken, wir wissen.» Also widerlegt er die Sophisten, die behaupten, der Mensch könne nicht wissen, ob er Glauben habe oder nicht. Sieh nur, wie diese Sophisten mit dem Evangelisten übereinstimmen. Der Evangelist sagt: «Wir wissen, weil wir ihn kennen; und weil darin die vollkommene Liebe Gottes steht, daran erkennen wir, dass wir in ihm sind.» Die Sophisten aber sagen: Wir erkennen nicht, wir wissen nicht, wir zweifeln daran, ob der Glaube und die Gnade des Geistes in uns sei. Also auch, wenn ich sündige, weiss ich nicht, ob ich sündige? So reden sie auch von den Werken, sie wüssten nicht, ob sie Gott wohlgefällig seien oder nicht. Was sollen wir dann zu dem Worte Pauli sagen: «Wir aber haben nicht empfangen den Geist dieser Welt, sondern den Geist aus Gott, dass wir wissen können, was uns von Gott gegeben ist» (1Kor 2,12). Die Wahrheit Gottes ist nicht wie das irdische Licht, das selbst nicht weiss, dass es leuchtet. Wer wahrhaftig redet, weiss, dass er wahrhaftig ist. Doch ich will mit diesen Leuten nicht streiten. Der Evangelist sagt, dass er die Wahrheit lehre. Wir könnten kein ruhiges Herz haben, wenn wir nicht gewiss wären über den rechten Glauben. Er legt uns also nicht eine Vermutung, sondern ein ganz sicheres Urteil vor, mit dem wir den wahren und erdichteten Glauben unterscheiden können, nämlich das Halten seiner Gebote.

Achte auf das Wort «seine». Gott sei Dank, dass er nicht sagt: weil wir halten der Menschen Gebote, sondern seine Gebote. Er redet auch nicht von solchen Geboten, die wir uns selbst auferlegen, so wie es manche äusserliche Werke sind. Ja, wenn du damit beginnen wolltest, nur das zu tun, was gut scheint in deinen Augen, und verliessest die Gebote Gottes, so häuftest du Sünde auf Sünde. Jesaja 30,1 sagte: «Wehe den abtrünnigen Kindern, die ohne mich ratschlagen und ohne mich Schutz suchen, zu häufen Sünde auf Sünde.» Drum ist kein Wunder, dass in vielen Klöstern und Kirchen so wenig Glaube ist, weil ihr Eifer sich grossenteils auf menschliche Satzungen wirft. Es wollen die Prälaten eben nicht, dass dort der Glaube an Gott gepredigt wird, der ausser allem Streit ist und ihren Geboten Eintrag täte; aber die Menschensatzungen haben sie gerne: Das sollst du nicht anrühren! Das nicht essen! Das nicht anziehen! Das nicht reden! und anderes dergleichen, was mit Christo nichts zu tun hat. Ja, aus Dingen wollen sie ersehen, wie gross der Glaube sei, die zum guten Teil Christo zuwider sind. Der Evangelist sagt: «so wir seine Gebote halten». Matthäus 15,9 und Jesaja 29,13 wird gesagt: «Vergeblich dienen sie mir, dieweil sie lehren solche Lehren, die nichts denn Menschengebote sind.» Ebenso 5. Mose 12,32: «Alles, was ich euch gebiete, das sollt ihr halten, dass ihr danach tut. Ihr sollt nichts dazu tun noch davon tun.» Und wiederum: «Dies ist der königliche Weg, denselben geht, sonst weder zur Rechten noch zur Linken» (Jes 30,21).

Der Evangelist sagt aber: «so wir sie halten», nicht: so wir darüber disputieren, schreiben, predigen, zanken. Und halten sollen wir sie nicht nur mit Worten, sondern mit der Tat. Matthäus 7,21 heisst es: «Es werden nicht alle, die zu mir sagen: Herr, Herr! in das Himmelreich kommen, sondern die den Willen tun meines Vaters.» An derselben Stelle unterscheidet er auch das Göttliche vom Menschlichen. Den Willen des Vaters tut, wer Gottes Werk tut, d. h. wer wirklich glaubt an den, den er gesandt hat. So ist also der Glaube wahrhaft wirksam und ganz voll Tätigkeit. Denn «erkennen» hat hier seine besondere kraftvolle Bedeutung; es heisst nicht bloss schlechthin Gott erkennen, sondern erkennen, dass wir im Blut seines Sohnes gereinigt sind. Denn wie gering solches Erkennen auch sei, wenn es nur in Wahrheit ein Erkennen ist und wenn auch nur ein schwacher Strahl des göttlichen Lichts unser Herz erleuchtet und zu entflammen beginnt, so zwingt er uns doch, Gott wieder zu lieben und seine Gebote auszuführen, und zwar gerne und so, dass du dir gerne mehr befehlen lässt, um noch mehr tun zu können, und dir das Joch des Herrn in allem leicht erscheint, und – wie der Prophet sagt, «die Berge sollen erniedrigt werden und die Täler erhöht» (Jes 40,4) – alles soll eben und leicht werden, dass es dich nicht ermüde. Wundere dich nur nicht; denn die Bosheit ist nicht stärker als die Weisheit und Gnade, die dem Glauben hilft. Denn wenn schon ein wenig Sauerteig den ganzen Teig durchsäuert, warum soll nicht auch ein bescheidener Strahl der göttlichen Gnade, auch nur der Anhauch einer so grossen Gotteskraft, viel bewirken im Menschen? Beiden wohnt eine besondere Kraft inne, dem Sauerteig, den Teig sauer zu machen, der Gnade, das Wesen zu mildern. Beides wird durch Eifer vorwärts getrieben oder durch Nachlässigkeit vermindert. Wir kommen vom Glauben zum Glauben, schreiten von Tugend zu Tugend, oder wir stürzen auch von Sünde zu Sünde. Wende dich ab von der Bosheit, und sie wird ihre Kraft über dich verlieren; oder schraube das Licht herunter, giesse kein Öl mehr dazu, so wird es verlöschen. Eins muss dem anderen weichen: je mehr Licht, desto weniger Finsternis, und umgekehrt. Also lasst uns pflegen und fleissig bearbeiten den Acker, wie der Weise es sagt (Spr 24,27); das wollen wir tun, wenn Glaube in uns lebt.

Willst du dafür ein Beispiel haben? Paulus soll dich lehren. Du weisst, wie er, da er Christum noch nicht kannte, «schnaubte mit Drohen und Morden wider die Jünger des Herrn» (Apg 9,1), wie er die Kleider derer hütete, die Stephanus steinigten (Apg 7,57), welch reissender Wolf er als Verfolger war. Aber sieh, gleich als das Licht ihn umleuchtete, da wurde er nicht nur körperlich niedergeworfen, sondern auch seine Wildheit fiel zu Boden. Um nun nicht ein fauler Knecht zu sein, bietet er gleich seine Arbeit an und ruft: «Herr, was willst du, dass ich tun soll» (Apg 9,6), als wollte er sagen: Du hast meine Bosheit überwunden, der darf ich nun nicht ferner dienen; sondern wie ich ihr bisher diente und mich mit Fleisch und Blut besprach (Gal 1,16), so will ich nun dein Leibeigener sein und in deinen Geboten wandeln. Darauf bekommt er nun den Befehl: «Stehe auf und gehe in die Stadt, da wird man dir sagen, was du tun sollst» (Apg 9,6). Er gehorcht, hört den Ananias, und aus dem kleinen Samen wird ein grosser Baum (Mt 13,32), und er hat «mehr gearbeitet als alle» Apostel (1Kor 15,10). Und das ist der Paulus, der so oft gesagt hat, dass unser Heil und unsere Gerechtigkeit nicht komme aus den Werken, sondern aus dem Glauben (Röm 3,28; Gal 2,16). Es sollen doch, bitte, die Feinde der Wahrheit sehen, wie wenig ihn der Glaube faul bleiben, wie sehr ihn der Glaube zum unbesiegbaren Kämpfer werden liess, wie sehr ihn der Glaube aus dem reissenden Wolf zum sanften Lamm gemacht hat.

So braucht auch ihr nicht zu zweifeln: Habt ihr wirklich den Glauben, so werdet ihr keineswegs der Faulheit schuldig werden. Nicht bloss werdet ihr nicht in frühere Sünden zurückfallen und wie «die Hunde wieder fressen, was sie gespeist haben» (2Petr 2,22), sondern vielmehr werdet ihr lieber tausend Höllenqualen ertragen; denn so schwer schiene es euch, Gott zu erzürnen. Und ihr werdet brennend im Geiste und besorgt, Gott allein zu gefallen, ein jeder rufen: «Herr, was willst du, dass ich tun soll?» Denn wir wissen, dass es nicht genug ist, das Böse zu lassen, sondern das Gute sollen wir tun, wie David spricht: «Lass vom Bösen und tue Gutes» (Ps 34,15). Denn Spott ist es, nicht Glauben, wenn Gelegenheit ist, Gutes zu tun, und man liesse es.

Aber da will ich nun nicht, dass du einen Menschen nach manchen unterlassenen Werken richtest oder dich selbst betrübt und traurig machst. Nein, wenn Gottes Gebote gehalten werden, ist auch jedenfalls der Glauben recht. Was sind denn diese Gebote? Das werden wir im dritten Kapitel hören: «Das ist sein Gebot, dass wir glauben an den Namen seines Sohnes Jesu Christi und lieben uns untereinander, wie er uns geliebt hat» (1Joh 3,23; 4,19). Siehst du, der Glaube geht voraus und dann folgt die Liebe. Beachte auch, in welcher Ordnung der Evangelist uns anweist. Zuerst, sagt er, muss uns aus der Erkenntnis der Klarheit Gottes unsere Finsternis bewusst werden und müssen wir durch den Glauben an Christus gereinigt und erleuchtet werden. Dann verlangt er Sabbatruhe, nämlich dass wir ruhen sollen von unseren Sünden, die knechtische Werke sind, und sagt: «Solches schreibe ich euch, auf dass ihr nicht sündigt»

(1Joh 2,1). Zuletzt aber lehrt er uns, was wir tun sollen. Das ist die notwendige Reihenfolge; denn ganz vergeblich dringst du vor zu guten Werken, wenn du nicht zuerst den Grundstein gelegt hast und deinen Sinn dahin richtest, nicht mehr zu sündigen. Wie auch der neue Mensch mit Christo nicht aufersteht, ehe du den alten Menschen mit seinen Lüsten gekreuzigt hast (Gal 5,24), so werden auch keine guten Werke sein, wenn du nicht selbst vorher gut geworden bist. Aber keineswegs wirst du gut, wenn dich der Glaube nicht gerecht macht, und gerecht gemacht und gläubig wirst du nicht, wenn du noch am Bösen Gefallen hast. Auf dieser Stufenleiter steige zum Werk: Erst glaube, im Glauben fliehe die Sünden, die Sünde fliehend halte die Gebote des Herrn, wie Johannes sagt: «Daran erkennen wir, dass wir ihn kennen, so wir seine Gebote halten.» Und nun erklärt er, wie du die Gebote halten sollst; er schreibt:

«Wer aber sein Wort hält, in solchem ist wahrlich die Liebe Gottes vollendet» (1Joh 2,5).

Die Liebe Gottes ist die Erfüllung der Gebote und des Gesetzes. 1Tim 1,5 heisst es ja: «Die Hauptsumme des Gebotes ist Liebe von reinem Herzen und von ungefärbtem Glauben.» Das wird auch hier uns vorgestellt. Wenn wahre und vollkommene Liebe da ist, wirst du weder deinen Bruder noch deine Mutter, noch dich selbst, noch irgendeine Kreatur mehr lieben als deinen Gott, und du wirst nichts unterlassen, damit nur Gottes Name geheiligt werde, und so bist du dann in ihm. Denn die Liebe ist das Band, durch das wir im Glauben mit Gott verbunden sind, indem wir von ihm geliebt werden und ihn wieder lieben müssen. Das ist nun das Gesetz Gottes, von dem Jeremia 31,33 sagt: «Ich will mein Gesetz in ihr Herz geben und in ihren Sinn schreiben, und sie sollen mein Volk sein, so will ich ihr Gott sein.» Und Römer 5,5: «Denn die Liebe Gottes ist ausgegossen in unser Herz durch den heiligen Geist, welcher uns gegeben ist.» O du selige Verbindung: an Gott hängen und Volk des Herrn sein! Dies Glück zeigt uns Johannes in den Worten:

«Daran erkennen wir, dass wir in ihm sind» (1Joh 2,5).

Wieder hörst du: «Wir erkennen, wir wissen», ganz anders, als die Sophisten lehren. Das bringt uns durch den Glauben die Liebe, dass wir jetzt schon in Gott sind. Und nicht nur wir sind in Gott, sondern auch er ist in uns. Denn beides gehört fest zusammen, wie es Johannes 15,4 heisst: «Bleibt in mir und ich in euch. Wer in mir bleibt, in dem bleibe ich auch.» Wir bleiben in Gott, wenn wir im Glauben ihm anhangen; Gott bleibt in uns, wenn er in uns seine Werke wirkt und selbst macht, dass wir sein Gesetz erfüllen, so dass nichts uns mehr verdammen kann. Dann wird das Gesetz nicht mehr, wie du sonst meintest, schwer und unerfüllbar. Denn durch den Glauben wohnt nun in dir, der das Gesetz erfüllt. Daher Paulus Galater 2,20 sagen kann: «Ich lebe, doch nun nicht ich, sondern Christus lebt in mir. Denn was ich jetzt lebe im Fleische, das lebe ich auch im Glauben des Sohnes Gottes, der mich geliebt hat und sich selbst für mich dargegeben.» Da steht's, dass wir durch den Glauben in Christo sind und in uns Christus lebt und wirkt, dass wir lebendige Werke tun. Denn sonst wären unsere Werke tot, aber er macht es, dass wir Werke der Liebe wirken, und so sind wir nichts weniger als faul im Glauben.

Damit er aber noch reichlicher zeige, was Christus wirkt in uns, sagt Johannes nun:

«Wer da sagt, dass er in ihm bleibe, der soll auch wandeln, gleich wie er gewandelt hat» (1Joh 2,6).

Das heisst, wer Christo anhängt und Christum in sich wohnen hat, der muss auch sozusagen einen zweiten Christum im Leben zeigen, damit, wie Christus in die Welt gekommen ist und sich ganz unserem Dienst hingab, er so sich selbst auch jetzt in uns auswirke, nicht anders, als er war; denn das wäre unmöglich, dass er anders sei, als er war. Wie er einst für uns gestorben ist, so wird er in solcher Liebe uns entzünden, dass wir bereit sind und uns freuen und uns sogar der grossen Wohltat Gottes unwert hielten, wenn wir nicht für unsere Brüder etwas wagten, auch wenn wir für ihre Seligkeit in den Tod gehen müssten. So strengen wir uns im Glauben an, nicht bloss das Leben Christi nachzuahmen, sondern das Leben Christi in uns zu haben. Du sollst darauf auch nicht sagen: Aber Christus ist ein Riese, wir sind bloss Zwerge. Glaube nur, so wirst auch du selbst ein Riese sein zum Erstaunen, und der Glaube, nein, der Geist Christi wird durch die Liebe in dir, seinem Rüstzeug, sehr Grosses wirken. Einst hat Christus nichts gelassen, was Liebe war; so wird er auch in dir der gleiche Christus sein. Einst hat er sich aus Liebe zu uns geisseln, ans Kreuz schlagen und beschimpfen lassen; so wird auch heute der Christus in dir alles aushalten. Einst hat Christus sich und alles, was sein war, für uns, da wir noch Sünder und Feinde waren, ganz freiwillig hingegeben, so wird auch heute der Christus in dir gütig sein, geschweige, dass er Neid und Hass zeigte. Er, der einst nach dem Kreuze sich sehnte, der nach unserem Heil dürstete, der sich ganz entäusserte, der für die bat, die ihn kreuzigten, er wird auch heute in uns weder das Seine suchen noch an Rache denken, noch der Armen sich ekeln, sondern er wird allen alles sein, wenn er ihnen etwas Gutes erweisen kann.

Dann wird auch aufhören der Spott der Leute, die dem Glauben feind sind; und wenn sie nicht ganz gottlos sind, werden sie, wenn sie die Werke der Gläubigen sehen, den Vater im Himmel preisen (Mt 5,16). Ihm sei die Ehre in Ewigkeit. Amen.

FRANZ CHRIST

Ein gelehrter und angriffiger Prediger

Johannes Oekolampad wurde 1482 im kurpfälzischen Weinsberg geboren. Seine Mutter Anna Pfister stammte aus Basel. So kam Johannes
Hausschein, wie er nach seinem Vater hiess, schon früh auf seinen Wan-
derfahrten für kurze Zeit nach Basel. In Heilbronn besuchte er die Lateinschule. In Heidelberg hat er studiert und 1503 mit dem Magister artium
abgeschlossen. Dann wandte er sich der Theologie zu und wurde bald in
Mainz Prinzenerzieher beim Kurfürsten der Pfalz.

1510 kehrte er nach Weinsberg zurück, um eine Predigtstelle zu versehen, zu deren Stiftern auch sein Vater gehörte. Oekolampad zählte schon
zu den reformfreudigen Geistlichen. Er fiel durch seine angriffige Bibelaus-
legung auf. Viele Predigten waren damals von Anbiederungen und
Schwänken beherrscht, mit denen Geistliche die Hörerschaft anlocken
und bei Laune halten wollten. Oekolampad schrieb eine in Basel publizierte Schrift gegen das Ostergelächter. Während seiner Weinsberger Zeit
hielt er sich dreimal in Basel auf und half hier Erasmus bei der Edition des
griechischen Neuen Testamentes von 1516, zu dem er sogar ein Nachwort
verfasste, in dem er den innig verehrten Erasmus pries. 1518 wurde dann
der gelehrte Weinsberger Prediger an den Dom von Augsburg berufen.

Hier ereignete sich die innere Wende im Leben Oekolampads. Es war
1520, als er zum Befremden seiner Freunde und besonders auch des Erasmus ins Kloster Atomünster eintrat. Er hatte sich allerdings die Freiheit
der Forschung und der Publikation vorbehalten und vertiefte sich nun in
der Auseinandersetzung mit den Schriften Luthers, mit dem er auch kor-
respondierte, in die brennenden Fragen des Glaubens. Seine Schriften
über die Messe und die Beichte erregten den Argwohn des Nuntius, der
nach Rom vermeldete, Oekolampad sei schlimmer als Luther. 1521
wurde es für den reformatorischen Autor selbst in seiner Klausur gefährlich. Er bat um die Entlassung aus dem Kloster und floh. Zuerst kam er zu
Franz von Sickingen. 1522 finden wir ihn in Basel, wo er beim Buchdru-
cker Cratander Arbeit und ein Unterkommen hat. Noch während er im
Erasmischen Geiste editorisch tätig ist, beginnt er den Austausch mit
Zwingli. Vom April 1523 an liest er an der Basler Universität gegen den
Widerstand der ordentlichen Professoren eine lateinische Auslegung des
Propheten Jesaja, die er auf Deutsch für die lebhaft interessierte Öffent-
lichkeit wiederholt.

Im Advent des gleichen Jahres predigt Oekolampad als Vertreter des erkrankten Leutpriesters zu St. Martin. Er legt fortlaufend den 1. Johannesbrief in deutscher Sprache aus und bearbeitet die Predigten danach auf Lateinisch für den Druck. Das Vorwort mit der Widmung an den Basler Bischof Christoph von Utenheim und seinen Koadjutor Nikolaus Diesbach ist auf den Juni 1524 datiert. Der Druck erscheint 1525 bei Thomas Volffius. Die wohl von Ernst Staehelin (Das Buch der Basler Reformation, hg. v. Ernst Staehelin, Basel 1929, S. 74–80) übersetzte und hier kommentierte Predigt über 1. Johannes 2,3–6 stammt aus dieser Reihe und ist die fünfte von insgesamt einundzwanzig. Oekolampad nennt seine Predigten «Demegoriae» – Reden vor dem Volk in öffentlicher Versammlung – und fügt bei, das seien Homilien.

Umstrittene Predigt vom Glauben

Die Predigt ist aus dem Zusammenhang herausgegriffen. Wir bekommen nur ein Stück des Weges zu Gesicht, den der Prediger mit der Gemeinde geht. Der Anfang liegt schon eine Weile zurück. Das Fundament wurde gelegt und die Botschaft, dass wir allein durch den Glauben gerechtfertigt werden, offenbar deutlich verstanden. Dieses grundlegende reformatorische Wort ist nun aber bei einigen Zuhörern auf Widerstand gestossen. Sie werfen der neuen Predigt vor, sie mache die Christen faul und zu Verächtern der guten Werke. Dieser Vorwurf beruht auf dem Missverständnis, der rechtfertigende Glaube sei ein blosses Fürwahrhalten, welches das Herz nicht weiter berühre. Oekolampad weist ihn knapp zurück und geht nicht weiter darauf ein. Doch scheint ihn selber die Frage nach dem rechten Verhältnis von Glauben und Werken auch zu beschäftigen. So wie Dietrich Bonhoeffer gesagt hat: «Unser Kampf heute geht um die teure Gnade» (Nachfolge, 1937, S. 1). Der Text, der zur Predigt vorliegt, bietet nun die Gelegenheit, das Missverständnis eines faulen und billigen Glaubens zu klären.

Ganz bei den Hörern und ganz beim Text! Die kurze einleitende Passage hat die Zuhörer bei einer Frage gepackt, die sie bewusst oder unbewusst mitbringen. Zugleich erklärt der Prediger, wie das Wort des Apostels fortschreitet. Er predigt den Zusammenhang der Schrift und führt vor, wie ihre Worte nicht aus der Verbindung herausgerissen werden dürfen. Hier steht nun die Lesung von 1. Johannes 2,3–6.

Wort für Wort

Die Eröffnung, die zur Textlesung hingeführt hat, war zwar sparsam. Doch ist eine Erwartung geweckt worden, die eingelöst werden muss. So beginnt nun der Prediger, Wort um Wort zu entfalten. Insofern ist Oekolampads Predigt eine schlichte Homilie. Es sind neun Teile erkennbar.

Die einzelnen Abschnitte, die dem Text entnommen werden, haben zuerst nicht einmal Satzlänge, sondern bestehen nur aus einzelnen Wörtern. Umso deutlicher werden die Akzente gesetzt. Der erste liegt auf der Glaubensgewissheit. Die Glaubenden merken, dass sie Gott kennen. Das Kriterium, an dem sie den wahren Glauben erkennen können, ist das Halten der Gebote Gottes.

Das Wörtlein «seine» bestimmt den nächsten Schritt: «So wir seine Gebote halten.» Gottes Gebot muss von Menschensatzungen unterschieden werden. Hier kritisiert Oekolampad den kirchlichen Betrieb seiner Zeit, der nur der Selbsterhaltung dient und an der Erfüllung der eigenen Forderungen den Glauben messen will. Mit Jesaja wird daran erinnert, wie vergeblich der Dienst ist, wenn sie lehren, was nur Menschengebote sind.

Nachdem geklärt ist, um wessen Gebot es sich handelt, fällt das Licht aufs Tun. Mit dem Disputieren und dem «Herr! Herr!»-Sagen ist es nicht getan. Schon hier wird aber der Glaube als das Tun der Werke Gottes verstanden. Das Gebot Gottes hält, «wer wirklich glaubt an den, den er gesandt hat». Aus einer noch so geringen Glaubenserkenntnis folgt dann das Halten der Gebote Gottes aus freien Stücken und in Leichtigkeit.

Hier schiebt Oekolampad als Beispiel, das den Hörern bekannt ist, die Geschichte von Paulus ein, der im Licht der Offenbarung des Auferstandenen den Herrn fragt, was er tun soll. An ihm, der so oft gesagt hat, dass das Heil und die Gerechtigkeit nicht aus den Werken komme, ist ersichtlich, wie wenig ihn der Glaube faul bleiben lässt.

Auf die Hörer angewendet heisst das, dass sie sich keiner Lässigkeit schuldig machen, wenn sie wirklich Glauben haben. Brennend im Geist werden sie wie Paulus nach dem rechten Tun fragen. Oekolampad sagt das gegen den Selbstzweifel. Durchgehend liegt in seiner Predigt das Gewicht darauf, die Heilsgewissheit zu stärken. Ohne hier die Worte des Textes zu wiederholen, sagt er, dass diejenigen, die Gott aus dem Evangelium kennen, keine Lügner sind, die solche Kenntnis nur vorgeben und die Gebote missachten.

Im nächsten Schritt sichert der Prediger diese zentrale Aussage ab. Man könnte ja versucht sein, einen Menschen – also auch sich selber – nach seinen Unterlassungen zu beurteilen. Es fiele ein schiefes Licht auf den Glauben. Dieses Problem der Glaubensgewissheit stellt sich ein halbes Jahrtausend nach der Reformation nicht weniger. Mangelnde Guttaten, eine mässige Bilanz der Kirchengeschichte stellen die Qualität des christlichen

Glaubens in Frage. Oekolampad weist einen solchen Rückschluss zurück. Er greift hier im Text vor und zitiert aus dem dritten Kapitel des Johannesbriefes: «Das ist sein Gebot, dass wir glauben an den Namen seines Sohnes Jesu Christi und lieben uns untereinander, wie er uns geliebt hat» (1Joh 3,23; 4,19). Der Glaube geht voraus und dann folgt die Liebe. Diese Reihenfolge ist unumkehrbar. Oekolampad bleibt hier nahe an den berühmten Formulierungen aus Luthers «Von der Freiheit eines Christenmenschen». Ohne den Begriff des Werkes direkt auf den Glauben anzuwenden, stellt sich Oekolampad seinem Text, der vom Glauben als dem Gebotenen spricht. Das erste geforderte Werk ist also der Glaube. Aus ihm folgt die «Sabbatruhe» von den Sünden und dann das, was wir tun sollen. Oekolampad spricht von einer Stufenleiter, die wir zum Werk aufsteigen.

Nachdem diese Vorarbeit gegen Missverständnisse geleistet ist, kann er in der Auslegung der übrigbleibenden Teile des Textes einen wesentlichen Schritt weitergehen. Die Liebe ist die Erfüllung der Gebote. Und zwar als das Band, durch das wir im Glauben mit Gott verbunden sind. Die ganze Weite und Tiefe des biblischen Zeugnisses tut sich auf: Jeremias Wort vom ins Herz gegebenen Gesetz; die durch den heiligen Geist ins Herz ausgegossene Liebe Gottes, von der Paulus redet. Der Gegensatz von Glaube und Werken ist überwunden.

Fast überschwänglich – es ist vom Glück die Rede – erklimmt Oekolampad den Höhepunkt seiner Predigt: dass wir jetzt schon in Gott sind. Wir bleiben durch den Glauben in Gott. Und Gott durch die Liebe in uns; dadurch, dass er in uns sein Werk tut. Hier steht der Schlüsselsatz der ganzen Predigt: «Denn durch den Glauben wohnt nun in dir, der das Gesetz erfüllt.» Christus lebt und wirkt in uns. Natürlich fehlt das Zitat aus Galater 2,20 nicht: «Ich lebe, doch nun nicht ich, sondern Christus lebt in mir …»

Dieser Schlüssel öffnet zuletzt ein innerstes Geheimnis, das uns zugleich in eine Freiheit und Weite hineinstellt, vor der einen Schwindel ergreifen könnte. Obwohl hier der letzte Satz des johanneischen Textes ganz zitiert wird, spricht der Prediger jetzt frei in einer neuen Sprache. «… wer Christo anhanget und Christum in sich wohnen hat, der muss auch sozusagen einen zweiten Christum im Leben zeigen. … So strengen wir uns im Glauben an, nicht bloss das Leben Christi nachzuahmen, sondern das Leben Christi in uns zu haben.» Ich muss mich nicht neben Christus als Zwerg fühlen, sondern werde glaubend selber ein Riese sein: «*Gigas admirabilis!*» Und jetzt macht Oekolampad noch einen Riesenschritt: «… der Glaube, nein, der Geist Christi selbst wird durch die Liebe in dir, seinem Rüstzeug, sehr Grosses wirken.» So ist der letzte Rest der gefährlichen Spannung, dass das Werk des Glaubens die anderen guten Werke blockieren oder selber sogar ins Böse umschlagen könnte, aufgelöst. Christus wird auch in dir derselbe sein und die Liebe nicht lassen. Der Christus in dir wird alles aushalten, alles erdulden und in dir gütig sein.

Der zweite Christus

Mit dem fulminanten Predigtschluss gelingt Oekolampad eine sprachliche Verdichtung, der sich auch heutige Leser kaum entziehen können. Ein zweiter Christus – *«alter Christus»*! («Hoc est, qui adhaeret Christo, et habet inhabitatorem Christum, debet exhibere alterum quendam Christum.» Die zugehörige Marginalie lautet: «Exhibere debemus alterum Christum.») Der zweite Christus zeigt sich im Leben von Menschen, die durch den Geist Christus in sich haben. Dieses christologische Reden vom Wirken des heiligen Geistes scheint Oekolampads persönlicher Ausdruck der Glaubensgewissheit zu sein. Indem der Prediger in seiner Auslegung den Hörern den zweiten Christus, den Christus in ihrem Innern zuspricht, tröstet er sie und festigt ihren Glauben.

Zwar steht der Basler Reformator auch hier offensichtlich unter dem starken Eindruck von Luthers Freiheitsschrift: «... Unnd gegen meynem nehsten auch werden ein Christen / wie Christus mir worden ist / und nichts mehr thun / denn was ich nur sehe / yhm nott / nützlich und seliglich sey / die weyl ich doch / durch meynenn glauben / allis dings yn Christo gnug habe» (WA 7,35 f.). Aber Oekolampad geht mit seiner Formulierung einen Schritt weiter. Die starke Gewichtung des johanneischen «In ihm» überrascht auch insofern, als damit der Anstoss an «Allein durch den Glauben», welcher den Ausgangspunkt der Predigt bildete, gänzlich zuruckgelassen wird.

Die Thematik des Anstosses kehrt in den letzten Sätzen freilich wieder. Es wirkt nach den wunderbaren Gedanken über den Christus, der in uns nur darauf aus ist, allen etwas Gutes zu erweisen, abrupt und unerwartet: «Dann wird auch aufhören der Spott der Leute, die dem Glauben feind sind.» Doch falls die Hörer versucht sein sollten, die Rede vom zweiten Christus schwärmerisch misszuverstehen, dann hat sie der Prediger doch zuletzt zurück in ihr Leben geholt, in dem der Glaube und die Heilsgewissheit angefochten sind durch das eigene Ungenügen gegenüber der ethischen Forderung.

Darf Oekolampads Predigt vom in uns wirkenden Christus als Beispiel für die besondere Ausprägung der Basler Reformation verstanden werden? Vielleicht erkennen wir hier die Quelle dafür, dass die Basler Kirche sich für neue Formen persönlicher Frömmigkeit immer wieder geöffnet und dem Glauben, nein, dem Geist Christi riesige Dinge zugetraut hat.

JOHANN JAKOB GRYNAEUS

Eine christliche Predigt vom Nachtmahl unseres Herrn und Heilands Jesus Christus

Gehalten zu Basel im Münster
bei der heiligen Kommunion
am 12. November 1598

Allen frommen Christen zu Basel wünsche ich, Johann Jakob Grynaeus, Vermehrung der Gnade und des Friedens Jesu Christi, unseres einen Heilands.

Geliebte im Herrn Jesus, der uns mit Wahrheit und rechtem Frieden segnet, sooft ihr hört, dass etliche Leute uns wegen des Glaubens und mich besonders schmähen, so bittet Gott für sie und bedenkt, dass nicht allein die heiligen Propheten und Apostel solches erlitten haben, sondern dass Jesus Christus ein grosses Widersprechen von Sündern erduldet hat.

Beachtet aber des Satans Anklagen, die er gegen mich führt:

1. Er klagt, ich sei in meiner Jugend anders vom Nachtmahl unterrichtet worden, als ich es jetzt halte und lehre. Sicher hat es ihn, den Satan, auch einst übel verdrossen, als Paulus aus der Finsternis ins Licht gebracht und aus einem Pharisäer ein Christ und Apostel geworden ist.

2. Der Satan gibt vor, dass ich in Predigten nicht tobe und auch niemanden schelte, weil ich kein gutes Gewissen habe und mich deshalb vor euch fürchten müsse. Aber wahrlich, liebe Christen, es geschieht nicht wegen des bösen Gewissens, vor dem mich Christus behütet und weiter behüten wird, sondern darum, weil ich lieber beten will für die, die uns hassen, weil man Christus nachfolgen und sich nicht vom Bösen überwinden lassen soll. Ich halte es mit Paulus, der sagt: Ist aber jemand unter euch, der Lust zu zanken hat, der wisse, dass wir solche Weise nicht haben, die Gemeinde Gottes auch nicht (1Kor 11,16).

3. Der Satan trägt, mit offensichtlicher Unwahrheit, auch dies von mir vor: Ich predige nicht so, wie ich von den Sachen schreibe. Nun lest ihr, meine lieben Zuhörer, meine deutschen Schriften und gebt mir Zeugnis, dass meine Schriften eben das enthalten, was ich öffentlich viele Male gepredigt habe. Was ich lateinisch geschrieben habe, das werden unsere und andere rechte Gelehrte besser zu vergleichen wissen mit dem, was ich mündlich predige, als die Leute, die einen Teil nur hören, in Glaubenssachen aber nicht erfahren sind, kurzum unsere Schriften nicht lesen, unseren Bescheid nicht anhören, doch was sie nicht wissen noch verstehen, unfreundlich beschimpfen wollen und damit ihren Weltgeist und irdische Weisheit zeigen. Gott verleihe diesen Leuten besseren Sinn und Erkenntnis seiner Wahrheit und stärke uns im wahren Glauben um seines lieben Sohnes Jesus Christus willen, der uns mit seinem Beispiel gelehrt hat, für unsere Feinde zu beten: Vater vergib ihnen, denn sie wissen nicht, was sie tun (Lk 23,34). Der Herr erhalte uns alle zu seiner Ehre. Amen.

Die Gemeinde wolle nun mit frommer Andacht das heilige Wort Gottes von der Stiftung des Abendmahls Jesu Christi aus Matthäus im 26. Kapitel anhören:

Als sie aber assen, hat Jesus Brot genommen, und als er gedankt hatte, hat er es gebrochen und den Jüngern gegeben und gesprochen: Nehmt, esst, das ist mein Leib. Und als er das Trinkgeschirr genommen und gedankt hatte, hat er es ihnen gegeben und gesprochen: Trinkt alle aus diesem, denn das ist mein Blut, das des Neuen Testaments, das für viele vergossen wird zur Vergebung der Sünden. Matthäus 26,26 – 28

Geliebte im Herrn Jesus Christus, dem allmächtigen und wahrhaftigen Sohn des allerhöchsten und lebendigen Gottes: Ich habe viele Male in der heiligen Gemeinde die Stiftung des Abendmahls Jesu Christi Wort für Wort erklärt, nachdem mir Barmherzigkeit von Gott dem Vater verliehen worden ist. Ich befehle auch das Urteil über die Lehre, die ich mit gutem Gewissen in gleicher und wahrhaftiger Weise schriftlich und mündlich dargelegt habe und weiter zu verkündigen gedenke, zuerst dem allein weisen Gott, der die Herzen kennt und oberster Richter ist, danach auch den Auserwählten, die aus Gott wiedergeboren sind, den guten Verstand empfangen haben und im Lesen der Heiligen Schrift wohlgeübt sind, so dass sie alles prüfen und das Gute behalten können.

Jetzt gedenke ich zuerst zu vermelden, wie die Worte von der Einsetzung des heiligen Nachtmahls zu unserer Lehre dienen; danach, wie sie auch zu besonderem Trost und Freude des gläubigen Herzens werden, das nach der Gerechtigkeit hungert und dürstet, ja, wie sie ein Trost werden allen, die Gottes Tisch so besuchen, wie der göttliche Befehl ausweist: Der Mensch aber prüfe sich selber, und dann esse er von diesem Brot und trinke von diesem Trank (1Kor 11,28). Weil ich aber gar nicht der bin, der hier reden kann, sondern der Geist unseres Vaters im Himmel, so bitte ich dich, o Herr Jesus, der du mitten unter uns bist, dass du durch diesen Tröster und Geist der Wahrheit uns alle führen wollest in alle Wahrheit und damit der Name Gottes geheiligt werde. Amen.

Was nun die reine und gesunde Lehre von diesem Geheimnis anbelangt, wollt Ihr, liebe Gemeinde, zuerst das gut betrachten, was ich kurz so zusammenzufassen pflege.

Was Jesus Christus, unser Herr, samt seinen geliebten Jüngern im ersten Abendmahl mit Worten und Werken deshalb verrichtet hatte, dass es bis zu seiner Wiederkunft zum Gericht in der heiligen Gemeinde gläubig gehalten werde, eben dasselbe vollbringt er noch durch den Dienst seiner lieben Kirche und will, dass es weiter fleissig gehalten werde.

Begründung: Denn in seinem Testament soll alles, allezeit und auf allen Wegen bei der Anordnung, dem Willen und der Meinung des Herrn bleiben, der das Testament gemacht hat. Auch hat er beim ersten Abendmahl ausdrücklich gesprochen: Das tut zu meinem Gedächtnis (Lk 22,19). So soll man nichts anderes tun.

Im ersten Abendmahl aber nahm Jesus das Brot, und als er gedankt hatte, brach er es und sprach: Nehmt, esst. Das ist mein Leib, der für euch gebrochen wird. Das tut zu meinem Gedächtnis. Ebenso nahm er auch das Trinkgeschirr, nachdem er zur Nacht gegessen hatte, und sprach: Dieses Trinkgeschirr ist das neue Testament in meinem Blut. Das tut, sooft ihr es trinkt, um meiner zu gedenken (1Kor 11,23–25).

So sollen freilich zu dieser Zeit in der Gemeinde Gottes neben der Verkündigung des Todes Jesu Christi aus dem heiligen Evangelium seine getreuen Diener zuerst das Brot mit Danksagung nehmen, brechen und austeilen. Sie sollen auch bezeugen, dass das Brot, das wir brechen, die Gemeinschaft (das heisst ein heiliges Zeichen und Pfand oder Siegel) des Leibes Christi sei. Danach sollen sie das Trinkgeschirr mit Danksagung gegen Gott überreichen und bezeugen, dass das Trinkgeschirr der Danksagung, mit dem wir danken, die Gemeinschaft des Blutes Christi sei (1Kor 10,16).

Es gebührt sich aber auch für alle Mitgenossen an dem geistlichen Leib Christi, dass sie nach dem Beispiel der lieben Apostel des Herrn Brot essen, nämlich als ein Sakrament des für sie in den Tod gegebenen Leibes

Jesu Christi, und dass sie aus seinem Trinkgeschirr mit gläubigem Dank trinken von des Herrn Wein als einem Sakrament oder Zeichen des für sie vergossenen wahren Blutes Jesu Christi, mit dem ihre Herzen besprengt und gereinigt werden von allen Sünden.

Zweitens dient auch dies zu unserer Belehrung, was vom Gleichnis von Brot und Wein des Herrn mit dem Leib und Blut Jesu Christi entsprechend dem Unterschied von Leib und Seele des Menschen beigebracht wird.

Was sonst durch Gottes guten Segen Brot und Wein sind und nützen, um des Menschen Leib beim Leben zu erhalten, das sind und nützen der wahre Leib und das wahre Blut Jesu Christi der gläubigen Seele. Brot und Wein sind des Leibes Erhaltung und beste Speise und Trank. Der Wein erfreut des Menschen Herz, das Öl macht das Angesicht lauter, das Brot stärkt sein Herz.

So vermag man wohl zu erkennen, dass diese, weil der wahre Leib Christi für uns gegeben und sein Blut für uns vergossen ist, die Seele erhalten zum ewigen Leben, wie unser Herr Christus selber gesprochen hat: Das Brot, das ich euch gebe, ist mein Fleisch, das ich gebe für das Leben der Welt (Joh 6,51).

Ferner dient auch dies zur heilsamen Lehre, was von der Verheissung und dem Glauben bedacht werden soll: Was in und durch die Verheissung des Evangeliums angeboten und zu geniessen verkündigt wird, das nimmt der Glaube an und geniesst diese Guttaten.

Begründung: Denn der Glaube ist eine feste Zuversicht auf das, was man hofft, und ein Überzeugtsein davon, was man nicht sieht (Hebr 11,1), verstehe: mit des Leibes Augen. Auch wohnt Christus durch den Glauben in den Herzen derer, die ihm der Vater gegeben hat (Eph 3,17).

Aber in und durch die Verheissung des Evangeliums wird uns Jesus Christus selbst verkündigt und übergeben, um ihn als Brot und Ursache des ewigen Lebens zu geniessen, wie zu sehen ist in den folgenden Zeugnissen:

Vom Kern und Schatz redet dieser so: Wahrlich, ich sage euch, wer an mich glaubt, der hat das ewige Leben. Ich bin das Brot des Lebens. Eure Väter haben das Manna gegessen und sind gestorben. Dieser ist das Brot, das vom Himmel herabgestiegen ist, damit nicht sterbe, wer es isst. Ich bin dieses lebende Brot, das vom Himmel herabgestiegen ist. Wenn jemand von diesem Brot isst, wird er ewiglich leben. Und das Brot, das ich euch geben werde, ist mein Fleisch, das euch gegeben wird für das Leben der Welt (Joh 6,47 – 51).

So wird von diesem Zeichen gesagt: Das Trinkgeschirr der Danksagung (womit des Herrn Wein verstanden wird), mit dem wir danken, ist der nicht die Gemeinschaft des Blutes Christi? Das Brot, das wir brechen, ist es nicht die Gemeinschaft des Leibes Christi? Denn es ist ein Brot, und wir viele sind ein Leib, denn wir alle sind Mitgenossen eines Brotes (1Kor 10,16 f.).

Das folgt auch aus dem, was der alte Lehrer Cyrillus Alexandrinus sagt: Wir empfangen durch wahren Glauben Christus und mit ihm alles, was uns zur Seligkeit dient.

Endlich ist auch diese heilsame und notwendige Lehre keineswegs bei diesem Geheimnis zu verschweigen: Was das Evangelium von uns erfordert (doch so, dass es hier auf Erden anzeigt, dass Gottes Gnade durch den Heiligen Geist es schaffe und wirke in uns Kindern des himmlischen Vaters), das versiegelt in jedem Frommen, der die Sakramente recht braucht, dieses herrliche Abendmahl.

Begründung: Denn das Abendmahl ist ein sichtbares Wort, wie der heilige Augustinus sagt: ein vor Augen liegendes Evangelium, das mit dem gepredigten Evangelium fein übereinstimmt und es versiegelt, wie die Siegel an einem Testament dieses bekräftigen und bestätigen.

Durch das Wort des Evangeliums werden wir gelehrt, dass Christus, der für uns gekreuzigt worden ist, für uns das Brot oder die Ursache des Lebens sei, dass wir durch Verbesserung unseres Gemüts und Lebens mehr und mehr wiedergeboren und geheiligt werden, dass wir in der Gemeinschaft mit Christus und mit denen, die Christi Eigentum sind, ständig verbleiben sollen, wie die folgenden Zeugnisse gründlich erweisen:

Jesus Christus der Herr spricht selber: Ich bin die Auferstehung und das Leben. Wer an mich glaubt, wird ewiglich nicht sterben (Joh 11,25 f.). Ich bin der Weg, die Wahrheit und das Leben. Niemand kommt zum Vater denn durch mich (Joh 14,6).

Die heilsame Gnade Gottes ist allen Menschen erschienen und sie lehrt uns, dass wir das gottlose Wesen und die weltlichen Gelüste verleugnen, auch mässig, gerecht und fromm in dieser gegenwärtigen Zeit leben und auf die selige Hoffnung und herrliche Erscheinung des grossen Gottes und unseres Heilands Jesus Christus warten sollen (Tit 2,11 – 13).

Aber von unserer Gemeinschaft mit Christus, unserem Haupt, lehrt der heilige Paulus so: Gleich wie es ein Leib ist, der aber viele Glieder hat, alle Glieder aber eines Leibes, obwohl sie viele sind, doch ein Leib sind, so ist auch Christus, verstehe: samt seinem geistlichen Leib, der alle Heiligen umgreift. Und Paulus nennt auch die Ursache, die von der heiligen Taufe und dem Abendmahl hergenommen ist. Denn durch einen Geist sind wir alle in einen Leib getauft worden, wir seien Juden oder Griechen, Knechte oder Freie. Und wir alle sind mit einem Trank getränkt worden in einem Geist (1Kor 12,12 f.).

Der heilige Johannes schreibt an die Gläubigen unter den Heiden: Was wir gesehen und gehört haben, das verkündigen wir euch, damit auch ihr Gemeinschaft mit uns habt, und unsere Gemeinschaft sei mit dem Vater und mit seinem Sohn Jesus Christus (1Joh 1,1 – 3).

So gebührt es sich, dass wir, wenn wir die Sakramente des Leibes und Blutes Christi gebrauchen, uns mit dem sakramentlichen Brot bezeugen, dass Jesus Christus, der für uns gekreuzigt worden ist, uns das Brot des Lebens sei. Wir, die wir zum ewigen Leben allezeit von Gott gespeist und erhalten werden, sollen ihm dienen mit Gerechtigkeit und Heiligkeit unser Leben lang. Wir sollen uns weder von ihm, der unser Haupt und Heiland ist, noch von seiner heiligen Gemeinde jemals trennen noch absondern lassen.

Denn wir sind Nachfolger der lieben Christen zu Jerusalem, von welchen Lukas, der heilige Evangelist, mit grossem Lob bezeugt: Sie bleiben aber beständig in der Lehre der Apostel, in der Gemeinschaft, im Brotbrechen und im Gebet. Ebenso aber war die Menge derer, die glaubten, ein Herz und eine Seele. Auch sagte keiner von seinen Gütern, dass sie ihm gehörten, sondern es war ihnen alles gemeinsam. Und mit grosser Kraft gaben die Apostel Zeugnis von der Auferstehung des Herrn Jesus, und grosse Gnade war bei ihnen allen. Es war auch keiner unter ihnen, der Mangel hatte (Apg 2,42 und 4,32).

Nun, spricht jeder fromme Zuhörer unter euch, habe ich zwar viel (doch mit wenigen Worten angedeutet) vernommen, was zur Lehre vom heiligen Abendmahl dient, was aber allein die annehmen, die aus Gott sind. Die aber aus der Welt sind, werden so wenig wie anderes, das doch auch in Gottes Wort gegründet ist, verstehen und annehmen.

Ich wollte aber gar gern auch das vernehmen, wie mir der rechte Gebrauch von des Herrn Nachtmahl zu besonderem Trost und Freude meines Herzens diene. Denn ich glaube, was gesagt wird, wenn man es öffentlich in der Gemeinde hält. Dieses heilige Sakrament ist als besonderer Trost und Stärke gegeben den armen, betrübten Gewissen, die Gottes Zorn fürchten und nach seiner Gnade und Gerechtigkeit hungrig und durstig sind.

Wohlan, so betrachtet diese meine einfältige Antwort, die doch der Heiligen Schrift gemäss ist.

Zuerst soll dich trösten, dass dieses heilige Abendmahl von Gott Vater, Sohn und Heiligem Geist selbst gehalten wird. Betrachte diese herrlichen Zeugnisse:

Jesus sprach zu ihnen: Wahrlich, wahrlich, sage ich euch, nicht Moses hat euch das Brot aus dem Himmel gegeben, sondern mein Vater gibt euch dieses Brot, das aus dem Himmel und wahrhaftig ist (Joh 6,32).

So gibt der himmlische Vater den Schatz und Kern, was uns die äusseren Zeichen anmahnen und berichten. Ja, Christus selbst übergibt sich den Seinen als eine Speise des seligen Lebens, indem er sagt: Es wirkt das ewige Leben nicht die Speise, die verdirbt, sondern die bleibt und die euch der Menschensohn geben wird, denn ihn hat der Vater, Gott nämlich, versiegelt (Joh 6,27)).

Es kommt zwar wohl der Kirchendienst bei Wort und Sakramenten zu dir, doch ist alles an der Wirkung und Kraft des Heiligen Geistes gelegen, durch die der Vater und der Sohn alles Gute ausrichten in denen, die in Christus Jesus geheiligt sind.

Hier beherzige auch die gnadenreiche Ehre, die dir nicht nur von Menschen gepredigt und dargestellt wird, sondern auch von Gott selbst mit der Salbung des Heiligen Geistes erwiesen und mitgeteilt wird. Denn du kannst dich wohl erinnern, dass der liebe Apostel Paulus sagt: Ich habe gepflanzt, Apollo hat gewässert, aber das Wachsen und Zunehmen hat Gott gegeben. Deshalb weder wer pflanzt noch wer wässert, verleiht das Wachsen, sondern Gott ist es (1Kor 3,6 f.).

Ausserdem möge dich auch freuen, dass man in der Gemeinde den Unterschied zwischen den Leuten sichtlich spürt, wenn des Herrn Nachtmahl ordentlich gehalten wird, woran sehr viel gelegen ist. Es ist wahr, dass manchmal auch recht fromme Leute nicht ohne Gründe ausbleiben müssen, weil Gott sie zwar vom Gebrauch der Sakramente abhält, aber nicht von deren Kern, den sie ohne Unterlass geniessen (weil Christus selbst in ihren Herzen wohnt). Gleichwohl sieht man allgemein, wie der Schaum und die Spreu der fleischlichen Christen, die der Welt noch anhängen, dahinfliesst und zerstreut wird, sie lassen es bei Ostern bleiben. Aber das Gold und der Weizen der wahren Christen bleibt, gibt Gott die Ehre, verkündigt den Tod Jesu Christi, braucht die Sakramente gebührlich und spricht einmütig: Herr, ich habe lieb die Wohnung deines Hauses und den Ort, wo deine Ehre wohnt. Eines habe ich vom Herrn begehrt, dieses fordere ich, dass ich in des Herrn Haus bleiben möge mein Leben lang, um die Lieblichkeit des Herrn zu sehen und seinen Tempel zu besuchen (Pss 26,8 und 27,4).

Fürs dritte soll dich besonders freuen, dass dir, wenn deines Herrn Nachtmahl in der Gemeinde so gehalten wird, nicht allein die Diener mit der Überreichung der Sakramente und der Verkündigung des Evangeliums dienen. Sondern auch dein Herr und Heiland Christus übergibt dir sich selbst, seine Gerechtigkeit, seines Leidens Verdienst, damit du, von den Sünden (als Ursache des ewigen Todes) befreit, die Gabe der Gerechtigkeit Christi (als Ursache des ewigen Lebens) erlangtest (vgl. Röm 5,12 – 6,11).

Gleich wie du in der heiligen Taufe vom Diener mit Wasser, vom Herrn Jesus mit seinem Blut und Geist getauft worden bist zur Wiedergeburt und Heiligung, so empfängst du, weil du wachsen und zunehmen sollst, im heiligen Abendmahl von den Dienern des Herrn Brot und Wein als Gnadenzeichen, aber vom Herrn selbst das Brot und den einen Ursprung des Lebens.

Wie du auch bei der Predigt des Evangeliums mit den Ohren des Leibes die Worte des Dieners anhörst, aber mit den Ohren des Gemüts die Stimme Gottes vernimmst, so empfängst du im heiligen Nachtmahl, was äusserlich und sichtbar ist, von den Händen der Diener, aber was innerlich und himmlisch ist und zur Seligkeit reicht, das übergibt und mehrt in dir die milde Hand Gottes.

Deshalb soll dich fürs Letzte auch trösten und freuen, dass du im Abendmahl des Herrn erlangst nicht allein, was die Augen sehen, die Hände ergreifen und der Mund leiblich isst und trinkt, nämlich Brot und Wein des Herrn, sondern du empfängst auch, was dein Glaube geistlich sieht, erkennt, annimmt und geniesst, nämlich den wahren Leib Christi, der für dich geopfert worden ist, und das wahre Blut Christi, das zur Vergebung deiner Sünden vergossen worden ist. Du hast dich daher dessen zu trösten, dass Jesus Christus, dein Seligmacher, sagt: Wer mein Fleisch isst und mein Blut trinkt, der bleibt in mir und ich in ihm. Wie mich der lebende Vater gesendet hat und wie ich durch den Vater lebe, so lebt durch mich, wer mich isst. Dies ist das Brot, das vom Himmel gekommen ist. Nicht wie eure Väter Manna gegessen haben und gestorben sind, sondern: Wer dieses Brot isst, der wird leben in Ewigkeit (Joh 6,56–58).

Alles, liebe Gemeinde, was von mir mit Hilfe der Heiligen Schrift kurz aufgezeigt worden ist, das könnte ausführlicher erklärt werden. Aber jenen, welche die Wahrheit lieben, weil sie aus Gott sind, genügt auch ein kurzer Bericht. Die aber nicht aus Gott sind, lassen sich weder belehren noch ermahnen, weshalb man auch solche Pflanzen, die der himmlische Vater nicht gepflanzt hat, fahren lassen und seinem Gericht anheimstellen soll.

Wir aber, die wir der Stimme Jesu Christi folgen, haben vernommen, erstens was zur Lehre des Glaubens gehört, nämlich dass wir des Herrn Abendmahl nicht anders halten sollen, als wie es vom Stifter Jesus Christus unantastbar angeordnet worden ist, dass die Erhaltung unserer Seelen auch mit sichtbaren Zeichen aufgezeigt werde, dass wir durch den Glauben das Brot des Lebens, das Jesus Christus ist, empfangen und geniessen, dass also in uns versiegelt werde unser Glaube vom einen Sühnopfer Jesu Christi, das am Kreuz für uns vollbracht worden ist, und unser Vorhaben, das Leben zu bessern und in der Gemeinschaft Christi zu bleiben. Zweitens haben wir auch gehört, dass wir mit Freuden beim Tisch des Herrn erscheinen sollen, weil uns Gott hier besonders speist und stärkt zum ewigen Leben, weil wir hier auch die beharrlichen, rechten Christen als Tischgenossen kennen lernen, weil sich Christus selbst mit seinen Guttaten zum Geniessen übergibt und weil wir auch durch den Glauben je länger, je mehr Anteil und Freude an ihm erhalten.

Deshalb sei ewig Lob und Dank Gott dem Vater, Gott dem Sohn, unserem Herrn Jesus Christus, und Gott dem Heiligen Geist in der Gemeinde der Heiligen. Amen.

Martin Sallmann

Johann Jakob Grynaeus:
Seelsorgerliche reformierte Orthodoxie

Werdegang

Johann Jakob Grynaeus wurde 1540 in Bern geboren, wo sein Vater als Lehrer tätig war. Als dieser eine Stelle in Basel antrat, übersiedelte die ganze Familie dorthin. Johann Jakob besuchte die Schule bei Thomas Platter und studierte später an der Universität Theologie. Schon mit neunzehn Jahren trat er sein erstes Amt als Diakon in Hauingen an, einem Dorf der benachbarten Markgrafschaft Baden-Durlach, wo sein älterer Bruder Theophil bereits als Pfarrer wirkte. In den Jahren 1563 und 1564 weilte er an der lutherischen Universität Tübingen, um den Doktor der Theologie zu erlangen. Nachdem der Vater an der Pest verstorben war, wurde Grynaeus sein Nachfolger als Pfarrer und Superintendent in Rötteln. Simon Sulzer, Antistes und Professor in Basel, der Grynaeus unterrichtet und ordiniert hatte, förderte auch dessen Wahl nach Rötteln tatkräftig. Wie Sulzer stand auch Grynaeus in dieser Zeit mit lutherischen Kollegen wie Jakob Andreae in Tübingen oder Johannes Marbach in Strassburg in gutem Einvernehmen.

Im Jahr 1569 heiratete Grynaeus Lavinia de Canonicis, die Pflegetochter von Thomas Erastus, der in Heidelberg als Arzt und Professor der Medizin tätig war und massgeblichen Einfluss bei der Einführung des reformierten Bekenntnisses in der Kurpfalz unter Kurfürst Friedrich III. hatte. Diese Verbindung mit dem Hause des Erastus dürfte ein wesentlicher Grund für die Revision der theologischen Überzeugungen des Grynaeus gewesen sein. Zum ersten Mal trat Grynaeus öffentlich 1573 gegen Sulzer auf, als es galt, die Orthodoxie des Predigers am Hofe des Markgrafen Karls II. zu überprüfen. Trotzdem empfahl Sulzer, nachdem er als Professor für Altes Testament zurückgetreten war, seinen Protegé Grynaeus, der 1575 von der Universität als Nachfolger gewählt wurde. Zum endgültigen Bruch kam es, als Sulzer im Herbst 1577 die lutherische Konkordienformel in der Herrschaft Rötteln einführen wollte, was Grynaeus vehement und erfolgreich bekämpfte. Sulzer konnte sich zwar mit der Androhung der Amtsenthebung gegen die Pfarrer, welche die Unterschrift verweigerten, doch noch durchsetzen, aber der Rat in Basel verbot seinem Klerus, das Bekenntnis zu unterzeichnen. Die Basler Obrigkeit vermied die Zuordnung zu einer der protestantischen Parteien, denn sie hatte weder das Zweite Helvetische Bekenntnis (1566) noch die Konkordien-formel (1577/1581) angenommen.

Grynaeus zog 1584 nach Heidelberg, wo er nach dem Tod des lutheri-schen Kurfürsten Ludwig VI. auf Ersuchen von Pfalzgraf Johann Casimir, der die Vormundschaft des noch minderjährigen Kurprinzen Friedrich IV. übernommen hatte, die erneute Einführung des reformierten Bekenntnis-ses unterstützen sollte. Schon bald begann ein Ringen zwischen dem Pfalzgrafen und der Basler Obrigkeit über die Rückkehr von Grynaeus, der nicht sonderlich motiviert war, wieder an die Universität Basel zurückzukehren. Als aber Sulzer im Juni 1585 verstorben war, wurde Grynaeus vom Rat die Pfarrstelle als Antistes am Münster angeboten. Dieser nahm an und verliess Heidelberg im März 1586. Obwohl Sulzer mit seiner lutherischen Ausrichtung bis zuletzt das Vertrauen wichtiger Kreise in der Basler Obrigkeit genossen hatte, stand jetzt ein profilierter Vertreter der reformierten Theologie an der Spitze der Basler Kirche.

Konfessionelle Verhältnisse

Für diese konfessionellen Verschiebungen im protestantischen Basel sind zwei Gründe von besonderer Bedeutung: Der Weggang von Grynaeus nach Heidelberg führte an der Universität zu einer schwierigen Situation. Als der Professor für Neues Testament, Ulrich Koch, ernsthaft erkrankte, mussten die theologischen Vorlesungen drastisch eingeschränkt werden. Auffällig viele Studenten wechselten von Basel nach Heidelberg, wo Gry-naeus offenbar mit einigem Erfolg lehrte. Diesen Umstand hatte bereits das Gutachten der Universität zuhanden des Rates vorweggenommen und eine Beurlaubung abgelehnt, weil der Bildungsanstalt dadurch erheb-liche Nachteile entstünden. Zugleich verwies das Gutachten auf einen weiteren Umstand, der gegen einen Wegzug von Grynaeus sprach. Die Kirche könnte Schaden nehmen, weil der Kampf gegen die Katholiken in der gegenwärtigen Zeit notwendig sei. Jakob Christoph Blarer von War-tensee, der 1575 als neuer Bischof des Basler Fürstbistums gewählt wor-den war, hatte tatsächlich das Vorgehen gegenüber der Stadt Basel ver-schärft. Konsequent strebte er ein Bündnis mit den sieben katholischen Orten der Eidgenossenschaft an und verfolgte mit den Bündnispartnern im Rücken beharrlich die Rekatholisierung des Bistums. Basel wehrte sich mit rechtlichen Schritten gegen dieses Vorgehen, doch die rechtliche Lage erwies sich vor dem eidgenössischen Schiedsgericht, das paritätisch mit Vertretern reformierter und katholischer Orte besetzt war, als bedenklich schwach. Die Verhandlungen führten schliesslich 1585 zu einem Kompromiss. Die Stadt beglich die alten Rechtsansprüche des

Fürstbischofs mit einer hohen Geldsumme, behielt zwar nominell die Burgrechte, die sie aber faktisch abtreten musste, so dass die verburgrechteten Untertanen in allen Dingen dem Fürstbischof unterstellt waren. Insgesamt hatte die Stadt gegen den Fürstbischof eine herbe Niederlage eingesteckt. Dieser Machtkampf hatte die Stadt Basel zu einer Annäherung an die verbündeten reformierten Orte der Eidgenossenschaft gezwungen, was wiederum das konfessionelle Klima beeinflusste und die reformierte Tradition gegenüber der lutherischen begünstigt haben dürfte. Die Basler Obrigkeit jedenfalls trug dieser verschärften konfessionellen Situation Rechnung und wählte einen profilierten Vertreter der reformierten Lehre an die Spitze ihrer Kirche.

Wirken des Antistes

In dieser Situation der konfessionellen Verhärtung trieb Grynaeus die Festigung der Basler Kirche nach innen und nach aussen voran. Um die Beachtung des «Basler Bekenntnisses» von 1534 zu fördern, liess er 1589 eine Neuausgabe in den Druck gehen. Im folgenden Jahr erschien ein Sammelband mit dem Titel «Das Geistliche vnd herrliche Kleinot der Kirchen Gottes in Statt vnd Landtschafft Basel», der Glaubensbekenntnis, Katechismen und Gottesdienstordnung enthielt. Damit waren zum ersten Mal die wichtigsten Grundtexte der Basler Kirche für Gottesdienst und Unterricht in einem handlichen Band greifbar. Im Vorwort hält Grynaeus ausdrücklich fest, dass das «Basler Bekenntnis» mit dem «Zweiten Helvetischen Bekenntnis» übereinstimme. Sofort nach seinem Amtsantritt erschienen zudem in kurzer Folge seine Predigten in Einzeldrucken oder kleineren Sammlungen. Sie sollten den Pfarrern einen Massstab für die eigene Verkündigung geben und den Predigthörern die wesentlichen Inhalte der reformierten Lehre darlegen. Leben und Lehre der Kirche sollten in reformierter Tradition geprägt und konsolidiert werden.

Selbstverständlich wurde die konfessionelle Ausrichtung Basels in der benachbarten oberen Markgrafschaft registriert, was der sogenannte Weininger'sche Handel in den Jahren 1598 bis 1600 deutlich vor Augen führt. Bei der Trauung des markgräflichen Rates Werner Eglinger mit Sara Brand, der Tochter des verstorbenen Basler Oberstzunftmeisters Bernhard Brand, kam es in der Kirche zu Weil zu einem Eklat. Johannes Weininger, Pfarrer in Rötteln und Generalsuperintendent der oberen Markgrafschaft, äusserte sich in der Predigt vor den geladenen Gästen aus der Stadt abfällig über die Basler Prädestinations- und Abendmahlslehre. Nachdem die Predigt auch im Druck erschienen war, intervenierte der Basler Rat beim Markgrafen Georg Friedrich, und der Konvent veröffentlichte eine Entgegnung, die wahrscheinlich von Grynaeus und Amandus Polanus abgefasst war. Trotzdem hielten sich hartnäckige Vorwürfe, in Basel gebe es zwischen Lehre und Predigt beträchtliche Unterschiede. Wenn die Stadtbewohner darum wüssten, würden sie die Lehren eines Grynaeus und eines Polanus keineswegs dulden. Diesem Gerücht trat Polanus mit einer deutschsprachigen Schrift vehement entgegen, in der er im ersten Teil Stellung zu den Vorwürfen nahm und im zweiten Teil eine Zusammenfassung der in Basel vertretenen theologischen Lehre gab. Auch die vorangehende Predigt von Grynaeus steht im Zusammenhang mit den geschilderten Ereignissen.

Vortrag und Druck der Predigt
Zwischen dem Vortrag auf der Kanzel und dem Druck der Predigt ist zu unterscheiden. Wegen seiner schlechten Augen konnte Grynaeus, wie er selbst festhielt, kein ausformuliertes Manuskript auf die Kanzel mitnehmen. Vielmehr benutzte er ein lateinisches Konzept, das die Hauptpunkte und die Gliederung der Predigt enthielt. Die Vorlagen für die Drucke entstanden durch die nachträgliche ausführliche Niederschrift, durch das nachfolgende Diktat an Schreiber oder durch die Mitschrift von Hörern der Predigt. Nach Bedarf konnten die Predigten für den Druck überarbeitet und ergänzt, zu theologischen Traktaten ausgebaut oder mit Erläuterungen in einem Vorwort versehen werden.

Im vorliegenden Fall nimmt Grynaeus in einem kurzen Vorwort Vorwürfe auf, die im erwähnten Weininger'schen Handel geäussert wurden. Die Gegner hielten ihm vor, dass er seine Auffassung des Abendmahls geändert habe, was durchaus der Fall war. Freilich wird implizit ein Verrat an der wahren Lehre unterstellt, nämlich der Wechsel von der richtigen lutherischen Lehre in der Jugend zur falschen reformierten Überzeugung des Antistes. Der zweite Vorwurf ist auf dieser Linie zu verstehen. Weil sich Grynaeus seiner Sache nicht sicher sei, traue er sich nicht, in den Predigten öffentlich gegen seine Gegner aufzutreten. Die Zurückhaltung in der Polemik wird Grynaeus als Schwäche und Unsicherheit ausgelegt. Schliesslich wird ihm vorgehalten, was er in der Predigt vortrage, stimme nicht mit dem überein, was er schriftlich veröffentliche. Alle drei Vorwürfe zielen darauf, die Integrität des Grynaeus als Prediger und Lehrer zu bestreiten.

Aufschlussreich ist dabei der Vorwurf, Grynaeus tadle seine Gegner in den Predigten nicht, weil er ein schlechtes Gewissen habe und also in seinen Überzeugungen unsicher sei. Grynaeus verteidigt sich mit dem Verweis auf die Nachfolge Jesu und auf die Mahnung des Paulus, der das

Zanken in der Gemeinde ablehne. Tatsächlich finden sich in den Predigten von Grynaeus kaum polemische oder ausfällige Streitereien mit den theologischen Gegnern. Vielmehr versucht er seine Inhalte affirmativ darzulegen. Das Abendmahl war seit der Auseinandersetzung zwischen Martin Luther und Huldrych Zwingli ein beliebtes Feld des theologischen Disputs und wurde dadurch zu einem wesentlichen Mittel der konfessionellen Identifikation. Es erstaunt daher nicht, dass Grynaeus die Rechtfertigung seiner Predigt gegenüber den Vorwürfen am Abendmahl ausführt.

Lehre und Nutzen des Abendmahls
In der Einleitung der Predigt gibt Grynaeus die Gliederung der Predigt in zwei Hauptteile, nämlich von der Lehre und von «Trost und Freude» des Abendmahls. Beide Hauptteile umfassen je vier Punkte. Zuerst hält Grynaeus fest, dass Jesus Christus selbst das Abendmahl eingesetzt hat. Auf seine Anordnung hin hält die Gemeinde das Abendmahl, die dadurch Anteil an Leib und Blut Christi bekommt, was der Vergebung der Sünden dient. Dann führt Grynaeus aus, wie das «Gleichnis» von Brot und Wein für Leib und Blut Christi zu verstehen ist. Wie Brot und Wein den (äusseren) menschlichen Leib erhalten, so speisen Leib und Blut Christi die (innere) gläubige Seele. Die Unterscheidung zwischen Leib und Seele dient der Auslegung von Brot und Wein als Leib und Blut Christi. Es folgt, dass die Verheissungen des Evangeliums, Vergebung der Sünden und ewiges Leben, durch den Glauben empfangen werden. Wie das Heil im Abendmahl zunächst die Seele anstrebt, so wird es wesentlich durch eine innere Tätigkeit der Seele, den Glaubensakt, empfangen. Im abschliessenden Punkt verweist Grynaeus darauf, dass das sichtbare Evangelium, das im Abendmahl ergeht, den rechten Umgang mit dem Abendmahl fordert. Durch die Verbesserung von Denken und Handeln («Gemüt und Leben») sollen die Gläubigen mehr und mehr wiedergeboren und geheiligt werden. Wer am Abendmahl teilnimmt, bezeugt Jesus Christus als Brot des Lebens und führt einen dem erfahrenen Heil entsprechenden Wandel. In aller Kürze stellt Grynaeus die wesentlichen Inhalte der Abendmahlslehre dar. Die reformierten Akzente liegen in der Auslegung von Brot und Wein als «Gleichnis» für Leib und Blut Christi, die durch den Glauben die Seele speisen. Das Heil, das die Seelen dadurch erlangen, Vergebung der Sünden und ewiges Leben, fordert aber auch einen entsprechenden Lebenswandel, so dass Denken und Handeln in einen Prozess der fortwährenden Verbesserung, der Heiligung, hineingenommen sind.

Im zweiten Teil behandelt Grynaeus, wie der rechte Abendmahlsbesuch die Herzen der Gläubigen tröstet und erfreut. Zuerst verweist Grynaeus auf die Gegenwart des dreieinigen Gottes selbst im Abendmahl. Die Präsenz Christi war unter den Konfessionen heftig umstritten. Grynaeus geht darauf nicht ein, hält vielmehr fest, *dass* Christus anwesend ist, und lässt offen, wie im einzelnen diese Gegenwart zu denken ist. Gott der Vater spendet das Brot des Lebens, Christus selbst ist diese Gabe und der Geist wirkt das Heil. Dann folgt eine Äusserung zur Gemeinde. Wie sich im Wind der Weizen von der Spreu trennt, so zeigen sich im Abendmahl die wahrhaften Christen. Zwar bleiben manchmal auch aufrichtige Christen mit guten Gründen der Feier fern, doch die Christen, die noch der Welt anhängen, kommen lediglich einmal im Jahr an Ostern. Vom äusseren Besuch des Abendmahls wird hier auf die Qualität der Frömmigkeit geschlossen. Wer also regelmässig am Abendmahl teilnimmt, darf sich darüber freuen, ein rechtschaffener Christ zu sein. Weiter führt Grynaeus aus, dass zwar die Pfarrer äusserlich das Abendmahl reichten, eigentlich aber Jesus Christus sich selbst und seine Gerechtigkeit übergebe. Wie bei der Verkündigung der Gläubige die Worte des Pfarrers mit den Ohren des Leibes höre, mit den Ohren des «Gemüts» aber die Stimme Gottes erkenne, so empfange er äusserlich und sichtbar das Abendmahl aus den Händen der Diener, das Himmlische jedoch übergebe die milde Hand Gottes selbst. Schliesslich ist daher auch tröstlich, dass der Gläubige im Abendmahl nicht allein empfängt, was die Augen sehen, die Hände greifen und der Mund isst und trinkt, sondern was der Glaube erkennt, begreift und geniesst, nämlich Leib und Blut Christi zur Vergebung der Sünden.

Der Zusammenhang von rechter Lehre und tröstlichem Nutzen
Die vier Punkte der zwei Hauptteile von Lehre und Trost stehen in engem Zusammenhang. Die Einsetzung des Abendmahls und die Beauftragung der Gemeinde durch Jesus korrespondiert mit dem Hinweis, der trinitarische Gott selbst halte das Abendmahl. Dass Gott selber Auftrag- und Gastgeber des Abendmahls ist, garantiert dem Gläubigen Trost und Freude. Die Unterscheidung zwischen Brot und Wein, welche den Leib speisen, sowie Leib und Blut Christi, welche die Seele nähren, entspricht der Darlegung, wonach die Pfarrer lediglich äusserlich das Abendmahl mit seinen Elementen, Gott selbst aber innerlich das Himmlische zuteile. Das Heilsgeschehen Gottes am Gläubigen ereignet sich wesentlich unsichtbar an der Seele, wofür der äussere Vorgang ein versicherndes und tröstendes Siegel oder Pfand ist. Auch der Glaube, der über das Sichtbare der Elemente hinaus das Eigentliche des Heils erkennt, wird in beiden Hauptteilen erläutert. Schliesslich kommen auch die geforderten Auswirkungen auf den Lebenswandel in beiden Teilen vor. Das im Abendmahl

zugesprochene Heil des Evangeliums fordert einen entsprechenden Lebenswandel. Wer am Abendmahl regelmässig teilnimmt, bezeugt zugleich, dass er nicht mehr der Welt anhängt, was wiederum Freude und Trost des Herzens stärkt.

Seelsorgerliche Orthodoxie

Grynaeus wird gerne als finstere, intolerante Gestalt gezeichnet, die mit eiserner Hand das weltoffene Basel der starren reformierten Orthodoxie zugeführt habe. Richtig ist sicher, dass er an der Schwelle zur reformierten Orthodoxie stand. Und Grynaeus hat durchaus kirchenpolitische und theologische Positionen in einer Form vertreten, die wir aus heutiger Sicht als intolerant beurteilen müssen. Allerdings sollte dabei nicht vergessen werden, dass in dieser vormodernen Zeit ein Leitsatz wie «Einheit in der Vielfalt» nicht denkbar war. Im dunklen Gemälde gibt es aber auch deutlich hellere Farben. In seinen Predigten verzichtet Grynaeus auf ausfällige Polemik und versucht vielmehr beharrlich, für die hörende Gemeinde aus der richtigen Lehre den tröstlichen Nutzen für das Leben zu erschliessen. Die richtige Lehre ist ihm kein Selbstzweck, sondern eine Notwendigkeit, weil sie die Gestaltung des Lebens sowohl der ganzen Stadt als auch des einzelnen Gläubigen prägt.

Literatur

Max Geiger: Die Basler Kirche und Theologie im Zeitalter der Hochorthodoxie, Zollikon-Zürich 1952.

Hans Berner: «Die gute correspondenz». Die Politik der Stadt Basel gegenüber dem Fürstbistum Basel in den Jahren 1525–1585, Basel 1989.

Martin Sallmann: Predigten in Basel 1580 bis 1650. Städtische Gesellschaft und reformierte Konfessionskultur, Basel 2003 (Manuskript der Habilitationsschrift).

HIERONYMUS ANNONI

Der irdische Messkram

Eine Mahn- und Busspredigt
zur Messezeit.
Habita, den 29. Oktober 1744,
im Münster zu Basel[1]

Schicket euch in die Zeit, denn die Tage sind böse.
Concio in Epheser 5,16[2]

Exordium

Geliebte! Die Messezeit, die Zeit des Kaufens und Verkaufens in unserer
Stadt ist abermal vorhanden. Gestern hat man es den Fremden und Einheimischen durch öffentlichen Glockenklang verkündigt. Und jedermann
trachtet jetzt, sich solche Zeit, so gut möglich, zu Nutzen zu machen.

Nun möchte ich gerne in dieser Stunde eine andere Glocke anziehen
und auch etwas von der geistlichen und himmlischen Handelsschaft
reden. Dazu können und sollen uns Anleitung geben die verlesenen Textworte aus Epheser 5,16.

Ach, der Herr, unser Gott und Heiland, gebe mir Gnade, es so zu tun,
wie es mir selbst und einem jeglichen unter uns zum wahren und ewigen
Heil gedeihen mag. O ja, Herr, hilf und lass es wohl gelingen um Deines
Namens Ehre willen, Amen!

Traktandum

Nun Geliebte! So lauten denn unsere Textworte nochmals also: Schicket
euch in die Zeit ...

In der griechischen Sprache heisst es eigentlich: Erkauft die Zeit, denn
die Tage sind böse. Wenige, aber wichtige Worte, meine Lieben! In welchen
uns der selige Apostel Paulus zuerst die Beschaffenheit unserer Zeit

beschreibt und danach auch anzeigt, wie wir uns darin zu verhalten haben, wenn wir christlich und selig sein wollen, hier zeitlich und dort ewiglich.

Pars I

Als erstes spricht oder schreibt denn Paulus: Es ist böse Zeit (oder) die Tage sind böse. Was will er aber damit sagen? Antwort: Der Apostel deutet mit diesen Worten nicht nur auf die Tage seiner Zeit, sondern – welches wohl zu merken – er versteht zugleich den ganzen Lauf der Zeiten und Tage von Anfang der Welt her bis ans Ende, und bezeugt mithin, dass sie böse, böse seien.

Zwar heisst es gleich im Anfang der Heiligen Schrift: Gott sah an alles, was er gemacht hatte; und siehe da, es war sehr gut (Gen 1,31). Aber nachdem die Menschenskinder durch des Teufels List und Betrug von Gott abgefallen, so ward alles verkehrt. Da war das Dichten und Trachten des menschlichen Herzens nur böse von Jugend auf, wie Gott selbst bezeugt (Gen 6 und 8). Ja, so böse war es, dass der Herr und gerechte Gott nicht länger zusehen konnte, sondern dem Greuelwesen durch die schreckliche Sündflut ein plötzliches Ende machte, wovon ausführlich zu lesen Genesis 6,7 und 8.

Böse waren demnach die Tage der Heiligen Patriarchen, so dass Jakob dort zu dem König Pharao gesprochen: Wenig und böse ist die Zeit meines Lebens und langt nicht an die Zeit meiner Väter in ihrer Wallfahrt (Gen 47,9).

Böse waren die Tage zu den Zeiten Moses, des grossen Knechtes des Herrn, als welcher in einem ganzen Lied darüber klagt, welches Lied im Psalm 90 enthalten ist.

Böse waren die Tage zu den Zeiten Davids, so dass derselbe einmal in die Worte ausgebrochen: Hilf, Herr, die Heiligen haben abgenommen. Es wird allenthalben voller Gottlosen (Ps 12,2).

Böse waren die Tage zu den Zeiten der Propheten und hernach. O, wie sind ihre Schriften durch und durch mit bitteren Klagen angefüllt.

Böse waren die Tage zu den Zeiten Jesu Christi und der Apostel. O, wie manche traurige Zeugnisse davon finden sich im ganzen Neuen Testament.

Böse waren die Tage zu den Zeiten der ersten Christen und der Heiligen Kirchenväter, so dass unter anderen der Heilige Policarpus ausgerufen: O Domine in quae nos tempora reservasti! Mit welchem auch Cicero, ein vornehmer und berühmter Heide, übereinstimmte und sprach: O tempora, o mores!

Böse waren die Tage von und zu den Zeiten der Heiligen Reformation, wovon man gräuliche Dinge in den Kirchen-Historien liest.

Böse sind die Tage auch zu unsern Zeiten, wovon hernach noch mehreres soll gesagt werden.

Böse werden sie wohl auch bleiben bis auf die Zukunft Jesu Christi, demzufolge was Apokalypse 22,11.12 geschrieben steht: Wer böse ist, der sei fernerhin böse, und wer unrein ist, der sei fernerhin unrein; aber wer fromm ist, der sei fernerhin fromm, und wer heilig ist, der sei fernerhin heilig. Siehe, ich komme bald und mein Lohn mit mir, zu geben einem jeglichen, wie seine Werke sein werden.

O ja, böse, böse, geistlich und leiblich böse, auf allerlei Weise böse. Die ganze Welt liegt im Argen, 1. Johannes 5,19. Eitelkeit der Eitelkeiten! Es ist alles ganz eitel, sprach der Prediger, es ist alles ganz eitel, Ecclesiastes 1,2.

Pars II

Nun, meine Geliebten! Weil denn die Tage und Zeiten in der Welt immer so böse gewesen und noch sind und ferner sein werden, wie muss man's denn machen? Muss man's gut heissen und gelten lassen? Muss man mitmachen? Muss man dem miserablen Sprichwort folgen und leben wie andere Leute?

O nein! Das sei ferne. Eben darum, damit man nicht also denke, rede und lebe eben darum, lehrt und ruft Paulus im Neuen Testament: Erkaufet die Zeit. Der Mann Gottes will mit dieser Redart sagen: Wer in der Welt ein Christ und in der Ewigkeit ein seliger Engel Gottes sein wolle, der müsse es machen, wie es etwa ein kluger Handelsmann (besonders zur Messezeit) zu machen pflegt. Ein solcher glaubt nicht alles, was man ihm vorschwätzt, er handelt nicht alles ein, was ihm in die Augen fällt. Er läuft nicht den Marktschreiern und Komödianten nach, er bringt seine Stunden nicht mit Kurzweil und debauchieren[3] zu. Nein, er sucht seine Fortune, er profitiert von der Zeit, er sucht gute Waren auf, liest das Beste aus, handelt ein, so wohlfeil er immer kann, und spekuliert stets, wie er da und dort sein Glück machen und seinen Gewinn davontragen möge.

Ebenso sollen's nun die Christen auch machen. Sie sollen nicht mit der Welt laufen noch in den Eitelkeiten herumflattern. Das eine Notwendige soll ihnen immer vor Augen schweben. Dieses zu erlangen und zu behalten, soll ihr Dichten und Trachten, Tun und Lassen sein. Sie sollen's machen, wie es Seth, Henoch und Noah vor der Sündflut, wie es Abraham, Isaac, Jakob, Moses, David und die Propheten im Alten Testament, wie es Jesus Christus und seine Apostel im Neuen Testament gemacht haben. Als welche Exempel und Historien eben darum erzählt und aufgezeichnet worden sind, dass man dieselben nicht nur wisse, sondern auch nachahme. Ja, wir werden dazu ausdrücklich und ernstlich vermahnt: Hebräer 11 und 12, welche Kapitel bei diesem Anlass aufgeschlagen und nachgelesen werden sollten.

Kurz, ich kann den Sinn unseres Apostels nicht besser ausdrücken und unsere Textworte nicht besser erklären als mit den Worten des Apostels selbst, welche unserem Text vor- und nachgesetzt sind. Denn da heisst es zum Beispiel Römer 12, Vers 1, 2: Ich ermahne euch nun, liebe Brüder durch die Barmherzigkeit Gottes, dass ihr eure Leiber gebet zum Opfer, das da lebendig, heilig und Gott wohlgefällig sei. Und stellet euch nicht dieser Welt gleich, sondern verändert euch durch Erneuerung eures Sinnes, auf dass ihr prüfen möget, welches da sei der gute, wohlgefällige und vollkommene Gotteswille. Und Vers 9 – 12: Die Liebe sei nicht falsch. Hasset das Arge, hanget dem Guten an, schicket euch in die Zeit etc., haltet an im Gebet.

Da heisst es ferner in unserem Text Kapitel 5, Vers 15 – 20: So sehet nun zu, wie ihr vorsichtig wandelt ... Da heisst es auch Kolosser 4,1[4]: Haltet an am Gebet und wachet in demselben mit Danksagung. Vers 5,6: Wandelt weislich gegen die so draussen sind und kaufet die Zeit aus. Eure Rede sei allezeit lieblich und mit Salz gewürzt, dass ihr wisset, wie ihr einem jeglichen antworten sollt. Ja ja, meine Lieben! So muss man's machen, wenn man dem Apostel folgen und die Zeit erkaufen, wenn man recht glauben, christlich leben und selig sterben will.

Applicatio

Sehet, Geliebte im Herrn! Dies war so nötig zur Erklärung unseres Textes zu sagen. Dies könnte mithin auch genug sein. Allein, ich habe noch nicht genug. Und ich hoffe, ihr werdet mir noch eine kleine Weile geduldig zuhören und erlauben, dass ich dasjenige, so bisher überhaupt vorgebracht worden, nun auch etwas näher auf unsere Umstände appliziere.

O, wie böse sind auch unsere gegenwärtigen Tage und Zeiten, sonderlich in Ansehung der Erkenntnis christlicher Lehre! Wie hat Finsternis noch den ganzen Erdboden bedeckt und wie ist die Unwissenheit in göttlichen und geistlichen Dingen noch allenthalben so gross. Ich will nun nicht reden von den blinden Heiden, von den wilden Türken, von den verstockten Juden, welche – leider! – noch den grossen Haufen der Menschenkinder ausmachen, sondern ich rede jetzt von den sogenannten Christen, welche das Volk Gottes sein und Anhänger des grossen Heilands Jesu Christi heissen wollen. Ja, von den reformierten Christen in unserer Stadt und Landschaft rede ich.

O, wie wenig rechtschaffen Erkannte Gottes und göttlicher Dinge wird allerorten angetroffen. Wie übel es diesfalls um unser Landvolk steht, das wissen und erfahren wir Landpfarrer leider nur allzusehr. Und wie schwer es zugehe, den Leuten das Wort des Herrn in die Hände zu bringen und deutlich zu erklären, das ist fast nicht zu beschreiben.

Dass es aber auch in der Stadt nicht viel besser steht und geht, das wissen wir auch, denn wir sind in derselben geboren und erzogen worden. Wir haben eine lange Zeit darinnen gelebt und stehen noch in genugsamer Bekanntschaft mit derselben.

O, wie wenige Leute trachten doch zu einem rechtschaffenen Verstand christlicher Lehre zu gelangen. Man sieht und hört zur Genüge, wie mancherlei Sekten und Parteien sich unter den Christen befinden, wie man auf allen Seiten zu schreien pflegt: Hier ist Christus, hier ist Christus, und wie ein jeglicher Haufe sich allein Recht gibt und andere verwirft und verdammt. Wo sind aber die, welche sich's ernstlich angelegen sein lassen, die Sache zu untersuchen, auf welcher Seite die Wahrheit sei, damit man sodann derselben beifallen und von dem unrichtigen Haufen absehen möge. Viele glauben nicht einmal, was in der Bibel steht, und unterlassen mithin auch die ernste und andächtige Lesung derselben. Man kann gleichsam Tag und Nacht dem leiblichen Berufe abwarten, über den Handelsbüchern sitzen, allerhand Zeitungen und Historienbücher lesen, ja, auch sündliche und ärgerliche Schriften durchblättern, aber die Bibel, die heilige und wichtige Bibel, bleibt meistens beiseite gestellt und wird von manchem kaum anders zur Hand genommen, als wenn man etwa dem Heiligen Gott einen Frondienst damit zu leisten vermeint.

Fast jedermann steht in den Gedanken, es sei zum Christentum schon genug, wenn man etwa in der Jugend den Katechismus oder das Nachtmahlbüchlein auswendig gelernt und zur Zeit der ersten Kommunion eine Erklärung darüber angehört habe. Dabei lässt man's bewenden und bildet sich ein, man sei in seiner Religion wohl und sattsam gegründet. Kommt's aber dazu, dass man von geistlichen Sachen diskurrieren will oder Rechenschaft des Glaubens ablegen soll, da wird alsdann die Blösse solcher Leute handgreiflich offenbar. Ein Mensch nun, der auf vorbemeldete Weise seine Zeit erkaufen will, bleibt in solcher Finsternis und Unwissenheit nicht stehen, sondern ist vielmehr allen Ernstes darauf bedacht, wie er zu einer rechtschaffenen und lebendigen Erkenntnis Gottes und Jesu Christi gelangen möge, da in solcher Erkenntnis auch das Ewige Leben besteht, wie der Sohn Gottes selbst es bezeugt, Johannes 17,3: Das ist aber das ewige Leben, dass sie dich, der du allein wahrer Gott bist, und den du gesandt hast, Jesum Christum, erkennen. Ein solcher nimmt mithin die Heiligen Schriften, Altes und Neues Testament, fleissig zur Hand, nebst andern dazugehörigen Büchern. Diese liest und betrachtet er mit aller Andacht und spürt mithin der Wahrheit so lange nach, bis er weiss, wo er daheim ist, bis er einen gründlichen und deutlichen Begriff von der christlichen Religion hat und sagen kann und darf: Ich weiss, was und an wen ich glaube. Folglich betet er auch bei seinem Lesen und Studieren innerlich um die Erleuchtung des Heiligen Geistes, mit David sprechend: Herr, öffne mir die Augen (Ps 119,18), Herr, zeige mir deine Wege (Ps 25,4.5).

Böse sind demnach auch unsere Tage und Zeiten in Ansehung des christlichen Lebens. O, wie übel ist's hier abermals fast durchgehend bestellt! Beschaut man den Handel und Wandel unserer heutigen Christen, so möchte man mit allem Recht sagen, dass es eine umgekehrte Bibel sei. Was Gott in seinem Wort verboten hat, das tut man. Was er geboten hat, das unterlässt man. Ja, es ist so weit gekommen, dass man sich öfters nicht scheut zu behaupten, es sei nicht möglich oder doch nicht nötig, nach der Vorschrift des Göttlichen Worts zu leben, und so geht's freilich mehr als übel und gesetzlos zu.

Nun, wer seine Zeit erkaufen will, der ist und bleibt kein solcher Widersprecher und Widerstreber. Er lässt sich von dem Strom des Verderbens nicht hinreissen, sondern befleissigt sich vielmehr, so gut er immer kann, Gott den Herrn zu fürchten und sein ganzes Lebwesen nach der Vorschrift des Göttlichen Wortes einzurichten. Mithin nimmt er beim Gefühl seines Verderbens seine Zuflucht abermals zum Gebet und flehet zum Herrn, dass Er doch durch seinen Heiligen Geist das Wollen und Vollbringen wirken und um Jesu Christi willen Gnade geben wolle, dass man aus Psalm 40 sprechen könne und dürfe: Deinen Willen, mein Gott, tue ich gern, und dein Gesetz habe ich in meinem Herzen. Da heisst es immer: Herr, lehre mich tun nach Deinem Wohlgefallen, denn du bist mein Gott; dein guter Geist führe mich auf ebener Bahn, Psalm 143,10.

Böse sind ferner unsere Tage und Zeiten in Ansehung der wichtigsten Stücke christlicher Lehre und Lebens, ich meine *Busse, Glauben* und *Liebe.* Wo sind die, welche ihr sündliches Leben rechtschaffen erkennen und beweinen und mit dem bussfertigen Zöllner so lange mit klopfendem Herzen von ferne stehen, an die Brust schlagen und um Gnade schreien, bis sie gleichsam mit dem Blut Jesu Christi besprengt sind und gerechtfertigt ihres Wegs gehen können?

Wo sind die, welche über solchem Hungern und Dürsten, Bitten und Betteln zu einem recht lebendigen Glauben gelangt sind, dass sie sich uns unsichtbar halten können, als sehen sie es, und dass sie von der Gnade Gottes in Christo Jesu so fest versichert sind, als hätte ihnen der Herr vom Himmel zugerufen: Sei getrost, mein Kind! Dir sind deine Sünden vergeben. Wo sind die, denen wegen solcher seligen Glaubensgabe das Herz im Leibe wallt und in Liebe gegen den Dreieinigen Bundes-Gott gleichsam brennt, dergestalt, dass sie darüber die Welt mit all ihrer Augenlust etc. verachten und verleugnen und hingegen mit dem Heiligen Apostel Paulus sagen können: Ich habe Lust abzuscheiden.

Wie, meine Lieben, ist nicht die Zahl solcher rechtschaffenen Christen entsetzlich klein! Werden nicht dergleichen Leute heutzutage als melancholische Grillenfänger und Fantasten angesehen, verlacht und mit allerhand Spottnamen belegt? Und möchte nicht ein mancher blinder Eiferer an denselben gerne zum Retter werden und sie nötigen, bei dem alten Schlender zu bleiben?

Nun, ein Mensch, der seine Zeit erkaufen will, kehrt sich nicht an solche verkehrten Urteile der verblendeten Weltlinge. Es ist ihm darum zu tun, dass er sich des ewigen Heils versichere. Mithin ruht er auch nicht, bis er zum innigen Gefühl seines sündlichen Elends gelangt, bis er mit dem Blut des Lammes an seiner Seele besprengt und aus seinem Elend erlöst worden ist und bis ihn die Liebe Gottes entzündet und die Salbung des Heiligen Geistes in den Stand der Dankbarkeit versetzt hat.

Böse sind unsere Tage und Zeiten weiter in Ansehung unserer Kirchenordnungen und Gebräuche, welche teils dem wahren Christentum den Weg bahnen sollten, teils auch ein wirkliches Stück desselben sind. Wir haben die schönsten Anstalten und Verordnungen. Aber wie beobachtet man dieselben? Wollte Gott, dass diejenigen jetzt vorhanden wären, welche von Rechts wegen eben sowohl zugegen sein sollten als ich selbst, damit ich mein Herz mit allem Respekt, aber auch mit aller Freimütigkeit ausschütten könnte!

Wir haben die schönsten Kirchenordnungen, aber wer hält sie? Wir Landpfarrer müssen sie alle Jahre von den Kanzeln verlesen, aber wer bietet uns die Hand, selbige gültig zu machen? Man bricht sie bald in allen Stücken, man spottet derselben. Wir klagen darüber, und man hört uns kaum. Wir geben unsere Klagen schriftlich ein. Man nimmt sie auf, man liefert sie an ihre Behörde, da kommen sie auf das Schäftlein und bleiben ohne Wirkung. So lässt man lieber alles drunter und drüber gehen und die Seelen haufenweis dem Verderben zulaufen. Ach! Darüber möchte einem redlichen Knecht Gottes das Herze brechen!

Wie leichtsinnig und weltförmisch geht es nicht öfters zu bei der Heiligen Taufe und den Gevatterschaften! Wie wurden nicht die Hochzeitstage insgemein zu Fress-, Sauf-, Tanz- und Ludertagen gemacht! Wie unbereitet und ärgerlich stellen sich nicht die meisten Kommunikanten beim Heiligen Abendmahl ein!

Nun, ein Mensch, der seine Zeit erkaufen will, stellt seine Sache ganz anders an. Die Heilige Taufe ist ihm ein Tag der Verlobung und des

Bündnisses mit dem Heiligen Dreieinigen Gott. Hochzeitsfeste sind ihm heilige Feste, an welchen er sich nicht anders als im Herrn freuen möchte. Das Heilige Abendmahl ist ihm eine Handlung, zu welcher er kaum anders als mit Furcht und Zittern schreitet.

Die Kirchenordnungen sind ihm wichtig, so dass er sich denselben williglich unterwirft, ob er gleich selbige ungeahndet von den Menschen übertreten könnte. So dass ein solcher etwa denkt und spricht: Wenn auch gleich niemand mehr die heilsamen Verordnungen Gottes und der Obrigkeit halten wollte, so will doch ich und mein Haus dem Herrn dienen.

Böse sind unsere Tage auch in Ansehung der äusseren Beschaffenheit unserer dermaligen Zeitläufte. Ist nicht die Welt fast mehr als jemals erfüllet mit Krieg und Geschrei von Kriegen, so dass auch bereits unsere Grenzen davon beunruhiget werden! Kommen nicht schon viele Leute von anderen Orten zu uns, welche nicht genug über ihren Jammer klagen können und Trost und Zuflucht bei uns suchen? Umgeben uns nicht allenthalben zornige Wetterwolken, welche uns gleiches Schicksal zu drohen scheinen? Wie leicht könnten auch wir von Teuerung, Seuchen und Streit angegriffen und übel mitgenommen werden! Nimmt nicht die Zahl kluger, gerechter, herzhafter, gottesfürchtiger Patrioten immer mehr ab? Hat uns nicht der Herr seit etwas Zeit durch Hinwegnehmung habiler Regenten eine bedenkliche und fast unheilbare Wunde geschlagen?

Hört man nicht viele Leute zu Stadt und Land klagen, dass man fast nicht mehr hausen könne? Sieht man nicht, dass, wenn etwa eine Familie in Flor kommt, zehn andere dagegen in Abgang geraten?

Nun, wer seine Zeit erkaufen will, der merkt mit Ernst auf solche Dinge und lässt sich's eine Bussglocke zur Besserung sein. Ist er ein Regent, hat er ein wichtiges Amt, so rät, hilft, wacht und steuert er nach bestem Vermögen und wendet alles an, das allgemein Beste zu suchen und als ein frommer Knecht dereinst erfunden zu werden. Ist er aber eine Privatperson, so stellt er sich wenigstens so gut wie möglich mit Gebet und gutem Exempel in den Reiss und fleht ernstlich gen Himmel, dass der Herr doch ferner Gnaden vor Recht ergehen lasse und alle Not, Strafe und Gefahr von dem lieben Vaterland abwende.

Böse sind unsere Tage und Zeiten endlich auch in Ansehung der allgemeinen Zufälle des menschlichen Lebens. O, wie viele arme, kranke, angefochtene, verirrte, verwaiste Menschen finden sich hin und her! O, wie schneit es gleichsam Kreuz und Elend aller Orten! Nun, wer seine Zeit erkaufen will, der ist auch hier nicht verstockt und gleichgültig, sondern befleissigt sich, ein Salz der Erde zu werden. Ist ihm die Welt ein

Jammertal, drückt ihn seine eigene Last, so trägt er sie geduldig und in der Stille, harret auf die Hilfe des Herrn und lässt es ferne von sich sein, dass er sich auf eine sündliche Weise helfen sollte.

Ist er aber gesund, vornehm, bemittelt, so braucht er's zur Ehre des Höchsten und zu Dienst und Nutz des Nächsten. Da findet er im Gutes-Tun und Liebe-Üben seine Weide und Freude. Eingedenk des goldenen Sprüchleins des grossen Menschenfreunds Jesu Christi: Alles, was ihr wollt, dass euch die Leute tun sollen, das tut ihr ihnen auch. Das ist das Gesetz und die Propheten. Matthäus 7,12.

Ja, ja, meine Geliebten, so böse, so gräulich böse, so mannigfaltig böse sind unsere Tage! Ja, ja, so muss man's einsehen, so muss man's anstellen, wenn man die Zeit erkaufen, wenn man sich in die Zeit schicken will.

Wie nun, meine Lieben! Habt ihr dies bisher erkannt und habt ihr euch bisher auf erstbemeldte Weise verhalten? Wohlan, so ist es gut, und so hab ich euch weiter nichts zu sagen, als dass ihr auf diesem richtigen Wege sollt beständig bleiben und euch durch nichts davon abwendig machen lassen.

O ja, beharret, beharret doch bis ans Ende. Ja, nehmt immer mehr zu in allem Guten, so werdet ihr zuletzt einen herrlichen Messkram erlangen, die Krone des Lebens, Freude die Fülle und liebliches Wesen zur Rechten Gottes immer und ewiglich.

Habt ihr's aber bisher nicht so erkannt und folglich auch nicht getan, o, so erkennt und tut es doch noch gegenwärtig. Hebt heute an und lasst euch diese meine Predigt eine Weck- und Werbungs-Stimme sein, aus der Welt und ihren Fesseln hinauszugehen und in das Reich und die Gnade unsers Herrn Jesus Christus munter einzudringen.

Seht, meine Lieben! Jetzt ist's noch Zeit, jetzt sind die Arme unseres Heilands noch gegen euch ausgebreitet, jetzt ist das Vaterherz Gottes noch offen, jetzt lässt euch der Herr noch rufen. O, eilt, eilt doch und rettet eure Seelen! O, eilt, eilt doch und erkauft eure Zeit! O, eilt, eilt doch und schafft, dass ihr selig werdet mit Furcht und Zittern!

Nun ist es Mess.
Was Wichtiges
folgt auf dem Fersen nach.
Und wer den Segen nicht gewinnt,
versinkt im Ungemach.

Ach ja! Meine geliebten Zuhörer! So lasset uns denn jetzt alle auf sein, von gegenwärtiger Zeit und Stunde wohl zu profitieren! Lasset uns alle kluge Handelsleute werden, die nach dem Einen Notwendigen so ernstlich streben, bis sie's haben! Lasset uns alles anwenden, unsern Beruf und Erwählung gewiss und fester, ja immer fester, zu machen! Lasset uns bitten, seufzen und singen, bis uns der himmlische Messkram gegeben wird! Lasset uns Jesum und seine Weisheit, Gerechtigkeit, Heiligung und Erlösung suchen, bis wir's gefunden haben! Lasset uns an der Himmelstüre so lange anklopfen, bis sie uns aufgetan wird.

Ach! Es heisse denn jetzt bei einem jeglichen unter uns: Wohlan, ich will, du aber, erbarmender Seelenfreund Jesus Christ, wirke die Lust, mehre dein Licht, schenke die Kraft, vollführe dein Werk. Ach ja, Herr, ich wiederhole meine vorige Bitte: O, Herr, hilf! O, Herr, lass es gelingen! Amen.

Geiſtliches

Kauffmanns-Lied,

über

MATTH. Cap. VI. v̇ 21.

Wo euer Schatz iſt, da iſt auch euer Herz.

BASEL,

zu finden im Biſchoffiſchen Buchladen,

1758.

* \
* * \
* *

Das Himmelreich ist gleich einem Kauffmann, der gute Perlen suchte 2c.

MATTH. XIII, ℣. 45. 46.

Bedenk es doch, o lieber Christ! Ob du ein solcher Kauffmann bist.

* \
* * \
*

I.

Jhr Welt = und Handels = Leute,
Nach ei = ner gu = ten Beute,

Strebt in der Gnaden = Zeit,
Zur seel'gen Ewig = keit.

Nun ist es Meß. Was wichtiges

Folgt auf dem Fersen nach.

Und wer nicht hier noch glücklich wird,

Der bleibt in Ungemach.

2.

Hier gibt es viele Güter,
Die man erkauffen kan.
Doch Christliche Gemüther
Gehn nur auf eines an.
Nicht Fleisches = Lust,
Nicht Hoffarts = Wust
Nicht Silber, Gelt und Gold.
O Nein! Es ist ein Perlen-Schatz, dem GOtt
und Engel hold.

X 2   3. Und

Und der ist nicht zu finden
  Auf einem Krämer-Stand,
Noch in den Wasser-Gründen;
  Nein, nur in GOttes-Hand.
      Er giebet ihn
      Noch immerhin
  Um nichts als gute Wort.
Die Sünd-und Welt-und Heuchel-Müntz
  schickt er zum Teufel fort.

Zwar kan man Perlen mahlen,
  Und mancher arme Kerl
Darf offt im Leichtsinn prahlen,
  Er habe seine Perl.
      Doch mercke das:
      Es ist nur Glas,
  Ein menschliches Gemächt.
Die Perl, die GOtt ins Herze legt, hält nur
  die Probe recht.

Will man es anderst nennen,
  So heißt sie Himmelreich.
Sie lehret GOTT erkennen,
  Und machet Christo gleich.
      Das Herz fühlt Ruh
      Und schleußt sich zu
  Für aller Eitelkeit.
Hat jemand solche Gnaden-Gab, der hat das
  Hochzeit-Kleid.

6. Ein

6.

Ein Thor ist, der verreiset,
  Eh daß er sie besitzt;
Der sich mit Hülsen speiset,
  Und um den Schatten schwitzt.
      Er findt im Tod
      Die Höllen-Noth
  Und stäte Armenthey.
Denn alle Herrlichkeit der Welt geht mit der
      Zeit vorbey.

7.

O JEsu, Heil der Armen!
  Du Reicher Königs-Sohn!
Beschenke, aus Erbarmen,
  Mich mit der Perlen-Cron.
      Daß ich hinfür,
      O Heiland! Dir
  Durchaus gefallen mag.
Und hab ich sie, so hilf daß ich dazu recht
      Sorge trag.

8.

O mache, Fürst der Ehren!
  Die Zahl der Menschen groß,
Die sich zu Dir bekehren,
  Von Welt und Sünde loß.
      Ach hänge dich
      Mir sonderlich
  An Hals und Ohr und Herz.
O Perl! Zeuch nun und immerhin mein alles
      Himmelwerts.

HILDEGARD GANTNER- SCHLEE

Eine Busspredigt zur Messezeit

Hieronymus Annoni wurde 1697 als Sohn des Uhrmachers und Ratsherrn Niklaus Annoni und von dessen Ehefrau Maria Salome Burckhardt geboren. Nach dem Theologiestudium verbrachte er zwölf Jahre in Schaffhausen, wo er als Hauslehrer diente. Hier schloss er sich einem Kreis pietistischer Männer an und erlebte er seine Bekehrung. 1730/31 begleitete Annoni seinen Schüler auf einer ausgedehnten Bildungsreise durch die Schweiz und zum Abschluss seiner Anstellung 1732 an die Universität Giessen. Nach einem halbjährigen Aufenthalt in den Wittgensteiner Grafschaften kehrte er in seine Heimatstadt zurück.

1734 verheiratete sich Annoni mit Esther Gottfried geb. Zwinger. Als Begleiter zweier Studenten unternahm er 1736 eine Reise durch das Elsass, die Niederlande und Deutschland. Im Alter von 43 Jahren trat Annoni seine erste Pfarrstelle in Waldenburg an. Von 1747 bis zu seinem Tode 1770 amtete er in Muttenz.

Auf seinen Reisen hatte Annoni zahlreiche Vertreter der unterschiedlichsten Frömmigkeitsbewegungen seiner Zeit kennengelernt, so unter anderen Samuel Lutz, Nikolaus Ludwig Graf Zinzendorf und Gerhard Tersteegen. Als Korrespondent blieb er zeitlebens in das geographisch weitverzweigte Verbindungsnetz eingebunden, welches die Pietisten im In- und Ausland untereinander verband.

* * *

Während des Ancien Régime waren die Pfarrer auf der Basler Landschaft dazu verpflichtet, jährlich einmal an einem Donnerstag im Basler Münster zu predigen. Diese Jahrespredigten sollten unter anderem den städtischen Vorgesetzten eine gewisse Kontrolle über die Rechtgläubigkeit der Landpfarrer ermöglichen. Als Hieronymus Annoni die vorliegende Jahrespredigt hielt, war er seit dreieinhalb Jahren Pfarrer in Waldenburg. Die politischen, kirchlichen und religiösen Verhältnisse zu Stadt und Land waren ihm gut vertraut. Auch er war seinen Zuhörern kein Unbekannter. Annoni gehörte zu jenen Frommen, die der Basler Obrigkeit seit gut zwanzig Jahren viel Ärger und Ungemach bereitet hatten, nämlich zu den Pietisten. Allerdings hatte er sich nie wie die Separatisten – auch Radikalpietisten genannt – von der Kirche losgesagt. Seine Neigung zum

Quietismus und eine ausgeprägte Skrupelhaftigkeit hatten ihn jedoch lange Zeit davon abgehalten, sich in den Dienst der Kirche zu stellen. Da Annoni auf seinen Reisen mit namhaften Vertretern der religiösen Erneuerungsbewegung zusammengetroffen war – wie zum Beispiel mit Nikolaus Ludwig Graf von Zinzendorf und Gerhard Tersteegen – und als Korrespondent eine wichtige Rolle im Beziehungsnetz der *Erweckten* spielte, genoss er zu Stadt und Land Basel Ansehen.

Als Pfarrer war Annoni darum bemüht, der pietistischen Frömmigkeit innerhalb der Kirche Duldung und Einfluss zu verschaffen. So hatte er bewirkt, dass in seiner Gemeinde die von der Obrigkeit beargwöhnten Erbauungsstunden – auch Privatversammlungen oder Konventikel genannt – durchgeführt werden konnten, indem er deren Besucher und Besucherinnen, nach Geschlecht und Zivilstand getrennt, unter seiner Aufsicht ins Pfarrhaus kommen liess.

Das vorliegende Predigtmanuskript gibt Annonis Ausführungen authentisch wieder. Im Unterschied hierzu waren Predigten, die im Druck erschienen, für die Drucklegung zumeist überarbeitet worden. Die Wahl des Predigttextes ist bezeichnend für Annoni. Die Herbstmesse, die damals für das wirtschaftliche und gesellige Leben in der Stadt von grösster Bedeutung war, gab den willkommenen Anlass zu einer Buss- und Erweckungspredigt. Die Aussage des Paulus-Wortes und der Predigt ist klar: Die Zeiten und Menschen seien von Anbeginn an böse gewesen und seien es immer noch. Wer sein Seelenheil retten wolle, der erkenne seine Sündhaftigkeit, tue Busse und bitte Gott um Gnade, solange es noch Zeit dazu sei, der «erkaufe seine Zeit».

Die Predigt folgt der üblichen Gliederung: Einleitung, Thema (in zwei Teilen) und Anwendung. Letztere, welche die mannigfachen bösen Merkmale der Gegenwart behandelt, ist am umfangreichsten. Annoni bediente sich einer einfachen, klaren Sprache. Er unterlegte seine Aussagen nur mit Bibeltexten. Eindringlich wirken die rhetorischen Elemente der Wiederholung und der Ausrufe in «Ach» und «O». Es ging dem Prediger nicht darum, seine Gelehrtheit auszubreiten oder seine Zuhörer auf eine angenehme Weise zu unterhalten. Es ging ihm auch nicht darum, seine Zuhörer in dogmatischen Fragen zu belehren. Sein einziges Anliegen war es, ihnen die Augen zu öffnen, sie zur Umkehr zu bewegen, ihre Seelen zu retten.

Welches waren nun die bösen Zeichen der Gegenwart, unter denen auch der Pfarrer litt? Hier bezog sich Annoni ganz konkret auf die Verhältnisse in seinem Heimatkanton. Als erstes nannte er die Spaltung der Reformierten in verschiedene Sekten und Parteien, allerdings ohne diese näher zu bezeichnen. Tatsächlich gab es damals im Kanton Basel erhebliche Unstimmigkeiten und Rivalitäten auch unter den Pietisten. Ende 1739 waren auf Bitten Annonis hin die ersten Herrnhuter Sendboten nach Basel gekommen, um die Erweckten untereinander besser zu organisieren und neue Mitglieder zu gewinnen. Dies geschah gegen das Verbot der Obrigkeit und erzeugte Unruhe selbst in pietistischen Kreisen. Man sah es ungern, dass junge Schweizer Theologen damals in die Herrnhuter Gemeinschaft von Herrnhaag abwanderten. Annoni, der sich nach einem friedlichen Zusammenleben aller *wahren Gotteskinder*, gleich welcher Konfession, sehnte, litt unter den gegenseitigen Anfeindungen, von denen er selbst auch nicht verschont blieb.

Als nächstes böses Zeichen führte der Prediger die Unwissenheit der meisten Menschen in Bezug auf den christlichen Glauben an. Von den Pietisten wurden diese verächtlich *Namenchristen* oder *Maulchristen* genannt, während sie sich durch eifrige Lektüre religiöser Schriften auszuzeichnen trachteten. Annoni lag die christliche Unterweisung der Kinder besonders am Herzen. Als Hauslehrer in Schaffhausen hatte er sich hierin mit Erfolg bemüht.

Auch die Lebensführung seiner Landsleute sah Annoni im Argen liegen. Die meisten von ihnen zählte er zu den *Weltkindern*, denen die Freude am Irdischen noch nicht vergangen war. Ein wahrer Christ hingegen war zur Erkenntnis seiner elenden Sündhaftigkeit gelangt, er hatte bittere Reue empfunden, Busse getan und Gott um Gnade angefleht. Wurde er aus solch einem *Busskampf* durch die Zusage der Gnade erlöst, so gehörte er zu den *Wiedergeborenen*, den *Bekehrten*, *Erweckten* oder zu den *wahren Gotteskindern*. Für diese war die Welt ein Jammertal, das sie freudig verlassen wollten – so lauteten zumindest ihre Bekenntnisse.

Im Verlaufe seines Lebens hatte Annoni zahlreiche kranke Menschen mit einem Gedicht bedacht. Nie wünschte er den Patienten eine gute Besserung, stets wünschte er ihnen einen freudigen Gang zum *himmlischen Hochzeitsmahl*. Seine eigenen häufigen Krankenlager brachten ihn oft in grosse Seelennot, da er unsicher war, ob er sie als Strafe oder Gnadenerweis Gottes anzusehen hatte.

Bei dem weiteren bösen Zeichen der Zeit, nämlich der Missachtung der Kirchenordnungen, hätte Annoni gern den weltlichen und kirchlichen Vorgesetzten sein Leid geklagt. Doch diese waren nicht erschienen, obwohl sie dazu verpflichtet gewesen wären. Auf ihren Aussenposten hatten die Landpfarrer einen schweren Stand. Einerseits sollten sie als Vertreter der städtischen Obrigkeit darüber wachen, dass die zahlreichen Mandate eingehalten würden, mit denen das Leben der Untertanen in allen

Bereichen geregelt werden sollte. Andererseits sollten sie als Seelsorger das Vertrauen ihrer Gemeindeangehörigen gewinnen. Diese Aufgabe glich der Quadratur des Kreises.

Annoni hatte in Waldenburg einen ganz besonders schweren Stand. Im Landvogt auf Schloss Waldenburg hatte er einen erklärten Gegner. Nicht nur, dass dieser die Kirchenordnungen in gravierender Weise missachtete und versuchte, Annoni bei der Bevölkerung in Misskredit zu bringen. Er hatte den Pfarrer auch in Basel verklagt, weil dieser bei den Fürbittegebeten für die Obrigkeit deren Titulatur verkürzt hatte. Deswegen zur Rechenschaft gezogen, musste Annoni gegen seine Überzeugung wieder die vollständige Titulatur in den Fürbitten vortragen.

Erst ein halbes Jahr vor dieser Jahrespredigt hatte ein Sohn des Landvogts ein junges Mädchen vergewaltigt und hatte – obwohl alle von seiner Täterschaft wussten – am darauf folgenden Sonntag zum Abendmahl gehen wollen. Dieses Sakrileg hatte Annoni mit Mühe noch abwenden können. Den klagenden Eltern des Opfers war in der Stadt kein Gehör geschenkt worden. Des Landvogts Sohn war ungestraft davongekommen.

Auf ihren Synoden beklagten sich die Landpfarrer immer wieder darüber, dass die Landbevölkerung die Sonn- und Feiertagsgebote nicht einhalte und Taufen und Hochzeiten zu «Fress-, Sauf-, Tanz- und Ludertagen» mache, wie sich Annoni ausdrückte. Sie forderten ein härteres Vorgehen gegen die Missetäter. Doch die städtischen Behörden liessen all die schriftlich niedergelegten Klagen unbeachtet liegen. Aus Annonis Worten ist die Frustration deutlich herauszuhören, die er mit jenen Amtsbrüdern teilte, die ihren Auftrag ernst nahmen.

Die Wurzel allen Übels sah Annoni wie wohl die meisten Pfarrer seiner Zeit in der boshaften Natur des Menschen begründet. Würden alle Menschen die von der Obrigkeit – die sich als von Gott gesetzte Hüterin über Staat und Kirche verstand – erlassenen Gebote befolgen, so könnten die Menschen in Frieden einträchtig miteinander leben. Nach dieser Auffassung war eine Besserung der Verhältnisse nur möglich durch die Besserung der Einzelnen, nämlich durch deren Bekehrung. Doch sahen es die Pietisten auch als Aufgabe an, alles Kreuz und Ungemach in Demut zu erdulden. Eine psychologische und soziologische Begründung der zahlreichen Konflikte lag damals noch fern.

Gegen Ende seiner Predigt zählte Annoni weitere Zeichen der bösen Gegenwart auf, ohne diese weiter auszuführen: zunehmende Armut, Krankheiten, Kriege, Tod guter Regenten und anderes. All die bösen Zeichen sollten als Warnzeichen verstanden werden: Noch ist es Zeit, die

Zeit zu erkaufen. Noch ist es Zeit, sich zu bekehren. In dieser Warnung steckte auch die Vorstellung, in der Endzeit zu leben. Diese Vorstellung hatte die Frömmigkeit des 17. Jahrhunderts stark geprägt. Sie war eine der Wurzeln des Pietismus gewesen. Unterschwellig bestimmte die Erwartung der baldigen Wiederkunft des Herrn nach wie vor das Lebensgefühl vieler Pietisten, so auch das des Hieronymus Annoni. Auch aus diesem Grunde sah er sich in der Rolle des Johannes des Täufers, des Rufers in der Wüste.

Mit seinen Predigten, die zum Ärger mancher Amtsbrüder stets grossen Zulauf auch aus anderen Gemeinden fanden, bewirkte Annoni tatsächlich viele Erweckungen. Im Grunde genommen liefen all seine Predigten – egal welcher Bibeltext ihnen zugrunde lag – immer auf dasselbe hinaus, nämlich auf die Mahnung zur Umkehr. Annoni scheute sich dabei nicht, seinen Zuhörern die Hölle heiss zu machen, wie nachgeschriebene Predigten aus der Muttenzer Zeit belegen. In der Muttenzer Kirche war die Darstellung des Jüngsten Gerichts, welches einst die ganze Westwand gefüllt hatte, nach der Reformation zwar übertüncht worden. Doch mit seinen Worten malte der Pfarrer ein fast ebenbürtiges Gemälde von den zu erwartenden Höllenstrafen. Ja, er erkannte in etlichen seiner Gemeindeangehörigen einen *wahren Höllenbraten.*

Für den heutigen Leser ist es schwer nachzuvollziehen, dass Annoni mit seinen Predigten solch grossen Erfolg hatte. Es waren wohl weniger die Worte selbst, mit welchen der Prediger seine Zuhörer packte und erweichte, als die Art und Weise, wie er sie vorbrachte. Annoni, den die Vorstellung quälte, dass er dereinst vor dem Richterstuhl über jede verloren gegangene Seele müsse Rechenschaft ablegen, konnte seinen Zuhörern glaubhaft machen, dass er um jede einzelne Seele ringe, bettle. Sprachlich kam dieses Ringen in den vielen Ausrufungen, Wiederholungen und Seufzern zum Ausdruck. Die Gestik dürfte entsprechend eindringlich gewesen sein. Predigte der Pfarrer trotz Krankheit und Schwäche, so gewann sein Mahnen und Werben noch grössere Glaubhaftigkeit. Wie aus Annonis tagebuchartigen Aufzeichnungen zu erfahren ist, flossen sowohl ihm selbst als auch seinen Zuhörern des öfteren die Tränen. Dies galt als hoffnungsvolles Zeichen dafür, dass der erste Schritt zur Umkehr – nämlich die Einsicht in die Sündhaftigkeit – getan war.

Die gegen den Schluss der Predigt zitierten Verse stammen aus Annonis *Geistlichem Kaufmannslied,* welches den Gottesdienstbesuchern sicher bekannt war. Annoni hatte sich als Verfasser geistlicher Lieder und als Herausgeber zweier Gesangbücher nicht nur in Basel einen Namen gemacht. Mit dem zitierten Liedertext knüpfte der Prediger wieder an den

Ausgangspunkt seiner Ausführungen an, nämlich an die Zeit der Herbstmesse. Den Händlern und Kaufleuten galt die Botschaft, nicht nach der irdischen, sondern nach der himmlischen Perle zu trachten.

Literatur

Christoph Johannes Riggenbach: Hieronymus Annoni. Ein Abriss seines Lebens sammt einer Auswahl seiner Lieder. Basel 1870.

Paul Wernle: Der schweizerische Protestantismus im XVIII. Jahrhundert. 3 Bde. Tübingen 1923 – 1925. (Bd. 1: Das reformierte Staatskirchentum und seine Ausläufer (Pietismus und vernünftige Orthodoxie)).

Hildegard Gantner-Schlee: Hieronymus Annoni 1697 – 1770. Ein Wegbereiter des Basler Pietismus. (Liestal) 2001 (= Quellen und Forschungen zur Geschichte und Landeskunde des Kantons Basel-Landschaft, Bd. 77).

Anmerkungen

1 Diese Predigt ist handschriftlich überliefert im: Nachlass Hieronymus Annoni. C I 2, 72. Handschriftenabteilung der Universitätsbibliothek Basel. – Zur besseren Lesbarkeit des Textes wurden bei der Transkription Orthographie und Interpunktion den heutigen Gepflogenheiten angepasst. Auch wurden gewisse sprachliche Eigenheiten geringfügig geändert, wie z. B.: er gehet = er geht. – Im Manuskript sind die Bibelzitate nur mit wenigen Worten angedeutet, da Annoni sie auswendig wusste.

2 Zum besseren Verständnis von Epheser 5,16 seien auch der vorangehende und nachfolgende Vers zitiert: «15. So sehet nun zu, wie ihr vorsichtig wandelt, nicht als die Unweisen, sondern als die Weisen. 16. *und kaufet die Zeit aus; denn es ist böse Zeit.* 17. Darum werdet nicht unverständig, sondern verständig, was da sei des Herrn Wille.» Welchen Text Annoni in seiner Überschrift zitiert, ist nicht klar.

3 Debauchieren = ausschweifend leben.

4 Es handelt sich um Vers 2.

JOHANN PETER HEBEL

Kelch der Freuden
und Arznei der Leiden

Abschiedspredigt, gehalten
in der Stadtkirche Lörrach
am 21. Sonntage nach Trinitatis 1791

Heiliger, guter Gott, der du im Himmel wohnst und auf Erden schaffst,
was du willst, lass uns in deinen Führungen stets den Willen eines weisen,
liebenden Vaters erkennen, stets die heilsamen Anstalten zu unserer Besserung und Vervollkommnung benutzen. Wir übergeben unsere Schicksale deinen Vaterhänden; – führe uns den Weg, den wir wandeln sollen,
leite uns nach deinem Rat, und nimm uns endlich mit Ehren an. Segne
auch heute die Betrachtung deines Worts; lass durch sie deinen Namen
verherrlicht, unsere Liebe und unser Vertrauen gestärkt werden!
– Vaterunser –

Es war ein Königischer, dessen Sohn lag krank zu Kapernaum. Dieser
hörte, dass Jesus kam aus Judäa nach Galiläa, und ging hin zu ihm und
bat ihn, dass er hinabkäme und helfe seinem Sohne; denn er war tod-
krank. Und Jesus sprach zu ihm: Wenn ihr nicht Zeichen und Wunder
seht, so glaubt ihr nicht. Der Königische sprach zu ihm: Herr, komm
hinab, ehe denn mein Kind stirbt. Jesus spricht zu ihm: Gehe hin! Dein
Sohn lebt. Der Mensch glaubte dem Wort, das Jesus zu ihm sagte, und
ging hin. Und indem er hinabging, begegneten ihm seine Knechte, ver-
kündigten ihm und sprachen: Dein Kind lebt. Da forschte er von ihnen
die Stunde, in welcher es besser mit ihm geworden war. Und sie sprachen
zu ihm: Gestern um die siebente Stunde verliess ihn das Fieber. Da
merkte der Vater, dass es um die Stunde wäre, in welcher Jesus zu ihm
gesagt hatte: Dein Sohn lebt. Und er glaubte mit seinem ganzen Hause. –

Das ist nun das andere Zeichen, das Jesus tat, da er aus Judäa nach Galiläa kam. Johannes 4,47 – 54

Ein zärtlicher Vater sah in seinem Sohn den Trost und die Hoffnung seines Alters aufblühen. Jetzt sieht er den, in dessen Gesundheit und Leben alle seine Wünsche sich vereinigten, mit dem Tode ringen und kann ihm nicht helfen. Vielleicht nach langem Leiden, Kummer und Jammer hört er von Jesus, eilt zu ihm und bittet, dass er hinabkomme in sein Haus und helfe seinem Sohn. Und Jesus eilt nicht so schnell zur Hilfe, wie der Vater mit seiner Bitte geeilt war. Und doch erscheint die Hilfe früher und herrlicher, als er nur hoffen konnte. Jesus geht nicht mit ihm hinab in sein Haus. Aber er spricht: «Dein Sohn lebt» – und siehe, er lebte und war besser und genas. – Und der Vater, den die fröhliche Botschaft seiner Diener aus der tiefsten Betrübnis und Beklemmung zur höchsten Freude erhob, glaubte mit seinem ganzen Hause.

Lasst uns in dieser Geschichte wie in einem Spiegel die Beschaffenheit und den Gang menschlicher Schicksale betrachten und lehrreiche Folgerungen daraus zu unserer Erbauung herleiten.

Die Schicksale der Menschen sind im Ganzen sehr gut. Wir haben auf einer angenehmen oder doch bequemen, wenigstens leidlichen Reise durchs Leben viel, viel Gutes und manche Freuden zu geniessen. Ich kann euch vielleicht keinen unerwarteteren, aber doch gewiss auch keinen einleuchtenderen Beweis davon darlegen als den Umstand, dass wir immer so viel zu klagen haben, immer so unglücklich zu sein glauben. Denn die Einrichtung unserer Schicksale ist so, dass sich die meisten Leiden ohne Freuden nicht denken lassen.

Der Vater in unserem Evangelium hat einen leidenden Sohn; sein Herz blutet beim Anblick seiner Schmerzen. – So war er denn doch wenigstens so glücklich, einen Sohn zu haben, der lange Zeit seine Freude und sein Stolz gewesen war. Je mehr sein väterliches Herz jedes Leiden des Sohnes selber empfand, je unerträglicher und schrecklicher ihm der Gedanke war, ihn verlieren zu können, je ängstlicher er sich nach allen Hilfsmitteln zu seiner Rettung umsah, desto mehr Beweise legte er ab, was für ein glücklicher Vater er bisher war, wie viele Freude, wie viele Hoffnung, wie vielen Trost ihm der Besitz seines Sohnes gewährte. Er hätte nur keinen Sohn haben dürfen, um alle jene Leiden nie zu empfinden. Aber konnte er dieses auch nur jemals im Ernst gewünscht haben, der zärtliche Vater, der kein grösseres Unglück kennt, als gerade das, diesen Sohn zu verlieren? So setzen die meisten Klagen, mit welchen wir unser Schicksal verwünschen, den genossenen Besitz eines Glücks voraus. Und wir müssen wohl sehr glücklich sein und die Grösse unseres Glücks im Grunde recht wohl zu schätzen wissen, weil uns die Erhaltung desselben so viele Sorge, Angst und Kummer verursacht; wir müssen sehr viel Gutes geniessen, weil wir so viel zu verlieren haben, müssen wohl auch sehr verwöhnt sein, weil wir so oft mit unseren Klagen abwechseln.

Das Gute aber, das der Mensch auf der Erde zu geniessen hat, übertrifft bei weitem das Widerwärtige. Aus dem nämlichen Grunde. Es ist ein Beweis, dass wir sehr an das Gute gewöhnt sein müssen, weil wir empfindlicher sind bei unangenehmen als bei angenehmen Vorfällen, empfindlicher in dem Augenblick des Verlustes als während der langen Zeit des Besitzes und durch ein Leiden uns hundert Freuden verbittern lassen.

Es ist nicht zu vermuten, es ist nicht möglich, dass die Freude des Vaters, sooft er seinen gesunden Sohn erblickte, jedesmal in dem nämlichen Grad lebhaft sollte gewesen sein, als jetzt sein Schmerz lebhaft war, sooft er sein Ächzen hörte, sooft er einen neuen bedenklichen Vorboten seines Todes in seiner zunehmenden Krankheit bemerkte. War etwa jenes Glück für ihn weniger wichtig als dieses Unglück? Das kann nicht sein. Der Schmerz, den Verlust und Entbehrung in uns rege macht, muss jederzeit mit dem Wert, den wir auf das Verlorene legen, in natürlichen, richtigen Verhältnissen stehen. Die ungleiche Äusserung der väterlichen Empfindungen muss also in anderen Umständen ihren Grund haben und in keinem anderen als darin: dass sein Auge an den erfreulichen Anblick eines wohlgebildeten, blühenden, hoffnungsvollen Sohnes gewöhnt war, der Anblick des zum Tode dahinwelkenden Kindes aber etwas Neues, etwas Seltenes, etwas Ungewöhnliches für ihn war. So war er also in Hinsicht auf diesen Gegenstand des Glücks besser gewohnt als des Unglücks. So war also nach unserer Behauptung das Mass der Freuden, das ihm in der Geburtsstunde seines Sohns bereitet war, überwiegend über die Leiden, die eine bittere Folge des nämlichen Augenblicks waren. Nehmt nun den möglichen Fall an, dass der Königische ein Vater mehrerer lieber Kinder war. Ist die Freude, ein Kind zu haben, so gross, als uns sein Kummer bei der Gefahr des Verlustes schliessen lässt, was für ein glücklicher Mann war er, wenn er diese Freuden vierfach genoss, in jedem anderen Kind andere Liebenswürdigkeiten erblickte, andere Tugenden sich entwickeln sah, andere Hoffnungen nährte! Starb ihm auch dieses Kind vielleicht von vieren, so hatte er doch noch immer für einfaches Leiden dreifache Freuden zu geniessen. Wendet diese Gedanken auf andere Umstände, auf eigene Angelegenheiten an, welche ihr wollt.

Wir schätzen einen Menschen, dessen Auge für das erfreuliche Licht des Tages durch Blindheit verschlossen ist, bei allem Überfluss von

Reichtümern, bei aller übrigen Bequemlichkeit des Lebens, für äusserst elend; so müssen wir denn auch gestehen, dass wir, solange unser helles Auge den Tag sieht, der uns zu unseren Geschäften und Freuden leuchtet, bei allen unseren übrigen Gebrechen und Leiden, worin sie auch bestehen, doch unermesslich glücklich sind. Und das Auge ist nur ein Sinn. Was für ein Schatz von Bequemlichkeit, Vorteilen und Freuden quillt uns aus dem vereinigten Gebrauch aller Sinne! Wieviel Gutes bleibt auch selbst für den noch übrig, dem nur ein einziger fehlt! Indessen sind doch Leiden da, die uns des Lebens Genuss verbittern.

Lasst uns unsere Betrachtung der Frage widmen: Warum sind so viele Leiden in das Los unserer Tage gemischt? – Fasst diese Frage nur in einen bestimmten Punkt zusammen, um euch zu überzeugen, dass sie zum Teil töricht ist. Warum ward es in dem Schicksal des glücklichen Vaters nicht zu einem unmöglichen Fall, dass sein Sohn krank werden und sterben konnte? Weil er ein Mensch war. Sollte der sterbliche Vater einen unsterblichen Sohn haben? Warum muss die Stunde früh oder spät kommen, in welcher wir, wenn wir lang leben wollen, den Tod unserer älteren Freunde sehen müssen? Weil sie Menschen sind. Warum werden wir alt? Weil wir jung waren. Warum können wir unser Vermögen verlieren? Aus dem nämlichen Grund, weil wir's erwerben konnten, weil es eine wandelbare, unstete, flüchtige Sache ist. Es ist eine genau zusammenhängende Kette; es müsste alles anders sein, oder es muss alles so sein, wie es jetzt ist. Doch diese unveränderliche Notwendigkeit ist keine harte, traurige Notwendigkeit. Auch Leiden sind Wohltat; sie sind ein ebenso wesentlicher Bestandteil unseres Glücks als die Freuden. Der stete, ungestörte Genuss der letzteren würde bald in unsinnigen Taumel oder in Überdruss und Gefühllosigkeit ausarten. Nur jene heilsamen Störungen sichern uns auf der einen Seite ebenso wohl vor gefährlicher Überspannung als auf der anderen vor gefühlloser Erschlaffung und setzen unseren Geist auf den Grad von Mässigung, der zum reinsten, völligsten, dauerhaftesten Genuss des Glücks erforderlich ist. Der Regierer unserer Schicksale müsste uns keine Freuden gegönnt haben, wenn er uns keine Leiden zugedacht hätte.

Die Unvollkommenheiten aber, in denen wir die Quelle unserer Leiden entdecken, sind entweder von kurzem Bestand oder fortdauernd. Der Sohn des leidenden Vaters stand einen Augenblick auf der Schwelle des Todes und kehrte wieder ins Leben zurück, um das zärtliche Herz eines Vaters noch länger zu erquicken, um ihm einst als einem alten und lebenssatten Greis die Augen zu schliessen. – Aber wie nahe war Glück und Unglück in dem gefährlichen Augenblick beisammen! Wenn Jesus nicht in die Gegend gekommen wäre? Wenn der Vater nichts von ihm gehört hätte? Wenn der Sohn während seines Hingangs zu Jesu verschieden wäre? O, so glaubt wenigstens nicht, dass der Schmerz in seiner Brust stets mit gleicher Gewalt gewütet hätte. Es ist eine dankenswürdige, aber natürliche Einrichtung unserer Natur: Wir gewöhnen uns an die Entbehrung wie an den Genuss. Die Zeit giesst Balsam in alle Wunden und überzieht sie mit einer wohltätigen Narbe. Der Stachel des Schmerzes stumpft sich allmählich ab wie der Reiz des Vergnügens. Einzelne und neue, vielleicht gerade solche Freuden, die wir nur durch einen Verlust erkaufen konnten, wirken alsdann im umgekehrten Fall auch desto lebhafter, je weniger wir an sie gewöhnt sind; sie tun hier, was dort die Leiden taten. Sie setzen den Geist in die Mässigung zurück, in welcher wir des Lebens froh sein können.

Lasst uns jetzt zu Betrachtungen einer anderen Art übergehen, welche wir uns noch aufbewahrt haben.

Als der Königische nicht nur die Nachricht von der Genesung seines Sohnes, sondern auch die wunderbare Bemerkung von seinen Dienern vernahm, dass gerade in der Stunde, in welcher Jesus sagte: «Dein Sohn lebt», ihn das Fieber verlassen hatte, so glaubte er samt seinem ganzen Hause, das heisst: Er erkannte Jesus für das, was er war, für den mit göttlicher Kraft und Güte ausgerüsteten Wohltäter der Menschen. Der herrliche, überzeugende Beweis, den Jesus hier von einer seiner Behauptungen ablegte, weckte bei dem erstaunten Vater den Glauben, dass auch das Übrige, was für jetzt noch nicht gerade bewiesen war, wahr sein müsse. Er hielt ihn aber so gewiss für den von Gott erleuchteten Lehrer, für den von Gott bestimmten Erlöser und Seligmacher, als er ihn für den ihm von Gott gesendeten Wohltäter erkennen musste. Es musste alles wahr sein, was Jesus sagte, oder nichts. Und so war auch die Wirkung, die des Heilands Tat in seiner Seele gebar, nicht nur Dank für eine Wohltat, sondern es war freudige Annehmung seiner Religion und Lehre; es war willige Ausübung seiner Gebote; es war getroste Zueignung seines Verdienstes und Vertrauen auf seine Erlösung. Das heisst: Er glaubte. Glaube ist es, was die Einrichtung und der Gang der menschlichen Schicksale auch in uns wirken soll.

Wenn wir den Umfang alles unseres Glücks betrachten, durch was für Wege und Mittel wir in den Besitz desselben eintraten, aus wie entfernten Anfängen sich unsere Schicksale bereiteten, durch wie viele zusammentreffende Umstände es diesen Gang nahm, wie vieles wir genossen, was wir uns nicht selber gaben, wie vieles wir dulden mussten, was wir nicht verhüten konnten, wie manche Gefahr über unserem Haupt vorüberschwebte und nicht losbrach, wie selten wir das, was uns begegnet, auf unsere Klugheit und Rechnung schreiben dürfen – wie im Gedräng so vieler guten und bösen, klugen und törichten, überlegten und unüberlegten, möglichen und widersprechenden Wünsche, Absichten und Unternehmungen so vieler tausend um- und nebeneinander wirkender Menschen doch alles seinen natürlichen Gang fortgeht und jeder seinen abgemessenen Teil von Freuden und Leid empfängt, Gutes aus dem Traurigen und Trauriges aus dem Guten: So müsse unser Geist zu dem Gedanken geleitet werden, dass ein höheres, mächtiges Wesen, ein Gott und Vater, in unser aller Leben und in unseren Schicksalen wirke.

Wenn wir insbesondere sehen, wie dieser verwickelte Gang der menschlichen Schicksale immer einen guten, oft einen anderen, aber allemal einen besseren Ausgang nimmt, als wir vermuteten, wenn in den gefährlichen Kelch der Freuden sich die heilsame Arznei der Leiden von selber mischte, wie aus der bitteren Wurzel der Leiden herrliche Freuden von selber aufblühten, wie Böses das Gute beförderte, Gutes das Böse milderte und einschränkte: So müsse der tröstliche Glaube in unserer Seele gestärkt werden, dass dieses waltende göttliche Wesen ein weises und gutes Wesen sei und die Güte eines Vaters mit der Weisheit eines unbegreiflichen Gottes vereinige, um uns auf dem sichersten Wege zur Glückseligkeit zu führen.

Werden wir von der lieblichen, lachenden Aue des Glücks unvermutet und von neuem in dunkle Irrwege geführt, deren Gang mit jedem Schritt verschlungener und dunkler wird – lasst uns den Weg, der uns vorgezeichnet ist, mit Mut und Vertrauen wandeln und glauben, dass der Gott, der uns schon aus sechs Trübsalen erlöst hat, auch in der siebenten uns vom Tode erretten kann. Gott legt uns eine Last auf; aber er hilft uns auch. Wir haben einen Gott, der da hilft, und einen Herrn, der vom Tode errettet.

Er kennt die rechten Freudenstunden
Und weiss wohl, was uns nützlich sei.
Wenn er uns nur hat treu erfunden,
Aufrichtig ohne Heuchelei –
So kommt er, eh' wir's uns versehn,
Und lässet uns viel Guts geschehn.[1]

Finden wir denn doch in unseren Schicksalen noch so manches rätselhaft und unbegreiflich, warum uns Gott diese und keine anderen Wege führte, warum er uns jetzt erst, so und nicht anders rettete, warum er so harte Prüfungen über uns verhängte, warum er uns ein Glück einen Augenblick schmecken liess, um es uns für immer wieder zu entreissen, warum Leiden und Freuden, die einem jeden seinen Pfad bezeichnen, doch so ungleich ausgeteilt sind, fragen wir endlich am Rande des Grabes, wo unsere

Freudenlieder und Seufzer verstummen, was bei allen diesen Anstalten Gottes Absichten waren: So lasst uns in diesen unerforschlichen Führungen, in diesem Anfang ohne Ende den Beweis erkennen, dass Gottes Ratschlüsse sich nicht auf dieses Leben allein einschränken, dass wir für eine Ewigkeit geschaffen sind, zu einer Ewigkeit an seiner Hand vorbereitet und geführt werden. Bis ans Grab ist alles dunkel; jenseits wird alles licht sein.

Da werd' ich das im Licht erkennen,
Was ich auf Erden dunkel sah;
Das wunderbar und heilig nennen,
Was unerforschlich hier geschah;
Da denkt mein Geist mit Preis und Dank
Die Schickung im Zusammenhang.[2]

Und diesen erhabenen Gott lasst uns mit reinem Dank für seine Güte verehren, wandeln vor seinem Angesicht und fromm sein, uns durchs Glück zu Liebe und willigem Gehorsam, uns durch Leiden zur Geduld, zur Unterwerfung, zur Mässigkeit und Nüchternheit stärken, mit jedem näheren Schritt zur Ewigkeit würdiger der Ewigkeit werden und einst mit freudigem Blick der Vollendung unseres Schicksals entgegengehen.

Meine Betrachtungen und Ermahnungen über den Gang menschlicher Schicksale haben ein Ende. – Gönnt mir, dass ich noch einen Augenblick über mein eigenes Schicksal mit euch rede.

Unser gnädigster Landesfürst hat mich berufen, von nun an an einer anderen Stelle, soviel meine schwachen Kräfte vermögen, zum Wohl meiner Nebenmenschen beizutragen. Ich fühle auch in dieser Veränderung meiner Schicksale das Los der Menschheit – Freude mit Traurigkeit gemischt: Freude an dieser Huld und Gnade meines Fürsten, Freude in der Hoffnung, vielleicht in einem weiteren Wirkungskreis für das Wohl meiner Brüder mitzuarbeiten, aber Traurigkeit in der Trennung von einer Gemeinde, die meinem Herzen wert und teuer ist. Aber ich erkenne und verehre auch hierin die Wege einer höheren Vorsehung und folge ihren Führungen. Es sind mehr als acht Jahre mir schnell und unvermerkt verschwunden, seit ich das erstemal an dieser heiligen Stätte das Wort des Evangeliums verkündete und, wiewohl es mein eigentlicher Beruf war, dem Unterricht eurer Kinder obzuliegen, doch durch öffentliche Vorstellung vor dieser Gemeinde mit euch selbst in nähere Verbindung trat. Meine Empfindung fordert mich auf, es laut und öffentlich zu bekennen und zu rühmen, dass ich meinen Aufenthalt bei euch zu dem bestimmten Mass meiner Freuden und nicht meiner Leiden rechne, dass ich viele Freundschaft und Liebe, viel Güte und Gefälligkeit, viele Billigkeit und

Nachsicht und einen steten Frieden unter euch genossen habe, dass euer Andenken und eure Liebe mir unvergesslich sein werden. Und ach, dass ich hoffen dürfte, dass auch einem oder dem anderen unter euch, werte Seelen, mein Aufenthalt nicht gleichgültig geblieben sei, dass ich durch Kraft des göttlichen Wortes etliche unter euch in der Tugend, im Glauben, im Vertrauen auf Gott gestärkt, einen oder den andern zum Nachdenken über sich selber veranlasst, einen Niedergebückten, Trauernden, Unglücklichen, einen Kranken, einen am Grabe seiner Freunde Weinenden mit dem Trost des Evangeliums erquickt und aufgeheitert! Rechnet mir's nicht für Stolz an, wenn ich mit diesem Trost heute diese Stätte und nun bald eure Gegend verlasse. Ich preise Gott, nicht mich. Ich sage nicht, dass ihr ohne mich einer Ermahnung, eines Trostes hättet entbehren müssen. Ihr hattet und habt einsichtsvolle, treue, eifrige Lehrer und Hirten, mit deren Verdiensten um euch ich die meinigen nicht vergleiche. Aber ich freue mich, wenn auch in euren Herzen etwas ist, das euch mein Andenken wert macht, wie euer Andenken in meinem Herzen wert und unvergesslich ist. – Sollte in einem Herzen das Andenken an eine Beleidigung aufbewahrt bleiben – ich müsste kein Mensch sein, wenn ich jederzeit getan und geredet hätte, was alle wünschten –, so vergesst es so gewiss, als ich euch nicht absichtlich kränkte, so gewiss, als Gott es weiss, dass ich keinen Groll gegen einen von euch mit mir nehme.

Heiliger Vater! Dir danke ich mit gerührtem Herzen für alles Gute, dessen du mich so viele Jahre hindurch gewürdigt, für alle Geduld und Schonung, womit du mich getragen, für die Freudigkeit und Kraft, womit du mich ausgerüstet hast, deinen Namen zu predigen meinen Brüdern und sie zu unterweisen in deiner Furcht. Du warst unser Gott und Heiland und wirst es ferner sein. Ich bezeuge mein Vertrauen zu deiner Huld dadurch, dass ich die Empfindungen und Wünsche, die jetzt mein Herz empfindet, deiner Güte empfehle. Sei du der Vergelter alles Guten an denen, die mir Gutes und Liebe bewiesen! Giesse deinen Segen aus über die Bewohner dieser Stadt! Lass dein Licht unter ihnen leuchten, dein Wort mächtig wirken, fromme, glückliche, selige Menschen bilden! Herr, du weisst es, ob und wann ich diese Gegend wiedersehen und wen ich noch unter den Lebenden antreffen werde. Leite uns alle in den Wegen deiner Gebote, dass wir dort bei dir uns wiedersehen mögen! Amen.

Niklaus Peter

Hebels dichterische Theologie

I.

Johann Peter Hebel wird am 10. Mai 1760 in Basel geboren und in der Peterskirche getauft. Bald darauf sterben der Vater und das einmonatige Schwesterchen; als Dreizehnjähriger muss er miterleben, wie die Mutter auf der Rückreise von Basel ins Wiesental ihrer Erkrankung erliegt – prägende biographische Erfahrungen, die im Dialektgedicht «Die Vergänglichkeit» wie auch in vielen anderen Hebeltexten verarbeitet werden. Er besucht die Grundschule im Wiesental, dank eines Legates kann er aufs Gymnasium in Karlsruhe, studiert dann von 1778 bis 1780 Theologie in Erlangen. Danach ist er drei Jahre ohne Anstellung, wird erst 1782 ordiniert und 1783 endlich Schulvikar in Lörrach. Obwohl er ein begabter und engagierter Pädagoge ist, wartet er lange auf eine Beförderung und hofft vergeblich auf eine Pfarrstelle. Erst im November 1791 wird er zum Subdiakon ans Karlsruher Gymnasium (Unterricht in Lateinisch, Griechisch, Hebräisch, später auch Rhetorik und Dogmatik) berufen und macht endlich Karriere: 1792 Hofdiakon, 1798 a. o. Professor und schliesslich 1808 Direktor des Gymnasiums; 1814 wird er in die Kirchen- und Schulbehörde des Landes Baden berufen, 1819 gar Prälat (höchstes kirchliches Amt des Landes, vergleichbar dem Bischofsamt) und Mitglied der Ersten Badischen Kammer. Zunehmend kränkelnd, stirbt Hebel am 22. September 1826 in Schwetzingen im Alter von 66 Jahren.

Hebel wird meist nicht als der Theologe, der er war – als Prediger, als Religionspädagoge und als Kirchenleiter – wahrgenommen, sondern «nur» als Schriftsteller. Sein dichterisches Werk ist nicht sehr umfangreich, ein paar wenige, an einer Hand abzuzählende Bücher, diese aber gehören zur Weltliteratur: 1803 gelingt ihm mit den in Wiesentaler Mundart geschriebenen «Allemannischen Gedichten» ein grosser Wurf (Besprechungen von Voss, Goethe, Jean Paul u. a.), 1811 publiziert er unter dem Titel «Schatzkästlein des rheinischen Hausfreundes» eine Auswahl seiner geschliffenen, wundervollen Texte aus dem badischen Landkalender, den er zuerst als Mitarbeiter (1803–1807) und dann als alleiniger Redaktor (1808–1814) betreut hat. 1824 erscheinen seine «Biblischen Geschichten». Sein Nachlass zeigt einen produktiven Geist, einen Theologen, Prediger, Verfasser von Gutachten und einen grossen, begnadeten Briefeschreiber.

Ein Blick auf den Prediger im Poeten mag helfen, danach den Poeten im Prediger besser zu sehen.

II.

Hebels Handwerksbursche aus Duttlingen, der die Hauptrolle in einer kleinen Kalendergeschichte ums Nichtverstehen und Verstehen spielt, steht staunend vor einem prachtvollen Haus in Amsterdam. Auf die Frage, wie der glückliche Eigentümer denn heisse, bekommt er von einem vorübereilenden Holländer die «schnauzige» Antwort: «Kannitverstan!» Bald steht er am Hafen bei einem grossen ostindischen Handelsschiff, aus dem unentwegt Kostbarkeiten und Reichtümer entladen werden. Als er auf seine Frage nach dem Besitzer wiederum die Antwort «Kannitverstan» erhält, da stellt sich sogleich eiliges Verstehen ein: «Haha, schaut's da heraus? Kein Wunder, wem das Meer solche Reichtümer an das Land schwemmt, der hat gut solche Häuser in die Welt stellen!» Und wie nun Neid und Selbstmitleid aufkeimen wollen, erblickt er einen grossen Leichenzug mit vierspännigem Leichenwagen. Die Frage nach dem Namen des Verstorbenen wird erneut mit knappem «Kannitverstan» beantwortet, was dem Räsonnement des Duttlingers eine neue Wendung gibt: «Armer Kannitverstan», ruft er aus, «was hast du nun von allem deinem Reichtum? Was ich einst von meiner Armut auch bekomme: ein Totenkleid und ein Leintuch, und von allen deinen schönen Blumen vielleicht einen Rosmarin auf die kalte Brust, oder eine Raute.»

Hebels schelmische Freude an dieser Geschichte beruht darauf, dass der Handwerksbursche ohne kumuliertes Missverständnis nicht zu einer tieferen Form des Verstehens gekommen wäre, zu einem Verstehen nämlich, das ihn und seine eigene Existenz betrifft; zu einem Verstehen, wie es eben jede Predigt anstrebt. Dieser Bursche, so gibt Hebel seinem Motiv allerdings nochmals eine feine Drehung, sei von der ihm unverständlichen holländischen Leichenpredigt mehr gerührt gewesen als von mancher deutschen ... Aber dieser kleine Seitenhieb gegen herz- und geisttötende Leichenpredigten kann nicht verbergen, dass es sich bei dieser Kalendergeschichte Hebels sehr wohl um eine kleine dichterische Predigt handelt. Was Intention und Rhetorik betrifft, so ist der theologische Kern unverkennbar beim genannten grossen Gedicht «Die Vergänglichkeit», welches eine menschenfreundliche, literarische Apokalypse in der Form eines Gesprächs zwischen Vater und Sohn darstellt, ebenso wie bei einer Vielzahl von Kalendergeschichten. Man möge sich daraufhin einmal «Unglück der Stadt Leiden», «Unverhofftes Wiedersehen», aber auch etwa Texte wie «Über die Sonne etc.» ansehen.

Diese stehen in einer spezifischen Tradition, derjenigen einer christlichen, «dichterischen Religion»[3], die ihr homiletisches Instrumentarium und ihren hermeneutischen Grund nicht verleugnen können – und es auch nicht wollen.

III.

Dass Johann Peter Hebel sein homiletisches Handwerkszeug gelernt hat, zeigt die hier gedruckte Abschiedspredigt, sein letztes Kanzelwort in der geliebten Regio Basiliensis. Er hat sie am 13. November 1791 in der Lörracher Stadtkirche gehalten, bevor er nach Karlsruhe aufbrach, um die dortige Gymnasiallehrerstelle mit Predigtmandat an der Hofkirche anzunehmen. Mit Entschlossenheit konzentriert der Theologe die johanneische Heilungsgeschichte schon in seiner knappen, einleitenden Textparaphrase auf den Vater hin, und nicht etwa auf die «Zeichen und Wunder». Damit gewinnt er nicht nur eine Identifikationsfigur für die Predigthörer, deren Elternfreude (oder deren Erleben als Kinder von Eltern), deren Glückerfahrungen und Hoffnungen er ebenso lebendig zu evozieren weiss, wie er deren Sorgen und Ängste etwa im Entsetzen des Vaters über die Krankheit und über den Tod des Sohnes ansprechen kann. Hebel gewinnt darüber hinaus einen einheitlichen theologisch-seelsorgerlichen Gesichtspunkt, den er während der ganzen Predigt durchhält: Im Erleben von Leid und Glück wird der dogmatische Begriff der Vorsehung so thematisch, wie Dogmatik in Hebels ganzem Werk thematisch wird – nämlich nie anders als in biblisch grundierten Geschichten, die Lebenserfahrungen reflektieren und erhellen. Eine poetische Theologie eben, wie sie Hebels lebenslanges Anliegen war.

Und so setzt er nun dazu an, menschliche Lebenserfahrung im Spiegel dieser Geschichte transparent zu machen auf eine biblisch gedachte «conditio humana» hin, auf das, was er «die Einrichtung unserer Schicksale» nennt. Er erinnert daran, wieviel Gutes und wieviel Freuden auf der Reise durchs Leben erfahren werden und dass die negativen Lebenserfahrungen und Schicksalsschläge erst auf diesem positiven Hintergrund ihr schmerzliches Gewicht gewinnen können. «Er hätte nur keinen Sohn haben dürfen, um alle jene Leiden nie zu empfinden», lautet Hebels nüchterner Kommentar zu den Ängsten und Schmerzen des «Königischen». Was für diesen «königischen» Vater anschaulich beschrieben wird, das gilt auch für den Predigthörer: der «genossene Besitz von Glück» bildet die Voraussetzung für die intensive Erfahrung grossen Verlustes und Kummers. Dadurch gelingt Hebel ein Doppeltes. Er ist mit seinen Beschreibungen ganz nahe am Erleben des Hörers, und zugleich korrigiert er die verzerrte, gerade auch in der christlichen Theologie oftmals geübte Wahrnehmung des Lebens unter dem Aspekt seiner negativen Seiten, der Gefährdung, der Hinfälligkeit, der Vergänglichkeit und der Sünde mit dem Hinweis auf das erfahrene Glück. Mit dieser Konzentration auf die Wahrnehmungsseite kommt etwas vom psychologischen Blick der französischen Moralisten, freilich ohne deren Kälte und Zynismus, ins Spiel, und aufklärerisch ist auch die Intention, der behutsame Versuch, einen realistischen Blick aufs Leben mit dem christlichen Glauben zu verbinden. Das wird besonders dort deutlich, wo er die oft kindlich eindeutige Theodizeefrage[4] mit einer behutsamen, doch klar formulierten Gegenfrage korrigiert. Warum es diesem guten Vater zustossen konnte, dass sein Sohn krank werden und sterben musste? «Weil er ein Mensch war. Sollte der sterbliche Vater einen unsterblichen Sohn haben? ... Warum werden wir alt? Weil wir jung waren.» Es ist dies ein biblischer und aufklärerischer Realismus, den Hebel seinen Lörracher Hörern mitgeben will, der die «zusammenhängende Kette» des Natürlichen[5], die «unveränderliche Notwendigkeit» jedoch nicht als «harte, traurige Notwendigkeit» liest, sondern als eine von Gott getragene Schöpfung.

Es ist vermutlich dieser aufklärerischen Intention seiner Predigt geschuldet, wenn Hebel das Wunder der johanneischen Auferweckungsgeschichte nicht direkt und zudem eher kurz zur Sprache bringt, wiederum aus der Perspektive des erlebenden Vaters: aus der Wirkung nämlich, die die Botschaft «Dein Sohn lebt» auf den Vater hat, der «samt seinem ganzen Hause» zum Glauben an Jesus kommt, wobei Hebel dessen Glaubwürdigkeit und nicht einfach die Dankbarkeit für erwiesene Wohltat als Motiv hervorhebt.

Diese erfahrene göttliche Glaubwürdigkeit und Verlässlichkeit führt Hebel nun mit seinem Hauptmotiv, der Glücks- und Leidenserfahrung, zusammen zu einer Rekapitulation des gewählten Themas, der göttlichen Vorsehung in der Erfahrung von Leid und Glück. In einer dichten, knappen Skizze schildert er, «wie im Gedräng so vieler guten und bösen, klugen und törichten, überlegten und unüberlegten, möglichen und widersprechenen Wünsche, Absichten und Unternehmungen so vieler tausend um- und nebeneinander wirkender Menschen doch alles seinen natürlichen Gang fortgeht und jeder seinen abgemessenen Teil von Freuden und Leid empfängt» – ein Hinweis auf Gottes Wirken, dessen verbleibende Unerforschlichkeit und Dunkelheit er nicht verschweigt, aber mit dem Hinweis auf das Eschaton, auf ein lichtes Jenseits, korrigiert. Diese eschatologische Dimension ist bei Hebel auf eine unverkennbar eigene, charakteristische Weise durch sein ganzes Werk präsent.[6]

Hebel beschliesst seine Predigt mit persönlich gehaltenen, dankbaren Bemerkungen zum Abschied und einem Gebet.

IV.

Hebel war, wie man oftmals aufgrund einer oberflächlichen Lektüre seiner Dialektgedichte und Kalendertexte vermeint hat, kein «Heimatdichter», kein «schollengebundener» Alemanne[7] und auch kein jovialer Prediger. Ihn interessierten als Dichter, als Theologen wie auch als Kirchenführer Kommunikationssituationen, er war beschlagen in antiker wie moderner Rhetorik, er trieb Dialektstudien ebenso, wie er die Landkalender als Massenmedien seiner Zeit untersuchte. Das zeigt sich an seinen beiden Kalender-Gutachten[8] wie an seinem liturgischen Gutachten «Ideen zu einer Gebetstheorie». Diese beginnt mit den Worten: «Wir haben unsere Gebete und Predigten von der alten Dogmatik gereiniget, reinige Gott auch unsern Stil von allem Schlendrian des Ausdrucks, von allem Hinüberdrehen ins Homiletische und Geistliche und Biblisch-Paulinische. Tausche der liebe Gott uns gegen diese fremde Zunftsprache unsere natürliche Sprache wieder ein, die wir verloren haben, damit wir beten können, wie die lieben Kinder zu ihrem lieben Vater, nicht wie steife Handwerksgenossen und Altgesellen im geschworenen Gruss.»[9]

Dieser Text zeigt sehr schön, wie Hebel Frömmigkeit und Aufklärung zu versöhnen sucht, wie er über den Zusammenhang von religiöser Erfahrung und deren Versprachlichung nachdenkt, er zeigt darüber hinaus eine erfahrungsnahe und lebendige, bilderreiche Sprache, die man schon in der Abschiedspredigt findet – freilich nur ansatzweise, denn dieser frühe Hebeltext weist noch nicht die spätere stilistische Meisterschaft und Präzision auf.

Ein Dialekttext Hebels aus dem Nachlass zum Schluss, der ein kleines Kabinettstück seiner dichterischen, undogmatischen Dogmatik ebenso wie seiner reflektierten, wunderbar ironischen und doch ernsten Erfahrungstheologie darstellt:

Us der Bredig bhalte[10]

««Der Himmel seig frili wit oben, aber wie länger ass me leb, se chömer alliwil nöcher abe, wemme gottsfürchtig glebt heig; und er leng eim zletzt bis an Chopf abe, und wemme recht treu seig und Gott und d' Mensche lieb heig: so chömer no wiiter abe und me seig mitem Gsicht und mitem Herze scho völlig im Himmel dinn, wemme mit de Füeße no dur d' Neßle watt und in Dörn und Glasscherbe tret uf der Erde. Und e frumme Mensch heig guet in Himmel cho, wenn er sterb. D' Seel dörf numme gar use schliefen us Fleisch und Bluet, si seig scho im Himmel; 's irdisch Herz fall frili wieder abe, wenn d'Seel drus seig, und fall inne Grab, aber s'mach nüt. D' Seel seig der Meister und si schweb alliwil witer ufe, wenn ere der Lib nümmen ahenk wie ne Bleichlotz, und 's seig dört obe so rein und so blau.

Und d' Hell seig frili wit denide, aber wie länger ass me lasterhaftig leb, wie witer chöm sie eim ufe bis an d' Füeß, me gang wie uf Chole, und sie chöm eim bis übers Herz ufe; und menge'n ess no Brotis mitem Mul, während ass em's Herz scho unter siedigem Wasser stand, und wenn e gottlose Mensch sterb, hätt er au kei Müi in d'Hell z'cho; er dörf si numme gar abetunke. Der Lib chöm frili wieder ufe, wenn d'Seel mit ihrer schwere Sündelast druss seig; aber d' Seel sink allewil witer abe'n und es seig so finster dunte und so unheimli.›

Der Pfarrer Grineis z'Basel chönnt's gseit ha. Der Spezial z'Augge chönnt's o gseit ha. Aber 's het's ken vonene gseit; 's cha zwor si, si hen es o gseit. Dr Proviser und dr Balbierer hen ihr Gspött drab cha, wo si us der Chilche gange sin, und hen gseit, der Pfarrer seig ebe-n-efange-ne alte Ma. Aber sell isch ei Tue. 's het mer ebe doch ans Herz glengt, und i ha's verstande-n-und 's isch besser so, weder wenn der Vicari urig us glehrte Büechere predigt, wo niemes verstoht ass der Proviser und öbbe der jung Schmid, wo enen am Meer in der Fremdi gsi isch.»

Anmerkungen

1   4. Strophe des Liedes «Wer nur den lieben Gott lässt walten» von Georg Neumark (1641) 1657, RG 681.

2   7. Strophe des Liedes «Trost des ewigen Lebens», aus den «Geistlichen Liedern und Oden» von Christian Fürchtegott Gellert, Leipzig 1757, das mit der Zeile «Nach einer Prüfung kurzer Tage» beginnt.

3   Vgl. dazu Hebels Brief an den Heidelberger Kirchenrat Christian Theodor Wolf vom Juli 1800 mit dem Joh. Jak. Mnioch-Zitat: «... und höre doch nicht auf mit Mnioch zu beten: ‹Du lieber Gott, erhalte uns eine dichterische Religion›», Johann Peter Hebel, Briefe, Erster Band, hrsg. und erläutert von Wilhelm Zentner, Karlsruhe 1957, S. 93.

4   Unschlagbar knapp in der Formulierung Harold Kushners: Why do bad things happen to good people?

5   Vgl. zu diesem zentralen Begriff der Aufklärung: Arthur O. Lovejoy, The great chain of being, Harvard UP 1936.

6   Vgl. dazu meinen kleinen Beitrag: N. P., Johann Peter Hebel: Aufklärer und menschenfreundlicher Apokalyptiker, in: ZEITSchrift (Reformatio) 45, 1996, S. 427–429.

7   Stärkster, feinster Tobak dazu ist: Robert Minder, Heidegger und Hebel oder die Sprache von Messkirch, in: ders. Dichter in der Gesellschaft. Erfahrungen mit deutscher und französischer Literatur, Frankfurt 1966.

8   «Unabgefordertes Gutachten über eine vorteilhafte Einrichtung des Kalenders» sowie «Meine weiteren Gedanken über eine vorteilhafte Einrichtung des Kalenders», beide in

Johann Peter Hebel, Werke, Band 1, hrsg. von Wilhelm Altwegg, Zürich, 2. durchgesehene Auflage, o. J., S. 429 – 441.

9 Zit. nach: Hebel, Werke (Altwegg), Band 1, S. 511 – 518.
10 Zit. nach: Hebel, Werke (Altwegg), Band 1, S. 373 – 374.

JOHANNES FREY

Eine Predigt
über die Aufklärung

Gehalten am 21. Juni 1789
in der Leonhardskirche in Basel

Vater! Ich habe Dich verklärt auf Erden und vollendet das Werk, welches Du mir gegeben hast, das ich tun soll. Johannes 17,4

Jesus, unser hochgelobter Heiland, fiel am Ende seines verdienstvollen Lebens mitten unter seinen lieben Jüngern auf die Knie und redete voll zärtlicher Liebe gegen die Seinigen mit Gott, dem ewigen Vater, mit seinem Gott und unserem Gott, mit seinem Vater und unserem Vater. Mit dem Heiland aller Menschen, der Urquelle aller Weisheit und aller Seligkeit, von welchem alle guten und vollkommenen Gaben herkommen. Vater, sprach er unter anderen, ich habe Dich verklärt auf Erden und das Werk vollendet, welches Du mir gegeben hast, das ich tun soll.

Mit diesen Worten gibt uns Jesus deutlich zu verstehen, welches das Hauptwerk in seinem Leben gewesen sei und dass er dasselbe noch vor seinem Tode vollendet habe; nämlich sein Hauptwerk war die Verklärung seines Vaters; denn er wusste aus eigenem Gefühl und wirklicher Erfahrung, dass darin das ewige Leben, unser zeitliches und ewiges Wohl bestehe, wenn wir den allein wahren Gott richtig erkennen und vernünftig verehren.

Jesus, mächtig in Worten und gross an Taten, suchte also in seinem ganzen Leben nicht seine eigene Ehre, nicht Herrschaft, nicht Anbetung, sondern die Ehre seines Gottes und das Heil der Menschen. Nichts war ihm so sehr angelegen, als eben den Verstand der Menschen aufzuklären, vornehmlich ihnen zu ihrem ewigen Trost und Heil den Vater zu offenbaren

und sie zu belehren: Wie sie Gott, ihren Vater und Heiland, verehren sollten im Geist und in der Wahrheit, durch gute Besinnungen und dem Herrn
wohlgefällige Handlungen.

Das Hauptwerk Jesu, die Verklärung seines Vaters, soll uns jetzt zu
einem Anlass dienen, unsere Andacht mit der Betrachtung eines in unseren Tagen sehr wichtigen Gegenstandes zu unterhalten; wir wollen nämlich reden von der wahren Aufklärung, welche eben den grossen und herrlichen Endzweck hat, die richtige Erkenntnis und die vernünftige
Verehrung Gottes überall zu befördern und auszubreiten.

Unser Vater, der du den ganzen unermesslichen Weltraum durchschaust
und alle die unzählbaren Weltkörper in diesem grenzenlosen Himmel
kennst, du weisst es, o Allwissender! wie gross noch die geistliche Finsternis sei, welche auf dem Kreis des Erdbodens die Menschen, deine lieben
Geschöpfe, umgibt. Möchte es doch bald Licht werden überall! Möchte
es doch einmal dazu kommen, dass du, o Herr! der Ewige, unter allen
Erdbewohnern verklärt werdest! Dass die richtige Erkenntnis und die vernünftige Verehrung deines Heiligen Namens die allgemein herrschende
Religion würde auf Erden. Amen.

Was in unseren Tagen Aufklärung genannt wird, das hiess in der Sprache der Apostel Erleuchtung des Menschen. So schrieb unter anderen Paulus an die ersten Gläubigen in diesen Worten: Gott gebe euch erleuchtete
Augen des Verstandes. Das ist: Er kläre euren Verstand auf, damit ihr ihn,
den Gott und Vater unseres Herrn Jesu Christi, recht erkennen mögt;
damit ihr ganz einseht, welches da sei all der überschwängliche Reichtum
der Weisheit und der Güte Gottes in Christo; damit ihr mit allen Heiligen
versteht, welches da eigentlich sei die Höhe und Tiefe, die Länge und
Breite der ganzen Lehre des Heils und welches da sei der vollkommene
und wohlgefällige Wille Gottes.

So wurden auch die ersten Christen, welche durch Jesus und seine
Apostel erleuchtet und belehrt wurden, von der Finsternis der Unwissenheit zu dem erfreulichen Lichte der göttlichen Weisheit und von der
Gewalt des Aberglaubens zu der vernünftigen Verehrung des allein wahren Gottes geführt. Diese ersten Christen wurden gleich anfangs genannt
ein Licht in dem Herrn, Kinder des Lichts, Gläubige, die in dem Licht
wandeln, oder, nach unserer Sprache, aufgeklärte Leute. Vornehmlich
aber wurden diejenigen Lichter der Welt, Aufklärer, genannt, welche
anderen den Weg zum ewigen Leben wiesen oder vieles zur wahren
Erkenntnis Gottes und zur Ausübung des rechtschaffenen Wesens in
Christo beitrugen; nicht etwa bloss mit Worten, sondern auch durch die
alles überwindende Kraft ihres eigenen herrlichen Beispiels, nach der

Vermahnung Jesu: Lasset euer Licht leuchten vor den Menschen, damit sie eure guten Werke sehen und euren Vater im Himmel preisen. Unter allen Lichtern der Welt, unter allen denen, welche in der Wahrheit Aufklärer der Menschen genannt werden können, ist aber, ohne alle Widerrede, Jesus das höchste, wahrhaftige, vollkommene und ewige Licht der Welt: der Anfänger und Vollender aller wahren Aufklärung, aus dessen Fülle alle die ihm nachfolgenden Lehrer der Weisheit und Tugend Licht und Kraft, Gnade und Segen empfangen haben. Aus dem, was bisher bemerkt worden ist, erhellt deutlich, dass die wahre Aufklärung nicht etwas Neues sei; sowenig es etwas Neues ist, dass dieselbe getadelt, gelästert und verfolgt wird. Jesus, das wahrhaftige Licht der Welt, durch welches alle Menschen, welche in diese Welt kommen, erleuchtet und gesegnet werden können, kam in sein Eigentum, aber die Seinen nahmen ihn nicht auf; im Gegenteil wurde er getadelt von dem Volk, das in dem Finstern sass, und seine Weisheit musste sich von einfältigen Kindern richten lassen. Die damaligen Sadduzäer, welche die Wollüste mehr liebten denn Gott, sahen das grosse Licht, welches unter ihrem Volk aufgegangen war, mit Gleichgültigkeit an; sie spotteten sogar über Jesus, ihn selbst hielten sie für einen Schwärmer und seine Lehre verwarf ihr Stolz mit Unglauben. Vornehmlich aber waren es die Vorsteher und Leiter der pharisäischen Sekte, welche sich der Aufklärung durch Jesus mit ganzer Macht und auf alle nur immer mögliche Weise widersetzten. Diese rastlosen Beförderer und eifrigen Verteidiger des Aberglaubens, der Schwärmerei und Heuchelei schlichen in die Häuser der Leichtgläubigen, besonders der religiösen Weiber, und wickelten ihre Seelen auf, das Kreuzige über Jesus auszurufen. Mit den Pharisäern vereinigten sich die Schriftgelehrten, die steifen Anhänger der altväterlichen Meinungen und Fabeln, welche die Aufsätze ihrer Ältesten oder die Traditionen ihrer Vorfahren wie Gottes Worte, ja, noch mehr als Gottes Worte ansahen. Diese Lehrer und Prediger der jüdischen Kirche waren voll Hass und Neid über Jesus und nannten ihn einen Irrlehrer und Verführer des Volkes. Ja, sie ruhten nicht, bis Jesus von dem jüdischen Magistrat zu Jerusalem, welcher gleichfalls der Aufklärung und aller Neuerung Feind war, zum Tode verurteilt wurde.

Das gleiche Schicksal hat die Aufklärung zu allen Zeiten gehabt, und das bis auf unsere Tage. Doch scheint es, dass dieselbe, trotz dem Aberglauben, dem Sektengeiste und allen Verfolgungen, ihre teuren, göttlichen und ewigen Rechte noch bis zu einem völligen Sieg behaupten werde. Zum Wenigsten gibt es schon an sehr vielen Orten nicht nur unter den Lehrern und Regenten, sondern auch unter dem Volk selbst manche aufgeklärte Leute, welche nun auch ihre Vernunft, die göttlichste unter allen

Gaben Gottes, in Religionssachen nicht mehr gefangen nehmen lassen, welche nicht mehr so blindlings glauben noch so schlechthin für Worte Gottes annehmen, was ihre Lehrer sagen, sondern welche selbst über alles nachdenken, alles prüfen und alles untersuchen, um nur allein das Gute, das Wahrhaftige und Nützliche zu behalten.

Wer die eigentliche Beschaffenheit der wahren Aufklärung, ihre göttliche Vortrefflichkeit, ihren herrlichen Endzweck und ihren mannigfaltigen Nutzen kennt, der kann billig fragen: Woher es doch komme, dass diesem göttlichen und segensvollen Licht der Aufklärung allenthalben und zu allen Zeiten so viel und so heftig widersprochen werde? Die Ursachen davon sind sehr viele, wir wollen nur einige bemerken.

Leute, welche nicht auf das sehen, das Gottes und Jesu Christi ist, sondern nur darauf, wie sie eine eigenmächtige und uneingeschränkte Herrschaft über das Gewissen, vornehmlich aber über das Vermögen ihrer Untergebenen, behaupten können, solche Leute glauben, dass ihre herrschsüchtigen und eigennützigen Absichten desto gewisser und desto sicherer erreicht werden, wenn das ihnen unterworfene Volk leichtgläubig, unwissend oder wohl gar dumm ist: Darum dringen auch diese Leute mit aller Gewalt, die sie haben, und auf alle nur mögliche Weise darauf, dass das gemeine Volk von Jugend auf daran gewöhnt werde, einfältig zu glauben, wie es gelehrt wird, und steif zu halten an den altväterlichen Meinungen und Gebräuchen.

Eine andere Ursache, warum der Aufklärung so eifrig, und das von vielen Lehrern selbst, widersprochen wird, ist die Faulheit und Trägheit dieser Lehrer, welchen ihr Amt sehr leicht ist, wenn das Volk einfältig glaubt, wie es gelehrt wird, und wenn es, wie die lieben Kinder, ohne Prüfung und Untersuchung die Worte der Prediger, vornehmlich ihrer Seelsorger, wie Gottes Worte aufnimmt. Wahrlich! Bei einem solchen Glauben lässt es sich sehr bequem predigen! Hingegen aber, wenn die Zuhörer aufgeklärte Leute, erleuchtete und erfahrene Christen sind, dann müssen die Lehrer selbst über vieles nachdenken, vieles prüfen, vieles untersuchen; sie müssen grosse und mannigfaltige Kenntnisse erwerben und selbst in den Wegen Gottes, in den Übungen der Weisheit und in den Handlungen der Tugenden wohl erfahren sein. Sie müssen nicht immer nur Einerlei, ihre auswendig gelernten Machtsprüche und geistlichen Reime, ihre dogmatischen Gemeinsätze und die Lieblingsmeinungen einer besonderen Sekte vortragen, sondern, wie es unser Heiland zu verstehen gibt, Allerlei, Altes und Neues, wie es die Zeitumstände zur Belehrung und Erbauung der Zuhörer, erfordern.

Noch eine Ursache, warum der Aufklärung so sehr widersprochen wird, ist diese, weil der Sektengeist, der sein Werk hat in den Kindern des

Aberglaubens, der Schwärmerei und Heuchelei, dieselbe wie ein tödliches Gift ansieht. Der wahre Christ, der echte Aufklärer, hält es mit keiner Sekte allein, sondern er hat alle Menschen lieb, sie mögen von einer Religionspartei sein, von welcher sie immer wollen. Er fragt bei seinem so allgemeinen Wohlwollen nicht: Ist das ein Jude oder ein Katholik, ein Protestant, ein Herrnhuter, ein Widertäufer? Sondern: Ist es ein Mensch, der den Herrn, seinen Gott, über alles und seinen Nächsten wie sich selber liebt? Findet er ihn so, so hält er ihn für seinen Bruder, denn, unter allerlei Volk, wer recht tut, der ist ihm angenehm. Ja, er geht noch weiter: Er liebt wie sein Vater im Himmel nicht nur die Guten, sondern auch die Bösen, und tut Wohl nicht nur den Gläubigen, sondern auch den Ungläubigen. Diesem Geist der allgemeinen Menschenliebe ist nun derjenige Geist, welcher eine Sekte stiftet oder beherrscht, leitet und aussaugt, ganz zuwider; denn wer die Versammlungen nicht besucht, die er hält, den verachtet er wie einen Ungläubigen und nennt ihn, weil er dem nicht glaubt, was er lehrt, ein Kind des Verderbens. Was Wunder also, wenn dieser Sektengeist der Aufklärung so sehr widerspricht, wenn er alles versucht, heimlich und öffentlich, die Beförderer der Aufklärung, ihre Personen und ihre Schriften zu lästern und anzuschwärzen; wenn er dieselben besonders bei den leichtgläubigen Leuten als höchst gefährliche Leute vorstellt, welchen man überall ausweichen müsse, wenn man nicht wollte von ihnen verführt werden.

Endlich aber ist auch dieses zu wissen, dass viele Leute der Aufklärung zuwider sind, bloss allein aus Unwissenheit und Unverstand, weil sie etwas anderes, das eigentlich leichtsinnig Freidenkerei genannt werden sollte, für die Aufklärung ansehen. Würden diese Leute die Aufklärung so kennen, wie sie in der Wahrheit ist, nämlich eine Verklärung des ewigen Vaters, durch welche die Menschen weiser, besser, ruhiger, froher, zufriedener und glücklicher werden, dann würden sich diese Gegner der Aufklärung schämen, wider sie so zu eifern oder sie in ein böses Geschrei zu bringen. Sehr merkwürdig ist es, dass die Aufklärung von Anbeginn her, so wie das Evangelium, meistens unter einer falschen Gestalt betrachtet und vorgestellt worden ist, denn da wird nur zu oft dasjenige, was im Grunde nichts anders als Beförderung des Unglaubens ist, Aufklärung genannt, ebenso wie viele Lehrer des Aberglaubens ihre vernunftwidrige Lehre des Evangeliums die reine Lehre Jesu genannt haben.

Jesus, der dieses alles vorher wusste, hat daher seine Gläubigen getreulich gewarnt. Seht euch vor, sagt dieser grosse Menschenkenner, vor den falschen Propheten. Sie mögen sich für Aufklärer oder für Lehrer des Evangeliums ausgeben, an ihren Früchten sollt ihr sie erkennen, an den

Früchten ihrer Lehre, nicht etwa nur an den Früchten ihrer Werke, denn ihre Werke können den Schein eines gottseligen Wesens haben. Falsche Aufklärer können sich verstellen in Engel des Lichts, sie können in ihren Worten und Handlungen den Schein der Weisheit und Tugend annehmen, alldieweil sie heimlich den Unglauben befördern und das Laster begünstigen.

Ebenso können auch falsche Lehrer Schafskleider anlegen und die Sprache der Lämmer führen, alldieweil sie inwendig reissende Wölfe sind, die nur das Ihrige suchen, ihren Eigennutz und ihre Glaubensmeisterschaft. Darum sollt ihr die Aufklärer und jeden Religionslehrer an den Früchten ihrer Lehre kennen lernen. Zum Exempel.

Seht euch vor – vor all den Aufklärern, welche euch solche Grundsätze beibringen wollen, durch welche ihr verlieren würdet das kindliche Vertrauen auf Gott, den ewigen Vater, und die völlige Ergebung in die über alles waltende und alles zum besten leitende Regierung des höchst weisen Herrschers der Welt. Solche Grundsätze, welche euch rauben würden all den herrlichen und segensvollen Nutzen der christlichen Tugenden und der guten Werke, allen Trost und alle Hoffnung des gegenwärtigen wie des zukünftigen Lebens. Solche Grundsätze, welche alles, was geschieht, einem blinden Ungefähr oder einem vernunftlosen Schicksale zuschreiben; welche die Menschen in die Klasse der Tiere erniedrigen, und endlich dieselben, wenn sie eine Zeitlang gemästet oder gequält wurden, einem ewigen Tode, einer gänzlichen Vernichtung preisgeben. Höchst schändliche Grundsätze, aus welchen so abscheuliche Früchte entstehen, dass nicht nur einzelne Personen, sondern auch ganze Staaten vergiftet, zerrüttet und zerstört werden.

Seht euch aber auch vor: vor all den Religionslehrern, welche euch den freien und völligen Gebrauch der Vernunft in Glaubenssachen nicht erlauben wollen, sondern welche fälschlich vorgeben, man müsse alles, was die Kirchenlehrer schon längst für Gottes Wort erklärt und auch in ihren symbolischen Büchern und Konfessionen bestätigt haben, ohne weitere Prüfung und Untersuchung mit kindlichem Glauben annehmen. Diese sehr schädliche Lehre, welche die herrlichste der Gaben Gottes lästert, welche die Vernunft, den Geist aus Gott, die sie dämpfen, unterdrücken, gefangen nehmen oder, wo möglich, ausrotten will; diese lästerliche Lehre ist ein unseliger Same gewesen, aus welchen unzählig viele abscheuliche Früchte entstanden sind. Sie war die Mutter der Barbarei, der Unwissenheit, des Aberglaubens, der Schwärmerei und aller Gräuel des Fanatismus. Sie war die Ursache, dass die Menschen die Wahrheit verloren, hingegen aber an erdichtete Wunder und Fabeln, an übernatürliche Kräfte und Wirkungen, an Erscheinungen, Gespenster, Hexereien, Zaubereien, Geisterbeschwörungen, Magnetismus und andere dergleichen Hirngespenster glaubten. Sobald die falschen Kirchenlehrer es dazu gebracht hatten, dass das gemeine Volk in Glaubenssachen seine Vernunft nicht mehr gebrauchte, sondern blindlings glaubte, wie es gelehrt wurde, dann hatten sie offene Hand über die Gewissen der Leute und über ihr Vermögen zu herrschen. Sie machten sich daher bei den leichtgläubigen Leuten unentbehrlich und drangen sich ihnen auf zu Seelsorgern, zu Gewissensräten, zu Priestern, zu Fürbittern, ja, sogar zu Mittlern zwischen Gott und den Menschen. Aber anstatt dass diese vorgeblichen Seelsorger, diese sogenannten Bischöfe, Hirten, Diener Gottes und Boten Jesu Christi die Herden, das ihnen anvertraute Volk, hätten weiden sollen mit der gesunden Lehre des Evangeliums und mit den heilsamen Worten Jesu Christi, so speisten sie vielmehr die Leute ab mit einer Menge von vorgeblichen Geheimnissen und gewöhnten sie unter das fast unerträgliche Joch unnützer Religionsgebräuche. Ja, sie überluden die Leute mit einem ganzen Kram von scholastischen Wörtern und Redensarten, welche niemand verstand und welche die Lehrer selbst nicht erklären konnten. Wer bebt nicht zurück, wenn er in der Geschichte liest all den Gräuel der Verwüstung, welchen die falschen Religionslehrer und die theologischen Glaubensmeister auf Erden mitten in der Kirche Jesu angerichtet haben? Denn da ist bis zum Entsetzen und Grauen erfüllt worden, was der erlauchte, oder aufgeklärte, Paulus vorhergesagt hat. Da entstanden aus den neu erfundenen theologischen Kunstwörtern und Redensarten Wortkriege, Hass, Streit, Rache, Lästerungen, Verfolgungen, Mordtaten, da wurden Menschen zu tausenden, Alte und Junge, Männer und Weiber, Jünglinge und Jungfrauen, ja, es schaudert zu sagen, Säuglinge und Kinder im Mutterleibe, verbrannt, auf von Feuer, Rauch und Flammen auflodernden und krachenden Scheiterhaufen, unter dem vermischten jämmerlichen und kläglichen Geheul der Unschuldigen und unter dem tobenden und rasenden Geschrei der Ketzermacher und aller Umstehenden. Kurz, viel tausend Menschen, Kinder des lebendigen Gottes, wurden auf mannigfaltige, höchst abscheuliche Weise gemartert und getötet, nur weil sie nicht annehmen wollten all den Wust der scholastischen Redensarten und all die Menge der vorgeblichen Geheimnisse ihrer geistlichen Zwingherren. So abscheuliche Früchte entstanden, weil die Menschen sich überreden liessen, ihre Vernunft in Glaubenssachen zu verleugnen und blindlings zu glauben, was ihre Lehrer sagten. Aber Gott, dem ewigen Vater, dem Heiland aller Menschen, sei Lob und Dank gesagt, dass er einmal die grosse geistliche Finsternis, welche die Völker bedeckte, weichen liess, hingegen aber das freudenvolle Licht der Wahrheit an vielen tausend Orten aufgehen und es je länger, je heller scheinen liess. Der auch besonders in unserem lieben, werten Vaterland die Grundfesten des Aberglaubens erschütterte und die Fesseln der geistlichen Herrschaft zerbrach; der hingegen seinen Namen unter uns verklärte und uns in die unschätzbare Religionsfreiheit setzte.

O teuerste Freunde! Lasst uns nie vergessen all das Gute, das der Herr an uns getan hat. Unsere ganze Seele danke ihm, und alles, was in uns ist, lobsinge seinem heiligen Namen. Denn seht, wir geniessen jetzt in einer freien Republik unter dem weisen Schutz einer recht väterlich gesinnten Obrigkeit völlige Religionsfreiheit. Man zwingt uns nicht mehr blindlings zu glauben, was die Kirche lehrt, sondern wir können auf die freiste Weise, wie uns der Geist Christi lehrt, alles genau prüfen und gründlich untersuchen. Vornehmlich können wir nach Herzenswunsch den Herrn, unseren Gott, verehren im Geist und in der Wahrheit, durch gute Gesinnungen und wohltätige Handlungen, ohne im geringsten einige Last von unnützen Religionsgebräuchen tragen zu müssen. Kurz, wer ein bürgerliches, ordentliches, mässiges, arbeitsames, gerechtes und gottseliges Leben führt, der lebt frei und kann für sich glauben, was er will.

Könnten wir wohl, teuerste Mitbürger, etwas Edleres und Schätzbareres verlangen als eben eine solche Freiheit? Die Freiheit, in welche uns die Wahrheit setzt, nämlich Jesus Christus, denn der ist der Weg zu Gott, die Wahrheit und das ewige Leben.

Möchten wir nur alle von ganzem Herzen an Jesum glauben und seine Gesinnungen annehmen! Möchten wir die Wahrheit lieb haben, ihr gerne gehorchen und uns stets üben, ein unbeflecktes Gewissen zu behalten allenthalben, vor Gott und den Menschen. Ja, Jesus, mit Dir und Deiner Lehre halten wir, Dein Name und der Name Deines und unseres Vaters werde und verbleibe bei uns verklärt ewiglich. Amen!

GEORG PFLEIDERER

Johannes Frey: Pietist und Aufklärer

I. Johannes Frey ist am 16. Juni 1743 in Basel als erstes von sechs Kindern des Drechslermeisters Johann Jakob Frey und seiner Frau Maria Magdalena, geb. Pfaff, die von Beruf Hebamme war, geboren worden und in der Streitgasse 4 aufgewachsen. Mit sechs Jahren kommt der strebsame Junge, der nach eigenem Bekunden «von Jugend auf grosse Lust zum Studiren hat», auf die Lateinschule. Dort und später auf dem Gymnasium werden ihm freilich, wie er in seinen kurzen autobiographischen Aufzeichnungen schreibt, «vile Irrtumer und falsche Begriffe in Religionssachen beygebracht, welche mich in dem verständigen Alter sehr beunruhigten, und mich sogar in die Versuchung führten an der Wahrheit der Christlichen Religion zu zweifeln; obschon ich durch die Gnade Gottes den kindlichen Glauben an ihn niemals verlore».

Freys jugendliche Bildungsgeschichte in Sachen Religion ist, zumindest aus der späteren Rückschau, ein Desaster: «Den meisten Anstoss gabe mir die in den öffentlichen Catechismis und Schulen unrichtig vorgetragene Lehre von der Dreyeinigkeit, der Genugthuung Jesu Christi und anderer dergleichen in der abgefallenen Christlichen Kirchen aufgekommenen ungereimten Lehrsätze, von welchen Christus und seine Apostel nichts gelehrtet, und die ersten Christen nichts gewusst haben … Einmal muss ich das gestehen, dass ich weder in der Schule, noch von dem Katheder, noch von der Kanzel, noch in dem Unterricht zum H. Abendmahl … eine richtige und lebendige Anleitung zu dem göttlichen Leben in Christo bekommen habe.» Eine solche scheint ihm aufgrund der vorherrschenden Orthodoxie auch im Theologiestudium in Basel versagt geblieben zu sein, weshalb er sich überwiegend autodidaktisch bildet.

Am «neunzehenden Tag des Maimonats in dem Jahre 1764», also mit 21 Jahren, widerfährt Frey «Abends um 5 Uhr nach verrichtetem Gebet und angestellter Prüfung meines Lebens» ein Bekehrungserlebnis, das ihn zum Pietisten werden und ihn in der Folgezeit regelmässig ein pietistisches Konventikel besuchen lässt. Trotz oder vielleicht auch teilweise wegen dieser neuen religiösen Sozialisation scheitern verschiedene Versuche, sich ein Pfarramt oder gar eine Professur zu verschaffen, wiewohl er seit 1766 immerhin in das Sanctum Ministerium aufgenommen worden war. Bereits 1770 und noch einmal 1772 kommt es nach heterodoxen Predigten im Münster und in der Peterskirche zu Zitationen vor den

Kirchenkonvent, die mit dazu geführt haben dürften, dass ihm selbst eine Anstellung als Religionslehrer (Katechet) am Gymnasium verwehrt bleibt. Immerhin hat schliesslich eine Bewerbung des Dreissigjährigen auf eine Stelle als Gymnasiallehrer der sechsten Klasse Erfolg. Selbst diese Anstellung, die er dann doch bis zu seinem Tod innehat, ist freilich immer wieder einmal in Gefahr, weil Frey sich relativ bald nach seiner pietistischen Bekehrung vom Pietismus wieder ab- und – unter dem Einfluss Isaak Iselins – einem zunehmend radikaler interpretierten Aufklärungsdenken zuwendet. Die oben zitierten, im Jahre 1770 begonnenen autobiographischen Skizzen zeigen diesen Einfluss bereits, und möglicherweise ist auch die pietistische Phase selbst, vielleicht sogar schon das Bekehrungserlebnis (wenn es denn so stattgefunden hat und keine Rückprojektion darstellt), von aufklärerischem Geist durchdrungen.

Für ein zumindest phasenweises Ineinander beider Strömungen bei Frey könnte sprechen, dass zu den wenigen ausweislichen geistigen Einflüssen eines individuellen Theoretikers auf ihn derjenige des englischen Platonikers Henry More gehört. Folgt man dieser Hypothese, dann wäre als theoretisches Fundament des ansonsten eher pragmatisch orientierten Denkers Johannes Frey eine platonisierende Illuminationstheorie anzunehmen, nach welcher die menschliche Vernunft an der göttlichen Vernunft partizipiert. Wenn Christus von Frey – gut aufklärerisch – als der Lehrer bezeichnet und (s. o.) die kirchliche Trinitäts- und Satisfaktionslehre abgelehnt wird, dann müsste solche Lehre in jenem Sinne als Illuminationsgeschehen und dürfte gerade nicht als trockene, bloss kognitive Wissensvermittlung verstanden werden. Hinter der christologischen Pädagogik stünde dann die göttliche Pädagogik; und Lernen und Lehren wäre als derjenige kommunikative Vorgang zu verstehen, in dem sich Bildung in einem sehr weiten und denkbar grundsätzlichen Sinne vollzieht: nämlich als Heranbildung zum gemeinsamen Menschsein.

Dieser Deutungsansatz würde zugleich auch verständlich machen, dass Frey seinen Lehrerberuf oft mit weit überdurchschnittlichem Einsatz und auch mit grossem Erfolg ausgeübt hat, was ihn letztlich auch schützte. Es gab Zeiten, in denen Freys Schüler mehrfach die «Promotion» verweigerten, das heisst, sie blieben freiwillig sitzen, um weiter von ihm unterrichtet werden zu können. Nebenbei hat er armen Mädchen in der Nähschule Religionsunterricht erteilt und eine sogenannte Ferienschule, die längste Zeit privat bei sich zu Hause, eingerichtet, und dies wohl nicht nur, um sein karges Gehalt aufzubessern.

Zu einer gewissen Berühmt- oder besser: Berüchtigtheit brachte es der aufklärerische Schulmann, weil er aufgrund einer geradezu affektiven autoritätskritischen Grundeinstellung in gelegentlich publizierten Schriften und häufigen Predigten immer wieder auf Konfrontationskurs mit den Kirchenoberen, mit Pietisten, teilweise auch mit den politischen Autoritäten ging, was in der Basler Öffentlichkeit mitunter zu heftigen Reaktionen führte. Predigthörer denunzierten ihn bei der Kirchenleitung, Herrnhuterinnen bei den Basler Behörden, und, am Ende seines Lebens, sogar die Väter seiner Schüler bei der Verwaltungskammer – zu Zeiten, als Frey sich nach den politischen Lockerungen und Umwälzungen, welche die Französische Revolution auch in der Schweiz hervorgerufen hatte, eigentlich endlich auf der sicheren Seite gewähnt hatte. Zwar wurde Frey in dem dadurch ausgelösten letzten Verfahren seines Lebens aufgrund eines Urteils des Helvetischen Vollziehungsausschusses in Bern freigesprochen, aber er hat diesen Freispruch nicht mehr erlebt.

So starb Johannes Frey als «das *enfant terrible* der Basler Aufklärung» (Paul Wernle). Bis heute streitet sich die Forschung darüber, wie sie diesen Unruhegeist bewerten soll: als cholerischen, ehrgeizigen und seine Zurücksetzungen zeitlebens nicht verwindenden Autoritätenhasser, dem, im Unterschied zu seinem Mentor Isaak Iselin, das Naturell des humanistisch-distinguierten *homme de lettre* und die Gabe der irenischen politischen Klugheit genetisch abgingen? Oder doch eher als einen Menschen, dem die Treue zu sich selbst und zu seinen Überzeugungen, also Authentizität, ein hohes Gut war, weil er, in reformatorischer Gewissenstradition stehend, sich in von ihm selbst einzusehenden und darum auch von ihm selbst verantworteten religiösen, intellektuellen, aber auch politischen und pädagogischen Bindungen wusste, die ihm mehr bedeuteten als sein persönliches Auskommen, sein Ansehen und seine Sicherheit? Die Quellenlage scheint zu dünn zu sein, um diesen Streit um den streitbaren Mann abschliessend schlichten zu können. Eines scheint er mir jedoch auf jeden Fall gewesen zu sein: ein moderner und für seine Zeiten und Lebensumstände wohl allzu moderner Mensch.

II.   Lassen wir ihn doch, gut aufklärerisch, selbst zu Wort kommen! Der vielleicht bekannteste, programmatischste, skandalträchtigste und darum vielleicht typischste Text aus der Feder dieses streitbar-umstrittenen Mannes ist jene «Predigt über die Aufklärung», die er am 21. Juni 1789, also zwei Wochen vor der Erstürmung der Pariser Bastille, in der Basler Leonhardskirche gehalten hat. Predigttext ist ein Vers aus den Abschiedsreden des johanneischen Jesus; in zeitgenössischer Diktion: «Vater! ich habe Dich verklaeret auf Erden, und vollendet das Werk, welches Du mir gegeben hast, das ich thun soll» (Joh 17,4). Die Predigt, die im Druck sechzehn Seiten hat und sicher eine gute Dreiviertelstunde zum Vortrag benötigte, hat fünf Teile; ich folge ihnen in thesenhafter Rekonstruktion:

(1.) *«Verklärung»*, das ist die Ausgangs- und Grundthese, heisst eigentlich: *«den allein wahren Gott richtig erkennen und vernünftig verehren»*. Verklärung, oder in biblischer Sprache auch «Erleuchtung», ist also nichts anderes als – Aufklärung! Solche Aufklärung war Ziel und Inbegriff des Lebens Jesu; er ist «der Anfänger und Vollender aller wahren Aufklärung, aus dessen Fülle alle die ihm nachfolgende(n) Lehrer der Weisheit und Tugend Licht und Kraft, Gnade und Segen empfangen haben»; und solche wahre Aufklärung ist bis heute ein unvollendetes Projekt. Das liegt daran, dass …

(2.) *… das Projekt Aufklärung immer auf Widerstand stösst, zu Zeiten Jesu genauso wie heute.* Aufklärungsgegner sind (a) «die damaligen Saducäer», das sind für Frey generell die Satten, die bräsigen, die gleichgültigen Bürger, die sich in der Welt, wie sie ist, aufs Beste eingerichtet haben und für die Jesus und die ihm Nachfolgenden Schwärmer sind, denen sie mit gleichgültigem Kopfschütteln oder amüsiertem Spott begegnen. Gegner der Aufklärung sind aber auch (b) die Pharisäer, die religiösen Heuchler, die pseudofrommen Intriganten, die sich am liebsten die für religiöse Subversion Anfälligen herausgreifen, «besonders die religiösen Weiber»: die ins Dunkle verliebten Pietisten, die darum Jesus und dem Licht der Aufklärung den schärfsten Widerstand entgegensetzen. Gegner jesuanischer Aufklärung sind (c) die Schriftgelehrten, die Kirchlich-Orthodoxen, welche «die Traditionen ihrer Vorfahren wie Gottes Worte, ja noch mehr als Gottes Worte ansahen» und die eigentlich «voll Hass und Neid über Jesus sind». Trotz solcher vielfältiger Gegnerschaft greift aber die Aufklärung doch Platz, nämlich überall dort, wo sich Menschen finden, «welche selbst über alles nachdenken, alles prüfen und alles untersuchen, um nur allein das Gute, das Wahrhaftige und Nützliche zu behalten». Kritisch reflektiert die Aufklärung vor allem auch die möglichen …

(3.) *… Gründe für den ihr entgegengesetzten Widerstand.* Da sind (a) nackte Machtinteressen: Ein dummes Volk ist leichter beherrschbar als ein selbstdenkendes; Populismus und seichte Presse waren den Mächtigen immer schon lieber als kritisches Mitdenken; (b) das Versagen und die Bequemlichkeit der Eliten, besonders der Bildungseliten: Träge Schüler machen trägen Lehrern weniger Arbeit als mitdenkende, die sie zur ständigen Weiterbildung zwingen; (c) der «Sektengeist» und das religiöse Klüngelwesen: Religiöse Sach- und Bildungsinteressen werden überlagert von der Umtriebigkeit der «Versammlungen», die auf die Sehnsucht nach Harmonie mit Gleichgesinnten und dem Wunsch nach Abgrenzung

gegenüber Andersdenkenden zurückzuführen sind; (d) die Verwechslung von christlicher Aufklärung mit «leichtsinniger Freydenkerei», also mit konturlosem Liberalismus, pluralistischem Gerede und der Preisgabe religiöser und intellektueller Ernsthaftigkeit. Letzteres ist besonders bedenklich und auch bedenkenswert. Denn es zeigt, dass die Aufklärung nicht nur über ihre Gegner, sondern vor allem auch über sich selbst kritisch nachdenken muss. Gibt es …

(4.) *… Kriterien zur Unterscheidung der wahren von den falschen Propheten der Aufklärung?* Es gibt sie, und es sind drei: (a) Wo immer Aufklärung nur neue Denkinhalte und neue Glaubenswahrheiten bzw. Lebensformen, aber nicht eine neue Denkungs*art*, eine neue Art des Umgangs mit den Glaubenswahrheiten und den Lebensformen postuliert, da sind falsche Propheten am Werk. In Bezug auf die Glaubenswahrheiten (b) führt aufklärerische Kritik dazu, dass aus metaphysischer Dogmatik eine Lehre des zeitlich-gelebten Glaubens wird: herkommend von einem durchaus kindlichen Vertrauen in Gottes tragende Kraft, in der Gegenwart lebend in der Bereitschaft zu guten Werken und für das Künftige hoffend auf Gottes Führung. Das sind die Glaubensgrundsätze einer christlichen Aufklärung, welche eben gerade nicht, «alles was geschiehet einem blinden Ohngefähr und einem vernunftlosen Schicksale zuschreiben». (c) Eine solche neue christliche Glaubenslehre begründet ein aufgeklärtes Christentum, das die Zeit dogmatischer Glaubenskämpfe, die «grosse geistliche Finsterniss, welche die Völker bedeckte», hinter sich lässt, denn nicht mehr die nackte Wahrheit, die ohne Rücksicht auf Verluste durchgesetzt wird, zählt, sondern nur noch diejenige, die sich im kommunikativen Miteinander als Wahrheit erweist.

(5.) Diese Zeiten aber seien nun angebrochen. So endet die Predigt über die Verklärung, die Predigt über Aufklärung und über ein aufgeklärtes Christentum nicht in der Kritik, sondern sie mündet ein in die *Anerkennung dessen, was inzwischen erreicht zu sein scheint:* «Denn sehet! wir geniessen jetzt in einer freyen Republik unter dem weisen Schutz einer recht vaeterlich gesinnten Obrigkeit voellige Religionsfreyheit; man zwinget uns nicht mehr zu glauben; sondern wir können auf die freyeste Weise, wie uns der Geist Christi lehret, alles genau pruefen, und gruendlich untersuchen. Vornehmlich koennen wir nach Herzenswunsch den Herrn unsern Gott verehren im Geist und in der Wahrheit, durch gute Gesinnungen und wohltaetige Handlungen … Könnten wir wohl, teuerste Mitbuerger! etwas edleres und schaetzbareres verlangen, als eben eine solche Freyheit? Die Freyheit, in welche uns die Wahrheit setzet! nämlich Jesus Christus! denn der ist der Weg zu Gott, die Wahrheit und das ewige Leben.»

III. Eine Woche nach jenem Sonntag, so berichtet Johannes Frey, habe der Antistes des Conventus Theologici, also einer der Vorgänger des heutigen Kirchenratspräsidenten, die Predigt in schriftlicher Form verlangt und nach weiteren sechs Wochen habe er ihn zu sich bestellt und ihm mitgeteilt: «Der Conventus Theologici habe die Predigt mit grossem Missfallen und Aergerniss gelesen, sie sei voll von Sophistereien, ein Wirrwarr, man wisse nicht, was ich wolle, als dass ich die Geistlichkeit den Leuten und ihre Lehre verdächtig mache, die Leute würden dadurch irre und wissen nicht mehr, was sie glauben sollen ... Wenn ich glaube, ich könne etwas Neues zur Verbesserung der alten Lehre vortragen, so werde es der Conventus Theologici mit allem Dank annehmen; I(ch): Sie haben Mosen, die Propheten und die Apostel, die können sie fragen ... A(ntistes): Ob ich denn keine Subordinationem annehme? I(ch): In Amtssachen aber was die Religion anbetrifft sei ich frei und stehe unter Niemand denn unter Gott, vor welchem ich allein, wie der Conventus Theologici Rechenschaft geben müssen (sic), dann werde es sich auch zeigen, wer Recht habe. A(ntistes): Man beschloss mit einer Warnung. Ich: Man darf (braucht) mich ja nur nicht mehr an(zu)stellen. A(ntistes) man werde mir auch alle Provisionsverrichtungen (Versorgungsansprüche) abnehmen. Ich: Damit bin ich gar wohl zufrieden, denn ich wolle mich gar nicht aufdringen.»

Wenn hinter der Schlusspassage seiner Predigt eine tatsächlich so gemeinte Einschätzung der politischen und kirchenpolitischen Verhältnisse stecken sollte, dann hat sich der Aufklärer in ihr ganz offensichtlich schwer getäuscht. Möglicherweise hat Frey aber auch gezielt provoziert. In jedem Fall aber hat er, wie seine Predigt zeigt, sich als Avantgardist verstanden, der an die Grenzen dessen geht, was gesellschaftlich gerade noch toleriert ist, und diese dadurch zu erweitern versucht. Das genau scheint mir das Moderne und zugleich auch das theologisch Interessante an ihm zu sein, dass er Gesellschaft und Christentum jeweils nicht als feststehende Grössen, sondern als in einer dynamischen Veränderung begriffene verstanden hat, und dass es ihm darum ging, das Seine dazu beizutragen, dass beide Veränderungsprozesse nicht auseinander und nicht aneinander vorbei, sondern möglichst aufeinander zu führten. Das ist doch etwas deutlich anderes als ein platter und wohlfeiler Fortschrittsoptimismus; es ist eine – theologisch begründete – Vision, die mit persönlichem Opfermut einhergeht.

Vieles von dieser Vision ist in den zweihundert Jahren seither Wirklichkeit geworden. Beispielsweise ist das Amt des Antistes, dem damals auch noch die allgemeine Schulaufsicht oblag, dem des Kirchenratspräsidenten gewichen. Die sozialethischen Ideen des Aussenseiters (weniger freilich deren vernunfttheologische Begründungen) sind grossenteils zu Mehrheitsmeinungen geworden; man kann mit ihnen, wie die jüngere Geschichte des Amtes zeigt, inzwischen auch Kirchenratspräsident werden. Ins Amt gekommen, muss sich die visionäre Suche nach der zeitgemässen Form christlicher Freiheit verbinden mit der Bereitschaft, sich selbst nicht unmittelbar mit der Autorität jesuanischer Vernunft zu drapieren und Andersdenkende und Andersglaubende polemisch auszugrenzen, sondern sie zu integrieren. Das zumindest dürfte die kirchenratspräsidiale Amtsführung der letzten Jahre in Basel von der politisch-theologischen Praxis jenes aufklärerischen Provokateurs, der ihr mit die Bahn bereitet hat, dann doch unterscheiden.

Literatur
Johannes Frey: Eine Predigt über die Aufklärung. Basel 1789.
ders.: Ein und andere Umstände meines Lebens 1770. 10. 27 (-1790) In: Paul Wernle (Hg.): Aus den Papieren eines Pietisten und Aufklärers. Separatabzug aus dem Basler Jahrbuch 1911, S. 8 – 19 (Autobiographische Zitate im obigen Text stammen hieraus).
Sandra G. Kobelt: Nonkonformist am Pranger. Die Entwicklung von Johannes Frey vom Pietisten zum Anhänger der Revolution 1743 – 1800. Bern, Berlin u. a. 1998.
Paul Wernle: Der schweizerische Protestantismus im XVIII. Jahrhundert, 3 Bde., bes. 2. Bd.: Die Aufklärungsbewegung in der Schweiz, Tübingen 1924.

WILHELM MARTIN LEBERECHT
DE WETTE

Demütigt euch unter die gewaltige Hand Gottes

Gehalten zwischen 1831 und 1833
vermutlich in der (alten)
Elisabethenkirche Basel

So demütigt euch nun unter die gewaltige Hand Gottes, dass er euch erhöhe zu seiner Zeit. 1. Petrusbrief 5,6

Der Mensch ist in Ansehung des Gehorsams gegen Gott so vergesslich wie ein Kind und bedarf wie dieses der wiederholten Mahnungen und Züchtigungen. Es reichte für die Israeliten nicht hin, dass ihnen Gott unter Ehrfurcht gebietenden Umständen und auf feierliche Weise sein Gesetz kundgetan hatte: Bald vergassen sie diese heilsamen Eindrücke und empörten sich durch trotziges Murren und frevelhafte Widerspenstigkeit gegen Ihn und seinen Gesandten Mose. Darum musste er sie seine gewaltige Hand fühlen lassen und sie durch allerlei Plagen strafen, ja, das ganze damalige verderbte Geschlecht in der Wüste umkommen lassen. Und hätten diese Mahnungen des göttlichen Ernstes nicht den künftigen Geschlechtern genügen sollen, sie zur gehorsamen Unterwerfung unter Gottes Willen zu bewegen? Nein! Sie sündigten immer fort und erfuhren daher von Zeit zu Zeit schwere Züchtigungen; ja, zuletzt machte Gott ihrem Staate ein Ende und gab die herrliche Stadt der Zerstörung preis.

Gott lässt die Menschen zu ihrem Heile seine gewaltige Hand in Leiden und Züchtigungen fühlen, aber auch sonst gibt er ihnen im Laufe der Zeit seinen Willen zu erkennen. Unwandelbar ist dieser sein heiliger Wille und stets derselbe; aber die menschlichen Erkenntnisse, Gesetze und Einrichtungen, die danach gebildet sein sollen, müssen sich nach den Bedürfnissen der Zeit in der Zeit ändern, und dafür gibt uns Gott durch die

Zeitumstände, durch die Lage der weltlichen Dinge, Winke. Dass das von Gott gegebene, in der Tat heilige, aber an gewisse Zeitbedingungen geknüpfte mosaische Gesetz mit der Zeit einem höheren Gesetz weichen müsse, hatten schon die Propheten vorausgesehen: Gott deutete es dadurch an, dass er das jüdische Volk in fremde Abhängigkeit geraten und dessen Staatswesen nach und nach zerfallen liess; dadurch, dass er es mehr als vorher in Verbindung mit fremden Völkern brachte, wodurch die Absonderung, welche Mose geboten, nur mit Mühe und Beschwerde und einem der Menschenliebe zuwiderlaufenden Stolze und Hasse bewahrt werden konnte; dadurch, dass er im Volke selbst das Bedürfnis neuer Belehrungen weckte, infolgedessen es sich zum Teil die Weisheit fremder Völker aneignete. Wirklich liess er nun das neue Heil verkündigen durch seinen Sohn Jesus Christus, zwar nicht mit der gewaltigen Hand, wie er das mosaische Gesetz verkündigt hatte, aber mit der stillen Gewalt des Geistes, mit Zeichen und Wundern göttlicher Kraft, mit dem bedeutsamen Zeichen des Liebes- und Opfertodes seines Sohnes, mit dem gewaltigen Wehen einer neuen heiligen Begeisterung. Aber der grösste Teil der Juden demütigte sich nicht unter die gewaltige Hand Gottes, blieb am Buchstaben des mosaischen Gesetzes hängen und verstockte sich zu strafbarem Unglauben.

Wohl dem, der sich unter die gewaltige Hand Gottes demütigt: Er wird ihn erhöhen zu seiner Zeit! Wohl dem, der in den Erfahrungen der allgemeinen und eigenen Geschichte diese gewaltige Hand Gottes aufmerksam erkennt und demütig anerkennt! Die Geschichte der Vergangenheit und Gegenwart ist ein grosses Buch der Offenbarung Gottes, in welchem teils mit leisen Zügen stiller, sanfter Belehrung, teils mit den Flammenzügen des Zornes und der strafenden Gerechtigkeit der Wille Gottes geschrieben ist. Wie die Zeit sich ändert, so schlagen sich die Blätter dieses Buches um; manchmal rauscht auch ein gewaltiger Sturm darin, und es folgt ein Schlag der gewaltigen Hand Gottes auf den anderen.

In unserer Zeit hat sich diese Hand vielleicht mehr als je kundgegeben, und wir würden eine schwere Schuld auf uns laden, wenn wir uns weigerten, sie zu erkennen und uns unter sie zu demütigen. Wir wollen daher unter dem Beistande Gottes, in Beziehung auf unsere Zeitumstände, die Worte des Apostels beherzigen: «Demütigt euch unter die gewaltige Hand Gottes, dass er euch erhöhe zu seiner Zeit»; und zwar wollen wir 1) die Hand Gottes zu erkennen suchen, wie sie sich in unserer Zeit kundgibt und was sie von uns fordert; 2) den Lohn erwägen, den uns der Apostel für die demütige Unterwerfung unter den göttlichen Willen verheisst.

Allmächtiger Gott, gewaltiger Herr der Welt, Schicksalslenker, Gesetzgeber, Richter! Sieh uns hier vor dir im Staube gebeugt, in demütiger

Anbetung deiner Allmacht, im unterwürfigen Gefühle unserer Ohnmacht, unserer Abhängigkeit und unserer Pflicht, dir zu gehorchen. Wir erscheinen in Demut vor dir, um von dir zu lernen, was du von uns begehrst, wie wir deinen heiligen Willen, zumal in dieser Zeit, vollziehen sollen; um Licht, Mut, Trost und Frieden bei dir zu suchen. Lass diesen Vorsatz gesegnet und unsere Demut ernstlich sein, so dass wir vor deinem heiligen Angesichte allen selbstsüchtigen Trotz, alle Anmassung und alles Widerstreben aufgeben. Und gib uns, was wir suchen und bedürfen, gib uns die rechte Einsicht in unsere Pflichten, und zeige uns den rechten Weg, dir zu gehorchen; gib uns aber auch Mut und Kraft, die Opfer zu vollbringen, die du von uns forderst, und die rechte Geduld, die Leiden zu tragen, die du uns auflegst, lass uns in der Demut vor dir die rechte Erhöhung finden! Amen. Lasst uns also 1) unser geistiges Auge auftun und die gewaltige Hand Gottes erkennen, die sich in unserer Zeit kundgetan hat und noch kundtut!

Am ersten ist der Mensch dazu aufgelegt, Gottes Walten in der Natur zu erkennen, weil in dieser Kräfte wirken, die er nicht alle im Stande ist zu lenken oder zu bezähmen und die ihn seine Abhängigkeit am deutlichsten lehren. Wenn die Kräfte der Elemente sich entfesseln und sich zerstörend ergiessen über die freundlichen und wohltätigen Schöpfungen Gottes und die nützlichen Werke der Menschen, dann rufen wohl auch die Leichtsinnigsten und Gottlosesten: Das ist Gottes Finger! und fallen erschrocken in den Staub. Es hat in unseren Tagen nicht gefehlt an solchen verderblichen Naturerscheinungen, obschon sie uns selbst durch Gottes Gnade nicht unmittelbar berührt haben. Aber ich brauche auch nur hinzuweisen auf ein furchtbares Naturübel, das unaufhaltsamen, jedoch regellosen, sprungartigen Ganges durch Europa zieht und Tausende von Menschen hinrafft und das, wenn es Gottes Wille ist, auch uns heimsuchen und die Reihen der Lebendigen unter uns lichten kann. Ich meine jene schreckliche Krankheit, die seit Menschengedenken ihresgleichen in unserem Weltteile nicht gehabt hat. Wer möchte in ihr die gewaltige Hand Gottes verkennen, wer ihr gegenüber in gleichgültigem Trotze verharren wollen?

Demütigen wir uns unter die gewaltige Hand Gottes! Die Demut besteht aber hier darin, dass wir unseren eigensüchtigen Stolz beugen, mit dem wir an unseren irdischen Gütern und unserem Leben hängen, und von Gott fordern, dass er uns im ruhigen Besitze und Genusse desselben lassen soll; mit dem wir unsere Güter und unser Leben als unser gleichsam unantastbares Eigentum ansehen, das wir nicht eher als am spätesten Ende unserer Tage, und auch dann noch ungern, lassen wollen; mit dem wir Gottes gewaltiger Hand, die dieses Eigentum durch Unglücksfälle und Krankheiten von uns fordert, trotzig widerstehen. Wir Toren! Was haben wir, was uns nicht gegeben wäre? Sind wir etwas anderes als Haushalter Gottes, die er abrufen kann, wenn es ihm gefällt? Und ist das Leben nicht auch ein uns von ihm anvertrautes Gut, das ihm, nicht uns, angehört? Nimmt er weg unseren Odem, so vergehen wir und werden wieder zu Staub (Ps 104, 29). Lassen wir diesen Stolz und Trotz fahren, demütigen wir uns und halten uns bereit, in jedem Augenblicke Gott wieder zu geben, was ihm gehört! Reinigen wir durch diese Demut unser Herz von aller falschen irdischen Liebe, reissen wir es los von den Gütern des Staubes und der eitlen Luft des Lebens! Und solange wir durch Gottes Gnade im Besitze unserer Güter und unseres Lebens bleiben, lasst uns davon einen Gott wohlgefälligen Gebrauch machen. Denn auch das ist Demut, wenn man alle selbstsüchtigen Zwecke aufgibt und allein die Zwecke Gottes und seines Reiches, die Zwecke der Menschenliebe, Wohltätigkeit, Gemeinnützigkeit ins Auge fasst und mit allen zu Gebote stehenden Mitteln zu erreichen trachtet. Es herrscht viel Wohltätigkeit und Gemeinnützigkeit in unserer Stadt und diesen Ruhm müssen ihr selbst ihre Feinde lassen. Aber bei dem grossen Reichtume, den viele besitzen, bemerkt man doch keine grossen Opfer, welche dem öffentlichen Wohle gebracht werden; und worin kann dieses seinen Grund haben als in einer Liebe zu den irdischen Gütern, welche der christlichen Liebe Fesseln anlegt, dass sie nicht zu grossen Entschlüssen der Entsagung kommen kann? Reisset euch los aus diesen Banden, ihr Reichen! Demütigt euch unter die gewaltige Hand Gottes, ehe sie kommt und eure Lieblingsgötzen und euch selbst zertrümmert! Furchtbar sind die losgelassenen Elemente und der Gifthauch der Seuchen, aber noch furchtbarer sind die entfesselten Leidenschaften der Menschen, die sich in Staatsumwälzungen, Aufruhr und Krieg durch die Schranken des Rechts und der Ordnung ihre Bahn brechen. Wir haben sie in unserem Zeitalter bis auf die neuste Zeit und selbst in unserem eigenen Lande toben sehen. Throne sind umgestürzt und andere errichtet und wieder umgestürzt, Staaten und Völker zerrüttet und ein edles Volk tief in den blutigen Staub getreten worden. Böse Begierden, strafbare Leidenschaften haben in diesen Bewegungen ebenso sehr und vielleicht noch mehr ihr Spiel als die Gegenwirkungen des gesunden Rechts- und Freiheitsgefühls gegen Unterdrückungssucht und Tyrannei; dennoch ist für den gläubigen Beobachter die gewaltige Hand des Herrn darin sichtbar; denn was geschähe, ohne dass Er es wirkte? «Ist auch ein Unglück in der Stadt, sagt der Prophet (Am 3, 6), das der Herr nicht tue?»

Erkennen wir also Seine Hand in den furchtbaren Zeitbewegungen, und demütigen wir uns unter sie! Zunächst sollen wir auch darin wieder die Hinfälligkeit und Wandelbarkeit aller irdischen Dinge erkennen und uns diesem grossen, von Gott gegründeten Gesetz demütig unterwerfen. Es wähne doch niemand, der sich in irdischer Hoheit, Grösse und Herrlichkeit befindet, dass seine Stellung gesichert und dauernd sei! Er hüte sich vor Stolz und falscher Sicherheit und beuge sich in Demut vor dem Herrn aller Herren und dem Könige aller Könige! Er erinnere sich, dass Macht, Ehre und Reichtum Güter sind, welche Gott den Menschen anvertraut, einzig zur Erfüllung seines heiligen Willens, zur Herstellung und Erhaltung der Gerechtigkeit und des wahren Menschenwohles; und wenn er dieses ausser Acht gelassen, so ermanne er sich und kehre zur Ausübung seiner Pflicht zurück!

Gott und seinen gerechten Gerichten sollen wir uns unterwerfen, aber nicht der Ungerechtigkeit der Menschen; und wer dieses täte, würde nicht wahre Gottes-, sondern Menschenfurcht beweisen. Um des Friedens willen darf und soll der Christ manches ihm selbst geschehene Unrecht leiden und sich nicht selber rächen; aber das öffentliche Recht, das Wohl seiner Mitbürger und seines Vaterlandes soll er um der Gerechtigkeit willen mit Gut und Blut verteidigen. Wenn es nun Gott vermöge seiner unerforschlichen Weisheit geschehen lässt, dass die Ungerechtigkeit ihr Haupt erhebt und den öffentlichen Rechtszustand in Gefahr bringt, so erkennt der Christ darin Seinen heiligen Willen, dass er für die Sache des Rechts als die Seinige in Kampf treten soll. Und sosehr es der Liebe zur Ruhe und Bequemlichkeit widerstreben mag, so unterwirft sich der treue Diener Gottes demütig Seiner gewaltigen Hand und eilt willig in den Streit. Wohl muss vorher gehen eine ernstliche Prüfung des streitigen, durch den Parteigeist verdunkelten Rechtes; wer aber nach bester Einsicht geprüft und das Recht auf seiner Seite gefunden hat, der ist verpflichtet zum ernstlichen Kampfe. Allen Zweifel löst in öffentlichen Streitsachen die Obrigkeit, die von Gott geordnet ist und die Pflicht und Verantwortlichkeit auf sich genommen hat: Wenn diese in den Streit ruft, so darf und soll der Bürger ohne Bedenken, mit willigem Herzen folgen und gewiss sein, dass er Gottes Willen vollbringt.

Die Aufgabe, gegen den herrschenden Geist der Ungerechtigkeit einen schweren, ungleichen Kampf zu führen, hat Gottes gewaltige Hand unserer Regierung und dem ihr treuen Teile der Bürgerschaft zugewiesen. Wir kämpfen nicht für verjährtes Unrecht, für alte unbillige Vorrechte und Missbräuche; wir haben, gehorsam den Mahnungen der Zeit und den billigen Forderungen, die an uns gestellt wurden, unsere Verfassung redlich geprüft und verbessert; aber da eine unersättliche Partei noch mehr und Ungebührliches forderte, so glaubten wir es dem gemeinen Wesen schuldig zu sein, Widerstand zu leisten, haben ihn geleistet und leisten ihn noch. Schwer ist der Kampf und bisher nicht mit äusserlich glücklichem Erfolge gekrönt. Aber tragt ferner die schwere Last, die euch Gott auferlegt hat, und werdet nicht ungeduldig! Steht fest bei eurer gerechten Regierung und folgt ihr, wohin sie euch führt! Ihr könnt nicht weichen, ohne treulos gegen sie, eure von Gott verordnete Schirmerin und Führerin, gegen das gemeinsame Recht, gegen eure redliche Überzeugung und somit gegen Gott selbst zu sein. Welches auch das Ende dieses unseligen Kampfes sein mag, es geschehe Gottes Wille, und erwarten wir demütig und geduldig, was er beschlossen hat!

Eine notwendige Bedingung der glücklichen Beendigung dieses Kampfes ist die Erhaltung der Eintracht und des Gemeingeistes, welche bisher durch Gottes Gnade so glücklich unter uns bestanden haben. Wann tut es auch mehr Not, dass Bürger an Bürger, Brüder an Brüder sich fest anschliessen als in Zeiten solcher Zerrüttungen, wo alles wankt, nur die redliche Treue nicht? Wehe uns, wenn diese Eintracht durch ungerechte Anmassungen, durch Eingriffe in die Rechte anderer, durch Geltendmachung alter, schädlicher Vorrechte oder gar durch Forderungen neuer gestört werden könnte! Wer möchte wohl im Angesichte der furchtbaren Bewegung, welche den Umsturz aller gesellschaftlichen Ordnung droht, beim Hinblicke auf die gewaltige Hand Gottes, die in unserer Zeit so sichtbar waltet, Unrecht behaupten und neues Unrecht stiften wollen? Demütigt euch unter die gewaltige Hand Gottes, reinigt in Demut eure Herzen von aller ungerechten Begierde und weiht euch dem reinen Dienste der Gerechtigkeit und Bruderliebe!

Die gewaltige Hand Gottes erkennt der Christ auch in den Belehrungen und Verbesserungen, welche die Zeit bringt und durch welche Gott selbst zu uns redet. Die ewige Heilswahrheit ist uns ein für alle Mal geoffenbart und in der heiligen Schrift niedergelegt, obschon auch sie stets von neuem erforscht, erklärt und entwickelt werden muss. Aber über menschliches Recht, über Einrichtungen, Sitten und Gebräuche, über Gewerbe, Künste und Wissenschaften verbreitet die Zeit durch Gottes weise Fügung von Tag zu Tag ein neues Licht; und obgleich viel Falsches und Richtiges an den Tag gefördert wird, so ist doch gewiss, dass die Wahrheit immer siegreicher hervortritt, und wir müssen alles prüfen, um das Gute zu behalten. Wir selbst haben kürzlich durch die Tat bewiesen, dass wir nicht für die Belehrungen der Zeit unempfänglich sind, und haben uns durch Erneuerung unserer Verfassung manches Gute und Probehaltige von der neuen Staatsweisheit angeeignet. Wehe uns, wenn wir es nicht getan und uns verstockt und verblendet hätten! Wir würden kein gutes Gewissen haben in dem Kampfe, in welchem wir stehen. Aber noch vieles ist bei uns zu bessern, zu reinigen, zu verjüngen. Mächtig ist die Zeit vorgeschritten und wir können nicht dahinter bleiben. Welche freie, vielseitige Bewegung ist überall in den Gewerben, Künsten und Wissenschaften, und wie könnte es uns gelingen, uns in alter, träger Ruhe davon auszuschliessen? Wohl sind nicht alle anderwärts eingeführten Neuerungen probehaltig, nicht immer redet durch die Stimme des Zeitgeistes Gottes Stimme, und daher müssen wir, wie gesagt, alles prüfen; aber zum Prüfen gehört viel Einsicht, die nur durch Bildung erlangt wird, und vor allem Geistesfreiheit und Regsamkeit. Viel ist durch unsere preiswürdige Regierung für Erziehung und Unterricht getan worden, aber hierin muss fortgefahren werden, wenn wir mit der Zeit Schritt halten wollen. Vor allen Dingen lasst uns wachsen in der Erkenntnis Christi; aber wenn diese recht lebendig ist, so wirft sie ihr Licht in alle Gebiete des Lebens. Hinweg denn alle alten, hemmenden Vorurteile, alle Eigensucht und Trägheit! Scheuen wir keine Anstrengungen und Opfer, um unserer Pflicht zu genügen! Ein jeglicher unterwerfe sich und seinen besonderen Vorteil demütig dem allgemeinen Besten und finde in der Blüte der geliebten Vaterstadt seine Freude!

Seht, meine andächtigen Freunde, das alles und noch viel mehr, als jetzt hier wegen der Kürze der Zeit zur Sprache gebracht worden konnte, liegt in den Worten: Demütigt euch unter die gewaltige Hand Gottes. Nun wollen wir zweitens sehen, welchen Lohn diese Demut mit sich führt.

2) Christus sagt: Wer sich selbst erhöht, der wird erniedrigt, und wer sich selbst erniedrigt, der wird erhöht werden. Die gleiche Wahrheit enthalten und setzen voraus unsere Texteswortе. Wer sich weigert, sich unter die gewaltige Hand Gottes zu demütigen, der wird erniedrigt; wer sich aber willig unter sie demütigt, der wird erhöht werden.

a. Wer die Hinfälligkeit und Vergänglichkeit seines Lebens und seiner Güter nicht anerkennt und die vor seinen Augen erscheinenden Beweise dieser Wahrheit und des Walten Gottes in den Veränderungen der Natur und des Menschenlebens stumpfsinnig betrachtet, ohne sich seinem allmächtigen Willen zu unterwerfen, ohne sich bereit zu halten, Ihm alles, was er hat, zu opfern und sich von irdischer Liebe und eitler Lebenslust zu reinigen, hingegen beharrt in seinem irdischen Sinne und dem Götzendienste der Selbstsucht, des Geizes, der Herrschsucht, des Stolzes: Der wird, wenn ihn die gewaltige Hand des Herrn nicht wirklich beugt, doch wenigstens in knechtischer Furcht gebeugt sein und sich vor jedem Wolkenschatten, der über sein Haupt hinfährt, fürchten. Reizt er nun aber vollends durch seinen selbstsüchtigen Hochmut das Ehr- und Rechtsgefühl, die Rachsucht und den Neid anderer, ja, so wird er schwerlich in dieser Zeit, wo alles erschüttert und gelockert ist, dem gefürchteten Schicksale entgehen: Der Blitz der Rache wird ihn treffen und hinschmettern. Und wenn er fällt, so hat er keinen Trost, weder im Mitleiden anderer noch in seinem Selbstgefühle, noch im Glauben an Gott; er ist äusserlich und innerlich gebeugt und vernichtet. Der Demütige hingegen, der frei von eitler Weltliebe und in jedem Augenblicke des Rufes seines Herrn gewärtig ist, um alles Seinem heiligen Willen darzubringen, der steht erhaben über dem Wechsel der irdischen Dinge, erhaben über knechtische Furcht, gross in seinem Bewusstsein; und wenn er unschuldig fällt, so weiss er, dass er durch Gottes Willen fällt, und das Vertrauen zu Seiner Weisheit und Güte hebt ihn mit mächtigem Troste. In dieser Welt findet er ja nicht seine wahre Heimat und seinen höchsten Lohn: Gott wird ihn dereinst in Gnaden in sein himmlisches Reich aufnehmen und zur Herrlichkeit der Kinder Gottes erhöhen.

b. Wer in einer bewegten Zeit, anstatt für Recht und Ehre zu kämpfen und die ihm von Gott angewiesene Stelle zu behaupten, sich feige den Umständen unterwirft und der Menschenfurcht nachgibt, der wird schimpflich untergehen oder doch wenigstens vor den Menschen entehrt und an seinem Gewissen gebrandmarkt sein. Was würde aus unserer guten Stadt Basel geworden sein, wenn unsere Regierung aus falscher Friedensliebe sich der Willkür frecher Anmassungen preisgegeben hätte? Wir würden jetzt unter einer unwürdigen Herrschaft seufzen. Freilich können wir uns noch nicht des äusseren Sieges rühmen und wenn der Apostel sagt, Gott werde den, der sich unter Seine gewaltige Hand demütigt, erhöhen zu seiner Zeit, so dürfen wir darum nicht der vergeltenden Gerechtigkeit Gottes ein bestimmtes Ziel setzen; ja, wir dürfen nicht murren, wenn die äussere Erhöhung ganz ausbleibt. Aber die innere Erhöhung ist uns schon geworden in unserem Ehrgefühle und in der Achtung aller treuen Eidgenossen: Basel steht ehrenvoll da, als Vorkämpferin für wahre, gesetzmässige Freiheit. Das sei uns genug, und für das Übrige lassen wir Gott sorgen.

c. Wer den Mahnungen Gottes ungehorsam, mit träger Selbstsucht und Verstockung sich in den alten Vorurteilen und Missbräuchen behauptet und sich wider den von Gott geleiteten Gang der Zeit stemmt, der geht unter in dunkler Unbedeutendheit und traurigem Zerfall oder gar in gewaltsamer Zerstörung. Wer aber mit demütiger, freudiger Hingabe an den Dienst Gottes nicht müde wird sich zu vervollkommnen, zu läutern und zu verjüngen, wie es die Zeit verlangt und Mittel und Gelegenheit dazu gibt, der steigt in geistiger Kraft und Würde von

Stufe zu Stufe, ist geehrt und geliebt bei den Menschen, fühlt sich gross in sich selbst und darf auf den Segen Gottes hoffen, womit Er das treue Streben zu belohnen pflegt. Wenn unsere Stadt fortfährt, wie sie angefangen, alles Ungerechte und Unzweckmässige in ihren Einrichtungen auszurotten, alle Quellen des Aber- und Unglaubens, des Irrtums und der Vorurteile zu verstopfen und im Dienste der Wahrheit und Gerechtigkeit unermüdlich und voll Eifers bleibt, dann wird sie sich nicht nur zu geistiger Bedeutsamkeit erheben, sondern es wird auch der äussere Segen, die Blüte des Handels und der Gewerbe nicht ausbleiben; denn Gerechtigkeit erhöht ein Volk.

So lasst uns denn, meine andächtigen Freunde, uns demütigen unter die gewaltige Hand Gottes, wie sie sich in der Zeit kundgibt! Lasst uns allen falschen Stolz und was damit zusammenhängt, falsche Eigenliebe, Geiz, Trägheit, Verblendung und Verstockung ablegen, auf nichts achten als auf die Winke Gottes, auf nichts hören als auf Seine Stimme, nichts fürchten als Ihn, Ihm allein und mit ganzer Hingabe unseres Herzens und aller unserer Kräfte dienen und in der demütigen Unterwerfung unter Seinen heiligen Willen allein unsere wahre Erhöhung suchen! Amen.

KLAUS SEYBOLD

De Wette als politischer Prediger

Wilhelm Martin Leberecht de Wette, geboren 1780 in Ulla bei Weimar, gestorben 1849 in Basel, kam nach Studium in Jena und Lehrtätigkeit in Heidelberg und Berlin im Jahre 1822 über Weimar nach Basel, wo er die Professur für Praktische Theologie bekleidete. Als einer der letzten Universaltheologen schuf er ein umfangreiches und einflussreiches Werk, das alle theologischen Fächer befruchtete. Seine planvolle akademische Tätigkeit kontrastiert mit einem äusserst dramatischen Lebenslauf. In seiner Person spiegelt sich die innere und zu einem grossen Teil auch die äussere Geschichte der ersten Hälfte des 19. Jahrhunderts wider. In Berlin im Kreise der politisch wie theologisch Liberalen (Jakob Friedrich Fries, Friedrich Schleiermacher) als Universitätslehrer tätig, wurde er 1819 nach einem von der Polizei aufgestöberten Kondolenzbrief an die Mutter des Theologiestudenten Karl Ludwig Sand, der den konservativen Literaten und Agenten August von Kotzebue umgebracht hatte, vom preussischen König entlassen. 1822 erhielt er einen Ruf an die Basler Universität, wurde bald Teil des städtischen Bürgertums, amtete fünfmal als Rektor der Universität. 1830 waren in den Wirren und Unruhen um die Kantonsteilung seine Sympathien ganz auf Seiten der konservativen Basler Stadtbürger. Er versuchte die revolutionären Erscheinungen theologisch zu bewältigen. Dazu diente ihm die Predigt, und so steht auch die hier ausgewählte Predigt in naher Beziehung zu den politischen Zeitumständen der Jahre 1830 bis 33.

* * *

Diese Predigt wurde von de Wette in der dritten Sammlung von «Predigten, theils auslegender, theils abhandelnder Art» im Mai 1833 publiziert. Dazu schreibt er im Vorwort:

«Ich übergebe hiemit dem christlichen Publikum eine dritte Sammlung meiner Predigten. Obgleich alle von *abhandelnder* Art sind, so glaubte ich doch den Titel nicht ändern zu müssen, da vielleicht in einer künftigen vierten Sammlung auch wieder einige von der *auslegenden* Art erscheinen werden. Mehrere dieser Vorträge sind in naher Beziehung auf die Zeitumstände der Jahre 1830 u. f. gehalten worden und politischer Art. Da sie auf dem christlichen Grundsatze ruhen, dass man der Obrigkeit unterthan seyn soll, so werden Christlichgesinnte hoffentlich keinen Anstoß daran nehmen; was Andere darüber urtheilen mögen, kann mir gleichgültig seyn. Möge die Lesung dieser Predigten wahre Erbauung stiften! Nach meiner geprüften Ueberzeugung ist darin reine evangelische Wahrheit enthalten. Basel im Mai 1833.»

Genauere Angaben sind nicht verfügbar. Nach den direkten Hinweisen auf die Verfassungsreform vom Januar 1831 ist anzunehmen, dass die Predigt zwischen Anfang 1831 und Anfang 1833 entstanden ist und wahrscheinlich in der (alten) Elisabethenkirche gehalten wurde.

Wie bei de Wette üblich hat sie einen glasklaren Aufbau. Nach Überschrift und Text folgt eine allgemeine Hinführung zum Thema: Demütigungen Gottes in der Heilsgeschichte. Darauf folgt ein Predigtgebet. Die Predigt selbst hat dem Text entsprechend zwei Teile: Im ersten Teil spricht sie über die gewaltige Hand Gottes, erkennbar in drei Schlägen oder «Winken», welche Reaktionen erforderlich machen: (1) eine «schreckliche Krankheit» (Epidemie) – Erkenntnis der menschlichen Hinfälligkeit, (2) «Staatsumwälzung, Aufruhr und Krieg» – Widerstand, (3) «Belehrungen der Zeit» – Aufgeschlossenheit gegenüber Neuem. Die Dreiteilung wird im zweiten Teil übernommen und im Blick auf den «Lohn» der Demut alternativ weitergeführt: (a) «knechtische Furcht» oder «groß in seinem Bewußtsein», (b) «Untergang» und «unwürdige Herrschaft (Basels)» oder «innere Erhöhung» zur «Vorkämpferin für wahre, gesetzmäßige Freiheit», (c) «dunkle Unbedeutendheit und trauriger Verfall» oder «geistige Bedeutendheit» der Stadt. Eine zusammenfassende Mahnung an die «andächtigen Freunde» – de Wettes gebräuchliche Anrede – beschliesst die Predigt.

In Sprache und Stil «abhandelnd» unterscheidet sich die Predigt kaum von dem Lehrstil de Wettes etwa der «Vorlesungen ueber die Religion, ihr Wesen, ihre Erscheinungsformen und ihren Einfluß auf das Leben», die er einige Jahre zuvor in Basel gehalten hat (Berlin 1827). Immer dieselbe lehrhafte Rede, auf hohem intellektuellem Niveau, in unverändert ernstem Ton, ohne jede Spur von Heiterkeit und Humor – es gibt, soweit ich sehe, so gut wie keine heiteren oder witzigen Stellen bei de Wette –, darum etwas monoton, fast langatmig wirkend, von blitzender Schärfe aber in der scharfen Logik des Gedankens. Aufgehellt wird sie durch den überaus reichhaltigen Gebrauch der Adjektive als formelhafte Beiworte, die aber auf den Leser einen etwas zwiespältigen Eindruck machen: z. B. «die herrliche Stadt» (Jerusalem), «falsche Sicherheit», «redliche Überzeugung», «preiswürdige Regierung», «gute Stadt Basel», «falsche Friedensliebe», «treue Eidgenossen», «freudige Hingabe», «redliche Treue» und so weiter. Die vielen kennzeichnenden und einschränkenden Attribute lassen eine belehrende Grundhaltung mit suggestiven Wertungen erkennen, die dem modernen Leser, der durch die Sprache der Werbung geschädigt und misstrauisch geworden ist, einige Mühe bereitet. Auf der andern Seite ist die direkte Anrede an die «andächtigen Freunde» in ihrer Kühnheit und Klarheit bewundernswert. Nicht nur, dass er unverblümt mehr Opfergesinnung von den Bürgern der Stadt fordert, «bei dem großen Reichthume», und vor allem tadelt, dass man keine «grossen Opfer, welche dem öffentlichen Wohle gebracht werden», bemerkt – wie er meint – wegen der «Fesseln» der irdischen Güter: «Reißet euch los aus diesen Banden, ihr Reichen!»; er fordert auch politisch die «Erhaltung der Eintracht und des Gemeingeistes» ein und kritisiert hart und für die Betroffenen wohl auch sehr deutlich: «Wehe uns, wenn diese Eintracht durch ungerechte Anmaßungen, durch Eingriffe in die Rechte Anderer, durch Geltendmachung alter, schädlicher Vorrechte oder gar durch Forderung neuer gestört werden könnte!»

Der theologische Schwerpunkt liegt zweifelsohne in dem mittleren Teil, der über das Problem der Zeit, die Unruhen von 1830 bis 1833, spricht. De Wette sieht «in den furchtbaren Zeitbewegungen» einen Schlag der gewaltigen Hand Gottes, der als ein «Wink» des Allmächtigen zu verstehen ist, auf den hin unbedingt gehandelt werden muss. Obwohl zur Zeit der Predigt die ganze Misere Basels noch nicht überschaut werden konnte – der Tiefpunkt der Besetzung Basels war erst am 3. August 1833 –, waren die Unruhen doch für eine verunsicherte Bürgerschaft das beherrschende Thema mit der offenen Frage, was man denn tun solle. Das setzt für de Wette eine «ernstliche Prüfung des streitigen, durch den Parteigeist verdunkelten Rechtes» voraus. Das Ergebnis war, dass er in den Unruhen «entfesselte Leidenschaften» erkannte, die alle Schranken der Ordnung und des Rechts zu brechen schienen. Dabei hatten doch Anfang 1831 «unsere Regierung» und «treue Theile der Bürgerschaft» die «Verfassung redlich geprüft und verbessert; aber da eine unersättliche Partei doch mehr und Ungebührliches forderte, so glauben wir es dem gemeinen Wesen schuldig zu seyn, Widerstand zu leisten».

Die Verfassungsreform räumte zwar den aufständischen Baselbieter Gemeinden eine knappe Mehrheit im Grossen Rat ein, konnte aber die Aufständischen nicht befriedigen. Sie machten mit vierzigtausend Seelen auf der Landschaft gegen achtzehntausend Städter zahlenmässig mehr als das Doppelte aus. Es kam alsbald zu gewalttätigen Auseinandersetzungen. Auch der jüngst zum Bürger Basels gewordene de Wette eilte zu den Waffen, kam aber offenbar nicht zum Einsatz. Spürbar ist in der Predigt, dass auch ihm trotz «ernstlicher Prüfung» ein Verständnis für die

Anliegen der Aufständischen fast völlig abging. Er sah nur Chaos, «Umwälzungen» und «Zerrüttungen». Sein Urteil lag jedenfalls schon bald fest: Er spricht in einem Brief vom 19.11.1832 despektierlich von «diesem Spitzbubenpack von Liestall» (Staehelin S. 157).

So konnte er den Wink Gottes getreu der Reformationsordnung von 1529 nur als Aufruhr und Aufstand gegen die von Gott gesetzte Obrigkeit verstehen. Die erforderliche Demütigung musste darum für ihn in der Einsicht in die Unrechtmässigkeit der Rebellion und im Widerstand gegen die Aufständischen bestehen. «Ihr könnt nicht weichen, ohne treulos gegen sie, eure von Gott verordnete Schirmerin und Führerin, gegen das gemeinsam Recht, gegen eure redliche Ueberzeugung und somit gegen Gott selbst zu seyn.» Und: «Allen Zweifel löst in öffentlichen Streitsachen die Obrigkeit, die von Gott geordnet ist und die Pflicht und Verantwortlichkeit auf sich genommen hat.» So auch im Vorwort zur Predigtsammlung. Darum gilt: «eilt willig in den Streit ...; ... verpflichtet zum ernstlichen Kampfe».

Das Bild der politisch einheitlich verfassten und geführten Stadt, von orthodox reformiertem Bekenntnis, erklärtermassen ohne Katholiken und Juden als Bürger, wie de Wette es in seiner letzten, 21. Vorlesung «Ueber die Religion» mit dem Titel: «Ueber das Verhältniß der Kirche zum Staat» geschildert hat, prägt immer noch sein Baselbild. «Wenn unsere Stadt fortfährt, wie sie angefangen, alles Ungerechte und Unzweckmäßige in ihren Einrichtungen auszurotten, alle Quellen des Aber- und Unglaubens, des Irrthums und der Vorurtheile zu verstopfen, und im Dienste der Wahrheit und Gerechtigkeit unermüdlich und voll Eifers bleibt: dann wird sie sich nicht nur zu geistiger Bedeutendheit erheben, sondern es wird auch der äußere Segen, die Blüthe des Handels und der Gewerbe, nicht ausbleiben; denn Gerechtigkeit erhöht ein Volk.»

Damit tritt neben die Frage des Widerstands ein weiteres Charakteristikum der Theologie de Wettes ins Licht: seine Zukunftshoffnung, die Eschatologie. Angetreten ist er wie alle vom Idealismus herkommenden Theologen mit dem Hegel'schen Erbe der Überzeugung, dass sich die letzten Dinge innerweltlich und gesellschaftlich im Leben der unmittelbaren Zukunft erfüllen werden. Eine Auffassung, die aus heutiger Sicht geradezu grotesk anmutet: die bürgerlich-christliche Gesellschaft im Mitteleuropa der dreissiger Jahre des 19. Jahrhunderts als Ziel der Heilsgeschichte! De Wette hat solche oder ähnliche Auffassungen ebenfalls vertreten. Ein Satz sei aus der genannten Vorlesung zitiert: «Ihnen (nämlich den Gläubigen) ist Kirche und Staat zusammen das Reich Gottes auf Erden, und zwischen Christenliebe und Vaterlandsliebe besteht keine Trennung.» Doch er war jetzt offener geworden in seiner Sicht der Zukunft und der letzten Dinge.

Zwar sah er immer noch in der unmittelbaren Zukunft die Verwirklichung des göttlichen Willens nach dem Apostelwort in der «Erhöhung». Doch er las dort auch: «Erhöhung – *zu seiner Zeit*» und legte sich nicht mehr fest, wann dies sein werde. Auch spricht er davon, dass eine «äussere Erhöhung» möglicherweise ganz ausbleiben könnte.

Denn das Wesentliche geschieht für ihn im inneren Bewusstsein, im «Selbstgefühle», eine «innere Erhöhung». «Aber die innere Erhöhung ist uns schon geworden in unserem Ehrgefühle und in der Achtung aller treuen Eidgenossen: Basel steht ehrenvoll da, als Vorkämpferin für wahre, gesetzmäßige Freiheit. Das sey uns genug, und für das Uebrige lassen wir Gott sorgen.» Die letzte Hoffnung ist Gottes Sache «dereinst» in Zukunft. Die «vergeltende Gerechtigkeit» Gottes wird letztlich alles ausgleichen. Für heute gilt allein der innere Zustand des Selbstbewusstseins. Wer sich aber demütigt angesichts der gegenwärtigen Schicksalsschläge, «der» – so führt de Wette zuletzt aus – «steigt in geistiger Kraft und Würde von Stufe zu Stufe, ist geehrt und geliebt bei den Menschen, fühlt sich groß in sich selbst und darf auf den Segen Gottes hoffen, womit Er das treue Streben zu belohnen pflegt.» «Fühlt sich groß in sich selbst», an anderer Stelle formuliert er so: «Der steht erhaben über den Wechsel der irdischen Dinge» – als Auswirkung des Vertrauens zu Gott klingt es dann doch nochmals anders.

Aber de Wette ist und bleibt ein Mensch des 19. Jahrhunderts; sein Augenmerk galt vor allem dem Zustand des Selbstbewusstseins des Menschen und seiner Entwicklung.

Literatur

Predigten theils auslegender theils abhandelnder Art, von Dr. Wilhelm Martin Leberecht de Wette, Dritte Sammlung, Basel 1833, S. 102–116.

Ernst Staehelin: Dewettiana. Forschungen und Texte zu Wilhelm Martin Leberecht de Wettes Leben und Werk, Basel 1956.

Paul Handschin: Wilhelm Martin Leberecht de Wette als Prediger und Schriftsteller, Basel 1958.

Dorothea Roth: Die Dreissigerwirren – bedeutendste Krise der Basler Stadtgeschichte im 19. Jahrhundert, in: Baselland vor 150 Jahren. Wende und Aufbruch. Neun Beiträge mit Chronologie der Basler Wirren und der Eidgenössischen Regenerationszeit 1830–1833 sowie vielen historischen Bildern, Liestal 1983, S. 67–84.

John W. Rogerson: W. M. L. de Wette. Founder of Modern Biblical Criticism. An Intellectual Biography, Journal for the Study of the Old Testament, Supplement Series 126, Sheffield 1992 (demnächst in deutscher Übersetzung).

Hans-Peter Mathys und Klaus Seybold (Hg.): Wilhelm Martin Leberecht de Wette. Ein Universaltheologe des 19. Jahrhunderts. Studien zur Geschichte der Wissenschaften in Basel NF 1, Basel 2001.

HERMANN ANANDRAJA KAUNDINJA

Die Lebensgeschichte

eines ehemaligen Brahmanen,
nunmehrigen Predigers an der
deutsch-evangelischen Gemeinde
und zweiten Lehrers an der
Katechistenschule zu Mangalur,
Provinz Canara, Westküste
von Ostindien.

Von ihm selbst niedergeschrieben und vorgetragen bei seiner Ordination zum Missionar am 20. Juli 1851 in der Stadtkirche zu Leonberg (Württemberg) durch Herrn M. S. C. Kapff, königlich-württembergischen Prälaten und Konsistorialrat.

Ich bin geboren in Mangalur, Sonntag den ersten des Monats C'aitra im Jahre Partiva, nach dem bei meiner Kaste gebräuchlichen Kalender; nach dem hiesigen am 10. April 1825. Mein Vater hiess Ranga, aus dem Geschlechte Kaundinja; meine Mutter Rukmini, eine geborene Kansja. Mein Vater hiess mich Ananta, nach seinem Vater; allein ein Oheim von ihm, der gerade auf Besuch bei uns war, veränderte meinen Namen Ananta, welcher ein Name des Gottes Schiwa ist und «der Unendliche» bedeutet, in Ananda, was «(geistliche) Freude» bedeutet; so hiess ich von nun an mit dem vielgebrauchten Anhängsel Raja (Fürst) Anandaraja, das ist Freudenfürst oder Freuderich. Meine Muttersprache ist Sarasvata oder Konkana; ich redete jedoch auch Kanaresisch fast wie eine zweite Muttersprache; daneben auch Tulu und später Hindustani. Mein Vater war Advokat beim Gerichtshof von Mangalur. Er wünschte auch mich in der Regierung angestellt zu sehen, schickte mich daher, vier Jahre alt, in eine kanaresische Schule, weil Kanaresisch die Sprache der Provinzial-Regierung ist. In dieser Schule lernte ich Lesen, Schreiben und Rechnen.

Die Erziehung meiner Eltern durfte ich jedoch nicht lange geniessen. Sie starben mir beide, als ich noch nicht ganz neun Jahre alt war. Dennoch hat mein Vater wesentlich Einfluss auf die spätere Richtung meines Geisteslebens geübt. Ich will zwei wichtige Begebenheiten aus der Zeit meiner frühesten Kindheit anführen. Mein Vater hatte meine beiden jetzt noch lebenden älteren Schwestern lieb; aber da ich der einzige Sohn und das jüngste Kind war, war ich sein Liebling, durfte daher oft vor dem Schlafengehen in seinem Bett an seiner Seite liegen und über alles, was mir einfiel, reden. Hier geschah es einmal, ich war damals kaum vier Jahre alt, dass ich an meinen Vater die Frage richtete: Wie doch Gott aussehe? Dass ich die Götzenbilder nicht meinte, konnte er wohl begreifen, denn diese sah ich jeden Tag in meinem Hause. Wie ich zu der Frage nach Gott kam, weiss ich nicht; vielleicht durch die Götzenbilder selbst, vielleicht durch das, was ich meinen Vater über Gott und Gottes Wesen reden hörte. Jedenfalls muss ich mich geistig recht angestrengt und für die Sache interessiert haben; denn heute noch kann ich mir die Zeit, das Zimmer, vor allem aber die Unterredung selbst recht lebhaft vorstellen. Seine Antwort lautete: «Gott ist wie eine Kugel (gulo), ohne Glieder wie wir; er ist unaussprechlich (ovacyu), formlos (nirakaru), eigenschaftslos (nirguru) und unveränderlich (nirvikaru).» Diese Worte machten einen gewaltigen Eindruck auf mein kindliches Herz; ich meinte, ich wisse nun, was Gott ist. Von nun an hatte ich nicht die geringste Scheu vor den Götzen; einen solchen Gott glaubte ich, wie ihn mir mein lieber Vater beschrieben hatte. Doch als vierjähriges Kind war ich nicht im Stande, einen weiteren Gebrauch von der gewonnenen Erkenntnis zu machen.

Die zweite wichtige Begebenheit stand in Verbindung mit dem Tode meines Vaters, welcher am 6. des Monats Maga im Jahre Bijaga, im Februar 1934, erfolgte. Einige Tage vor seinem Tode standen meine beiden Schwestern und ich an seinem Krankenbette. Bewegt sprach er zu meinen Schwestern: «Liebe Kinder, ihr seid wohl versorgt in dem Hause eurer Männer; dieses aber, mein unmündiges Kind (indem er auf mich deutete), hat niemand, der sich seiner annehmen würde.» Am 6. Maga wusste er, dass dies sein Todestag sein werde, welches er dadurch zu erkennen gab, dass er zu den Umstehenden sagte, man möchte mir zu essen geben, damit ich nicht bis an den Abend hungern müsste. Ich war nämlich schon das Jahr zuvor von meinem Vater zum Brahmana gemacht, durfte daher als Brahmana gewordener Sohn nichts essen, bis meines Vaters Leichnam verbrannt worden war. Einige Stunden darauf liess er Priester kommen. Es versammelten sich auch andere Verwandte um ihn. Er gab Almosen mit gewissen Zeremonien, setzte sich auf Darbasana, das heisst heiliges Gras, was nur diejenigen tun, welche der Welt nach der Brahmanenweise entsagen, trank ein wenig Gangeswasser, welches bei dem Priester Subbaraja-batta vorrätig war, und liess sich aus der Bhagavadgita, einem durch und durch pantheistischen Gedichte, einiges vorlesen. Er konnte aber noch nicht ruhig sterben; die Sorge für meine dunkle Zukunft hielt ihn noch im Leben zurück. Zwar hatte er für mein

Durchkommen gesorgt, indem er mir einige liegende Güter, ein Haus und zwei Gärten hinterlassen konnte; allein, ich war zu jung, für mich selbst zu sorgen. Seinen zwei leiblichen Brüdern konnte er nicht das volle Zutrauen schenken. Es sass aber neben ihm der Schwiegervater meiner jüngeren Schwester, ein rechtlicher Mann; auf diesen durfte er sich verlassen. So fasste er mich denn bei der Hand und sprach zu mir: «Das ist dein Vater.» Dann, auf mich deutend, zu ihm: «Das ist dein Sohn.» Er blieb noch eine kleine Weile sitzen; dann legte er sich nieder und starb. Es ist begreiflich, dass die Worte und Handlungen meines Vaters vor seinem Tode nicht ohne Eindruck an mir vorbeigehen konnten. Ich war tief ergriffen von dem allen. Vierundzwanzig Tage darauf starb auch meine Mutter, von der man gemeint hatte, sie werde vor ihrem Manne sterben. So stand ich da verlassen, verwaist, noch zu jung, recht zu empfinden und zu verstehen, was mir geschehen war. Ob ich gleich damals nicht wusste noch erkennen konnte, zu was mich dieses alles treiben sollte, so war doch durch diese gewaltigen Ereignisse in meinem Kinderleben meinem künftigen Geistesleben gewissermassen die Richtung vorgezeichnet, ihm angetan. Durch das lebendige Beispiel meines geliebten Vaters angeregt, wünschte ich das zu erkennen, was er erkannte, so geehrt zu sein wie er, so ruhig und gelassen zu sterben wie er.

Dies habe ich erzählen wollen, einerseits deswegen, weil sonst meine künftige Lebensführung nicht recht verstanden werden könnte, andererseits aber auch deswegen, weil mir das eine geschickte Gelegenheit darbietet, Ihnen zu Gemüte zu führen, dass die Meinung vieler in der Christenheit nicht richtig ist, die Meinung, als wären die Heiden ohne Unterschied grausam, gottlos, innerlich und äusserlich versunken in das tiefste Elend. Es gibt viele rechtliche, ja, ich möchte sagen, fromme Heiden; was ihnen fehlt, ist nicht immer Ehrbarkeit und dergleichen, sondern sie ermangeln der Lebensherrlichkeit Gottes, und als solche haben sie keine Hoffnung des ewigen Lebens. Der edelste Heide ist unvergleichlich geringer als der geringste gläubige Christ; denn dieser hat das ewige Leben, jener hat's nicht. Es ist gut und nötig zu wissen, dass nicht das äussere Elend, auch nicht immer das zerrüttete Familien- und Volksleben es ist, dem die Missionare abhelfen sollen durch europäische Bildung. Nein, diese bringt kein Haarbreit näher zum Leben Gottes als das Heidentum selbst. Vielmehr muss den Heiden das ewige Leben dargeboten werden, das in Christo ist.

Neun Jahre alt wurde ich also ein Waise. (…)

(Auf Rat eines Nachbarn tritt Kaundinja in die englische Schule der Basler Mission ein.)

Ich wurde aufgenommen, wenn ich nicht irre, im Jahr 1840, nach der Einwilligung meines Oheims und meines Schwiegervaters. Ich hatte mich nämlich schon damals verlobt mit der neunjährigen Tochter des einge-borenen Richters Janardaraja in Mangalur, was man bei uns schon Heirat heisst. In der Schule lernte ich Bruder Mögling, der damals Vorsteher war, kennen. Er pflegte die Herzen seiner Schüler durch seine grosse, einneh-mende Freundlichkeit bald zu gewinnen. Ausser dem Englischen lernte ich unter anderem auch ein wenig Arithmetik, Geometrie und Algebra. (...)

(Kaundinja studiert mit dem Ziel, in der Regierung eine Anstellung zu suchen; aber da ereignet sich etwas, was, wie er sagt, seinem Leben eine völlig andere Richtung geben sollte – seine Bekehrung.)

Zuerst muss ich einige Umstände berühren, die meiner Bekehrung vorangingen. In der englischen Schule stand ich, ohne dass ich's wusste, unter dem Einfluss des Christentums. Hier möchte ich besonders Bruder Sutter erwähnen, der die englische Schule im Monsun 1841 übernahm, welcher jetzt Bruder Hoch vorsteht. Sutter unterrichtete uns nicht nur in der Geometrie, sondern, was für meine Erzählung wichtiger ist, auch in der Bibel. Er las mit uns die Sprüche Salomonis. Einerseits die moralische Kraft des Buches selbst, andererseits aber nicht minder die ernste, feierli-che und herzgewinnende Lehrweise des Missionars machten einen sehr starken und überaus günstigen Eindruck auf die Herzen der jungen Schü-ler. Auch das Wort Jesu: «Ihr sollt nicht schwören; sondern eure Rede sei ja, ja, nein, nein» verfehlte seine Wirkung an mir und meinen Mitschülern nicht. Ich zum Beispiel entschloss mich, nicht mehr, wie meine Landsleute und ich selbst damals es bei jeder Kleinigkeit taten, zu sagen: «Ach Gott!», sondern wo ich etwas beteuern sollte, sagte ich nur: «Ja, es ist gewisslich so», man mochte mir glauben oder nicht. Jetzt war ich etwa sechzehn Jahre alt. Ich redete von dem, was ich in der Schule gehört hatte, zu Hause mit meinen Verwandten. Denn die Moral war mir damals recht, wenn sie auch von den Missionaren kam; auf Zeremonien hielt ich eben nichts. Aber ein Onkel von mir, Schandappa, der in meinem Hause wohnte, fürchtete, ich möchte nach und nach in das Netz der Missionare geraten, und suchte dem Unterricht Bruder Sutters durch die pantheistische Phi-losophie entgegenzuwirken. Es gelang ihm vollständig. Von Haus aus hatte ich grosse Neigung zu der Philosophie, der mein Vater ergeben war, und begierig verschlang ich die Lektionen meines Onkels. Zuerst lernte ich: «tat tnam asi» (das bist Du), das heisst, das «Das», der Geist, das Brahman, das All bist Du selbst. Dies ist Gnana (Pantheismus). Das war mir süss. Nachher lernte ich von ihm und aus einem Buch «Viveka cintamani» (Der Stein der Weisheit zur Beruhigung), dass es wohl einen Gott geben möge, übrigens alles nur durch das Zusammenwirken des Himmel als der männlichen und der Erde als der weiblichen Kraft werde und bestehe. Dies ist Sugnana (Naturalismus oder Atheismus). Das gefiel mir schon. Aber auch dabei blieb ich nicht stehen; mein Onkel, ob er gleich selbst ein Naturalist war, und das Buch führten mich weiter, so dass ich zuletzt überhaupt das Dasein allen Wesens leugnete und dass das All und das Nichts mir gleich war. Dies ist Vignana (Nihilismus). Jetzt leugnete ich alles, wollte kein Ahambava (Ichbewusstsein) mehr haben, glaubte die Missionare bemitleiden zu müssen, dass sie Karmikas, das heisst Werkmenschen waren, indem sie einen Himmel und eine zukünftige Vergeltung glaubten, hielt die Sünde für ein Unding, ward hochmütig, wünschte jedoch vor Menschen ehrbar zu leben. Das war mein Zustand, als ich etwa im Juni 1843 an einem epidemischen Wechselfieber erkrankte. Merkwürdigerweise betete ich in dieser Krankheit zu dem Gott, an den ich nicht glauben wollte, es möchte mir wieder gut werden. Unter der ärztlichen Behandlung eines Onkels von mir, nicht des Philosophen, und unter der Krankenpflege der Grossmutter meines Schwagers, der auch krank darniederlag, genasen wir beide in drei Wochen. Nach meiner Genesung aber fand ich, dass ich mein Gedächtnisvermögen durch die Krankheit fast ganz verloren hatte. Was ich diese Stunde las, redete oder dachte, wusste ich die nächste Stunde nicht mehr. Besonders auffallend war's mir, dass all mein Englisch wie aus dem Gedächtnis weggeblasen war. Das betrübte mich, als ich einmal bei Bruder Weigle in einem englischen Buche las, so sehr, dass ich mich des Weinens vor ihm nicht enthalten konnte. Auf seine Frage sagte ich ihm die Wahrheit. Er aber meinte, es müsse etwas mehr dahinterstecken als das, verliess mich jedoch, und wie ich später erfahren habe, betete er für mich in einem anderen Zimmer. Als er zurück kam, fand er mich etwas ruhiger und gab mir den guten Rat, wenn es sich bei mir wirklich so verhalte, so solle ich nur Gott bitten, Er werde mir schon ein Gedächtnis geben. Ich folgte seinem Rat, ob ich gleich merkwürdigerweise immer noch meinte, ich glaube nicht an Gott, und lernte auch fleissig, so dass ich in kurzer Zeit beides, mein Gedächtnis und meine frühere Kenntnis des Englischen, zu meiner Freude wieder erlangte. Bruder Mögling war damals gerade auf einer Missionsreise; diesem schrieb Bruder Weigle alles, was zwischen ihm und mir vorgefallen war. Auch Mögling meinte, es müsse etwas weiteres hinter meinem Weinen stecken, ich wolle es nur nicht bekennen. Dieses glaubte er herauslocken zu müssen. Zu dem Ende las er mit meiner Klasse Stücke aus einem englischen Schriftsteller (Shakespeare), die dazu geeignet waren, mir die Sünde und die

Notwendigkeit, die Sünde zu bekennen, zum Bewusstsein zu bringen und mich aufzufordern, Gott um Vergebung zu bitten. Allein das war ein Irrtum, dass ich etwas bekennen sollte und nur nicht wollte; denn die Sünde ignorierte ich immer noch. Doch das taten beide Brüder: Sie beteten für mich, besonders Mögling, der seit Jahren Gott gebeten hatte, er wolle mich ihm zum Geschenk geben. Das war recht und es geschah auch.

Es war der 24. November 1843, an welchem ich auf dem Heimweg von Herrn Anderson, dem ersten englischen Richter in Mangalur, dem ich öfters aus einer kanaresischen Zeitung vorzulesen hatte, auch Bruder Mögling besuchte. Er war gerade beschäftigt, wollte aber die Gelegenheit, mit mir zu reden, nicht vorübergehen lassen; daher reichte er mir einen christlichen Kalender in der englischen Sprache, von der religiösen Traktatgesellschaft herausgegeben, hiess mich in ein anderes Zimmer gehen und dort lesen, bis er fertig geworden wäre. Ich blätterte darin und las von ungefähr, menschlich geredet, die Anekdote von einem Gesetzgeber des Altertums. Die Anekdote ist diese: Ein König machte ein Gesetz, dass jeder, der den Ehebruch beging, seine beiden Augen verlieren sollte. Sein eigener Sohn übertrat das Gesetz. Der König war unparteiisch und verlangte die Vollziehung des Gesetzes auch an seinem Sohne. Dieser aber war beim Volk beliebt, welches daher den König um Schonung seines Sohnes bat. Der König war unerbittlich. Doch aus Liebe zu seinem Volk und zu seinem Sohn ersann er ein gutes Mittel. Er liess nämlich eines seiner eigenen Augen ausstechen und eines von seinem Sohne, wodurch es jedermann offenbar wurde, dass es dem König mit seinem Gesetz wahrer Ernst sei; aber auch, dass er seinen Sohn und sein Volk herzlichst liebe, indem er es keine Fehlbitte wollte tun lassen. Jetzt heisst es in dem Kalender: «Also hat Gott die Welt geliebt, dass er sein eigenes Auge, den eingebornen Sohn gab, auf dass jeder, der an Ihn glaubt, nicht verloren gehe, sondern das ewige Leben habe.» Diese einfache Anwendung der Geschichte machte einen tiefen Eindruck auf mich. Ich war betroffen, wusste nicht recht, was ich tun sollte, war sehr bewegt, ging hin zu Mögling und wünschte Aufschluss über die Worte zu erlangen, in der Meinung, ich habe das Englische nicht recht verstanden. Mögling sah ein, dass der Zeitpunkt gekommen war, mir ans Herz zu reden. Er predigte mir das Evangelium, die Versöhnung durch Jesum Christum, die Sündenvergebung in seinem Blute und die Verheissung des heiligen Geistes und bekräftigte dieses mit seinem eigenen Zeugnis, indem er sagte: «Entweder sind wir alle Betrüger oder betrogene Toren, oder wir haben Recht. In dem letzteren Falle ist es auch deine Pflicht, an das Evangelium zu glauben.» Ich konnte nichts reden und schwieg. Er sah die Bewegung in meinem Innern und lud mich ein, die Verheissung des Heils zu ergreifen ohne Aufschub, indem er hinzusetzte: «Wenn du an Christum glaubst, so bekenne die Sünden, welche dein Herz beunruhigen.» Ich erwiderte: «Ich will meine Sünden bekennen.» Da ich aber zögerte, bat er mich mit vieler Liebe und ermahnte mich im Namen Christi, mein Herz in dieser Gnadenstunde zu öffnen, frei ohne Zaudern und ohne Zweifel. Ich antwortete: «Ich kann nicht aussprechen, was ich zu sagen habe.» Da sagte er: «Du hast nicht nötig zu reden; sitze und schreibe.» Und mit diesen Worten verliess er mich und begab sich in ein anderes Zimmer um zu beten. Mittlerweile setzte ich mich und schrieb nieder, was ich zu sagen hatte. Noch heute ist es mir ein Wunder, wie ich dazu kam, einem Fremden meine Sünden zu bekennen! Natürlicherweise bekannte ich damals nur diejenige Sünde, welche mir als die grösste erschien. Als Mögling zurückkam, las er das Geschriebene, war sehr bewegt und forderte mich auf, an seinem Bette niederzuknien und gemeinschaftlich mit ihm zu beten. Er dankte Gott für die mir geschenkte Gnade und bat Ihn um meine Bewährung. Wir standen auf und gaben einander die Hand als Brüder. Jetzt sassen wir einige Stunden lang beieinander, ohne zu essen und ohne die mindeste Empfindung von Hunger, redeten über die zu erwartenden Trübsale und Verfolgung, über den möglichen Verlust meiner Frau und Habe, über das Verstossenwerden aus der Kaste und dergleichen. Mir aber war der gefundene Schatz so gross, dass mir alles das dem Heile in Christo und dem Frieden in Ihm gegenüber wie Nichts vorkam. So sassen wir von ungefähr zehn Uhr an bis drei oder vier nachmittags. Ich verabschiedete mich und ging nach Hause, wörtlich hüpfend vor Freude. Zu Hause war alles sehr betrübt, dass ich so lange ausgeblieben war. Später, als meine Bekehrung bekannt wurde, sagte mir mein Onkel, der Philosoph: «Ja, ja, ich habe es schon an dem Tage, so du so lange nicht kamst, an deinem Gesicht, in deinen Augen gemerkt, dass es mit dir etwas anderes geworden war.» Durch meine Bekehrung wurden auch Bhagavantaraja, jetzt Christian Kamsika, und Mukundaraja, jetzt Jakob Kamsika, ermutigt, sich zu Christus zu bekennen; diese und zwei andere aus meiner Klasse und ich lasen jetzt täglich in der Bibel mit Bruder Mögling und hielten gemeinschaftliches Gebet. Nach einiger Zeit machte ich meine teure Frau, mit der ich seit einigen Monaten ehelich lebte, mit dem Heil in Christo bekannt. Sie erschrak über meine ihr fremd klingende Sprache über die Sünde, Sündenvergebung, über den Heiland Jesus Christus, über andere Heilswahrheiten und sagte es meinen Schwestern und ihren eigenen Eltern. Meine Freunde merkten die Veränderung, die mit mir vorgegangen war, und schöpften aus meinen öfteren Besuchen bei den Missionaren Verdacht.

Als ich am 24. Dezember bei Bruder Mögling war, kamen einige Leute, mich nach Hause zu bringen zu meinem Schwiegervater, bei welchem ich fünf Tage genau bewacht wurde. Am sechsten Tage wurde ich jedoch von dem damaligen Kollektor Blair in sein Haus eingeladen, von wo aus ich dann in das Missionshaus ging. Nach einer langen und ernsten Beratung mit Bruder Mögling entschloss ich mich, hier zu bleiben, und liess meinem Schwiegervater durch seinen Amtsdiener, den er mir als Schirmträger mitgegeben hatte, sagen, dass ich nicht im Sinn habe, zu meiner Familie zurückzukehren. Es war dies am 30. Dezember. Sogleich kam mein Schwiegervater und eine grosse Anzahl Freunde und Verwandte, die mich zu überreden suchten, nach Hause zurückzukehren; aber vergebens.

Am 6. Januar 1844 wurde ich mit meinen zwei oben erwähnten Freunden und Brüdern von Bruder Mögling in dem Namen des dreieinigen Gottes getauft, und er nannte mich nach seinem Namen «Hermann». Es handelte sich jetzt darum, was wir werden wollten. Eine Anstellung in der Regierung war freilich lockend; denn dort konnten wir hoffen, dass wir bald fünf- bis sechshundert Gulden, später auch drei- bis viertausend jährliche Besoldung erhalten könnten. Wir sahen aber wohl ein, dass die Mission Arbeiter brauchte, und da der Herr uns so wunderbar herausgeführt hatte, so entschlossen wir uns, Ihm am Evangelium dienen zu wollen, was zu halten Er uns Gnade geschenkt hat. Meine beiden Freunde werden als Katechisten in der Mission arbeiten. Was mich betrifft, so musste Bruder Mögling im Jahr 1846 wegen gebrochener Gesundheit nach Europa zurückkehren und er nahm mich mit.

Seit fünf Jahren bin ich nun in der Missionsanstalt zu Basel gewesen. Unter vielen Versäumnissen, Untreue, Schwachheiten und Sünden, doch unter der Gewissheit der Vergebung meiner Sünden, habe ich mich bestrebt, das zu studieren, was in der Missionsanstalt den Zöglingen dargeboten wird. In den Vakanzen besuchte ich alle Jahre das Pfarrhaus in Aldingen als mein elterliches Haus; denn Hermann Mögling wünschte, ich sollte ihn als Bruder und seine Eltern als meine Eltern ansehen; und so habe ich mit ihnen als Eltern schon von Indien aus korrespondiert, bei ihnen habe ich auch die erste, in Christo herzliche, daher nie schadende Liebe genossen.

So fühle ich mich, geliebte Freunde, besonders verbunden mit der Schweiz durch das Missionshaus und mit Württemberg durch das Pfarrhaus in Aldingen wie auch durch die Freundschaft und Gemeinschaft mit vielen Vätern und Brüdern in beiden Ländern: Der Herr wolle unsere Gemeinschaft in Ihm zur beiderseitigen Förderung, uns zum Segen und Ihm zur Ehre dienen lassen.

Geliebte Freunde! Ich habe Ihnen nun das Wichtigste aus meinem Leben vorzutragen gesucht. Ich habe es mit Freuden getan. Ich kann aber nicht schliessen, ohne meinen innigsten Dank auszusprechen gegen Sie, Freunde und Förderer der Mission, besonders der Basler Mission; denn durch diese bin ich zum Glauben an den Sohn Gottes, Jesus Christus, den Heiland, geführt worden. Zwar fühlt sich ein jeder gläubige Christ mit allen Gläubigen verbunden im Herrn, doch mit denen am meisten, die er in Jesu Christo erkannt hat. So ist ein bekehrter Heide zwar allen Freunden der Mission dankbar, doch am meisten denjenigen, deren Liebestätigkeit ihn zum Heil geführt hat. So geht's mir auch; ich fühle mich zum besonderen Dank verpflichtet gegen Sie, Freunde der Basler Mission in Württemberg, dessen Landesvater und Kirchenbehörde vielversprechende, gläubige, kräftige Diener der evangelischen Kirche, dessen übrige Einwohner, Väter und Mütter, ihre Söhne und Töchter und alle Missionsfreunde, ihr Geld und Gebet meinem Vaterlande, ja, meiner Vaterstadt geschenkt haben, und wenn ich so sagen darf, mir geschenkt haben; denn in Hermann Mögling habe ich ja speziell diese Ihre Liebe geniessen dürfen. Nun bitte ich Sie im Namen meiner Brüder in Indien: Fahren Sie fort, diese Liebe in Christo gegen uns noch mehr, noch tätiger werden zu lassen. Ich bin vollkommen überzeugt, dass Sie bereit sind, den neu entstandenen Gemeinden und den Heiden in meinem Vaterlande zu helfen. Der Herr aber wolle unsere in Wirklichkeit vorhandene Gemeinschaft im heiligen Geist immer mehr zum beiderseitigen Bewusstsein bringen, damit Er in der Mutterkirche in Europa und in der Tochterkirche in Indien gleicherweise verherrlicht werde!
Amen.

(Der Text der Rede wurde für die vorliegende Ausgabe leicht gekürzt.)

BENEDICT SCHUBERT

Hermann Anandraja Kaundinja – Vom Brahmanen zum Missionar der Basler Mission

Hermann Anandraja Kaundinja kam 1825 in Mangalore in Südindien als Sohn eines Advokaten zur Welt, der selbst zur höchsten Kaste gehörte. Schon als Kind verlor er innerhalb kurzer Zeit Vater und Mutter, wuchs dann beim Schwiegervater einer seiner Schwestern auf. Nachdem er zuerst die traditionelle indische Schule besucht hatte, wurde er später auf eine von der Basler Mission geführte englischsprachige geschickt, 1844 liess er sich taufen. Kaundinjas Frau, mit der er schon sehr jung verheiratet worden war, folgte ihm nicht auf seinem Weg in die christliche Gemeinde, sondern trennte sich nach seiner Taufe von ihm. Zwei Jahre darauf sandten die Missionare ihn nach Basel, wo er als erster Inder zum Missionar ausgebildet wurde.

Am 20. Juli 1851 wurde Kaundinja in der Stadtkirche im württembergischen Leonberg zum Missionar ordiniert. In diesem Gottesdienst hielt er nicht die Predigt, sondern gab sein «persönliches Zeugnis». Dieser Lebensbericht ist der hier vorliegende Text.

Nach seiner Rückkehr aus Basel willigte seine Frau ein, wieder mit ihm zusammenzuleben; kurze Zeit später verstarb sie allerdings. Kaundinja wirkte als Missionar, publizierte erbauliche Schriften, Texte und Lieder für den Gottesdienst, übersetzte Schulmaterial. Als er von der Basler Mission zum Lehrer an die Bibelschule in Mangalore berufen wurde, bat er das Missionskomitee, ihm eine Heirat zu erlauben und ihm deshalb nach dem Brauch eine Frau zu schicken. Marie Reinhardt (1837–1919) aus Schömberg bei Stuttgart willigte ein, reiste nach Indien, wo das Paar 1860 heiratete. Von ihren elf Kindern überlebten sechs; zwei Töchter sollten ihrerseits Missionare heiraten, ein Sohn für die Missionshandelsgesellschaft an der Goldküste, im heutigen Ghana, arbeiten. Hermann Anandraja Kaundinja verstarb 1893.

Der Text
Kaundinjas Text ist keine Predigt, sondern sein Bericht, der davon erzählt, wie ihm gepredigt wurde, wie ihm biblische Texte vorgelegt und ausgelegt wurden. Der Text-, genauer: der Redeform des «Zeugnisses», wurde im

Pietismus, in der Erweckungsbewegung und wird bis heute in all den Kirchen und Gemeinschaften mit missionarischer Ausrichtung grosse Bedeutung beigemessen. Persönliche Berichte davon, wie Menschen Gottes Wirken in ihrem Leben erfahren haben, wie Gottes Wort unmittelbar oder im Gegenteil auf verschlungenen Umwegen Zugang zu jemandes Herzen gefunden hat, sind auch heute noch fester Bestandteil jeder Kommunikation, die ausdrücklich zum christlichen Glauben einlädt.

Die Anfänge der Basler Mission in Südindien
1815 wurde die Basler Mission als Missionsseminar gegründet, doch schon bald begann sie, eigene «Missionsfelder» zu eröffnen: Nach ersten gescheiterten Versuchen im Kaukasus und in Liberia gelang der Anfang 1828 an der Goldküste, im heutigen Ghana. 1832 wurde darüber hinaus der Wunsch geäussert, die Basler Mission sollte auch in Indien die Arbeit aufnehmen. Den ein solches Unterfangen freudig begrüssenden Stimmen entgegneten andere jedoch, damit begebe sich die Basler Mission auf ein Feld, auf dem schwer abzuschätzende Risiken drohten. Es herrschten namentlich Zweifel darüber, ob die Basler Mission in der Lage sei, eine Missionstätigkeit im Einflussbereich der mächtigen britischen East India Company zu entfalten, ob die britischen Handels- und Kolonialinteressen einer Arbeit nicht unnötige Hindernisse in den Weg legen würden, ob überhaupt und wie schliesslich die Basler Mission mit eigenem Profil neben der anglikanischen Kirche bestehen könne und solle. Als schliesslich aber im Jahr 1833 die grosszügige Spende eines deutschen Adligen für ein neues Engagement in Indien einging, fasste das Komitee den Entschluss, die Entsendung von Missionaren zu wagen. 1834 reisten die ersten drei Brüder aus. Entgegen der ursprünglichen Vision nahmen sie ihre Arbeit aber nicht an der Ostküste auf, sondern eröffneten die erste Station in Mangalore an der Westküste, im heutigen Bundesstaat Karnataka. Es entwickelte sich eine erstaunliche Dynamik – als die Basler Mission 1853 den Lebensbericht Kaundinjas veröffentlichte, waren siebenundzwanzig Basler Missionare in der Region tätig. Zusammen mit sechsunddreissig einheimischen «Gehülfen» versorgten sie dreiunddreissig Gemeinden – eine kleine evangelische Minderheit, die sich als Salz und Licht in einem «merkwürdigen Arbeitsfeld» verstand, wo Menschen den unterschiedlichsten religiösen Gemeinschaften – bis auf die «römischen Katholiken» alle dem «Heidentum» zugerechnet – angehörten.

Die Basler Mission ist beschrieben worden als «... that category of ‹enthusiastic› collectivities that must *exploit* and at the same time *contain* individual zeal in the pursuit of larger collective purposes» (Miller, S. 5), als eine vom Geist bewegte Gemeinschaft, die den Eifer des Einzelnen ausnützen, ihm gleichzeitig aber auch Grenzen setzen und ihn kanalisieren muss, um ihre übergeordneten Ziele zu erreichen. Missionare verstanden sich als Teil eines Ganzen, in dem ihre rückhaltlose persönliche Hingabe ebenso erwartet wurde wie das Bewusstsein, in einer Weise füreinander verantwortlich zu sein, die im Rückblick – und von den Betroffenen auch schon damals – als eine problematische Sozialkontrolle erscheint. Im Verhältnis zwischen den Missionaren im Dienst und dem «Komitee» in Basel, das in umfassender Weise reglementierte, was zu tun und zu lassen sei, spiegelten sich hiesige gesellschaftliche Verhältnisse wider: Die Mitglieder des Komitees gehörten den Eliten in der Schweiz und in Südwestdeutschland an, während die Missionare meist aus einfachem Milieu stammten, aus Bauern- und Handwerkerfamilien.

Es wäre allerdings verfehlt, daraus zu schliessen, die Basler Mission sei ein System von frommer Gleichschaltung gewesen. Sie war im Gegenteil geprägt von Mitarbeitenden, die aus tiefer Überzeugung und in eigener und kreativer Weise ihren Auftrag wahrnahmen und Spuren hinterliessen, die weit über die Missionstätigkeit im engeren Sinn hinausreichen. Bekanntheit erlangen sollten später insbesondere die beiden Sprachspezialisten Herrmann Gundert (1814–1893), der Grossvater von Herrmann Hesse, und Ferdinand Kittel (1832–1903). Auch der für Kaundinja bestimmende Lehrer und Freund Herrmann Mögling steht für die unangepassten und gerade deshalb in ihrem Wirken fruchtbaren Missionare. Mögling war 1836 in Indien angekommen. Die Grundüberzeugung der Basler Mission, die Nähe zur Bevölkerung zu suchen, setzte er so konsequent um, dass es darüber mit seinen Mitbrüdern zu Konflikten kam, wenn er es beispielsweise vorzog, zu Fuss anstatt zu Pferd unterwegs zu sein. Mögling engagierte sich auf der einen Seite für die Bildung; dabei setzte er sich intensiv mit der kanaresischen Sprache und Literatur auseinander. Wie anderswo ebenfalls bedeutete in der Folge die durch die Mission gewährte Schulbildung beides: Vertiefung und Bewahrung des Vorfindlichen, aber auch Einweisung in Neues und Fremdes. Zugleich hatte Mögling einen ausgesprochen Sinn für das Praktische; seine Ermutigung zu handwerklicher Tätigkeit kann gesehen werden als ein Anfang dessen, was sich zur teilweise bis heute bekannten Basler Missions-Industrie in Indien entwickelte: Noch heute wirbt Kalikut im Internet für die Qualität der von der Basler Mission 1874 begründeten Ziegeleien.

Eine letzte Bemerkung: Es mag aufgefallen sein, dass in der bisherigen Beschreibung kaum Frauen vorkamen. Es wäre vermutlich sehr erhellend, würde jedoch den Rahmen dieses Kommentars sprengen, in die schattigen

Winkel der Geschichte hineinzuleuchten, um schon nur Näheres über diejenigen Frauen zu erfahren, die im Umfeld von Kaundinja eine bestimmende Rolle spielten: über Kaundinjas Mutter, über seine erste Frau (Kaundinja selbst nennt nicht einmal ihren Namen, sondern nur den ihres Vaters!), über Friederike Mögling-Romig, die Mutter von Herrmann Mögling, die den Kontakt zu Marie Reinhardt, Kaundinjas zweiter Frau, herstellte, schliesslich über diese selbst. Zu der Zeit, als Kaundinja seinen Lebensbericht verfasste, zählten Frauen in der Arbeit der Basler Mission noch nicht selbst, sondern wurden (beispielsweise als namenlose Gemahlinnen im Jahresbericht der Basler Mission) mitgezählt – das sollte sich erst später durch die «Frauenmission» ändern. Dass die Frauen, die in der Mission eine Rolle gespielt haben und spielen, dann überdies wahrgenommen und gewürdigt werden, bleibt allerdings eine weitgehend noch zu erfüllende Aufgabe.

Zwei Beobachtungen zu Kaundinjas Lebensbericht
1. Der Tonfall kann unauffällig sein – die Sache ist auffällig genug
Der königlich-württembergische Prälat und Konsistorialrat Kapff predigte in Kaundinjas Ordinationsfeier, dieser selbst «gab Zeugnis». Die Basler Mission nahm seinen Bericht dankbar entgegen, zwei Jahre später publizierte sie ihn: «Wir geben ihn am liebsten unverändert in der Form, in welcher er selbst ihn abgefasst hat, so schmucklos und einfach und so wenig auf Effekt berechnet derselbe ist.» Es will scheinen, als wäre es der Basler Mission lieber gewesen, Kaundinja hätte seinen Lebensweg dramatischer geschildert, und wir könnten vermuten, dahinter stehe der Wunsch, das anvisierte Publikum mit einem gewissen emotionalen Tonfall anzusprechen, den dieses für erbaulich (und die Mission möglicherweise für wirkungsvoller?) hielt.

In Kaundinjas Sprache ist aber der Wunsch abzulesen, seinen Bericht bescheiden zu formulieren. Wie sehr er selbst und seine Umwelt bewegt, durcheinander gebracht wurde durch seinen Weg, lässt sich dennoch nicht übersehen. Tatsächlich konnte sein Übertritt zu einem anderen Glauben nicht seine persönliche Angelegenheit bleiben, sondern er störte ein System, in dem die widersprüchlichen Interessen der verschiedenen Gruppen (die verschiedenen religiösen Gemeinschaften, die wirtschaftlichen und politischen Akteure Englands, die relativ jungen Missionen) in einer Weise beachtet werden mussten, dass ein zerbrechliches Gleichgewicht entstand.

Manche Formulierungen zeigen, wie Kaundinja sich einlässt auf ein Sprachspiel, dessen Regeln ihm vorgegeben wurden. Seine Formulierung,

Mögling habe den Zeitpunkt erkannt, ihm «ans Herz zu reden», findet ihr Gegenstück in Möglings eigenem Bericht, er habe «von ganzem Herzen» gepredigt und, weil er gesehen habe, dass es jetzt Zeit für den entscheidenden Schritt sei, ihn ermutigt, gewartet, gedrängt, bis Kaundinja endlich «sein Herz geöffnet» habe. Dass zur Welt des neuen Glaubens, zu dem er gefunden hat, eine Ausdrucksweise gehört, die sich am biblischen Vorbild orientiert, zeigt sich beispielsweise, wenn er erzählt, wie sein Vater auf dem Sterbebett sein Kind dem Schwiegervater seiner jüngeren Tochter anvertraut. Den Wortlaut, mit dem die Beziehung zwischen dem kleinen Anandraja und diesem «rechtlichen Mann» als Vater-Sohn-Beziehung benannt wird, übernimmt Kaundinja aus Johannes 19,26 – 27.

2. Umkehr oder Reifung?

Kaundinjas Erfahrung ist diejenige einer ganzheitlichen Konversion: Von einer Religionsgemeinschaft ist er in eine andere übergetreten. Das bedeutete einen schmerzhaften Bruch. Er lässt zwar nicht erkennen, ob und wie sehr es ihn geschmerzt hat, dass seine Frau ihn auf diesem Weg nicht begleiten wollte – nur der abschliessende Kommentar der Basler Mission spricht von einer «schweren Sorge». Die Schilderung, wie er im Haus seines Schwiegervaters festgehalten wird, von wo er nur durch eine Art Täuschungsmanöver gleichsam ausbrechen kann, um dann im Missionshaus Aufnahme zu finden, lässt etwas vom Aufruhr erkennen, den seine Bekehrung verursacht hat. Durch den Religionswechsel veränderte sich nicht nur sein Lebensraum. Kaundinja beschreibt nur gerade, was ihn direkt betrifft, dabei waren die Folgen für seine Frau schwerwiegend, weil sie ihn gleichsam verlor und deshalb zur Witwe wurde. Überdies gab sein Übertritt zum Christentum Anlass für heftige Auseinandersetzungen um rechtliche Regelungen in Bezug auf Konversionen von Seiten der Kolonialverwaltung.

Gesellschaftlich war seine Konversion ein tiefer Bruch; war sie es auch religiös? An manchen Stellen scheint die Sprache diese Deutung nahezulegen, wenn er beispielsweise die Kultobjekte in seinem Elternhaus «Götzenbilder» nennt. Wenn er jedoch schreibt: «Der edelste Heide ist unvergleichlich geringer als der geringste gläubige Christ», dann bin ich als Leser nicht sicher, ob er da etwas sagt, was er nur gelernt oder sich wirklich so angeeignet hat, dass es ihm zur Überzeugung wurde. Denn obwohl sein früherer und sein jetziger Glaube als unvereinbare Alternativen dargestellt werden, ist gleichzeitig unübersehbar, dass er seine religiöse Vergangenheit nicht pauschal als finsteres Heidentum abtut. Er beschreibt durchaus differenziert das religiöse Umfeld, in dem er erzogen wurde, unterscheidet zwischen ihn schon damals nicht überzeugenden Götzenbildern und dem Gottesverständnis, das sein Vater ihm vermittelt. Die radikale Wende, die Kaundinja markiert, indem er sich taufen lässt, ist jedenfalls nicht ein unvermittelter Einbruch, sondern Wendepunkt auf einem langen Weg, auf dem er Begleitung durch Gottes Luftzug erfahren hat, bevor er diesen Hauch, der ihn da umwehte, als den Heiligen Geist hätte bezeichnen können. Damit entspricht sein Weg dem, was sich schon im Neuen Testament erkennen lässt. Ergänzend zu einer Rede vom klaren Entweder-Oder zwischen Finsternis und Licht, Fleisch und Geist, dem Alten und dem Neuen, finden sich Bilder von Wachstum und Reifung, vom geheimnisvollen vorbereitenden und begleitenden Wirken des Geistes.

Bekehrung?
Während «Mission» auch in anderen Kreisen zumindest Gegenstand der Diskussion sein darf, sind «Evangelisation» und erst recht «Bekehrung» Begriffe, die in der gegenwärtigen Kirchenlandschaft den bergig-steilen Regionen des Evangelikalismus oder der pfingstlich-charismatischen Erneuerungsbewegungen zugeordnet werden. «Bekehrung» ist doppelt suspekt: In einem multireligiösen Umfeld erscheint sie als ein peinlicher Störfaktor, besonders dann, wenn Menschen von einer Religionsgemeinschaft in eine andere übertreten. Gebietet nicht der Anstand, dass wir im Dialog zwischen den Religionen alles unterlassen, was das Gegenüber dazu veranlassen könnte, seine zugunsten unserer Tradition aufzugeben? Und im Blick auf Wesen und Zielsetzungen der Landeskirchen hat Manfred Josuttis gefragt, wie eine grundlegende Wandlung, ein radikales Umdenken und Neuwerden verkündigt und erfahren werden soll, wenn die Volkskirche es sich zum Ziel setze, Identität zu fördern, zu sichern, zu bestärken.

Dagegen gilt jedoch zunächst dies: Es ist wenig sinnvoll zu befinden, Konversionen dürfte es nicht geben – sie ereignen sich. Christinnen werden Muslimas, Konfessionslose werden Buddhisten, Muslime werden Christen, landeskirchlich Reformierte werden Pfingstlerinnen. Ihre Umkehr und Neuorientierung geschieht in unterschiedlicher Intensität, der Ausdruck «selektive Konversion» wird durchaus auch verwendet. Auch wenn ein Übertritt im Dialog zwischen Religionen als Belastung erlebt wird – ist er nicht Zeichen dafür, dass ein Dialog ernsthaft und offen geführt wird? Wenn im Gegenteil religiöse Zugehörigkeit als unveränderbare Eigenschaft behauptet wird, droht eine höchst gefährliche «Ethnisierung» des Glaubens. Die kriegerischen Auseinandersetzungen der Gegenwart zeigen, welch fürchterliche Folgen es hat, wenn das geschieht, wenn religiöse Zugehörigkeit und ethnisch-geographische Herkunft in tödlich vereinfachender Weise einander gleichgesetzt werden.

Vor allem aber gilt für mich als Prediger des Evangeliums auch dies: Seit Anfang der Jesusbewegung gibt es eine bemerkenswerte «Wolke der Zeuginnen und Zeugen», die Jesu Ruf zur Umkehr aufgenommen und die Erfahrung eines radikalen Neuanfangs als den Beginn einer «Reise ins Land des Glaubens» gemacht haben – zum Beispiel Hermann Anandraja Kaundinja. Dass immer wieder Prediger der Versuchung erlagen, Bekehrungen donnergrollend oder honigtriefend herbeiführen zu wollen, soll nicht als Vorwand dienen, uns der Herausforderung zu entziehen, die sich daraus ableiten lässt: Gottes Geist hat Verkündigung und Seelsorge, vor allem aber die persönliche Glaubwürdigkeit seiner Zeuginnen und Zeugen immer wieder dazu benutzt, Menschen durch eine Konversion auf einen Weg zu schicken, der nicht nur für sie, sondern für viele zum Segen wurde. Ihrerseits gaben und geben sie durch ihr Handeln und Leiden, Reden und Feiern zu erkennen, von welcher Hoffnung sie erfüllt sind.

Literatur

Gerald Anderson (Hg.): Biographical Dictionary of Christian Missions, Grand Rapids / Cambridge 1998 (Einträge über Kaundinja, Mögling, Gundert & Kittel).

Hermann Gundert: Hermann Mögling. Ein Missionsleben in der Mitte des Jahrhunderts, Calw 1882 (engl. Ausgabe mit zusätzlichen Materialien: Albrecht Fenz (Hg.), Herrmann Mögling. A Biography by Hermann Gundert, Kottayam / Kerala: D C Books, 1997).

Christian Heidrich: Die Konvertiten. Über religiöse und politische Bekehrungen, München / Wien, 2002.

Manfred Josuttis: «Die Konversion des Glaubens und die Identität der Person», in: «Unsere Volkskirche» und die Gemeinde der Heiligen. Erinnerungen an die Zukunft der Kirche, Gütersloh 1997, S. 95–107.

Burghard Krause: Reise in das Land des Glaubens. Christ werden – Christ bleiben, Wuppertal 2000.

Christine Lienemann: «Konversion im interreligiösen Kontext. Eine missionswissenschaftliche Perspektive», in: ZMiss 3/2004.

Jon Miller: The Social Control of Religious Zeal. A Study of Organisational Contradictions, New Jersey 1994.

Gauri Viswanathan: Outside the Fold. Conversion, Modernity, and Belief, Princeton 1998

Women and Mission. IRM 93, N° 368, 2004 (Themenheft).

ADOLF CHRIST

Rede vor
dem grossen Rat
in Basel

gehalten am 7. Dezember 1858,
betreffend den Antrag
des Kandidaten Hörler auf Abschaffung
des Ordinationsgelübdes

Es könnte in dieser Frage vor allem das Bedenken erhoben werden, ob der
Grosse Rat über eine solche tiefgehende kirchliche Angelegenheit beraten
wolle und könne und ob derselbe nicht vielmehr in Kirchensachen sich
auf das einfache Hohheitsrecht zurückzuziehen habe, Vorschläge kirchlicher Behörden und der Regierung anzunehmen oder zu verwerfen? Ich
lasse aber diese tiefgehende Frage liegen und bleibe auf dem tatsächlichen
Boden.

Es wird auf eine kirchliche Änderung angetragen, weil der Kirchenrat
ein «unfreies mittelalterliches Regiment führe», es wird derselbe als eine
«unheimliche, im Finsteren wirkende, inquisitorische Behörde» beschrieben. Was ist die Wahrheit hierüber? In unserem Kirchenwesen liegt der
eigentliche Einfluss einerseits in den Händen der *Regierung*, anderseits in
den Händen der Gemeinden. Die Regierung beruft die theologischen Professoren auf den Vorschlag des Erziehungsrates hin und ernennt die weltlichen Beisitzer im Kirchenrat (der aus drei oder vier Weltlichen, drei oder
vier Professoren und den vier Hauptpfarrern besteht), die *Gemeinden*
aber wählen die Pfarrer. Wir sind in der Schweiz bei den Allerersten gewesen, die den Gemeinden die Pfarrwahlen in die Hände gaben, zuerst noch
mit dem Los zu Zweien und seit einem Jahrzehnt ganz unbeschränkt.

Wo ist nun die Macht des unheimlichen Kirchenrates? Er examiniert und
ordiniert die Kandidaten. Er ist Examinations- und Aufnahmebehörde,
wie jeder Zweig eine solche Behörde hat. Ärzte und Notare werden geprüft
und aufgenommen oder abgewiesen. (Letzteres passierte zweimal nach-

einander einem jüngeren Mann, der doch im Grossen Rat sass.) – Der Kirchenrat streicht allerdings auch Kandidaten und andere Geistliche aus dem Verzeichnis des Ministeriums und das ist seine schwierigste Pflicht. Aber über ihm steht der Kleine Rat; und ich frage, ob derselbe den Kirchenrat nicht zurückweisen würde, wenn dieser vom Rechte des Streichens ungebührlichen Gebrauch machte? Von acht Gestrichenen seit zwölf Jahren haben zwei an den Kleinen Rat rekursiert und sind abgewiesen worden.

Wenn etwas in unseren kirchlichen Einrichtungen fehlt, so ist es ein Organ der Gemeinde, eine Synode, die dann für manches an die Stelle des Kleinen Rates treten würde und in deren Schoss Diskussionen, wie die heutige, stattfinden könnten.

Ich komme nun auf den eigentlichen *Antrag*. Derselbe will unser Ordinationsgelübde ändern für die Herbeiziehung freierer Richtungen. Das erste Mittel, das er zu diesem Zweck anwendet, ist eine unvollständige Aufführung dieses Gelübdes; er schreibt zwei Bogen über seinen Anzug und legt den Gegenstand nicht vor Ihre Augen, den er ändern will. Er spricht von wörtlichen Verpflichtungen auf Bibel und Konfession; er sagt Ihnen nicht, dass unser Gelübde einfach und weit fragt: *Wollt ihr die Lehre des Heils nach Anleitung des Wortes Gottes* und der daraus gezogenen *Basler Konfession* verkündigen? Bei dieser – um nicht mehr zu sagen – unvollständigen Anführung in der *ersten* und *Hauptsache* darf man allerdings in die unzähligen abgelesenen Sätze des Anzügers Misstrauen setzen, und mein Misstrauen steigt, wenn ich ihm aus einem Blatte Württembergs etwas gegen Herrn Professor Hagenbachs Gutachten vorlesen höre und höre ihn dies Blatt einen Vertreter des württembergischen Missions-Christentums nennen. Sie haben aus der *Süddeutschen Warte* vorgelesen und Sie dürfen sagen, dass dies Blatt die württembergischen Frommen repräsentiere? Sie *müssen* wissen, dass dies Christoph Hoffmanns Blatt ist, der die Leute nach Jerusalem führen will und der eben seit Jahr und Tag die württembergischen Frommen und die württembergische Kirche auf alle Weise angreift und scharf durchnimmt.

Ich bin noch nicht fertig mit Ihren Unrichtigkeiten. Sie wollen das *St. Gallergelübde* anempfehlen und teilen es ganz unvollständig mit. Sie sagen, es verpflichte, die christliche Religion im Geist der reformierten Kirche zu lehren. Hier ist dasselbe Buch aufgeschlagen, aus dem Sie das St. Gallergelübde nehmen, aber dasselbe verpflichtet: die christliche Religion nach den göttlichen Schriften das alten und neuen Testamentes, im Geist der reformierten Kirche zu lehren (Finsler, Band I, S. 266). Sie wollen die Bibel nicht in unserem Gelübde haben und da durfte sie auch nicht im St. Gallergelübde stehen.

Sie gehen weiter, stellen uns Basler so vereinsamt hin in unserer Schweiz, etwa noch mit Schaffhausen. Wir sind nach Ihrer Darstellung zurückgeblieben. *So sagen Sie*, aber Sie führen die anderen Gelübde wieder höchst oberflächlich und ungenau an. Ich will nur das Berner- und Zürchergelübde vorlesen, und man wird sehen, wie Sie uns berichtet haben.

Bern lässt *schwören* (wir in Basel verlangen den Handschlag des Mannes): «Das Wort Gottes, besonders das Evangelium Jesu, nach dem Inhalt der heiligen Schrift unverfälscht zu lehren und zu predigen, sich im Lehrvortrag nach den Grundsätzen des evangelisch-reformierten Lehrbegriffs, welche in der helvetischen Konfession enthalten sind, zu richten» (Finsler, I. Band, S. 102).

Zürich fragt: «Ihr verlanget, als Diener des göttlichen Wortes das Evangelium Christi zu verkündigen. Gelobet ihr, Jesum Christum als den Sohn Gottes und den Erlöser der Menschen, als den Anfänger und den Vollender des Glaubens, getreu nach dem Inhalt der heiligen Schriften und nach den Grundsätzen der evangelisch-reformierten Kirche zu predigen? Ihr verlanget, die Gemeinde des Herrn zu weiden, die Er erworben hat durch Sein eigen Blut. Gelobet ihr, in Demut und Selbstverleugnung euch ganz dem Dienste der Gemeinde Christi zu weihen, zum Heil der von Ihm erkauften Seelen? Ihr verlanget, dem Herrn immer mehr eine Gemeinde darzustellen, die heilig sei und unsträflich. Gelobet ihr, unter Wachen und Beten auch selbst zu ringen nach der Heiligung, damit nie um eurer Sünden willen Christi Name geschmäht, vielmehr die Gemeinde des Herrn durch euren unsträflichen Wandel erbaut werde?»

Zieht der Anzüger diese Einsegnungsgelübde der grössten und gewiss fortgeschrittenen Schweizer Kantone unserem schlichten Gelübde vor? Ich glaube nicht. Er wird sich mit denselben ebenso wenig befreunden als mit dem unsrigen. Aber er soll uns nicht mehr angeben, wir stehen allein da. Alle schweizerischen Kantone – Appenzell ausgenommen – verpflichten auf die heilige Schrift.

Und nun, wer gibt dem Anzüger Recht und Auftrag zu *klagen*? Er sagt, es sei eine Sache der *Ehrlichkeit*, das Gelübde zu ändern. Also ehrliche Leute können es nicht tun und nicht halten. Hat der Anzüger bedacht, was er sagt? Hat er bedacht, was er von den vierundneunzig Mitgliedern unseres Ministeriums damit aussagt, hat er bedacht, was sie von ihm denken müssen? Oder flieht man bei uns das Studium der Theologie um dieses Gelübdes willen? An vielen, ja, fast an allen Orten, in Deutschland, in Frankreich, in der Schweiz klagt man über die Abnahme der Theologiestudierenden. Wir haben einen frischen, fröhlichen Nachwuchs. Wir haben in diesem Augenblick fünfzehn Glieder unseres Ministeriums in

Baselland, zehn in der übrigen Schweiz, zehn im Ausland aufgestellt. Wo kann eine Stadt leicht Ähnliches ausweisen? Zeugt das für einen Druck auf der Theologie? Unser Ministerium ist kräftig, beweglich und hält fröhlich und ehrlich an seinem Gelübde. In jeder anderen Stadt wäre man geradezu *stolz* auf ein solches Ministerium, das nach allen Seiten auszieht und von allen Seiten her begehrt wird. Hier, wo das Zusammenhalten oft wie abhanden gekommen scheint, verunglimpft man es.

Ich habe vorhin gefragt, für wen der Anzüger klage? Und nun antworte ich: *Er klagt für den Verfasser* des *Freien Wortes*. Denn diesem allein hat der Kirchenrat ein Leides getan. Für diesen aber ist es überflüssig zu klagen, denn wahrlich, der Verfasser des *Freien Wortes* kann bei keiner christlichen Kirche irgendein christliches Gelübde ablegen! Er hat sich selbst neben hinaus gestellt. Und wer je noch zur Zeit des theologischen Gutachtens zweifeln konnte, für den ist der Betreffende in seinem Blatt und in seinem seitherigen Buch immer und immer wieder deutlicher geworden. Sie haben nun wohl genug und zu viel Vorlesen gehört. Hören Sie nur noch die vier letzten Zeilen der vorletzten Nummer des *Freien Wortes* und urteilen Sie.

Dieses Blatt sagt vom Gebete: «Im Gebet wendet sich der Mensch an die Allmacht der Güte – das heisst also nichts anderes als: Im Gebet betet der Mensch sein eigenes Herz an, schaut er das Wesen seines Gemüts als das absolute Wesen an.»

Aber die Grossratswahlen! Sie berufen sich darauf, dass, weil man Sie in den Grossen Rat gewählt hat, Ihre Richtung auch innerhalb der Landeskirche berechtigt sei; diesen Schluss dürfen Sie nicht ziehen. Der Grosse Rat ist eine politische Behörde. Man wollte bei den letzten Wahlen neue Elemente, man griff nach allem, was man sich als Opposition denken konnte, was dem getadelten Systeme Verlegenheiten bereiten, was in die Verwaltung einen frischen Luftzug bringen möchte. Sie sind der Opposition gelegen gekommen und sie hat sie durchgesetzt. Und hier zwischenein ein kleiner Vorwurf der Undankbarkeit! Wem verdanken Sie eigentlich Ihre Sitze in diesem Saal? Ist es nicht dem Kirchenrat, den Sie heute so übel angreifen?

Der Kirchenrat, indem er Herrn Rumpf von der Liste der Geistlichen strich, hat ihn und seine Verteidiger unter uns berühmt gemacht. Er war sich auch dessen vollkommen bewusst, dass der Akt der Streichung im gewöhnlichen Sinne des Worts eine *Unklugheit* war, dass nur der Gestrichene und seine Freunde Vorteil davon ziehen werden, indem wir die Aufmerksamkeit auf sie zogen in einem Grad, wie sie sich sonst nie auf sie gerichtet hätte. Der Akt der Streichung war aber eine *Gewissenssache*, denn der Kirchenrat musste nach unserem Gesetz *amtlich* den Gemeinden

Herrn Rumpf als wählbar für die Kanzel vorlegen und heute noch gäbe ich lieber meine Hand hin, als dies zu tun.

Aber ich gehe weiter. Sie sind in einem politischen Wahlkampf gewählt. Ich wage zu behaupten, dass viele unter denen, die Sie hierher sandten, Sie nimmermehr zu ihren Pfarrern wählen, Sie nimmermehr ans Krankenbett rufen, Ihnen nimmermehr ihre Kinder in den Religionsunterricht geben würden! Die politische Strömung und der religiöse Pulsschlag gehen gar oft nicht einen und denselben Weg. Erinnern Sie sich doch an Baselland! Der Revolutionssturm riss die damaligen Pfarrer von ihren Posten und während einer kurzen Zeit waren Männer da, die möglicherweise mit Herrn Rumpfs Unglauben übereinstimmten. Aber schneller, als jemand denken konnte, hat sich dies geändert. Den Gemeinden in Baselland stand die ganze Schweiz zum Berufen offen, sie konnten wahrlich unter den *Richtungen* wählen. Und nach zehn bis fünfzehn Jahren schon war wieder eine Geistlichkeit da, die in ihrer grossen Mehrheit mit der Baslerischen Hand in Hand geht und die zum Beweise davon mit ihr gemeinschaftlich das neue Gesangsbuch für *Stadt* und *Landschaft* bearbeitet und eingeführt hat. Die politische Strömung in Baselland ist seit fünfundzwanzig Jahren so ziemlich dieselbe geblieben, die religiöse Strömung ist eine andere geworden, denn das *Volk* verlangte nach gläubigen Männern und biblischen Lehrern. Und da ist doch der finstere Kirchenrat von Basel nicht schuld, wenn in Oltingen und Zyfen, in Waldenburg und Kilchberg gläubige Pfarrer verlangt und berufen wurden.

Dieselbe Erscheinung sehen Sie zur Stunde in Genf. Erst seit zwölf Jahren, erst seit der Herrschaft des weitgehendsten Radikalismus, haben die Gemeinden die Pfarrwahlen in die Hände bekommen und was ist der Erfolg? Dass unter acht bis zehn seither vorgenommenen Wahlen weitaus die meisten mit grosser Entschiedenheit und Mehrheit auf Männer fielen, die Herr Rumpf Pietisten nennen würde. Ja, auch dort hat *das Volk* von der dürren Weide des Unglaubens auf die Auen des Evangeliums zurückverlangt und auch dort ist mitten in der politischen Strömung eine andere, tiefer strömende religiöse Überzeugung durchgebrochen!

Ich habe mich bisher mehr in äusserlichen Auseinandersetzungen aufgehalten. Der Kern der Frage liegt viel tiefer. Das neue Religionssystem – wenn man es gleich noch christlich zu heissen vorgibt – zerstört alles, was wir – vielleicht fast alle – als Befriedigung der innersten Bedürfnisse haben wollen und müssen.

Sie haben nicht über theologisch schwierige Sätze zu entscheiden, sondern über die allereinfachsten, tiefgehendsten religiösen Lebensfragen. Lassen Sie mich Ihnen dies nach zwei Seiten hin vor Aug' und Herz legen.

Wir alle bedürfen im Innersten unseres Wesens eines Gottes über uns. Der Vater am Krankenbette des Sohnes, der Gatte am Sarg der Gattin, der Mann in ernsten Lebensentscheidungen, der gedemütigte und der beglückte, der in Gefahr schwebende wie der aus Gefahr gerettete Mensch begehrt nach einem Gott aufzuschauen, zu einem Gott zu beten. Und zwar zu einem lebendigen, eingreifenden Gott, nicht zur Natur, nicht zu einem in den Ruhestand versetzen Gott, noch weniger zu unserem eigenen Gemüt, wie das *Freie Wort* lehrt. Es ist merkwürdig, wie dieser innerste Schrei der Seele nach einem lebendigen Gott hervorbricht bei grossen Ereignissen. Als der grosse Brand in Hamburg wütete und aller menschlichen Kräfte spottete und als am dritten Tage der Wind sich legte und ein sanfter Regen kam, da gab der Ausruf des ganzen Volkes Gott, dem lebendigen Gott, die Ehre, und ich glaube nicht, dass jemand daran hätte mäkeln wollen oder dürfen. Als vor einem Jahre der Mainzer Pulverturm zersprang, da stand ein Zeitungsredaktor an seinem Pult, die zerschmetterten Trümmer zerstörten sein Zimmer; er blieb unverletzt; er *konnte* gar nicht anders, als am folgenden Tag an die Spitze seines Blattes die spezielle Errettung durch Gottes barmherzige Hand zu preisen: Das grosse Ereignis zwang ihn zu einem Zeugnis, das er vielleicht noch nie abgelegt hatte. – Und uns wird zugemutet – wurde gleich in den ersten Seiten des *Freien Wortes* zugemutet (im Oktober 1856), in dem grossen 1356er Erdbeben nur eine zufällige Naturerscheinung zu sehen, wir wurden darob verhöhnt, wenn wir dies majestätische Ereignis an die Führungen und Züchtigungen eines lebendigen Gottes anknüpften.

Ist diese Richtung eine zum christlichen Lehramt berechtigte?

Noch eine tiefer ins Gewissen gehende Seite der Sache! Erinnern Sie sich der Beschreibung des neusten Bildes von Maler Lessing? Der Künstler stellt die Frau und Mitschuldige des Königsmörders Macbeth dar, wie sie den unvertilgbaren Blutfleck an ihrer Hand im nachtwandelnden Zustand wegbringen will und in die merkwürdigen, verzweifelnden Worte ausbricht: «Arabiens Wohlgerüche all, sie waschen diese kleine Hand nicht rein!»

Ein solcher Fleck, meine Herren! Die Sünde klebt uns allen tief an, und eben so tief ist die Sehnsucht, dessen los zu werden, ihn reinzuwaschen. Man braucht keine Blutschuld auf dem Gewissen zu haben, man braucht vor keinem Gericht gestanden zu haben, man kann vor den Menschen als Ehrenmann dastehen, und doch – ich berufe mich auf das Gewissen! – trägt man im Innersten das zentnerschwere Bewusstsein, dass man *nicht bestehen könne* vor dem Auge des Herrn, der in das Verborgene sieht. Man muss den Flecken rein bringen, man übertüncht, man bemalt, man vergisst ihn und immer wieder wälzt sich die Last des *Nichtbestehenkön-nens* auf das Herz. Der Christ darf sagen: Ich danke Gott, der mir in Jesu Christo *vergibt*. Die neue Lehre will nichts von Vergebung wissen und tröstet mit Harmlosigkeit, Gutherzigkeit und Rechtschaffenheit, mit losem Trost, der noch *nie* ein beschwertes Gewissen erleichtert hat.

Wollen Sie solche Lehren auf Ihren Kanzeln und für Ihre Kinder?

Sie wollen es *nicht* und werden mit mir gegen den Anzug stimmen.

BERNHARD CHRIST

Ein Kampf ums Bekenntnis

Adolf Christ-Sarasin (31. Januar 1807/Basel – 18. Oktober 1877/Basel) wurde nach dem Schulbesuch in Basel Teilhaber der Seidenbandfirma Frey, Thurneysen & Christ im Eptingerhof. Von 1835 bis 1877 war er Grossrat, von 1847 bis 1875 zudem Mitglied im Kleinen Rat, wo er Präsident des Justizkollegiums war. Er führte in Basel das Grundbuch ein. Von 1847 bis 1875 war er zuerst Mitglied, dann Präsident des Kirchen- und Schulkollegiums und Präsident des Kirchenrats. Adolf Christ war Förderer zahlreicher christlicher und sozialer Werke und Präsident der Basler Missionsgesellschaft.

* * *

Eine Predigt ist dieses im Basler Grossen Rat vorgetragene Votum nicht. Indessen nimmt es in der biographischen Literatur über den Ratsherrn Adolf Christ eine hervorgehobene Stellung ein: Es wird regelmässig erwähnt. Der «Ratsherr Christ», neben seinem weit gespannten und keineswegs erfolglosen politischen Handeln als Mann der Kirche und mancher «Reichsgotteswerke» unermüdlich tätig, war das anerkannte, ja, populäre Haupt des «frommen Basel» in den Jahrzehnten zwischen dem Entstehen des modernen Bundesstaats (1848) und der ersten freisinnigen Basler Verfassung (1875). Seine radikal-freisinnigen Gegenspieler in Staat und Kirche befehdeten in ihm den *spiritus rector* der (konservativen) «Vereinshauspartei» und einen Hort des finsteren Pietismus. Am Ratsherrn Christ sei ein Pfarrer verloren gegangen, hiess es damals. So mag es angehen, seine Rede in dieser Reihe als charakteristisches Zeugnis dieser für die Geschichte des Basler Protestantismus wichtigen Gestalt und als Dokument der damaligen kirchlichen Situation näher zu betrachten, auch wenn das Votum nicht in einem sakralen Raum, sondern an seinem Ort in einer Ratsversammlung gesprochen worden ist. Die politische Rede, das Votum im Parlament, folgt anderen Gesetzen als die Predigt, und so unterbleibt hier jeder Versuch, diese Rede des Kirchenratspräsidenten jener bewegten Jahre in eine Predigt umzudeuten. Es bleiben allerdings, wie wir sehen werden, zwei Verbindungslinien, die zu Vergleichen einladen könnten: Zum einen setzt sich auch diese Rede – freilich polemisch – mit einem Text auseinander. Zum anderen redet sie sehr gezielt zu den Zuhörern, die sie gewinnen will: Nicht zum Fenster hinaus, wie so oft die politische Rede, und nicht über die Köpfe hinweg, wie zuweilen die Predigt. Des Ratsherrn anerkannte Stärke war es, *ad hominem* zu sprechen, die Dinge, wie er selbst es ausdrückte, «eselsdeutlich» zu sagen, mithin in Worten, die «hinüberkamen». Das gelang ihm auch an jenem 7. Dezember 1858, so dass es lohnt, genauer hinzusehen, was da geredet worden ist und wie es gesagt wurde. Doch zunächst der Zusammenhang. In der Zeit seit der Kantonstrennung (1833) bestimmte in Basel das konservative Bürgertum mit starkem Rückhalt in allen Volksschichten der Stadt das politische Geschehen: dies in deutlicher Abgrenzung gegenüber dem politisch radikalen Liberalismus, der im abgespaltenen Landkanton herrschte. Dabei übte seit dem Ende des 18. Jahrhunderts eine durchgehende religiöse Erneuerungsbewegung ihren bestimmenden Einfluss aus. Sie erfuhr durch den vor allem in der Mission wirkenden Pietismus in der ersten Hälfte des 19. Jahrhunderts mächtigen Auftrieb. Seit den Regenerationsjahren (1830–1833) formierten sich freilich auch die Kräfte des liberalen Protestantismus in unterschiedlich radikalen Ausprägungen. Die politische und die kirchliche Auseinandersetzung verliefen zu einem guten Teil, wenn auch nicht durchwegs, parallel und artikulierten sich zumal im modernen Medium der Tagespresse. Wilhelm Rumpf, ein Theologe ohne Pfarramt, Redaktor des «Freien Worts», war bekannt für besonders gehässige Invektiven gegen die Basler Staatskirche und ihr dem Pietismus zuneigendes Umfeld. Der Kirchenrat, damals eine von der Regierung, dem Kleinen Rat, abhängige staatliche Verwaltungsbehörde, strich 1857 den Redaktor Rumpf wegen dieser Angriffe von der Liste der zum Pfarramt wählbaren Kandidaten. Rumpfs Gesinnungsgenosse Franz Hörler, radikaler Grossrat, auch er ein freisinniger Theologe ohne Amt, stellte im Herbst 1858 den Antrag – man nennt dies in Basel noch heute einen Anzug –, das Ordinationsgelübde, das die Pfarrer auf das Basler Bekenntnis von 1534 verpflichtete, sei so zu ändern, dass es auch Theologen der zeitgemässen, mit der modernen Wissenschaft vereinbaren Richtung ablegen könnten. Über diesen Anzug hatte der Grosse Rat von Basel-Stadt am 7. Dezember 1858 zu befinden, und zwar in seiner Eigenschaft als Inhaber der obersten Leitungsmacht über die Kirche, als *summus episcopus*. Adolf Christ, Vorsitzender des staatlichen Kirchen- und Schulkollegiums, somit gleichsam der Kultusminister des Kantons, und zugleich Präsident des Kirchenrates der mit dem Staat eng verbundenen Kirche, hatte als das zuständige Mitglied der Regierung den Vorstoss Hörlers abzuwehren. Mehr als sechs Stunden dauerte die Debatte. Schliesslich wies der Rat den Anzug mit einem Mehr von über zwei Dritteln zurück. Das Schlussvotum des

Ratsherrn Christ soll wesentlich zu diesem Ergebnis beigetragen haben. Wir dürfen annehmen, dass das Votum sorgfältig vorbereitet und ausformuliert war, dass es aber Christ im Rat frei vorgetragen hat: Ein abgelesenes Referat hätte – damals wie heute – die erwähnte Wirkung kaum erzielen können. Auf die Eingebung des Augenblicks durfte sich der Redner allerdings auch nicht verlassen. Dazu war ihm die Sache zu wichtig. Dass der uns vorliegende Wortlaut erst später zu Papier gebracht worden sei, ist wenig wahrscheinlich. Dafür trägt er, wenn wir die Massstäbe damaliger Stilistik und Rhetorik anwenden, zu ausgeprägt den Stempel des in die konkrete Situation gesprochenen Worts. Ein nachträglich, womöglich von dritter Hand, verfasster Text wäre wohl, nach damaligen Begriffen, kunstvoller, «schöner» formuliert worden. Christs Plädoyer beginnt mit einem Vorspann, der den rechtlichen Zusammenhang erklärt und die Zuständigkeit des Grossen Rates für die Entscheidung der anstehenden Frage klarstellt. Zugleich motivieren diese einleitenden Bemerkungen das angesprochene Parlament, diese geistliche Frage, solange es dafür keine Synode gebe, selbst zu entscheiden. Hier spricht noch nicht der Politiker, sondern der Staatsmann. Die folgenden Ausführungen lassen sich in drei Teile gliedern: Ein erster setzt sich mit dem Wortlaut des Antrags auseinander und zerpflückt ihn, indem er nachweist, dass die Behauptung, Basel stehe mit seinem Ordinationsgelübde allein, auf unvollständigen Zitaten beruhende Flunkerei sei. Er bedarf keiner weiteren Erläuterung. Dann folgt, unterbrochen von einem wohl bewusst emotionalen Exkurs (wie darf der Anzugsteller die Ehrlichkeit der Pfarrer in Frage stellen, die das Ordinationsgelübde ablegen?!), ein nächster Teil, in dem die gezielte politische Argumentation dominiert, wie man sie sich von einem guten zugespitzten politischen Votum wünscht. Den Abschluss bildet der eindrückliche dritte Teil, dem wegen des Einblicks, den er in Adolf Christs persönliche Glaubensüberzeugung gibt, das hauptsächliche Augenmerk der Späteren galt.

Betrachten wir diese beiden Hauptteile näher. Die politische Argumentation des zweiten Teils spricht zunächst den tagespolitischen Sachverhalt an, der Hörler zu seinem Anzug bewogen hatte: Es galt dem von der Liste der Wählbaren gestrichenen Rumpf eine Bresche zu schlagen. Aber gerade ihm, so Christ, würde eine Lockerung des Gelübdes nichts helfen: Das, was im «Freien Wort» dessen Redaktor von sich gibt, steht weit ausserhalb dessen, was auch bei mildester Betrachtung noch christlich heissen könnte. Der Ratsherr liess es sich offenbar nicht verdriessen, Rumpfs Blatt aufmerksam zu studieren: Jedenfalls gelang es ihm, sorgfältig von den Auslassungen Rumpfs eine solche aufzugabeln, die von jedem der Kirche nicht gänzlich Entfremdeten als schockierend, von jedem Gebildeten zudem als albernes Geschwätz empfunden werden musste. Eingehender setzt sich das Votum mit dem Argument auseinander, dass die freisinnige Richtung, nachdem sie in den politischen Wahlen eine ansehnliche Minderheit für sich gewonnen habe, nun auch in der Kirche vertreten sein müsse. Sowenig Christ die Verbindung von Staat und Kirche in Frage stellte, so scharf macht er nun den Unterschied in dieser Frage: Es gibt keinen Grund, die politische Parteiung in der Kirche nachzubilden. Dies wird nun allerdings nicht theologisch oder ekklesiologisch, sondern in einer eingängigen Weise politisch begründet: Die Erfahrung im politisch radikalen Landkanton oder im revolutionierten Genf James Fazys zeigte, dass das Volk, das freisinnige Politiker wähle, deswegen um nichts weniger glaubenstreuen Pfarrern vor reformerischen den Vorzug gebe. Das Argument musste wirken, denn es verhielt sich tatsächlich so: Im Baselbiet waren, nach einem kurzen Intermezzo mit Pfarrern der neuen Richtung in verschiedenen Gemeinden, bald wieder die orthodoxen Pfarrer aus der Stadt auf die Kanzeln berufen worden, ein Phänomen, das auch den Historiographen der neuesten geschichtlichen Darstellung der Baselbieter Kirche nicht entgangen ist. Dass Christ dies nicht einfach dem natürlichen Hang der Menschen, am Gewohnten festzuhalten, zuschrieb, sondern einem echten im Volk vorhandenen Bedürfnis und richtigen Gespür, wirft ein bezeichnendes Licht auf die Persönlichkeit des Redners und erklärt, warum der Ratsherr Christ im Gegensatz zu anderen nicht minder bedeutenden konservativen Staatsmännern jener Zeit, wie zum Beispiel Johann Jacob Stehlin, Felix Sarasin oder Carl Felix Burckhardt, eine volksverbundene, populäre Gestalt werden konnte. Dies illustriert nun auch der letzte Teil von Christs Rede; seinetwegen ist dieses politische Votum überhaupt später gedruckt worden. Überraschend, aber doch bezeichnend ist, dass in seiner vehementen Auseinandersetzung mit dem «neuen Religionssystem», dem er jeden christlichen Gehalt abspricht, Christ in diesem Teil seiner Rede von einem subjektiven Ansatz, dem des eigenen innersten Bedürfnisses, ausgeht. Somit wird – wiewohl es um die Verteidigung der Identität der Kirche, die Bewahrung ihres die Glaubenden und die Zweifelnden tragenden Bekenntnisses geht – das Stillen einer religiösen Grundbedürftigkeit, eine individuelle Befindlichkeit als Ausgangspunkt der Begründung gewählt: «Wir alle bedürfen im Innersten unseres Wesens eines Gottes über uns.» Ist das so meilenweit entfernt von Schleiermacher und dann auch von dessen radikalen Nachfolgern zur Linken? In diesem Ansatz ist Adolf Christ als positiver, vom Pietismus beeinflusster Protestant des 19. Jahrhunderts nicht weniger das Kind seiner Zeit als seine freisinnigen Gegenspieler. Darin zeigt sich auch, dass die Distanz, nicht nur zeitlich, zur Basler Konfession des Simon Grynaeus von 1534 bei allem Willen zur Bekenntnistreue gross geworden war. Die Anknüpfung bei der Grenzerfahrung als Erweis der Bestimmung des Menschen für den Glauben an Gott finden wir ein gutes Jahrhundert später in gewandelter Form in der Dogmatik von Gerhard Ebeling, nicht derjenigen von Karl Barth!

Erst in den letzten Sätzen wird die Rechtfertigungslehre als in die beschriebene subjektive Befindlichkeit hineinwirkende erlösende Botschaft des Evangeliums angesprochen. Weil sie in der «neuen Lehre» keinen Platz findet und diese nichts von Vergebung wissen will, sondern nur «losen Trost» anzubieten hat, sind ihre Vertreter fürs Pfarramt nicht tauglich. Dass die Rechtfertigung durch den Glauben, die Versöhnung durch Christi Blut der *articulus stantis aut cadentis ecclesiae* ist, das muss damals in die Herzen von Christs Ratskollegen gesprochen haben und verband ihre Religiosität, die wohl nicht weniger subjektivistisch war als die des Redners und die seines freisinnigen Gegners, mit dem soliden Fundament des Basler Bekenntnisses, um dessen Bestand es ging, und gewann die Schwankenden und bestärkte die Überzeugten. Es ist tröstlich, dass es diese Schlussworte sind, die in der Erinnerung haften blieben und in der Basler Kirchengeschichte nachhallen.

Die Verpflichtung der Ordinierten auf das Basler Bekenntnis und der Eltern und Paten auf das Apostolicum fielen etwas mehr als ein Jahrzehnt später. Adolf Christ vermochte es, obgleich noch Mitglied der Regierung, kein zweites Mal zu verhindern.

Literatur

Adolf Christ weiland Rathsherr von Basel, als Manuskript gedruckt, Bern 1884.

Christoph Friedrich Eppler: Der Basler Ratsherr Adolf Christ, Basel 1888.

Daniel Burckhardt-Werthemann: Häuser und Gestalten aus Basels Vergangenheit, Basel 1925, S. 186–195.

Eduard His: Basler Staatsmänner des 19. Jahrhunderts, Basel 1932, S. 165–176.

Paul Burckhardt: Geschichte der Stadt Basel von der Zeit der Reformation bis zur Gegenwart, Basel 1942.

Michael Raith: Adolf Christ, S. 97–104, in: Der Reformation verpflichtet. Gestalten und Gestalter in Stadt und Landschaft Basel aus fünf Jahrhunderten, Basel 1979.

Daniel Hagmann: in: Zwischenzeit, Die Reformierte Kirche Baselland 1950 bis 2000, Liestal 2004, S. 20 ff.

ALFRED ALTHERR

Ein jeder sage,
was ihm Wahrheit dünkt

Antrittspredigt, gehalten
am 4. Oktober 1874
in der Leonhardskirche in Basel

*Wenn ich das Evangelium verkünde, so habe ich keinen Ruhm, denn ich
muss es tun; denn wehe mir, wenn ich nicht das Evangelium verkündige.*
1. Korintherbrief 9,16

Liebe Gemeinde!

Am 28. Juni dieses Jahres haben die Wähler von St. Leonhard an die
vakant gewordene Stelle eines Pfarrhelfers mich berufen. Mit meiner lieben Familie[1] stehe ich jetzt in eurer Mitte, das Herz erfüllt vom innigen
Flehen, dass der liebe Gott diese Gemeinschaft zwischen uns segnen wolle
an euch wie an uns. Bekanntlich werden wir mit sehr geteilten Gefühlen
aufgenommen in dieser Gemeinde und in dieser Stadt. Die einen freuen
sich über ein längst angestrebtes, mit grossen persönlichen Opfern erfoch-
tenes und nun endlich erreichtes Ziel; andere sehen zur vollendeten Tatsache geworden, was sie mit tiefer Besorgnis und Bekümmernis schon lange
herannahen fühlten: Die Reformpartei der protestantischen Kirche hat
eine offizielle Vertretung auch in Basel gewonnen. So berechtigt und gross
unsere Freude über den Sieg unserer heiligsten Überzeugungen war, so
aufrichtig leid tut es mir, vielen, die, wie ich annehme, es auch recht meinen, ein Anlass tiefer Beunruhigung, ja, nach Anzeichen sogar des Ärgernisses zu sein. Mein Gott führt mich da in eine ungewohnte Schule hinein,
denn in meiner Heimat, der Ostschweiz, ist die protestantische Reform-
predigt die populäre, gesuchte und ihre Gegner haben eher einen schweren Stand. Das Regiment der St. Gallischen Kirche liegt in den Händen

meiner Gesinnungsgenossen, mir war der Religionsunterricht an den künftigen Lehrern zweier Kantone[2] anvertraut, und die jugendfrische Protestantengemeinde am Bodensee[3] hat mir bis zur letzten Stunde das einmütige Vertrauen bewahrt und in der einstimmigen Wahl eines Gesinnungsgenossen bewiesen – Vertrauen und Liebe weit über Verdienen. Und hier muss ich auf das Gegenteil gefasst sein. Warum kam ich dennoch? Entschlossen, eine Pflicht zu erfüllen. Überzeugt, es sei auch hier ein Bedürfnis, die freie Forschung in einen offenen, ehrlichen Wettstreit treten zu lassen mit dem überlieferten Glauben, und im innigen Vertrauen auf den Gott bin ich gekommen, der in den Schwachen mächtig ist (2Kor 12,9) und der den Redlichen zuletzt es gelingen lässt. Was einst ein Apostel auf seinen Missionsreisen an die Korinther schrieb, das wage ich Schwacher euch zu sagen: «Ich muss das Evangelium predigen und wehe mir, wenn ich es nicht täte!» (1Kor 9,16)

Allein dieses Wort von mir gesprochen in einer Stadt, die seit den Tagen Oekolampads eine helle Leuchte des Evangeliums weit über Land und Meer hinaus war, fordert eine Erklärung. Hört sie nachsichtig an und verzeiht, wenn sie ausnahmsweise persönlich gehalten ist.

Bis in mein 18. Jahr lebte ich so tief und innig, als nur irgendein Kind kann, in der Vorstellungswelt, welche dem Kirchenglauben zu Grund liegt: oben der Himmel, unten die Hölle und zwischendrin unsere Erde. Der Mensch auf dieser Erde die Krone der Schöpfung, bis er durch die Sünde der ersten Eltern und ihre Vererbung von Grund aus verdorben wurde, untüchtig zu jeglichem Guten und dem Zorne Gottes verfallen. Da beschloss Gott in grundloser Barmherzigkeit das Menschengeschlecht zu erretten. Er wählte sich in Israel ein Volk zur Vorbereitung des Heils und tat Wunder über Wunder an ihm – umsonst. Deshalb stieg Gott selbst vom Himmel herab, nahm in Jesu menschliche Knechtsgestalt an und die himmlischen Heerscharen versammelten sich lobsingend um seine Wiege. Doch die Welt wollte ihren Gott auch jetzt nicht erkennen, sondern schlug ihn ans Kreuz und vollendete gerade dadurch wider Willen den Ratschluss der vollen Erlösung. Denn wer da glaubt an den um unserer Sünde willen geopferten und zu unserer Gerechtigkeit auferstandenen Heiland der Welt, wird selig. Er ist Gottes Kind, seine Sünden werden vergeben, seine Gebete erhört und alle Dinge zu seinem Besten geleitet, bis einst das Evangelium an allen Enden der Erde verkündigt worden ist. Dann stehen die Toten auf, der in den Himmel Gefahrene kommt auf den Wolken des Himmels wieder zurück, die Lebendigen und die Toten zu richten: Die an ihn glaubten, gehen ein zur ewigen Freude, die Ungläubigen aber in die ewige Pein, wo Heulen und Zähneklappern ist.

Das ist in Hauptzügen die Kirchenlehre. Ihr kennt dieses Evangelium, es ist auch euch verkündigt worden. Solang ich nicht meine Jugend vergesse, werde ich es nie leugnen, dass dieses Evangelium eine Quelle der Kraft und des Trostes gewesen ist und noch sei für alle, die von Herzen daran glauben können, wie auch der feste, herzliche Glaube an die Lehren der katholischen Kirche Kraft und Trost geben kann. Aber glauben muss man daran, fest und von Herzen. Warum ist Martin Luther in der Klosterzelle aus innerer Unruhe erkrankt? Er konnte nicht mehr glauben, dass Kirchenwerke selig machen, wie doch so viele glaubten und wie er selbst gerne geglaubt hätte. Warum finden Unzählige heute in der Kirchenlehre keine Kraft und keinen Frieden mehr? Der Papst redet von Verführung des Satans. Andere reden in gleichem Sinn, nur mit ein wenig anderen Worten, von einer hochmütigen Vernunft. Wir meinen, schuld daran sei, dass der menschliche Geist sich beständig entwickelt und mit ihm notwendig auch die religiöse Vorstellungswelt. Wir meinen, schuld daran sei, dass seit den Geburtstagen des Kirchenglaubens sich eine total andere Welterkenntnis gestaltet hat und tief ins Volk hinein vordringe. Seit Moses und Paulus gelebt, hat das menschliche Auge ein Stück in den Himmel hineinsehen gelernt und hat da gefunden Sonnen und Sonnensysteme, die, gehalten durch ihr eigenes Gesetz, ihren unverbrüchlich gesetzmässigen Kreislauf vollenden, und für einen Gott, der von aussen kommend die Welt lenkt, ist kein Raum mehr. Die Geologen sind ins Innere der Erde gedrungen und verkünden nun allem Volk eine natürliche Schöpfungsgeschichte: Wie da in Zeiträumen, vor denen tausend Jahre sind wie ein Tag, alles allmählich geworden sei, aus dem Niederen das Höhere, in Sprache, Sitte und Religion zuerst der natürliche Mensch und dann der Geistesmensch, dasselbe Gesetz der Entwicklung in der Erziehung des Menschengeschlechts[4] wie in der des einzelnen Kindes. Die Geschichtsforscher haben die Urkunden der Vergangenheit und die geschichtliche Wahrheit losgeschieden von ihren poetischen Hüllen. Und eine festgewappnete Theologenschar, de Wette[5] auch unter ihr, wagte diese Losscheidung auch an den Urkunden der israelitischen und christlichen Religion; sie suchte in Sagen und Mythen den geschichtlichen Kern, im tiefen Schacht des Volksglaubens ewige Wahrheit. Und was die Männer der Wissenschaft als höchsten Triumph ihrer riesenhaften Forscherarbeit empfinden, das ist das grosse einzige Wunder unverbrüchlicher Gesetzmässigkeit im Fallen des Steins wie im Gang der Gestirne, im Blühen und Welken der Blume wie im Werden und Vergehen des Menschen und ganzer Völker. Es ist das Wunder des Kosmos:

«Wie alles sich zum Ganzen webt
Eins in dem andern wirkt und lebt,
Wie Himmelskräfte auf- und niedersteigen
Und sich die goldnen Eimer reichen –
Mit segenduftenden Schwingen
Vom Himmel durch die Erde dringen.»

Goethe

Nun hat der Papst[6] tausendmal recht: Diese Wissenschaft und der Kirchenglauben vertragen sich nicht, sie schliessen auf allen Punkten sich aus, ihr Widerspruch geht mitten durch das Herz unserer Zeit, er geht durch das Herz eines jeden, der, im Kirchenglauben erzogen, hernach in die neue Weltanschauung sich hineinlebt. Er ist wie ein verzehrendes Feuer einst auch durch mein Herz gegangen, meine Unruhe Tag und Nacht, meine Qual, und als ich vor zwölf Jahren aus der strengen Zucht einer Kantonsschule[7] an das eidgenössische Polytechnikum[8] übertrat, rief es jubelnd in mir: Nun bist du frei! Frei vom Zwang des Kirchegehens und Glaubens, nun darfst du an der Wissenschaft wieder gesund werden! So wollte ich mir aus dem Widerspruch helfen, und so wollen gar viele sich darausziehen. Doch siehe, sooft am Tag des Herrn die Kirchglocken über den See hin- und herüberklangen, zog es mich mit Gewalt in die stillen Asyle derer, die mühselig und beladen sind, als riefe die Stimme einer Mutter: Komm her zu mir, hier findst du deine Ruh! Und Gott sei Dank, ich habe sie wiedergefunden. Dank den Männern, durch die er mich sie wiederfinden liess! In einer Predigt über den vorgelesenen Text sagte der selige Diakon Hirzel[9] am St. Peter: «Mensch, ich bedaure dich, der du kein anderes Evangelium kennst als den Stoffwechsel in der Theorie und das Fleischesgenügen in der Praxis. Du musst ein anderes Evangelium haben, das dir zur Selbstbeherrschung die Kraft und zur Selbsthingabe für andere den heiligen Mut gibt. Meinst du die evangelischen Wundererzählungen? Das ist tiefsinnige Theologie früherer Christen. Meinst du die Ansicht des Apostel Paulus über den Opfertod des Gottessohnes Jesu? Das war seine und seiner Zeit notwendige Theologie – mich bindet sie nicht. Evangelium predigen – mir heisst das den Geist, die Gesinnung, die religiös-sittliche Persönlichkeit Jesu von Nazareth predigen. Predigen die Liebe Gottes, in der er sich als Gotteskind wusste. Predigen die Liebe zur Menschheit, in der er herumgezogen ist und wohlgetan hat, in der er die Kraft fand, den Hass einer Welt zu ertragen, in der er von den Priestern gekreuzigt, ohne Groll im Herzen sein Haupt zum Tode neigte und für seine Mörder bat: Vater, vergib ihnen! – Diese in Jesu verkörperte Gottes-

und Menschenliebe, dieses Evangelium, in welchem das Heil der Gegenwart und der Zukunft liegt, das muss ich predigen und wehe mir, wenn ich es nicht täte!»

Nach dieser Predigt im September 1862 bat ich den seligen Hirzel mir zum Studium der Theologie zu verhelfen und heute, über dem längst geschlossenen Grab des hilfreichen Freundes, bitte ich Gott um Kraft, dieses Evangelium unter euch zu predigen im Wort und mit der Tat.

Das Evangelium von der Liebe Gottes zu uns, die ausgegossen ist in unser Herz durch seinen Geist (Röm 5,5), durch den Geist, der uns Zeugnis gibt: Wir sind Gottes Kinder (Röm 8,16). Jesus hatte das Bewusstsein der Gotteskindschaft und du kannst, du sollst es auch haben. Es gibt für dich keine höhere Bestimmung und es gibt für dich in der Welt keine reinere Freude, als von deinem Gott dich geliebt zu wissen und sagen zu können: Mein Vater, unser Vater! Und siehe, diese Bestimmung kannst du erreichen, diese Freude kann dich erfüllen. Siehe, wie ist die Welt so schön, sie ist kein Jammertal, wenn wir sie nicht selbst dazu machen. Siehe, wohl gibt es unverbrüchliche Ordnungen im Natur- und Geistesleben, die kein Gebet umzustossen mag, aber wenn du wirklich fromm, bescheiden, demütig bist, so willst du das auch nicht, denn jene Ordnungen sind weiser als all deine Weisheit, es sind eines Gottes ewige Liebesgedanken, wie Engel Gottes wandeln sie segnend durch die unendliche Schöpfung und bringen, wenn du recht hörst, Tag und Nacht dir die tröstende Kunde: «Menschenkind, habe Vertrauen, die Welt ist in guten Händen, sie ist eines Vaters, deines Vaters herrliches Haus, geschaffen und ausgedacht für dich und was dir immer begegnen mag, warmes Glück und tiefer Schmerz, glaub es, ich weiss es, der ganze Strom des Lebens treibt dich, wenn du willst, deinem Heil und Himmel entgegen, und alle Dinge müssen zum Besten dienen denen, die Gott lieben!» Diesen zu Gott freudigen, in Gott seligen Optimismus, dieses Evangelium von Gottes Liebe will ich Euch predigen, damit wir das Glück als eine Gabe Gottes wahrhaft geniessen, damit der Schmerz uns nicht lähme, sondern läutere und aus jeder Tränensaat uns eine Freudenernte aufgehe.

Das Evangelium von der Liebe Gottes ist dann am grössten, wenn wir uns klein fühlen, als Schwache, als Sünder, und wer müsste das nicht, da selbst unser Meister sagt: Niemand ist gut, denn allein Gott! (Mk 10,18) Man sagt, wir kennen den Ernst der Sünde nicht, keinen Sündenschmerz und keine Versöhnung. Wir wissen sehr wohl, dass die Sünde elend macht, äusserlich und innerlich, immer und überall, aber die Versöhnung mit Gott erfahren wir auf andere Weise, als die Kirche gelehrt hat. Wir wissen zunächst, dass wir alle Folgen der Sünde selbst tragen müssen und niemand ausser uns für uns eintreten kann. Aber wir haben auch erfahren, dass wir fähig sind, die Sünde zu erkennen, darüber herzliche Reue zu fühlen, und dass das Feuer dieser Reue uns zurücktreibt vom Weg des Verderbens und dass wir umkehrend Vergebung empfangen, bildlich gesprochen, dass der Vater sein freundliches Angesicht uns wiederum zukehrt und uns wieder aufnimmt in seinen Friedensarm und uns alle verlorenen Kinderrechte wieder zurückgibt (Lk 15,11–32). Diese Versöhnungslehre haben wir nicht von den Heiden gelernt und nicht selber ersonnen, wir schöpfen sie aus bester Quelle, aus dem Gleichnis vom verlorenen Sohn und aus der Bergpredigt, wo das Seligsein und das Versöhntwerden eben durch das Armsein im Geiste, durch das Leidtragen über sich selbst und das Umkehren bedingt ist. Nie will ich sagen, dass es unchristlich sei, die Erlösung von Sünden auf das Blut des Gottesmenschen Jesu zu stellen. Paulus war sicher ein Christ; aber hoffen will ich, dass die Bergpredigt und das Gleichnis vom verlorenen Sohn auch christlich sei. Ich habe eine heilige Achtung vor dem tiefen Sünderbewusstsein des Pietismus und wir wollen lernen von ihm, dass unsere Freiheit nie eine Gelegenheit für das Fleisch werde; aber wir möchten auf unsere Art Gottes Liebe verkünden und sie erfahren. Das ist Gottes Liebe und Gnade mit uns, dass wir in seinem Geiste die Kraft beständiger Selbsterneuerung haben, dass wir von jedem Fall uns wieder erheben und aus jedem Irrtum lernen können, dass es wahr ist, was der Dichter Gottes Engel sagen lässt: «Wer immer strebend sich bemüht, den können wir erlösen!»[10] Das ist das Evangelium, welches ich predigen kann, will und muss und wehe mir, wenn ich es nicht täte!

Die Liebe zu Gott und als Frucht derselben unsere Liebe zu ihm. Gott lieben – unergründlich tiefes Wort, Inbegriff aller wahren Sittlichkeit, aber wie oft und schauerlich missbraucht unter Christen! Es kommt eben auf den Gott an, den man liebt. In der Liebe zu einem Gott des Zorns, der den grössten Teil der Menschen in die ewige Verdammnis hinunterstösst, wird man immer verdammen, wie die Juden Jesum verdammen, wird man immer verfolgen, wie die Päpste die Anhänger des Evangeliums verfolgten, wird man immer schroff, ungerecht, roh, hassdurchglüht und blutdürstig sein, wie man es im Namen der christlichen Religion so oft schon gewesen ist und jetzt nicht mehr sein sollte. Es kommt auf den Gott an, welchen man liebt. Unser Gott ist der Vater aller Menschen, der seine Sonne aufgehen lässt über Gute und Böse (Mt 5,45), der Urquell alles Lichts, aller Wahrheit, aller Liebe, ob das sich finde an Juden, an Katholiken, an Pietisten oder an den Freidenkern. Darum verstehen wir unter Liebe zu Gott nicht bloss eine natürliche Liebe unter Verwandten und nicht bloss eine Parteiliebe, nicht ein ehrgeiziges Laufen und Jagen, sondern die Liebe zu allem Guten und Wahren, die Liebe zu jeder Menschenseele, das Begreifen jeder Menschenart, das Anerkennen des Guten überall, das Verständnis total Andersgesinnter, als wir sind, das Mitfühlen fremder Freude, das Mitleiden jeden fremden Schmerzes. Es ist das Tragen der Schwachen, die Selbsthingabe für andere, das Heilighalten jener ewigen Wahrheit: «Was ihr wollt, das euch die Leute tun sollen, das tut ihr ihnen auch (Lk 6,31). Und wer unter euch will der Vornehmste sein, der sei aller Knecht» (Mk 10,44). Haben wir diese Liebe zu Gott? Achten und suchen wir keine andere Vornehmheit als diese? Sind wir schon Christen? O, wenn wir es wären, die Juden und Heiden kämen von selber und sänken uns zu Füssen und bäten um unsere Gemeinschaft mit ihnen, denn Gott sei in uns. Aber wir wollen Christen werden, denn Christen müssen doch die besten Menschen sein, weil sie das beste Gut, weil sie Gott lieben. Und dieses Evangelium von der Liebe zu Gott, die sich in der Liebe zum Menschen, zu jedem Menschen beweist, dieses Evangelium will ich mit Gotteshilfe verkünden, nicht bloss in Worten, sondern auch in Taten.

Es soll mir eine Freude sein, wenn ich eure Neugeborenen in den Arm nehmen darf und sie reifen[11] darf ihrer höchsten Bestimmung, unter dem Einfluss der christlichen Gemeinschaft Kinder Gottes zu werden im Geist Jesu Christi. – In meiner liebsten Arbeit, dem Jugendunterricht, will ich den Kindern, welche mir anvertraut werden, die Grösse und Liebe und Heiligkeit unseres Gottes ans Herz legen, dass nach ihm, wie Blumen zur Sonne, ihr ganzes Leben sich richte und sie gedeihen zum Lobe Gottes und zur Freude der Menschen. – Liebenden Paaren will ich gerne die Hand ineinander legen und ihnen vor Augen stellen die Herrlichkeit ihres Berufes, dass die Arbeit füreinander die Religion ihres Leibes und die Liebe zueinander die Religion ihrer Seele sei, ihr Haus eine Hütte Gottes unter den Menschen. Wo Kranke und Sterbende mich zu sich rufen, will ich kommen, kommen mit dem Trost eines teilnehmenden Menschen, und sie aufzurichten trachten mit meinem Glauben, dass den Tod nicht zu fürchten hat, wer den Vater im Leben gefunden, denn auch der Tod ist seine weise Ordnung und wer in eines Vaters Arm einschläft, dem kann nicht bange sein um das Erwachen. Über die Türe meiner Pfarrwohnung möchte ich schreiben: Hier wohnt ein Mensch, dem nichts Menschliches fremd ist, ein Mensch, der die Armut erfahren und Mitleid hat mit den Armen, ein Mensch, der unter Zweifel gelitten und Zweiflern gerne hülfe, ein Mensch, den kein Glaubensbekenntnis und kein Kleid hindern soll, menschlich zu sein, der gern lernt von Gelehrten und gern die Einfältigen lehrt, der, warum nicht? auch gern fröhlich ist mit den Fröhlichen, nicht ein Herr über euren Glauben (2Kor 1,24), sondern ein Gehilfe eurer Freude.

Doch eines wird mir die Freude an allen diesen Amtsgeschäften erschweren, eine Form, ein Buch, euer Kirchengebetbuch[12], das eine Menge von Worten und Sätzen enthält, die ich nur sprechen kann, indem ich ihnen einen anderen Sinn unterlege, als der ist, in dem sie verfasst worden sind. Namentlich ist das mit jenem Glaubensbekenntnis der Fall, das in der katholischen Kirche geboren und in die protestantische Kirche herübergenommen worden ist.[13] Ich kann es schon lesen mit der Einleitung: Vernehmt das Bekenntnis des christlichen Glaubens, wie ich am Ende auch sagen könnte von irgendeiner anderen Formel der katholischen Kirche: Vernehmt sie! Aber meinen Glauben enthält das Bekenntnis nicht, sondern wenn es hernach heisst: «Wollt ihr dieses Kind aufziehen im christlichen Glauben?», so meine ich den Glauben an das Evangelium von der Liebe Gottes zu uns und unserer Liebe zu ihm, und da es nun etwas Unwürdiges ist, auch nur im Gebet anders zu reden, als das Herz fühlt, so habe ich eine dringende Bitte. Nie würde ich Hand dazu bieten irgend jemand am Gebrauch jenes Bekenntnisses zu hindern, aber ich möchte Freiheit haben, auch Gewissensfreiheit. Ich bitte deshalb meine Wähler, ich bitte alle, welche Achtung haben vor dem Heiligtum der Überzeugung und Achtung vor der Würde des Gotteshauses, mir auf gesetzlich erlaubtem Wege zur Freiheit des Betens in diesem Gotteshause, zur Freiheit von jenem Glaubensbekenntnis zu helfen.[14] In mehreren Kantonen ist diese Freiheit gegeben und nicht zum Schaden des kirchlichen Lebens. Fürchten wir uns nicht vor der Freiheit, sie ist die Mutter der Wahrheit! Fürchten wir uns nur vor dem Zwang in Sachen des Glaubens, denn er tötet, komme er von uns oder von anderen. Ein jeder sage, was ihm Wahrheit dünkt, die Wahrheit selbst sei Gott befohlen! Aus diesem Grund der Freiheit lasst uns in Gottes Namen miteinander leben und wirken, wenn auch nicht mit-, so doch nebeneinander. Diese herzliche Bitte richte ich im Besonderen an meine ehrwürdigen Amtsbrüder an dieser Gemeinde. Wir sind nicht schuld an der Verschiedenheit unserer Überzeugung; der Kampf, der durch die Gegenwart geht, ist nicht von uns ersonnen, sondern er kommt von Gott, und wenn wir ihn führen mit geistlichen Waffen, so wird er seinen Segen haben, und für die Wahrheit braucht uns nicht Angst zu sein, sie ist grösser als wir und kann nicht vergehen. «Freiheit jeder Richtung sich auszugestalten» – dieses Wort, gesprochen zum Kirchenvorstand vom obersten Geistlichen unserer Gemeinde[15], ich verdanke es ihm als ein mannhaftes und christliches Wort. Gott segne ihn dafür und lasse seine Kraft und Erfahrung der Gemeinde noch lange zum Segen gereichen!

Lasst mich schliesslich noch eine Hoffnung aussprechen. Es ist die innige Hoffnung, dass die schweren Kämpfe der Gegenwart das religiöse Leben vertiefen und dadurch alle Lebensgebiete befruchten. Es ist die Hoffnung, dass der Geist Jesu Christi sich kräftiger erweise als alle Meinungsverschiedenheiten über seine Person. Es ist die Hoffnung, dass durch die Tat allmählich ein Band des Friedens sich webe zwischen denen, die jetzt noch um des Glaubens willen sich trennen. Der Dichter sprach diese Hoffnung in einem Bild aus: Drei Menschen von verschiedenen Glauben klopften stürmisch an die Himmelstür, denn jeder nennt seinen Glauben den allein selig machenden. Dem Hüter des Himmels missfällt das und er heisst sie draussen warten. Und wie sie so da sind und den Vorhof des Himmels betrachten, geht ihnen das Herz vor Bewunderung auf und sie fangen einer nach dem anderen zu singen an und singen zuletzt miteinander: Wir glauben all an einen Gott! Und wie sie das singen, hebt sich der Vorhang und sie wandeln miteinander als Brüder in den Himmel hinein.

Gott, hilf uns zur Einigkeit in deinem Geist, zur Einigkeit in der Tat, dass der Vorhang sich hebe und wir deine Herrlichkeit schauen, die Herrlichkeit deines Reiches.

Amen.

RUDOLF BRÄNDLE

Alfred Altherr – Basels erster liberaler Pfarrer

Alfred Altherr wurde am 14. März 1843 in Grub (AR) geboren und wuchs zusammen mit vielen Geschwistern in bescheidenen Verhältnissen auf. Nach einem Wohnungsbrand und dem Geschäftsrückgang der kleinen elterlichen Bäckerei kam Alfred Altherr im Alter von elf Jahren zusammen mit einem Teil der Geschwister ohne Einwilligung der Eltern ins Waisenhaus in Speicher. Altherr konnte aber die Kantonsschule in Trogen besuchen. Er studierte dann Mathematik und neuere Sprachen am Polytechnikum in Zürich mit dem Ziel, Lehrer zu werden. Unter dem Eindruck des Diakons zu St. Peter in Zürich, Heinrich Hirzel, entschloss sich Altherr zum Studium der Theologie. 1867 trat er seine erste Stelle in Lichtensteig an. Der religiös-liberale Verein St. Gallen übertrug ihm die Redaktion des «Religiösen Volksblattes». 1871 wurde Altherr Pfarrer in Rorschach. Am 4. Oktober 1874 hielt er seine Antrittspredigt in der Leonhardskirche Basel. Von 1874 bis 1879 war er zweiter Helfer, von 1879 bis 1911 Hauptpfarrer zu St. Leonhard. Die theologische Fakultät der Universität Basel verlieh ihm 1917 den Ehrendoktor. Am 18. Januar 1918 ist Alfred Altherr gestorben.

Vorgeschichte der Predigt vom 4. Oktober 1874
Nach der Trennung des Kantons 1833 behielt die Stadt die alten staatskirchlichen Strukturen bei. Nur die Basler Bürger waren stimmberechtigte Kirchgemeindemitglieder. «Die Tatsache, dass die Zugezogenen nicht nur von der politischen Mitbestimmung, sondern auch vom kirchlichen Wahlrecht ausgeschlossen waren, förderte deren Eintreten für reformerische Forderungen und Anliegen» (Gebhard, S. 162). Entscheidend für die Öffnung der Basler Kirche für die liberalen kirchlichen Strömungen war der nach langem Zögern am 20. März 1871 doch vollzogene Beitritt zum «Konkordat betreffend die gegenseitige Zulassung evangelisch-reformierter Pfarrer in den Kirchendienst». Damit war im Prinzip der Weg frei für Theologen aus den anderen Konkordatskantonen, eine Pfarrstelle in Basel anzutreten. Der Kirchenrat hatte im Januar die Basler Konfession aus dem Ordinationsgelübde gestrichen. Die Pfarramtskandidaten sollten von nun an geloben, das Evangelium entsprechend den geschichtlich bezeugten Grundsätzen der evangelisch-reformierten Kirche zu lehren. Der Kirchliche Reformverein richtete am 3. Februar 1871 eine Petition an

den Grossen Rat, mit der er die Abschaffung der Verpflichtung auf das Apostolikum bei der Taufe forderte. Befürworter der Petition wie auch Gegner verfassten Broschüren. Die Anhänger der Beibehaltung des Glaubensbekenntnisses reichten eine Gegenpetition mit 2430 Unterschriften ein. Nach hitziger Debatte wurde das Geschäft an den Kleinen Rat überwiesen. Dieser erarbeitete einen Vorschlag, dem der Kirchenrat dann zustimmte. Bei der Tauffrage sollte das Apostolikum nicht mehr erwähnt werden, sondern allgemein nach der Bereitschaft, das zu taufende Kind im christlichen Glauben zu erziehen, gefragt werden. Einer der Basler Pfarrer, Johann Jakob Riggenbach, Helfer zu St. Leonhard, weigerte sich, das neue Taufformular zu benutzen, und musste deswegen schliesslich zurücktreten. Damit war der Weg frei für die Wahl des ersten liberalen Pfarrers in Basel: Alfred Altherr. Der Reformverein hatte den in Rorschach wirkenden Pfarrer am 3. Mai 1874 zu einer Predigt in der Martinskirche eingeladen. Das Comité des Vereins, das für Druck und Verbreitung der Predigt besorgt war, sah darin gleichsam das Programm einer werdenden christlichen Kirche.

Altherr knüpfte in dieser Predigt an die zwei Wochen zurückliegende Zustimmung des Schweizer Volkes zur revidierten Bundesverfassung an und gab der Hoffnung auf eine Kirche des neuen Bundes Ausdruck, die ohne den Zwang eines Glaubensbekenntnisses ein sittliches Leben fördert, das nicht mehr auf Aberglauben, sondern auf vernünftiger Erkenntnis beruht und an der Lösung humaner, sozialer Aufgaben mithilft. Am 6. Juni 1874 bestätigte der Kleine Rat die Demission von Johann Jakob Riggenbach. Ein Nachfolger musste bestellt werden. Alfred Altherr wurde gewählt und hielt am 4. Oktober 1874 die jetzt näher zu betrachtende Antrittspredigt.

Antrittspredigt
Altherr hat einen Vers des Paulus zum Predigttext gewählt, mit dem der Apostel sich in eine Reihe mit den Propheten des Alten Testaments gestellt hat, die wie Mose, Amos oder Jeremia dem unbedingten Anruf Gottes nicht ausweichen konnten. Bevor er auf diesen Vers zu sprechen kommt, geht er ein auf die Situation, die er bei seinem Kommen nach Basel angetroffen hat. Altherr erklärt, dass es ihm Leid tue, dass er Anlass zu Beunruhigung und Ärgernis gegeben hat. Er wählt damit einen Ton, der für die ganze Predigt bezeichnend ist. Mit grosser Wärme und Behutsamkeit bemüht er sich um alle in der Gemeinde, die das Kommen eines reformerischen Pfarrers als Bedrohung empfunden haben. Er wirbt mit grosser Kraft um sie, gesteht ihnen die Ehrenhaftigkeit ihrer Motive zu und hofft,

mit ihnen zusammenarbeiten zu können. In einem nächsten Schritt skizziert Altherr in einfachen Worten den Kirchenglauben, in dem er aufgewachsen ist. Ungezählte haben im Verlauf der Jahrhunderte in diesem Glauben Trost und Stärkung gefunden. Aber heute finden viele in dieser Lehre keine Kraft und keinen Frieden mehr. Altherr sagt, schuld daran ist, dass seit den Geburtstagen des Kirchenglaubens sich eine total andere Welterkenntnis gestaltet. Wir sehen heute das «grosse einzige Wunder unverbrüchlicher Gesetzmässigkeit im Fallen des Steins wie im Gang der Gestirne, im Blühen und Welken der Blume wie im Werden und Vergehen des Menschen und ganzer Völker. Es ist das Wunder des Kosmos.» Die Position Altherrs klingt stellenweise wie eine Vorschau auf Bultmanns berühmte Schrift «Neues Testament und Mythologie» von 1941. Er schildert seinen Weg von der strengen Zucht der Kantonsschule in Trogen in die Freiheit des Studiums in Zürich und die damit verbundene Erkenntnis: «Nun darfst du an der Wissenschaft wieder gesund werden.» Altherr zitiert dann einen längeren Abschnitt aus einer Predigt von Diakon Heinrich Hirzel, die für Altherr ein Schlüsselerlebnis wurde: Er wandte sich dem Studium der Theologie zu. In Zürich lehrten zu dieser Zeit zwei bedeutende Vertreter der liberalen Theologie: Alois Emanuel Biedermann und Alexander Schweizer.

Altherr betont nun, dass Jesus das Bewusstsein der Gotteskindschaft hatte und wir es auch haben können, haben sollen. Die unverbrüchlichen Ordnungen in Natur- und Geistesleben sind Gottes ewige Liebesgedanken. Sie wandeln wie Engel Gottes segnend durch die unendliche Schöpfung und bringen uns die tröstliche Kunde: Die Welt ist in den guten Händen eines Vaters. Altherr spricht vom «in Gott seligen Optimismus» und setzt diesen gleich mit dem Evangelium von Gottes Liebe.

Er nimmt dann den gegen die liberale Theologie erhobenen Vorwurf auf, sie kenne den Ernst der Sünde und die Versöhnung nicht. Altherr betont dagegen, er und seine Gesinnungsgenossen kennten sehr wohl das Elend der Sünde. Versöhnung mit Gott kennen sie auch, sie erfahren allerdings Versöhnung anders, als die Kirche gelehrt hat. Er und die Seinen haben ihre Versöhnungslehre aus dem Gleichnis vom verlorenen Sohn und der Bergpredigt geschöpft. Versöhntwerden geschieht durch das Armsein im Geiste, durch das Leidtragen über sich selbst und das Umkehren. In Gottes Geist haben wir die Kraft beständiger Selbsterneuerung. Das ist – erklärt Altherr der Gemeinde – das Evangelium, «welches ich predigen kann, will und muss». Gott lieben ist der Inbegriff aller wahren Sittlichkeit. Aber es kommt sehr auf den Gott an, den man liebt. Unser Gott, erklärt der Prediger, ist der Vater aller Menschen, der seine Sonne aufgehen lässt über Gute und Böse. Zwei Jesusworte sind für Altherr besonders deutlich Ausdruck dieser Liebe: die Goldene Regel und die Weisung, wer unter euch der vornehmste sein will, der sei aller Knecht. Gottes Liebe will der Prediger verkündigen, nicht nur mit Worten, sondern auch mit Taten. Mit grosser Wärme geht er in einem längeren Abschnitt auf die Aufgaben ein, die ihn als neuen Pfarrer erwarten. Er erklärt sich bereit, alle diese Aufgaben zu übernehmen. Diese Aufgaben sollten Jahr für Jahr grösser werden. Basel zählte 1870 rund 47 000 Einwohner, 1880 aber schon 65 000. Altherr spricht von der Taufe, der Trauung, den Besuchen bei Kranken und Sterbenden. Über seiner Tür möchte er schreiben: Hier wohnt ein Mensch, dem nichts Menschliches fremd ist, ein Mensch, der die Armut erfahren hat und Mitleid hat mit den Armen.

Altherr hat sich in seinen Basler Jahren stark eingesetzt für, wie er in seinem Lebensgang erwähnt, «die Ferienversorgung armer, kränklicher Schulkinder», die Jahr für Jahr beinahe tausend Kindern einen stärkenden Landaufenthalt verschaffte.

Gegen Schluss der Predigt kommt er auf etwas zu sprechen, was seine Freude an all den erwähnten Amtsgeschäften erschweren wird: das Kirchengebetbuch. Viele der darin enthaltenen Sätze könne er nur sprechen, indem er ihnen einen anderen Sinn unterlege. Das gilt vor allem für das apostolische Glaubensbekenntnis, dessen obligatorische Verwendung bei der Taufe kurz zuvor aufgehoben worden war. Altherr erklärt seinen Respekt für alle, die am Bekenntnis festhalten wollen, bittet aber um Unterstützung für sein Bestreben, auf «gesetzlich erlaubtem Wege zur Freiheit des Betens» zu gelangen. In einem Schreiben vom 17. April 1875 wird sich Altherr an den Kirchenrat wenden mit der Bitte, den Pfarrern grössere Freiheit im Gebrauch der Agende zu gewähren. Neben dem Basler Kirchenbuch möchte die Synode auch noch andere deutschschweizerische Liturgien zur Verwendung freigeben. In ihrer Sitzung vom 14. Juni 1875 entschied die Synode, dass das Basler Kirchenbuch weiter im Gebrauch stehen soll, dass der einzelne Geistliche aber nicht an den Gebrauch desselben gebunden ist. Damit war der Apostolikumsstreit in Basel, in dem Altherr eine wichtige Rolle gespielt hat, zum Abschluss gekommen.

Altherr beschloss seine Predigt mit der herzlichen Bitte an seine Amtsbrüder, in Gottes Namen miteinander zu leben und zu wirken und wenn nicht miteinander, dann doch nebeneinander. Der heutige Leser der 130 Jahre alten Predigt wird berührt sein durch den Respekt, mit dem Altherr mit seinen theologischen Gegnern umgeht. Er wird aber auch erstaunt den ungebrochenen Optimismus Altherrs zur Kenntnis nehmen, sein uneingeschränktes Vertrauen auf die Macht der Wissenschaft. Altherr ist damit ein typischer Vertreter der liberalen Theologie der Gründerzeit, die bis zum Ersten Weltkrieg sich vom Glauben an den Fortschritt tragen liess. Wir werden heute wohl auch den damaligen Kampf um die Bekenntnisfreiheit in anderem Licht sehen. Die ökumenischen Kontakte zeigen uns, dass wir Schweizer Reformierte mit unseren bekenntnislosen Kirchen zu einer kleinen Minderheit gehören. Die Frage allerdings, wie eine Kirche heute ihren Glauben zwischen Freiheit und Verbindlichkeit neu formulieren kann, ist noch offen.

Literatur

A. Altherr: Die Kirche des neuen Bundes. Predigt, den 3. Mai 1874 in der St. Martinskirche zu Basel gehalten, St. Gallen 1874.

Ders.: Antrittspredigt gehalten in der St. Leonhardskirche zu Basel den 4. October 1874.

Ders.: Die Lehre vom Sohne Gottes für das Volk dargestellt, Bremen 1910.

Ders.: Mein Lebensgang, in: Schweiz. Protestantenblatt, 41, 1918, S. 26–28.

M. Burckhardt: Politische, soziale und kirchliche Spannungen in Basel um 1870, in: R. Brändle, E. W. Stegemann (Hrsg.): Franz Overbecks unerledigte Anfragen an das Christentum, München 1988, S. 47–66.

R. Gebhard: Umstrittene Bekenntnisfreiheit. Der Apostolikumsstreit in den Reformierten Kirchen der Deutschschweiz im 19. Jahrhundert, Zürich 2003.

M. Mattmüller: Die reformierte Basler Kirche vor den Herausforderungen der Neuzeit, in: H. R. Guggisberg und P. Rotach (Hrsg.): Ecclesia semper reformanda, ThZ Sonderband IX, 1980, S. 76–99.

K. Otte: Alfred Altherr, in: Der Reformation verpflichtet. Gestalten und Gestalter in Stadt und Landschaft Basel aus fünf Jahrhunderten, hrsg. vom Kirchenrat der Evangelisch-reformierten Kirche Basel-Stadt, Basel 1979, S. 131–136.

Anmerkungen

1 Altherr war verheiratet mit Henriette Altherr, geb. Pfenninger. Sie hatten drei Söhne.

2 Am St. Gallischen Lehrerseminar in Rorschach.

3 Rorschach

4 G. E. Lessing, Die Erziehung des Menschengeschlechts, 1780.

5 Wilhelm Martin Leberecht de Wette (1780–1849). Professor der Theologie in Berlin, wegen seiner theologisch und politisch liberalen Haltung entlassen. 1822 nach Basel berufen.

6 Pius IX. (1846–1878). 1864 erschien die Enzyklika «Quanta cura» und der Syllabus, in dem achtzig Irrtümer in Fragen der Religion, der Wissenschaft, der Politik, des Wirtschaftslebens verdammt werden.

7 Trogen AR

8 ETH: Eidgenössische Technische Hochschule in Zürich.

9 Heinrich Hirzel (1818–1871), 1851 Pfarrer in Höngg, 1857 Diakon und 1870 Pfarrer am St. Peter in Zürich. Gründer des Schweizer Vereins für freies Christentum.

10 J. W. Goethe, Faust Teil 2, 5. Akt.

11 sic! weihen?

12 Kirchenbuch für die evangelisch-reformirten Gemeinden des Kantons Basel-Stadt, Basel 1869.

13 Das Apostolikum.

14 Die Synode beendete in ihrer ausserordentlichen Sitzung vom 14. Juni 1875 den sogenannten Apostolikumsstreit. «Die vollständige und uneingeschränkte Bekenntnisfreiheit war ab nun gesetzlich verankert» (Gebhard, S. 200).

15 Johann Rudolf Respinger (1808–1878) war von 1866–1878 erster Pfarrer zu St. Leonhard.

LEONHARD RAGAZ

Ein Wort
über Christentum
und soziale Bewegung

Anlässlich des Maurerstreikes
gehalten im April 1903
im Basler Münster

*Als aber die Pharisäer hörten, dass er den Sadduzäern den Mund gestopft
hatte, versammelten sich alle an demselben Ort; und einer von ihnen, ein
Gesetzeskundiger, fragte ihn, um ihn zu versuchen: Meister, welches ist
das grösste Gebot im Gesetz? Er aber sprach zu ihm: «Du sollst den
Herrn, deinen Gott, lieben mit deinem ganzen Herzen und mit deiner
ganzen Seele und mit deinem ganzen Denken.» Dies ist das grösste und
erste Gebot. Das zweite ist ihm gleich: «Du sollst deinen Nächsten lieben
wie dich selbst.» An diesen zwei Geboten hängt das ganze Gesetz und die
Propheten.* Matthäus 22,34–40

Unter der Beleuchtung des grossen Wortes Jesu, das wir soeben vernommen haben, möchte ich das Ereignis stellen, das seit vierzehn Tagen unsere
Stadt fieberhaft aufregt. Ich meine natürlich den nun zu Ende gegangenen
Aufstand der Maurer. Ein solches Ereignis ist für jeden, dessen Blick ein
wenig über die Gegenwart und allernächste Zukunft hinausreicht, unvergleichlich viel wichtiger als die hitzigste Zolltarifabstimmung und als die
lauteste Regierungsrats- oder Nationalratswahl, gar nicht zu reden von
dem politischen Klatsch und Kleinkram, mit dem unser Volk nur zu viel
von seiner Zeit und Kraft vergeudet. Wer Augen hat zu sehen, der sehe!
Die Dinge, die da zu sehen waren: lärmende Arbeiterhaufen, tobende
Volksversammlungen und Ratsversammlungen, Steinwürfe gegen die
staatliche Gewalt, Militär mit aufgepflanztem Bajonett durch die Strassen
ziehend – das sind Sturmvögel, das sind Vorboten der gewaltigen,

weltumgestaltenden Kämpfe und Katastrophen, denen wir immer näher kommen. Die soziale Bewegung ist eben doch weitaus das Wichtigste, was sich in unseren Tagen zuträgt. Sie wird immer mehr unserem öffentlichen Leben den Stempel aufdrücken. Wer sie nicht verfolgt und nicht versteht, geht als ein Blinder durch die Zeit, in die Gott ihn hineingestellt hat. Es gibt zwar heutzutage eine nicht kleine Anzahl von guten und feinen Menschen, die das Wort «sozial» nicht mehr recht hören mögen, weil es zu oft gehört wird. Es ärgert sie die Heuchelei, mit der sich heutzutage jedermann das soziale Mäntelchen umhängen will, auch wenn es ihm damit noch so wenig ernst ist. Sie begreifen diese Empfindung. Und doch haben sie ganz unrecht. Wir sind noch sehr weit davon entfernt, die soziale Bewegung zu verstehen. Vielmehr haben wir immer wieder Anlass, sogar aus dem Mund sehr gebildeter Menschen Urteile über soziale Dinge zu hören, die von ganz unglaublicher Verständnislosigkeit zeugen. Die letzten vierzehn Tage haben die niederdrückende Erfahrung nur zu sehr bestätigt, wie wenig unser soziales Fühlen und Denken noch entwickelt ist. Wir stehen erst am Anfang einer langen Bahn. Es möge doch niemand glauben, dass die soziale Bewegung nur eine Art Mode gewesen sei, die sich nun bald wieder erschöpft habe. Sie ist vielmehr eine Umwälzung aller bestehenden Verhältnisse, ebenso gross wie die Reformation und grösser als die Französische Revolution. Darum darf auch in der Kirche nicht davon geschwiegen werden. Die religiöse Gemeinschaft darf nicht den Sturm des geschichtlichen Werdens um die Mauern des Gotteshauses brausen lassen und tun, als hörte sie ihn nicht. Das wäre ihr Tod. Wenn das offizielle Christentum kalt und verständnislos dem Werden einer neuen Welt zuschauen wollte, die doch aus dem Herzen des Evangeliums hervorgegangen ist, dann wäre das Salz der Erde faul geworden. Wenn das in diesem Gotteshaus geschähe, dann widerspräche es einer herrlichen Tradition. Denn auf dieser Kanzel ist Jahrzehnte hindurch ein Mann gestanden, der zu einem Hauptanliegen seiner Predigt die Forderung machte, dass das Christentum die grossen Losungen, die tiefsten Motive zur Lösung der sozialen Frage hergeben müsse. In seinen Fussstapfen gehend werfe ich heute die alte Frage auf: Wie soll sich der Christ zur sozialen Bewegung stellen? Natürlich kann ich im Rahmen einer Predigt einen so gewaltigen Gegenstand nicht nach allen Seiten hin beleuchten, es wird mir nicht möglich sein, auf jeden Einwand zu antworten, ich muss bei euch den guten Willen voraussetzen, mich nicht misszuverstehen. Nur einige wenige Hauptgedanken können wir hervorheben, nur einige ragende Marksteine aufrichten.

I. Wie soll ein Christ sich verhalten im grossen sozialen Kampfe der Gegenwart? Das Eine scheint mir klar zu sein: Der Christ hat sich immer auf die Seite des Schwachen zu stellen. Oder sollte das etwa nicht wahr sein? Sollten wir Jesus missverstehen in seinen Sprüchen und Gleichnissen, die von den geringsten seiner Brüder reden und vom Dienen und von der Liebe zum Nächsten als dem Kern der Religion? Sollten wir ihn missverstanden haben, wenn wir sehen, wie er zu den Armen geht, den Geringen, den Kindern, den Kleinen, den Mühseligen und Beladenen, wenn wir hören, wie er sich dem Arzt vergleicht, der zu den Kranken geht, sie gesund zu machen, und wie er sich berufen weiss, zu suchen und zu retten, was verloren ist? Sollten schon seine Zeitgenossen ihn missverstanden haben, als sich die Fischer und Zöllner und armen Bauern von Galiläa um ihn versammelten, während die vornehmen Sadduzäer ihn kühl lächelnd ablehnten? Sollte es ein grosser Irrtum gewesen sein, als das, was schwach war vor der Welt und unedel, Sklaven, kleine Leute, aus dem Schmutz gezogene Sünder, zu den Pforten der ersten christlichen Gemeinde hereinströmte? Dann wüssten wir gar nicht mehr, was denn Christentum ist. Nein, wenn in dem tobenden Streite über das Wesen des Christentums eines unberührt geblieben ist, so ist es die Tatsache, dass das Christentum auf der Seite der Schwachen steht, dass es gesund machen will, was krank, und gross, was klein ist, dass es das Volk, das da sitzt in Finsternis und Todesschatten, rufen will zum Licht.

Der Christ gehört auf die Seite der Schwachen. Und damit auf die Seite derer, die im sozialen Kampfe in die Höhe streben. Denn die sind die Schwächeren; sie sind die Dürftigeren; sie besitzen an Gütern des Lebens, an Bildung, Behagen, Lebensanmut viel weniger als die anderen. Das kann nur leugnen, wer nicht aus der Wahrheit ist. Nun möchte ich aber ja nicht missverstanden werden. Es fällt mir nicht ein, behaupten zu wollen, dass ein Christ Sozialdemokrat sein müsse. Das wäre eine törichte Rede. Die Sozialdemokratie ist eine politische Partei mit ganz bestimmtem detailliertem Programm. Man darf aber das Christentum nicht einfach in einer bestimmten Partei aufgehen lassen. Es ist grösser als jede Partei. Auch die soziale Bewegung ist grösser als die sozialdemokratische Partei. Es kann ein Christ glauben, als Sozialdemokrat am besten für seine Ziele arbeiten zu können, vielleicht aber geht er lieber einen anderen Weg und er kann doch ein ehrlicher und tiefer Christ sein. Also: Was wir sagen, hat nichts mit den politischen Parteien zu tun. Aber ein Sozialist muss ein jeder Christ sein, in dem weitesten und tiefsten Sinne, den das Wort hat. Denn das liegt in dem grossen Gebote Christi: «Liebe deinen Nächsten wie dich selbst.» Er muss wissen, dass wir Brüder sind, und danach handeln; er muss anerkennen, dass nicht ein jeder für sich selbst zu sorgen hat und Gott für alle, sondern dass wir als Kinder eines Gottes füreinander verantwortlich sind.

Darum muss ein Christ der sozialen Bewegung mit tiefstem Interesse und mit herzlicher Liebe gegenüberstehen. Er wird nicht jede ihrer Forderungen unbesehen annehmen, aber er wird sich Mühe geben, alles herauszufinden, was an Recht und Wahrheit darin ist. Die einen werden dann weiter gehen als die anderen – unchristlich ist nur der Stolz und Trotz, der sich von vornherein verschliesst gegen alles, was von Seiten der aufstrebenden Volksschichten kommt. Unchristlich finde ich auch, nebenbei bemerkt, die Auffassung, dass Angehörige eines fremden Volkes auch bei uns minderen Rechtes sein sollten, weil sie in ihrer Heimat unter unwürdigen Zuständen seufzen. Es handelt sich doch einfach darum, wer Recht hat oder nicht, und Recht soll auch dem Italiener werden, falls er Recht hat.

Was wir aber vor allem nötig haben, ist mehr Verständnis für das Fühlen und Denken des arbeitenden Volkes, überhaupt aller derer, die kämpfend aufwärts streben. Davon ist noch viel zu wenig vorhanden. Wer nie unter dem Druck wirklicher Armut gestanden ist, wer es nie erfahren hat, wie der Arme gestossen wird und auf die Seite geschoben, wer nie aus der Entbehrung geblickt hat auf die reiche Tafel des Besitzes, der versteht die Gefühle des kämpfenden Proletariers nicht. Er weiss nicht, wie viele von den tiefsten und berechtigtsten menschlichen Gefühlen im Spiele sind, er versteht nicht seinen Stolz und Trotz und legt ihm alles zum Schlimmen aus. So kommen wir immer weiter auseinander und Gott weiss, wohin das noch führen kann. Die Dinge, die in den letzten Wochen geschehen sind, werden ihre Folgen haben. Wir treiben einem fürchterlichen Zusammenstoss entgegen, wenn wir uns nicht verstehen lernen.

II. Was ist es denn, was wir vor allem verstehen müssen? Wir müssen verstehen, um was es sich in der sozialen Bewegung im tiefsten Grunde handelt. Es ist die höchste Zeit, dass wir aufhören mit allerlei ungerechtem und oberflächlichem Gerede, mit dem wir oft die riesengrosse Angelegenheit erledigen wollen. Da tut man, als ob es sich ganz einfach nur um eine masslose Begehrlichkeit und Genusssucht der Arbeiter handle, um einen durch die Hetzreden der Agitatoren geweckten giftigen Neid gegen die Bessergestellten. Verständigere Gegner meinen etwa, der Kampf drehe sich doch nur um rein materielle Güter; es sei eine blosse Besitzfrage und darum des Interesses tieferer Menschen nicht wert. Es sei eben der alte Kampf der einen Selbstsucht gegen die anderen, weiter nichts. Aber auch diese Betrachtungsweise, wie kleinlich erscheint sie gegenüber einer der grössten Bewegungen der Weltgeschichte! Es handelt sich um etwas viel Grösseres, um nichts mehr und nichts weniger als um einen Riesenschritt vorwärts in der Menschwerdung des Menschen. Gewiss will der Arbeiter zunächst mehr Lohn, kürzere Arbeitszeit, mehr Schutz, mehr Recht, aber hinter all diesen materiellen Dingen stehen ideale Kräfte, der Drang nach mehr Freiheit, mehr Seele, mehr Persönlichkeit. Es wirkt in der Masse der dunkle Rang, aus drückender Abhängigkeit, aus stumpfen, dumpfen Zuständen herauszukommen zu Luft und Licht eines vollen, edlen, schönen Menschendaseins. Wir müssen Gott danken, dass dieser Drang in ihr erwacht ist. Sonst hätten wir allmählich ein neues Sklaventum erhalten; sonst hätten sich mit der Zeit eine stumpfe und rohe dienende und eine hochmütige und übermütige Herrenkaste entwickelt. Ich erinnere daran, dass die soziale Bewegung nicht nur die Industriearbeiter umfasst, dazu gehört auch die Frauenbewegung, die dem Weibe sein Recht und seine Würde erobern will, die Bewegung gegen Unzucht, Alkohol und tausend ähnliche Nebenströmungen im grossen Flusse der geistigen Zeitbewegung. Alles will hinaus auf ein neues Menschentum, eine neue menschliche Würde, ein neues menschliches Zusammenleben. Der Mensch soll lernen, Mensch zu sein, Persönlichkeit, edel, hilfreich und gut, und den Menschen als Menschen und Bruder zu behandeln.

Wie heisst die Macht, die bisher der Erreichung dieses Zieles am gewaltigsten und feindlichsten im Wege gestanden ist? Es ist das Geld, der Besitz. Nach dem Besitz hat sich bisher das Verhältnis des Menschen zum Menschen vorwiegend geordnet. Zwischen Mensch und Mensch stand eine fremde Macht, das Geld. Unermesslich ist die Rolle, die es spielt, und es ist, wie wir wissen, öfter eine Macht des Fluches als des Segens. Gegen diese Übermacht des Geldes richtet sich die soziale Bewegung. Sollte da, wer ein Jünger Jesu sein will, nicht mitmachen? Wer hat denn die schärfsten Worte über den Besitz gesprochen, die in der Welt gehört worden sind? Sind es nicht urecht christliche Gedanken, wenn die Menschheit nun zu dem Versuche aufgefordert wird, die Besitzfrage neu zu ordnen, den grausamen Götzen Mammon zu stürzen, der so viel Menschenglück und Menschenwürde zertreten hat, den Besitz aus einer Macht des Streites und Hasses zu einem Gottessegen für alle zu machen? Wahrlich, erst wenn die Menschheit das Joch des Mammonismus nur abgeschüttelt hat, wird sie des Lebens froh werden. So ist die soziale Bewegung im tiefsten Grunde eine Verwirklichung der Gedanken, die im Mittelpunkte des Evangeliums stehen: der Gotteskindschaft und Bruderschaft des Menschen. Sie will die Seele der Menschheit retten aus der erstickenden Umklammerung der materiellen Sorgen und Kämpfe und so recht die volle Entfaltung all der Herrlichkeit ermöglichen, zu der Gott uns geschaffen hat. Ihr könnt darüber streiten, wie weit das Ziel auf Erden erreichbar sei, ihr könnt aber nicht leugnen, dass es zum Wesen des Christentums gehört, für seine Erreichung zu arbeiten.

III. Wir könnten vielleicht noch einfacher sagen, warum der Christ die soziale Bewegung mitmachen muss. Einfach aus Liebe. Wer Liebe hat, der muss den Drang in sich spüren, zu helfen, zu retten, mehr Glück, Freude, Sonnenschein zu schaffen auf Erden. Es wird doch keiner zu behaupten wagen, dass die Zustände schon so seien, wie sie sollten. Wahrlich, wenn einem von uns nicht das Herz brennt vor Scham und Mitleid, sooft er gewisse Dinge sieht, die unter uns noch möglich sind, dann ist er kein Christ. Wer nicht allen Brüdern und Schwestern einen möglichst grossen Anteil an den Gütern des Lebens wünscht und bereit ist, dafür einzustehen und Opfer zu bringen, der ist kein Christ. Es ist darum eine einfache Forderung der Liebe, dass wir sozial denken und arbeiten. Das Tiefste an der christlichen Liebe ist aber die Liebe zur Seele. Gerade diese Liebe drängt uns zu helfendem Tun. Denn es gibt soziale Zustände, die die Seele derer gefährden, die unter ihrem Einflusse stehen. Wie kann, um nur ein Beispiel zu nennen, kindliche Unschuld und Seelenreinheit bestehen, wo die Wohnungsverhältnisse Eltern und Kinder, männliches und weibliches Geschlecht, in einen Raum zusammendrängen? Wie kann überhaupt die Seele sich entfalten, wenn die Bergeslast der materiellen Not auf ihr ruht? Aus Liebe zur Seele der Brüder und Schwestern fordern wir soziale Reformen. Die blosse sogenannte Liebestätigkeit genügt nicht. Sie kann da und dort ein Pflästerchen auf eine Wunde legen oder da und dort einen Niedergesunkenen aufrichten, aber aus dem Grunde helfen kann sie nicht. Und die emporstrebenden Klassen wollen auch nicht diese Hilfe. Sie wollen nicht Almosen, sondern Gerechtigkeit. Wir aber, wenn wir echte Liebe haben, müssen sie gerade auch hierin verstehen. Wir müssen selbst wünschen, dass es ihnen möglich gemacht werde, als selbständige Menschen ihren Weg zu gehen, in Stolz und Freude der Arbeit. Darum müssen wir ringen, die Verhältnisse so zu gestalten, dass möglichst viele gesunde, freie, sittlich kräftige Persönlichkeiten sich in ihnen entwickeln können, dass der gottverliehene Adel des Menschentums sich möglichst schön entfalte und eine neue Freude an Gott und Welt und Mitmenschen aufgehe über allem Volk.

IV. So meine ich, dass ein Christ sich zur sozialen Bewegung stellen müsse. Auf diese Grundgedanken, scheint mir, sollten sich alle einigen können, die guten Willens sind, wie sie im Übrigen auch auseinandergehen mögen. Vielleicht fragt ihr aber: «Hast du die soziale Bewegung nicht zu schön gemalt? Sieht sie in der Wirklichkeit nicht ganz anders aus? Wie kann ein Christ mit Leuten gehen, die Gott leugnen und verhöhnen, was ihm das Heiligste ist? Mischt sich nicht viel Rohheit und Torheit in den Kampf der Arbeiter gegen die bestehenden Verhältnisse? Wird da nicht in einer Weise gehetzt und geschürt, die kein Edeldenkender billigen kann? Wird da nicht oft genug eine Lebensanschauung verkündigt, die der christlichen ins Gesicht schlägt?» Ich könnte darauf vieles antworten, die Zeit fehlt mir dazu. Nur das will ich sagen: Jede neue geschichtliche Bewegung bringt unermesslich viel Schlamm und Unrat mit sich. So war es mit der Reformation, so war es sogar mit dem Christentum. Aber wer verständig ist, sieht in all dem Wogen und Stürmen dennoch das Weben und Walten des schöpferischen Gottesgeistes. Was die Gottlosigkeit der Arbeiter anbetrifft, so hat sie teilweise ihren Grund in ungeheuren Fehlern der offiziellen Christenheit und ist vielleicht oft bloss Schein und Missverständnis. Übrigens gibt es Gottlosigkeit in allen Bevölkerungsschichten. Und was Rohheit und Zuchtlosigkeit anbetrifft, so glaube ich nicht, dass die verschiedenen Klassen einander viel vorzuwerfen haben. Es zeigt sich doch auch viel idealer Sinn in dem kämpfenden Volke. Im Übrigen aber möchte ich sagen: Wenn es der sozialen Bewegung noch am rechten Geiste fehlen sollte, wohlan, so geben wir ihr diesen Geist. Tragen wir hinein eine brennende Liebe, auf dass wir die bösen Geister der Selbstsucht bannen; tragen wir hinein einen starken Glauben an Gott und die Menschen, auf dass die Religion den Entfremdeten durch ihre Früchte ihre Wahrheit beweise. Gewiss, das ist auch meine Überzeugung: Nur die Ausgiessung eines neuen Geistes, des Geistes aus der Höhe, löst schliesslich die soziale Frage. Neue Menschen sind nötig für die neue Welt. Stellen wir diese neuen Menschen, dies ist's, was das Christentum zu leisten hat. Das ist der Ruf Gottes, wohl uns, wenn wir ihn hören, sonst gehen wir grossen Gerichtszeiten entgegen. Amen.

Peter Schmid

Die Maurerstreikpredigt

Leonhard Ragaz wurde am 28. Juli 1868 in Tamins, Graubünden, geboren. Nach dem Theologiestudium in Basel, Jena und Berlin war er Pfarrer in Flerden am Heinzenberg (1890–1893), in Chur (1893–1902) und am Münster in Basel (1902–1908). Ab 1908 war er Ordinarius für Systematische und Praktische Theologie an der Universität Zürich. 1921 trat er freiwillig von der Professur zurück. Von da an bis zu seinem Tode wirkte er, ausgehend von seinem Haus in Aussersihl, für die religiöse und politische Arbeiterbildung als freier Schriftsteller und als Wortführer der Religiös-sozialen Bewegung, deren Organ die Zeitung «Neue Wege» war. Er war verheiratet mit Clara Ragaz-Nadig. Leonhard Ragaz starb am 6. Dezember 1945.

Der Maurerstreik
Am 5. April 1903 traten die Maurer und Bauhandlanger in ganz Basel in den Streik. Vorher stellten die Gewerkschaften an ihren Versammlungen die folgenden Forderungen auf: Man verlangte von den Baumeistern – allerdings vergeblich – die Herabsetzung der täglichen Arbeitszeit von zehn auf neuneinhalb Stunden und einen Mindeststundenlohn von sechsundfünfzig Rappen für Maurer und vierzig Rappen für Handlanger. Über zweitausend Arbeiter folgten der Streikparole, darunter befanden sich viele Italiener. Die Arbeitswilligen wurden zunächst durch die Polizei geschützt. Nachdem sich die Lage zugespitzt hatte und es zu Zwischenfällen gekommen war, bot der Regierungsrat das Bataillon 54 auf und stellte das Bataillon 97 auf Pikett. Der Baumeisterverband weigerte sich, Zugeständnisse zu machen, die von der Regierung veranlassten Einigungsverhandlungen verliefen erfolglos. Vor diesem Hintergrund diskutierten die Gewerkschaften die Möglichkeiten eines Generalstreikes. Die bevorstehenden Osterfeiertage entspannten die Lage, die Truppen wurden wieder entlassen. Der Streik setzte sich bis in die Woche nach Ostern fort. Die Maurer fanden Unterstützung durch Massenspeisungen. Am Dienstag nach Ostern wurde die Arbeit in vier Betrieben wieder aufgenommen, die vier entsprechenden Meister erklärten sich bereit, den Forderungen nachzukommen. Am Sonntag nach Ostern ging der Streik zu Ende. Der grösste Arbeitskampf seit dem Bandarbeiterstreik von 1868 war auf das Ganze gesehen für die Maurer ein Misserfolg. Die Arbeiter waren vor allem über das Aufgebot von Standestruppen verärgert.

Die Predigt

Bereits in den ersten Sätzen seiner Predigt nimmt Ragaz unmissverständlich Bezug auf den eben zu Ende gegangenen «Aufstand der Maurer». Wer nicht versteht, dass die soziale Bewegung zur wichtigsten Sache der Gegenwart gehört, gehe als ein Blinder durch die Zeit, in die Gott ihn hineingestellt hat. Zwar gebe es «gute und feine Menschen», die das Wort «sozial» nicht mehr hören mögen, weil es zu oft und missbräuchlich ausgesprochen wird. Ragaz warnt davor, die soziale Bewegung als eine Art Mode zu sehen, sie sei viel mehr eine Umwälzung aller bestehenden Verhältnisse, wie etwa die Reformation oder die Französische Revolution. Er spricht von einem Sturm des geschichtlichen Werdens, der um die Mauern des Gotteshauses braust. Dann wendet sich Ragaz in vier Punkten seiner theologischen Interpretation der sozialen Bewegung zu:

1. Wie soll sich ein Christ verhalten im grossen sozialen Kampf der Gegenwart? Für Ragaz ist die Antwort klar: Der Christ hat sich immer auf die Seite des Schwachen zu stellen. Diese Folgerung ergibt sich aus den Reden und Gleichnissen von Jesus aus Nazareth und auch aus den von ihm gepflegten Begegnungen mit den Armen und Geringen. Wer an den Gütern des Lebens, nämlich an «Bildung, Behagen, Lebensanmut», wenig und nichts besitzt, gehört zu den Schwachen.

Ragaz meint ausdrücklich nicht, dass ein Christ Sozialdemokrat sein müsse. Er möchte das Christentum nicht in einer politischen Partei aufgehen sehen. Er tritt jedoch dafür ein, dass ein Christ Sozialist sein soll, «in dem weitesten und tiefsten Sinne». Sozialist sein bedeutet für Ragaz zur Zeit dieser Predigt, die soziale Bewegung als Kernstück des christlichen Glaubens zu verstehen und zum Zentrum ethischen Denkens und Handelns zu machen. Ragaz steht noch am Anfang seiner systematischen Beschäftigung mit dem Marxismus. Sein Sozialismusverständnis darf nicht von einem marxistischen Ansatz her begriffen werden. Es geht Ragaz um das radikale Liebesgebot, das er unter anderem von dem gewählten Bibelwort herleitet.

Hervorzuheben wäre noch das klare Bekenntnis dafür, dass der Rechtsstaat auch für Ausländer – Ragaz denkt an die Italiener – volle Gültigkeit haben muss.

2. Im zweiten Teil legt Ragaz dar, dass es der sozialen Bewegung nicht einfach um den Anspruch auf materielle Güter geht. Hinter den Forderungen nach mehr Lohn, kürzerer Arbeitszeit, mehr Schutz und mehr Recht sieht Ragaz den Drang nach mehr Freiheit, mehr Seele, mehr Persönlichkeit. Es geht um die «Menschwerdung des Menschen». Ausdrücklich nimmt der Prediger Bezug auf die Frauenbewegung und auch auf den

Kampf gegen das Alkoholproblem in weiten Teilen der Arbeiterschaft. Die soziale Bewegung will «die Seele der Menschheit» retten aus der erstickenden Umklammerung der materiellen Sorgen.

3. Die soziale Bewegung erschöpft sich nicht in der Liebestätigkeit und in der wohltätigen Milderung der grössten Not. Es gibt soziale Zustände, die die Seele derer gefährden, die unter ihrem Einfluss stehen. Es gilt diese Zustände nicht zu mildern, sondern sie zu überwinden. Es geht nicht um Almosen, sondern um Gerechtigkeit.

4. Schliesslich wendet sich Ragaz der Frage zu, ob ein Zusammengehen mit Menschen, «die Gott leugnen», also mit den atheistischen Kräften der Arbeiterbewegung, für die Angehörigen der christlichen Kirchen überhaupt vorstellbar ist. Ragaz gibt zu bedenken, dass die Gottlosigkeit der Arbeiter teilweise ihren Grund in «ungeheuren Fehlern» des offiziellen Christentums habe. Er weist darauf hin, dass jede neue geschichtliche Bewegung «unermesslich viel Schlamm und Unrat mit sich bringt», und nennt als Beispiel die Reformation und das Christentum überhaupt. Wenn es der sozialen Bewegung noch am rechten Geiste fehlen sollte, so ist es die Aufgabe der Christen und der Christinnen, diesen Geist in die Bewegung hineinzutragen. Ragaz hört in der sozialen Bewegung «den Ruf Gottes.»

Der Prediger

Das soziale Interesse lässt sich bei Ragaz schon früh nachweisen. Dennoch schlägt er in seiner Maurerstreikpredigt neue Töne an, neu für Ragaz ist vor allem seine eindeutige Entschlossenheit. Die inneren und äusseren Motive sind sehr vielfältig. Sie lassen sich an dieser Stelle nur teilweise darlegen. Während seiner letzten Wirkungszeit als Pfarrer in Chur geriet Ragaz mehr und mehr in eine tiefe Krise. Der Wechsel nach Basel war zum Teil ein Bestreben, die Krise zu überwinden. Schon vor der Zusage für eine Kandidatur in Basel unternahm Ragaz den Versuch, sich dem damals noch vorherrschenden Richtungsstreit zu entziehen. Das Parteiwesen, nämlich die starke und zudem starre Trennung in «Reformer» und «Positive», durchdrang das kirchliche Leben in Basel noch ausgeprägt. Ragaz selber wurde zwar kampflos, aber als Richtungspfarrer, als Zugehöriger zu den «Reformern», gewählt. Während des ersten Jahres in Basel, also 1902, geriet er zusehends zwischen die Fronten, die «Reformer» wurden mit ihm nicht wirklich glücklich und die «Positiven» misstrauten ihm noch weitgehend. Wahrscheinlich war sein eigenes Suchen, seine ihn erneut einholende Krise, einer Klärung nicht eben dienlich.

Am Anfang des Jahres 1903 überwindet Ragaz die Krise, er nennt sogar ein Datum für den Anbruch seiner neuen Klarheit, den 2. Februar.

Während einer Bahnfahrt von Bern nach Basel wurde Ragaz Ohrenzeuge eines zynischen Männergespräches, das die Würde der Frauen in starker Weise verletzte. Es scheint, als ob der Anstoss zum klaren Bekenntnis zur sozialen Bewegung weit mehr erlebnishaften Charakter aufwies und weniger das Ergebnis theoretischer Arbeit war. In diesem Zusammenhang war es nicht nur die Begegnung mit der Not der Arbeiter, sondern in hohem Masse die Enttäuschung über die geistige Stumpfheit der tragenden Schicht der Gesellschaft und der Kirche, die bei Ragaz zu einem neuen Aufbruch führte. Das Zusammengehen von neuer Eindeutigkeit und alter Unsicherheit dokumentieren zwei Briefe, die Ragaz kurze Zeit vor und kurze Zeit nach der Maurerstreikpredigt verfasste. In einem Schreiben vom 11. März 1903 an seinen damaligen Mentor in Zürich, an Professor Paul Wilhelm Schmiedel, meint Ragaz: «Ich glaube zu merken, dass es in Basel doch gehen wird.» Er bezeichnet es als «Wunder für Basel», dass mehr und mehr «Positive» seine Gottesdienste besuchen. Am 2. Mai 1903, also kurze Zeit nach der Aufsehen erregenden Predigt, schreibt Ragaz seinem Bruder Rageth nach Heidelberg unter anderem: «Es wird in Basel meines Bleibens wohl nicht sein.» Es stellt sich die Frage, ob Ragaz eigenständig zu seinem neuen Aufbruch kam oder ob der grundsätzlich denkbare Einfluss von Hermann Kutter und Christoph Blumhardt dabei eine Rolle spielte. Von Hermann Kutter kannte Leonhard Ragaz das Buch «Das Unmittelbare», das Ende 1902 auf dem Büchermarkt erschien. Kutters berühmtes Werk «Sie müssen» war zur Zeit der Maurerstreikpredigt noch nicht greifbar, es wurde erst an Weihnachten 1903 veröffentlicht. Kutter vertrat darin die Meinung, dass selbst atheistische Sozialdemokraten von einem unmittelbaren Müssen vorwärtsgetrieben werden und dem lebendigen Gott näher stehen als die im Mittelbaren steckengebliebene Kirche. Die theologische Entwicklung der beiden Zeitgenossen ging also zunächst noch unabhängig voneinander in die gleiche Richtung. Von Christoph Blumhardt hätte Ragaz wissen können. Blumhardt, der bereits 1899 der Sozialdemokratischen Partei beitrat und auch ein politisches Mandat im Württembergischen Landtag ausübte, hielt 1902 in Basel einen Vortrag, den Ragaz jedoch nicht besuchte. Obwohl Blumhardt für Ragaz später sehr wichtig wurde, fand Ragaz den Weg in die soziale Bewegung selbständig. Andreas Lindt fasst das in der Maurerstreikpredigt dargelegte Anliegen mit den folgenden Worten zusammen: «Es geht nicht mehr darum, die Arbeiterschaft wieder in Kontakt mit der Kirche zu bringen oder im bürgerlichen Lager Aufgeschlossenheit gegenüber sozialen Reformen zu erreichen. Die soziale Frage wird jetzt zur grossen Gottesfrage, die soziale Bewegung zum kräftigsten

Herold einer neuen Gotteszeit.» In den letzten Monaten seines Lebens, also 1945, beschreibt Leonhard Ragaz ausführlich seinen Lebensweg. Die zwei Bände unter dem Titel «Mein Weg» erscheinen erst nach seinem Tod. Er blickt zurück auch auf seine Predigt nach Ostern 1903 und bezeichnet seinen damaligen Auftritt gleich zweimal als «etwas stürmisch» und seinen Durchbruch als «etwas voreilig». In den Jahren nach 1903 wird Ragaz jedoch seinen Weg äusserst konsequent weitergehen und die eingeschlagene Richtung theologisch und politisch vertiefen. 1908 wird er aus Anlass seines Abschiedes aus Basel über die Bitte des Unservater «Dein Reich komme» predigen und seinen Weg vom Aufbruch in die soziale Bewegung hin zu einer Theologie des Reiches Gottes darlegen.

Die Wirkung
Bereits am folgenden Samstag druckte das «Schweizerische Protestantenblatt» die Predigt unter dem Titel «Ein Wort über Christentum und soziale Bewegung» ab. Vier Tage später erschien die Predigt – wenigstens teilweise – im Basler «Vorwärts». Das sozialistische Blatt lobte Ragaz und nannte ihn «einen Prediger in der Wüste», liess allerdings einige Stellen, die den Redaktoren dann doch als zu christlich erschienen, einfach weg. Das Gewerbeblatt «Neue Basler Zeitung» griff Ragaz an, Redaktor Frey setzte sich im «Vorwärts» für ihn ein. Ragaz gingen unzählige Briefe der Zustimmung und der Ablehnung zu. Aus dem Kreise seiner Basler Kollegen kam eine einzige zustimmende Äusserung, sie stammte von Pfarrer Adolf Preiswerk, einem «Positiven» aus dem Freundeskreis um Christoph Blumhardt. Sonst hielten sich die Basler «Reformer» in ihrem Urteil auffallend zurück und die «positiven» Blätter hüllten sich in Schweigen.

Ragaz selber schrieb seinem Bruder Rageth nach Heidelberg: «Ich verbreite nun eine Art roten Schrecken um mich, obschon ich lauter Selbstverständlichkeiten gesagt habe.» Ragaz freute sich einerseits über seine wieder gefundene Klarheit, befürchtete jedoch gelegentlich, dass seine Tat missverstanden werde: «Die Wirkung ist nun grösser, als ich gewollt, und nicht ganz in meinem Sinne, denn ich zerstöre mir so leicht meine religiöse Arbeit und bringe mich wieder in ein ganz falsches Licht.» Ragaz wollte die religiöse Erneuerung des ganzen Lebens, nicht nur der sozialen Verhältnisse. Sehr bewusst hielt er am folgenden Sonntag eine «ganz gewöhnliche» Predigt.

Die Nachwirkung
Leonhard Ragaz hielt im April 1903 ohne Zweifel eine mutige Predigt. Er hatte sich nach einem langen, mühevollen Weg klar entschieden und seine Entscheidung ohne Umschweife dargelegt. Die Kühnheit ist nur zu ermessen, wenn man sich die damaligen Verhältnisse in Kirche und Gesellschaft vor Augen führt. Aus heutiger Sicht erscheinen die Forderungen der Maurer als massvoll und begründet und die Predigt als weit weniger stürmisch als in der rückblickenden Selbsteinschätzung von Leonhard Ragaz. Was bleibt, ist die oftmals schwierige Frage, wann und unter welchen Bedingungen eine Predigt zu einem klaren politischen Bekenntnis werden soll oder gar muss. Man spricht dann in der Regel von der prophetischen Linie der christlichen Verkündigung. Den Anspruch des Prophetischen löste Leonhard Ragaz gewiss während seines bewegten Lebens ein. Über den Tag hinaus weist die klare Forderung, wonach Christen in allen Situationen beharrlich nach den Schwachen zu fragen haben. Die Antworten und die Folgerungen daraus sind abwechslungsweise eindeutig oder auch sehr schwierig zu finden. Die Komplexität nahm seit 1903 deutlich zu. Wenn der Reformierte Weltbund im Sommer 2004 in Ghana über einen reformierten Standpunkt zur wirtschaftlichen Globalisierung diskutieren wird, so ist die Frage, auf welchem Weg den Schwachen dieser Welt langfristig geholfen werden kann, wirklich schwierig zu beantworten. Andererseits wird der Schweizerische Evangelische Kirchenbund 2004 sein Verhalten zur Zeit der Apartheid in Südafrika (selbst)kritisch beleuchten und dabei schmerzlich feststellen müssen, wie wenig er auf die mahnenden Stimmen in den eigenen Reihen zu hören vermochte.

Literatur
Leonhard Ragaz: Mein Weg. Band 1, Zürich 1952.
Leonhard Ragaz in seinen Briefen. 1. Band, Zürich 1966.
Markus Mattmüller: Leonhard Ragaz und der religiöse Sozialismus. Band 1, Zollikon 1957
Andreas Lindt: Leonhard Ragaz, eine Studie zur Geschichte und Theologie des religiösen Sozialismus. Zollikon 1957.

EDUARD THURNEYSEN

Was uns rettet

Konfirmationspredigt,
gehalten am 13. April 1924
in Bruggen-Winkeln

Was soll ich tun, dass ich gerettet werde? – Glaube an den Herrn Jesus Christus, so wirst du und dein Haus gerettet. Apostelgeschichte 16,30–31

Ich muss in dieser Stunde an eine Geschichte denken, die mir einmal einer als das wichtigste Erlebnis aus seiner Jugendzeit erzählt hat. Der Betreffende, damals ein Student, war ein leidenschaftlicher junger Mensch, mächtig hin- und hergeworfen von allem, was ihn bewegte, geplagt von Fragen und Zweifeln: also jedenfalls kein gefestigter, seines Lebens sicherer, sondern ein erst mühsam um Halt ringender und suchender Mensch. Und nun sass er einmal unter dem Pult oder der Kanzel eines ehrwürdigen Lehrers. Und dieser Lehrer behandelte gerade die Geschichte von König David aus dem Alten Testament. Er erzählte seinen Zuhörern, wie dieser biblische König gar kein besonders reines, heiliges, vorbildliches Leben geführt habe. Er erinnerte an sein blutbeflecktes Schwert und an die düstere Geschichte seines Ehebruchs, schloss dann aber mit der Bemerkung: Und trotzdem sei dieser David Gott recht gewesen und stehe als gewaltige Erscheinung vor unseren Augen. Denn David – sagte er – habe bei allen seinen Irrtümern, in allen seinen Leidenschaften und Sünden ein Pünktlein in seinem Leben gehabt, wo er mit Gott zusammengehangen habe. Und das sei das Entscheidende an ihm; darauf komme es einzig an; alle Torheiten und Fehler und Stürme, durch die das Leben hindurchführe, könnten uns schliesslich nichts schaden, wenn dieses Pünktlein da sei, wenn dieser Faden nicht reisse, an dem auch wir mit Gott zusammenhängen. – Damit schloss der Lehrer seine Betrachtung, erhob sich und schickte sich an, den Saal zu verlassen. Da, im Hinausgehen, bemerkte er meinen Freund, der auf einem der vordersten Plätze sass. Er blieb noch einen Augenblick stehen, sah ihn an und sagte ganz einfach, aber eindringlich zu ihm: «Du hast dieses Pünktlein auch!» Damit ging er hinaus. Mein Freund bekannte: Dieses Wort, das der Lehrer ganz unerwartet noch zu ihm gesprochen habe, sei ihm unvergesslich geworden. Damit habe er ihm eigentlich das Leben gerettet. Denn durch alle Stürme und Kämpfe seiner weiteren Entwicklung hindurch habe ihn das nicht mehr losgelassen. Er habe auch in den schwierigsten Augenblicken, auch auf den tiefsten Stufen immer daran denken müssen: Auch du hängst mit Gott zusammen.

Liebe Konfirmanden, wenn ich etwas wünschen möchte, so wäre es dieses – ich weiss freilich, dass es nichts Kleines ist –, dass auch ihr von unserem Unterricht in irgendeiner Weise dieses Eine mit euch nähmt: Auch ich hänge mit *Gott* zusammen. Auch wenn ihr alles vergessen solltet, was wir besprochen haben, auch wenn unser ganzes Zusammensein dereinst nur als ferne, blasse Erinnerung neben vielen anderen aus der Jugendzeit vor euch stehen wird: Wenn dieses Pünktlein unverwischbar auch in euch drin wäre, dann wäre euer Leben – gerettet. Ich brauche damit den Ausdruck aus unserem Texte; ihr werdet ihn verstehen. Mein Leben wird gerettet – das will nicht sagen: Ich bekomme ein gutes, leichtes Leben, eine glatte, bequeme Fahrt, eine ebene Strasse. Im Gegenteil, der Ausdruck «gerettet» erinnert eher an eine stürmische Fahrt, an aufsteigendes Unwetter, sogar an Schiffbruch und Todesgefahr, durch die ihr möglicherweise im Leben hindurchmüsst. Ich will euch in dieser Stunde wahrhaftig keine Angst machen vor dem, was alles kommen kann. Aber ich kann es mir allerdings auch nicht verbergen, dass das Leben, und gerade auch das Leben junger Menschen in unserer Zeit, schwierig und gefährlich ist. Ihr seid ja selber keine Kinder mehr, sondern habt bereits eine Ahnung davon. Ach, ich weiss von mehr als einem unter euch, dass er schon mitten drinsteht in diesen Schwierigkeiten und Gefahren des Lebens und ringen muss, dass die Wellen nicht über ihm zusammenschlagen. Und sofern ihr es noch nicht wisst, sofern jener heitere Schein und Schimmer, der in euren Jahren noch über der Zukunft zu liegen scheint, sich noch nicht zerteilt hat und euch die Dinge des Lebens noch nicht entgegentraten, wie sie sind, hart und kalt, so denken wir Älteren, vor allem euer Vater und eure Mutter, nicht ohne Sorgen an alles Kommende. Aber nun will uns eben das Wörtlein «gerettet» sagen, dass es eine Möglichkeit gibt für euch alle, zwar nicht um die Irrungen und Kämpfe und Zweifel und Sorgen herum-, aber durch sie hindurchzukommen. Es wird keinem ganz erspart, da eine schwere Stunde zu bestehen, dort auf einen Abweg zu geraten, hier an einer Versuchung vorbeizukommen, aber es steht nicht geschrieben, dass ihr in diesen Begegnungen und Durchgängen steckenbleiben und untergehen müsst. Man kann tief und lang ringen müssen mit den Lebensfragen, den Halt verlieren, zweifeln an allem Sinn des Daseins, aber es ist doch ein unendlich grosser Schritt vom Zweifeln zum Verzweifeln. Man kann in eine Tiefe geraten, aber man muss nicht in ihr versinken. Man kann fallen auf seinem Wege, aber man muss nicht liegenbleiben. Seht, das ist gemeint mit dem Wort: gerettet! Diese letzte *Freiheit,* immer wieder weiterzukommen, nirgends ganz rettungslos hängen und scheitern zu müssen, immer wieder das Blatt zu wenden, wie man eben die Blätter eines Buches wendet um weiterzulesen. Nicht wahr, das wäre etwas Gewaltiges, wenn euch das geschenkt würde! Wie könnten wir euch da getrost allem entgegenziehen lassen, was kommen mag! Es müsste euch und uns im Grunde nicht bange sein im Gedanken an die Lebensfahrt, auf der ihr begriffen seid. Aber wie kommt es nur, dass wir vorsichtshalber immer nur ein wenig zurückhaltend, ein wenig unbestimmt sagen: Es *wäre* etwas Gewaltiges, wenn ihr diese Freiheit hättet ...? Warum sagen wir nicht einfach kühn: Ihr *habt* sie!? Ihr *seid* gerettet!? *Frei* geht euren Weg!? – Wir spüren, dass wir das nicht einfach so sagen können. Wir spüren, dass da eine grosse *Frage* steckt: «Was muss ich tun, dass ich gerettet werde?» Ja, das ist wahrhaftig eine Frage, die grösste, die ernsteste Frage, die es für uns Menschen gibt. Es ist darum eine Frage, weil das Gerettetwerden – wir haben es ja schon ausgesprochen – nicht von uns Menschen kommt, sondern von *Gott.* Gerettetwerden heisst: mit *Gott* zusammenhängen. «Wer unter dem Schirm des Höchsten sitzt und unter dem Schatten des Allmächtigen bleibt, der spricht zu dem Herrn: Meine Zuversicht und meine Burg, mein Gott, auf den ich hoffe!» Und wer *das* kann, wer das *darf,* der ist gerettet. Das kann, das darf ein kleiner, suchender, schwacher, immer auch wieder irrender und schliesslich sterbender Mensch sein und doch als solcher mitten aus allem Irren, Zweifeln, Sterben heraus sprechen: «Mein Gott, auf den ich hoffe», und darin Kraft finden zum Aufstehen und Weitergehen trotz aller Schwachheit – das wäre, das ist die wunderbare Freiheit, in der wir immer wieder das Blatt wenden, das Pünktlein, das uns rettet. Aber diese Freiheit kann man sich nicht einfach nehmen. Die hat man noch nicht damit, dass man sie ersehnt oder erwünscht oder ausmalt. Die entspringt eben nicht unseren Gedanken und wächst nicht in unseren Herzen. Hier geht es um etwas Letztes, wirklich um etwas Letztes, Tiefstes. Hier müssen wir hinausdenken, wirklich hinausdenken über alles menschliche

Können und Wollen. Hier stehen wir wahrhaftig vor dem, was Gott, Gott selber, Gott allein ist und tut. *Ist* Gott? – Ist Gott nur eine Einbildung, eine Spekulation, lebt er nur in unserer Meinung, oder ist er? Ist er *wirklich?* Und ist er wirklich *Gott*, dass heisst der, der frei und mächtig ist, alles zu tun, alles zu wenden, mitten hinein in die tiefste Not Hilfe zu geben, da wo wir ganz am Ende sind, einen neuen Anfang zu schaffen? Das ist hier die Frage. Ja, sagt das Wörtlein «gerettet»: Das ist Gott, dieser Gott lebt. In ihm sind wir gerettet, nur in ihm. – Nicht wahr, auf diesen Punkt sind wir im Unterricht immer wieder gestossen? Das haben wir eingesehen: Wenn uns etwas rettet, dann sicher nicht ein Gott, den wir uns selber zurecht-machen, sondern nur der Gott, von dem die Bibel redet, der über alles hinaus, was wir denken und sind, ein Übriges tun kann und will, das, was eben nur er zu tun vermag, etwas ganz Freies, Wunderbares, Ewiges, das wir nicht begreifen, das wir nur staunend und dankbar annehmen können. «Was soll ich tun, dass ich gerettet werde?» Ja, gibt es nun da doch etwas zu tun? Kommt nicht, wenn es so steht, die Rettung davon her, dass nicht ich, der Mensch, etwas tue, sondern dass Gott etwas tut? In der Tat: Das Werk, das geschehen muss, ist das Werk Gottes. Gott muss etwas, muss viel, muss Grosses an uns tun. Das rettet uns. Aber das muss von uns begriffen werden. Und dieses Begreifen ist unser Tun. Und dieses Tun, das Schauen und Warten auf Gott, nennt die Bibel: Glaube. Und dieser Glau-be, das ist das Tun, das von uns gefordert ist. «Glaube an den Herrn Jesus Christus, so wirst du gerettet.»

Jesus Christus ist da genannt, weil er es an den Tag gebracht hat, dass Gott es ist, der uns retten will. Er hat es an den Tag gebracht, dass Gott nicht nur die Macht hat, uns zu retten, sondern dass er diese Macht auch braucht. Jesus ist selber der Punkt in der Welt, an dem Gott seine Macht so gewaltig gebraucht hat zur Errettung der Menschen, dass seitdem an diesem Punkt die Welt, die ganze Welt mit Gott unauflösbar zusammen-hängt. Und wenn es wahr ist, dass auch wir mit Gott zusammenhängen – und es ist wahr! –, und wenn es weiter wahr ist, dass wir alle so auch etwas davon verstanden haben, obwohl es über alles Verstehen hinaus-geht – und wie sollte es sein, dass wir davon noch nichts verstanden haben! –, so ist das beides nur wahr in ihm, in Jesus Christus. Das heisst: Er bürgt dafür, dass dieses wahr ist, er macht es wahr: Dafür ist er gestor-ben und auferstanden. Er geht durch die Zeiten und sagt das Eine, dass die Sünden vergeben sind, dass wir mit Gott zusammenhängen, dass ein Erbarmen da ist, das alles Denken übersteigt, und dass wir im Licht und in der Kraft dieses Erbarmens leben dürfen, wirken dürfen und keinen Tod und keine Hölle mehr zu scheuen brauchen.

Es ist wahr: Es übersteigt dies unser Denken und Begreifen. Es ist wohl möglich, es vor Augen zu führen und zu verkündigen, aber man kann es nicht erklären und begründen. Gott spricht: Ich bin und ich wirke, und ich will euer Leben erretten; ich will etwas daraus machen, und ihr sollt mich dafür preisen! Das ist seine Verheissung. Wir können sie nicht begreifen, aber wir können sie hören und uns von ihr aufwecken und sie mit uns gehen lassen. Das können wir tun. Und wenn wir das «tun», dann werden wir nicht untergehen, sondern gerettet. Sind wir damit überfordert? Ist das zuviel verlangt? Macht uns das zu Kopfhängern? Raubt uns das die Lebensfreude? Ist das nicht vielmehr eine wunderbare Einladung? Ein Dürfen – kein Müssen! Eine Freiheit – kein Zwang! Das eine, grosse Einfache ist der Glaube, der uns überhaupt erst ermöglicht, uns am Leben zu freuen, frei, rein, hoffnungsvoll unseren Weg zu gehen in die Zukunft. O, wie könnten wir stark werden allein durch das stille Aufschauen zu Gott, der uns segnen will. Und nicht umsonst steht in unserem Texte noch: «du und dein Haus» werden gerettet. Wenn Gott einen Menschen segnen kann, so segnet er durch ihn auch die vielen anderen um ihn her. Eine kleine Schar junger (oder alter!) Menschen, die auf Gott schauen – und es wird ein ganzes Quartier, eine ganze Stadt etwas davon spüren! Auch das ist etwas, das wir wieder glauben lernen müssen, dass auch die Hilfe für unser ganzes, grosses öffentliches Leben einzig und allein von Menschen kommt, die wieder auf *Gott* schauen.

ALBRECHT GRÖZINGER

«Auch du hängst mit Gott zusammen»

Eduard Thurneysen wurde am 10. Juli 1888 in Walenstadt (Kanton St. Gallen) geboren. Er studierte Theologie in Basel und Marburg. In enger Weggefährtenschaft mit Karl Barth gehört er zu den herausragenden Vertretern der Dialektischen Theologie. Von 1913 bis 1920 war er Pfarrer in Leutwil-Dürrenäsch (Kanton Aargau), anschliessend Pfarrer in Bruggen-Winkeln (Kanton St. Gallen). In diese Zeit fällt die hier vorgestellte Predigt. Nach seiner Wahl auf das Münsterpfarramt in Basel im Jahre 1927 versah er dieses Amt bis zu seiner Pensionierung im Jahre 1959. Am 21. August 1974 ist Eduard Thurneysen in Basel gestorben.

I.

Diese Predigt Eduard Thurneysens ist eine Predigt, die Anlass gibt, von gängigen Vorurteilen und Klischees Abschied zu nehmen. Gemeinhin gilt ja Thurneysen als der klassische Vertreter einer steilen Wort-Gottes-Theologie und der damit verbundenen homiletischen Programmatik. Predigt – so das gängige Klischee über die frühe Dialektische Theologie –, das ist autoritäre, an den konkreten Biographien der Menschen letztlich desinteressierte Rede von Gott als dem Ganz Anderen. Eduard Thurneysen selbst hat zur Ausbildung dieses Klischees nicht wenig beigetragen. Im Jahre 1921 erscheint die Druckfassung eines Vortrags von ihm unter dem Titel «Die Aufgabe der Predigt». An diesem Text scheiden sich die homiletischen Geister bis auf den heutigen Tag. Bezeichnet Rudolf Bohren ihn als den aufregendsten homiletischen Traktat, der im 20. Jahrhundert geschrieben wurde, sehen andere in ihm nichts anderes als ein gigantisches Arsenal homiletischer Folterwerkzeuge. In der Tat ist hier die homiletische Aufgabe in einer Weise – dialektisch: sagen die einen; aporetisch: sagen die anderen – zugespitzt, wie dies nicht einmal bei Karl Barth der Fall ist: «Wer nur ein wenig tiefer nachdenkt über die Aufgabe der Predigt, der wird alsbald auf das vollständig und grundsätzlich inkommensurable Verhältnis stossen, in dem der Inhalt, über den zu reden wäre, zu der jeweiligen Verkündigung selber steht. Es ist eine tiefe Kluft befestigt zwischen dem, was gesagt wird, und dem, was gemeint wäre, um es kurz auszudrücken: zwischen dem Wort des Predigers und dem Wort Gottes, das in seinem Worte zu Worte kommen sollte. Das Wort im Worte: Das ist das zentrale Geheimnis und die daraus entspringende zentrale Problematik jeder Predigt. Diese Kluft ist aber so tief, dass keine Brücke hinüberführt, denn sie ist genauso tief, so unergründlich, wie die Kluft zwischen Himmel und Erde, zwischen Diesseits und Jenseits, zwischen Gott und Mensch nun einmal ist. (…) Wer will hier einen Brückenschlag wagen, wer will hier Rat erteilen, wie es gemacht werden könnte, wer will hier von ‹Aufgabe› reden, als ob die Aufgabe, um die es sich hier einzig handeln kann, im Bereich menschlicher Möglichkeiten läge! Es wird zwar versucht, es wird geraten, es wird gewagt – aber ‹der im Himmel wohnt, lacht ihrer, und der Herr spottet ihrer›! Und es ist uns, wenn wir nur ein wenig aufrichtig vor unserer Predigtaufgabe stehen, wir hätten alle schon etwas von diesem Lachen gehört, das im Himmel über sämtlichen Ratschlägen, Rezepten und Mittelchen der praktischen Theologie ertönt» (Aufgabe der Predigt, S. 105 f.).

Wer eine solche homiletische Theorie vertritt, den möchte man dann gerne selber predigen hören. Voilà! Hier ist eine Predigt, die zur Probe aufs Exempel werden kann.

II.

Die Predigt ist im Konfirmationsgottesdienst am 13. April 1924 in Bruggen-Winkeln gehalten worden. Sie ist konkreteste Ansprache an eine konkret benannte Gemeinde in einer konkret benannten Situation. Die Predigt gewinnt – dies scheint mir das Beachtlichste an dieser Predigt zu sein – ihre Konkretheit aber nicht durch irgendwelche «Konkretismen», sondern durch die genaue, sorgfältige Sprache und die reflektierte theologische Position, die in dieser Predigt aufstrahlen.

Die Predigt beginnt damit, dass sie vom Prediger wegweist. Der Prediger kann loslassen. Es ist ein Gestus, der ins Weite fuhrt. Wenn Karl Barth immer wieder auf den berühmten Zeigefinger Johannes des Täufers auf dem Bild des Isenheimer Altars von Matthias Grünewald verweist, so hat Thurneysen hier diesen Gestus homiletisch konkretisiert. Der Johannes-Finger des Isenheimer Altars verweist direkt auf Christus. Worauf verweist diese Predigt? Zunächst einmal auf einen Freund. Dieser Freund wiederum wird auf die Gestalt des David verwiesen. Und dieser David wiederum verweist auf Gott. Dieser Dreischritt scheint mir homiletisch hoch bedeutsam zu sein. Ganz offensichtlich gibt es eine Brücke der menschlichen Rede – hin zu Gott. Und diese Brücke stellt ganz offensichtlich die menschliche Lebensgeschichte dar. Der Weg zu Gott, den diese Predigt eingangs markiert, ist der Weg durch menschliche Lebensgeschichten hindurch: der Freund in seiner Begegnung mit einem «ehrwürdigen Lehrer», der wiederum eine Lebensgeschichte in Erinnerung ruft, nämlich die der biblischen Figur des David. Von steiler, biographieabstinenter Gottesrede ist bereits im Anfang dieser Predigt nichts zu spüren. Wer von Gott spricht, muss vom Menschen sprechen.

Vom Menschen kann man auch abstrakt sprechen. Und manche theologische Rede ist durch diese Abstraktheit bestimmt. Thurneysen wehrt dieser Gefahr dadurch, dass er seine primären Adressatinnen und Adressaten, nämlich die zu konfirmierenden jungen Menschen unter der Kanzel, direkt anspricht: «Liebe Konfirmanden, wenn ich etwas wünschen möchte, so wäre es dieses – ich weiss freilich, dass es nichts Kleines ist, dass auch ihr von unserem Unterricht in irgendeiner Weise dieses Eine mit euch nähmt: Auch ich hänge mit *Gott* zusammen.» In ungeheurer Kühnheit werden hier die konkreten biographischen Erfahrungen junger Schweizer Menschen in die biographische Erfahrung einer herausgehobenen biblischen Figur mit hineingenommen. Vom antiken Palästina in den Kanton St. Gallen der Zwischenkriegszeit ist es offensichtlich nur ein kleiner Schritt.

Der Schwung, der da aus der Bibel in die Predigt hinweht, bringt auch den Realismus der Bibel mit sich, wenn sie auf menschliche Lebensgeschichte blickt. Es liegt ja allemal nahe, bei so hohen Anlässen wie einer Konfirmation oder Trauung das menschliche Leben zu verklären. Welche Predigerin, welcher Prediger wäre dieser Versuchung nicht schon erlegen? Der biblisch-realistische Blick auf David prägt auch den Blick des Predigers auf die jungen Menschen, denen seine Predigt gilt: «Ich brauche damit den Ausdruck aus unserem Texte; ihr werdet ihn verstehen; mein Leben wird gerettet – das will nicht sagen: Ich bekomme ein gutes, leichtes Leben, eine glatte, bequeme Fahrt, eine ebene Strasse. Im Gegenteil, der Ausdruck ‹gerettet› erinnert eher an eine stürmische Fahrt, an aufsteigendes Unwetter, sogar an Schiffbruch und Todesgefahr, durch die ihr möglicherweise im Leben hindurchmüsst.» Wiederum keine Konkretismen, keine Anekdötchen und scheinwahren Lebensweisheiten, sondern Bilder (starke Bilder!), mit denen sich individuelle lebensgeschichtliche Erfahrung verbinden, an denen sie sich abarbeiten, in die sie einstimmen und der sie widersprechen kann. Eine «offene» Predigt, die gleichwohl nicht konturenlos ist. Thurneysen verfährt hier rezeptionsästhetisch geschult, bevor die Theorie der Rezeptionsästhetik, wie dies gegenwärtig der Fall ist, zum Kernbestand homiletischer Theoriebildung gehört.

III.

Thurneysen kann sich als Prediger ins Wort fallen. Dies ist eine nicht hoch genug zu preisende homiletische Tugend. Oft sage ich mir beim Hören einer Predigt (durchaus auch beim Nachlesen alter eigener Predigten!): «Halte ein, lieber Prediger, liebe Predigerin! Lass dich nicht fortreissen von deinem vermeintlichen oder tatsächlichen Elan.» Predigten, die nicht einhalten können, machen rastlos. Eine solche Rastlosigkeit hätte auch bei der vorliegenden Predigt der Fall sein können. Ich habe vom Schwung gesprochen, durch den die Predigt von Anfang an geprägt ist. Ein solcher Schwung ist verführerisch. Er verführt gerne zu Pathos und/oder Ungenauigkeit. Eine solche Predigt gleicht dann einer Fahrt auf der Achterbahn, an deren Ende einem ja gewöhnlich etwas schummrig und flau ist. Deshalb tut es gut, dass Thurneysen (wohl nicht von ungefähr in der Mitte der Predigt) einhält, sich quasi selbst ins Wort fällt: «Aber wie kommt es nur, dass wir vorsichtshalber immer nur ein wenig zurückhaltend, ein wenig unbestimmt sagen: Es *wäre* etwas Gewaltiges, wenn ihr diese Freiheit hättet …? Warum sagen wir nicht einfach kühn: Ihr *habt* sie!? Ihr *seid* gerettet!? *Frei* geht euren Weg!? – Wir spüren, dass wir das nicht so einfach sagen können.» Wohl dem Prediger, der Predigerin, die nicht nur über Gottes «Weisung murmelt tags und nachts» (so Martin Bubers Übertragung zu Psalm 1), sondern auch über den eigenen Predigtworten zu murmeln versteht tags und nachts – und auch mitten in der Predigt. Hier zeigt sich Thurneysen als Prediger ungesichert (was etwas anderes ist als unsicher). Eine solche «ungesicherte» Predigt ist eine glaubwürdigere Predigt als eine – und sei es noch so korrekte! – dogmatisch gepanzerte Predigt. Eine Predigerin, ein Prediger, die dergestalt über die eigene Predigt «murmeln», laden die Hörerinnen und Hörer zum Mit-Denken ein, zum Widerspruch wie zur Zustimmung. Hier ist das Vorurteil gründlich zu revidieren, dass Thurneysen einer autoritären Predigt das Wort redet oder ihr in seiner eigenen Praxis Raum gibt. Diese Predigt ist gerade keine Predigt, in welcher der oder dem «einzelnen auf seinen Kopf zu die Botschaft gesagt wird» – wie dies Hans Asmussen im Kontext der Seelsorge einmal formuliert hat. Nicht von ungefähr schliesst sich an die eben zitierte Passage der Predigt eine grandiose Würdigung des menschlichen Fragens an: «Wir spüren, dass da eine grosse Frage steckt: ‹Was muss ich tun, dass ich gerettet werde?› Ja, das ist wahrhaftig eine Frage, die grösste, die ernsteste Frage, die es für uns Menschen gibt.»

IV.

Zu den Passagen aus dem Essay über «Die Aufgabe der Predigt», die auf heftigsten Widerspruch und die zornigste Polemik gestossen sind, gehören Thurneysens Bemerkungen zum sogenannten Tod alles Menschlichen. Natürlich hat hier Thurneysen in steilstem sprachlich-theologischem Expressionismus formuliert: «Der Tod alles Menschlichen ist das Thema der Predigt. Darum treibt man in der Predigt nicht Aufbau, sondern Abbau. Abbau alles dessen, woran der Mensch sich klammert, worauf er sich stützt als Sicherungen und Geländer, die ihn doch nur daran hindern sollen, mit Gott zu rechnen, es mit Gott zu wagen, sich auf Gott allein zu stützen. Die Kirche arbeitet *gegen* Gott, wenn sie sich zum Schützer des Bestehenden aufwirft. Nirgends sollte der Angriff auf die Welt, das In-Frage-Stellen und Aushöhlen alles Menschlichen, des Persönlichen und Gesellschaftlichen radikaler, umfassender und überlegener geschehen als dort, wo man von nichts anderem zeugen will als von der *kommenden,* der *hereinbrechenden,* der *ganz und gar anderen, neuen Welt Gottes.*» (Die Aufgabe der Predigt, S. 114f.). Hier vermeinten Thurneysens Kritiker ihn quasi auf frischer homiletischer Tat, oder wohl besser Untat, erwischt zu haben. Steht es hier nicht schwarz auf weiss: Du bist nichts, und Gott ist alles!? Ist hier nicht die theologische Rechtfertigung geliefert, sich um die Lebensgeschichten der Menschen nicht zu kümmern!? Exegese der Bibel, aber keine Auslegung menschlicher Lebensgeschichte!?

Wie anders beginnen diese Sätze Thurneysens zu leuchten, wenn wir sie mit einer Passage aus der vorliegenden Predigt konfrontieren: «Aber diese Freiheit kann man sich nicht einfach nehmen. Die hat man noch nicht damit, dass man sie ersehnt oder erwünscht oder ausmalt. Die entspricht eben nicht unseren Gedanken und wächst nicht in unserem Herzen. Hier geht es um etwas Letztes, Tiefstes. Hier müssen wir hinausdenken, wirklich hinausdenken über alles menschliche Können und Wollen. Hier stehen wir wahrhaftig vor dem, was Gott, Gott selber, Gott allein ist und tut.» Hier ist die Fluchtlinie klar und deutlich. Es geht nicht um das Kleinmachen des Menschen. Hier geht es nicht um die Kritik des Humanum. Hier geht es um ein Mehr; ein Mehr, das den Menschen erst als Menschen zum Leuchten bringt. Wer den Menschen nur aus sich selbst heraus denkt, denkt zu klein vom Menschen und von seinen Möglichkeiten. Wer den Menschen an seine Wünsche und Vorstellungen bindet, versagt ihm gerade die Möglichkeiten, die ihm zugedacht sind. Freiheit, das ist nicht das, was wir aus uns machen oder nicht machen. Freiheit ist das, was uns Menschen von Gott unveräusserlich und unverhandelbar zugedacht ist. Eine Perspektive, die unter den Vorzeichen einer verschärften Globalisierung mit ihren Freiheitsversprechen und Freiheitsversagungen noch einmal an Brisanz gewinnt.

V.

Mit diesem letzten Satz bin ich beim letzten Punkt angelangt, den ich bei meiner kleinen Vorstellung der Predigt von Thurneysen ansprechen möchte. Die Predigt hat eine klare Botschaft, die sie in ihrer ganzen Länge durchzieht. Diese Botschaft lautet: «Auch du hängst mit Gott zusammen.» Wenn dieser Satz nicht von einem Vertreter der Dialektischen Theologie stammte, würde man ihm wohl theologische Schmalbrüstigkeit unterstellen. Auch du hängst mit Gott zusammen – ein «schwacher» Satz fürwahr. Aber gerade darin stark. Der italienische Philosoph Gianni Vattimo wirbt für ein Denken, das er das «schwache Denken» nennt. «Schwach» meint hier nicht defizitär, sondern beschreibt eine eigentümliche Leistung des Denkens. Das schwache Denken bleibt skeptisch gegenüber allen ontologischen und systemischen Annahmen und Ansprüchen. Das schwache Denken lässt sich weniger als Position, sondern besser als Bewegung begreifen. Eine Bewegung, die sich den Phänomenen, die sie in den Blick nimmt, eher anschmiegt, als sie gleich in ein theoretisches Konstrukt einzuordnen. Das schwache Denken ist skeptisch gegenüber abschliessenden Interpretationen. Ich vermute, dass es dem ganzen Unternehmen «Dialektische Theologie» im Grunde – avant lettre! – um ein solches schwaches Denken ging. Nur war wohl die Zeit noch nicht dazu reif, dies in aller Deutlichkeit zu entfalten. Die Lektüre der Predigt Thurneysens bestärkt mich noch einmal in der Richtigkeit dieser Annahme.

«Auch du hängst mit Gott zusammen» – das ist genau die theologische Aussage für die pluralisierte und individualisierte Gesellschaft, in der wir leben. Wie dieser Satz in individuelle Lebensgeschichte hinein ausgelegt wird, das bestimmen nicht mehr die Theologinnen und Theologen, die Predigerinnen und Prediger, sondern dies tun allein die Hörerinnen und Hörer der Predigt. Rudolf Bohrens Plädoyer für die Kraft der Gemeinde beginnt hier aufs Neue zu sprechen. «Auch du hängst mit Gott zusammen» – dieser Satz ebnet Lebensgeschichten nicht in eine theologische Correctness ein, sie überlässt sie aber auch nicht der Beliebigkeit. «Auch du hängst mit Gott zusammen» – das ist der Satz, der alle Programme der Kirchenreform in unserer Gegenwart bestimmen sollte. Gesprochen ist der Satz vor nun beinahe genau achtzig Jahren von einem Kleinstadtpfarrer in der Provinz. Er wird zum theologischen Leitsatz der globalisierten Moderne werden.

Literatur

Eduard Thurneysen: Die Aufgabe der Predigt. In: Gert Hummel (Hg.): Aufgabe der Predigt, Darmstadt 1971, S. 105–118.

Rudolf Bohren: Prophetie und Seelsorge. Eduard Thurneysen, Neukirchen-Vluyn 1982.

Albrecht Grözinger: Eduard Thurneysen. In: Christian Möller (Hg.): Geschichte der Seelsorge in Einzelporträts, Band 3, Göttingen und Zürich 1996, S. 277–294.

Albrecht Grözinger: Toleranz und Leidenschaft. Über das Predigen in einer pluralistischen Gesellschaft, Gütersloh 2004.

GUSTAV BENZ

Abrahams Opfergang

Gehalten am 24. Juni 1934
in der Matthäuskirche in Basel

Nach diesen Begebenheiten wollte Gott den Abraham prüfen. Er sprach zu ihm: Abraham! Er antwortete: Hier bin ich! Er sprach: Nimm deinen Sohn, deinen einzigen, den du liebhast, den Isaak, und gehe hin ins Land Moria und opfere ihn daselbst als Brandopfer auf einem der Berge, den ich dir nennen werde. Da bepackte Abraham am andern Morgen in der Frühe seinen Esel und nahm seine beiden Knechte und seinen Sohn Isaak mit sich; und er spaltete das Holz zum Brandopfer, machte sich auf und ging an den Ort, den ihm Gott genannt hatte. Am dritten Tage, als Abraham seine Augen erhob, sah er die Stätte von ferne. Da sprach Abraham zu seinen Knechten: Bleibet ihr hier mit dem Esel, ich aber und der Knabe wollen dorthin gehen, und wenn wir angebetet haben, wollen wir zu euch zurückkommen. Dann nahm Abraham das Holz zum Brandopfer und lud es seinem Sohne Isaak auf; er selbst nahm den Feuerbrand und das Messer, und so gingen die beiden miteinander. Da sprach Isaak zu seinem Vater Abraham: Vater! Abraham antwortete: Was willst du, mein Sohn? Er sprach: Siehe, hier ist wohl der Feuerbrand und das Holz; wo ist aber das Lamm zum Opfer? Abraham antwortete: Gott wird sich das Lamm zum Opfer selbst ersehen, mein Sohn. So gingen die beiden miteinander. Als sie nun an die Stätte kamen, die Gott ihm genannt hatte, baute Abraham daselbst den Altar und schichtete das Holz darauf; dann band er seinen Sohn Isaak und legte ihn auf den Altar, oben auf das Holz. Hierauf streckte Abraham seine Hand aus und ergriff das Messer, um seinen Sohn zu schlachten. Genesis 22, 1–10

In einer Zeit, wo wieder einmal – es geschah zum erstenmal schon in der alten Christenheit im zweiten Jahrhundert – gegen das Alte Testament Sturm gelaufen wird und man es als fanatisches Judenbuch der christlichen Gemeinde aus der Hand schlagen möchte, scheint es mir angebracht, dass wir gerade zu alttestamentlichen Texten greifen und uns an ihnen zu Gemüte führen lassen, was Gott durch dieses Buch uns sagt und gibt. Heute soll die Erzählung von Isaaks Opferung oder, wie wir sie richtiger benennen, von Abrahams Opfergang unser Nachdenken beschäftigen. Auf diese Erzählung wird ja immer wieder mit Vorliebe hingewiesen als auf ein besonders anstössiges Exempel für die Minderwertigkeit der religiösen und sittlichen Vorstellungen des Alten Testaments und es wird gefordert, dass eine derartige Geschichte jedenfalls aus dem für die Jugend bestimmten Lehrstoff zu verschwinden habe. Möge es unserer Betrachtung vergönnt sein, uns jetzt im Gegenteil aufs Neue zum Bewusstsein zu bringen, in welch einzigartiger Weise uns hier ein wundervoll anschaulicher und eindrücklicher Unterricht im Glauben erteilt wird! Ja, möchten wir selber es heute erfahren, wie unsere Textgeschichte uns in unserem Glauben zu stärken und zu vertiefen vermag!

Freilich, das kann nur geschehen, wenn wir diese Geschichte so nehmen, wie sie in der Bibel genommen sein will, nämlich als Zeugnis von der Erziehung und Führung, durch welche wirklich Gott, der souveräne, heilige Gott, seinen Knecht Abraham zum ersten grossen Zeugen und zum leuchtenden Vorbild des Glaubens gebildet hat. Nur dann, dann allerdings überwältigend und herzergreifend, dringt aus ihr auch auf uns der göttliche Anruf ein. Indem wir sie so nehmen, folgen wir freilich nicht der menschlichen Weisheit. Ihr war diese Erzählung von jeher ein Stein des Anstosses. Sie hat schon alles mögliche in ihr finden wollen, Mythos, Sage, ein religionsgeschichtliches Kuriosum, eine symbolische Dichtung, eine Tendenzgeschichte zur Abschaffung des Menschenopfers und so weiter. Wir folgen damit aber unserem Herrn und Heiland, für welchen der Vater im Himmel, dessen Willen und Werk auszurichten er sich bewusst war, kein anderer gewesen ist als der Gott Abrahams und welcher in denen, die zum Glauben an ihn, den Erlöser und Herrn, gelangen, die wahren Abrahamskinder gesehen hat. Und wir folgen insbesondere auch dem Apostel Paulus, der diesen Erzvater in grauer Vorzeit den Vater aller Gläubigen genannt und am liebsten immer wieder an ihm sich und seinen Gemeinden das Wesen und die Art des Glaubens anschaulich gemacht hat.

Wie ein gewaltiger Berggipfel sich in einsamer Grösse über alles flache Land erhebt, so schaut aus jener fernen Vorzeit dieser Nomadenscheik und Hirtenfürst über die Jahrtausende hinweg in unsere moderne Zeit herein. Ehrfurcht gebietend, Blicke und Gedanken auf sich ziehend, steht Abraham in der Welt dreier Religionen drin, der jüdischen, der christlichen und der mohammedanischen. Mir scheint, allein schon diese Tatsache sei ein vor unser aller Augen liegender Beweis dafür, dass in der Tat durch Gottes Erziehung und Führung dieser Mann ein besonders begnadigtes Werkzeug seiner Offenbarung geworden ist. Die Verheissung, die wir am Anfang und am Schluss der Abrahamsgeschichten lesen: «In dir sollen gesegnet sein alle Völker der Erde», hat sich in einer Weise erfüllt, die weit über menschliches Erwarten und Verstehen hinausgeht. Im Grunde ist ja an Abraham alles uns völlig fremd und fern, die im Nebel der ältesten Geschichte zurückliegende Zeit und Kultur, in der er wurzelt, die ruhelose Nomadenexistenz, der gewaltige Tross der Herden und des Gesindes, der mit ihm umherzieht, nicht zuletzt auch seine Vorstellungen und seine Lebensgewohnheiten. Aber wenn wir dann jenes Wort vernehmen, das Gott in seiner Seele aufleuchten liess: «Ich bin der allmächtige Gott; wandle vor mir und sei fromm!», so versinkt aller Unterschied und alle Ferne in nichts und fühlen wir uns ihm nahe und verwandt. Denn mit ihm sehen auch wir uns erfasst und umfangen und geleitet von demselben Ersten und Letzten, Massgebenden und Entscheidenden, von dem allmächtigen, heiligen, im innersten Grund und Wesen gnadenvollen Willen, der dann uns in Jesus Christus als suchende, vergebende, versöhnende, erlösende Gnade sichtbar geworden ist. Darin erleben wir, die wir jeder an einer ganz bestimmten Stelle und zu einer ganz bestimmten Stunde in diese Zeit und Welt hineingestellt und mit ihr unlösbar verflochten sind und uns dadurch in unserem Wesen und Schicksal unentrinnbar bedingt und bestimmt wissen, das unsagbar Grosse: dies, dass ein Überzeitliches und Überweltliches zu uns durchbricht, dass ein von allem Sichtbaren unabhängiger, souveräner, nur auf sich selbst ruhender und nur durch sich selbst bewegter Wille mit uns ein Ziel und einen Weg hat. Und in dem Mass, als wir das erfassen, werden wir selber frei und erlöst, zu der Bestimmung erhoben und befähigt, um derentwillen wir da sind und nach der in unseren besten Stunden in uns eine tiefe Sehnsucht sich regt.

Das erfassen heisst auch für uns, was es einst für Abraham schon hiess: Glauben. Und das ist nun freilich zum Staunen, dass uns gleich bei ihm schon in unvergleichlicher Klarheit und Anschaulichkeit entgegentritt, was Glaube ist. Glaube ist das Echo, das Gottes Begegnung und Berührung beim Menschen auslöst, das im Geschöpf wach wird, wenn sich der Schöpfer ihm kundgibt, das im Kind antwortet, wenn der Vater es anspricht, das Echo, das dann wagende, gehorchende, vertrauende Hingabe an die göttliche Führung und Verheissung wird. Und eben da steht nun der alte Erzvater in ehrfurchtgebietender Grösse vor uns. Er lässt sich von Gott aus seiner ganzen Umwelt und Verwandtschaft herauslösen und in ein fernes, fremdes Land unter ganz andere Menschen in eine ungewisse Existenz führen. Wer beweist und verbürgt sich, dass es nicht Wahn ist, wovon er sich betören lässt? Aber er darf es dann spüren in hundert, in tausend kleinen täglichen Dingen und in manchem ungewöhnlichen Geschehnis, dass über ihm kein Wahngebilde ein Gaukelspiel treibt, sondern ein realer Wille steht, dem alle und alles zu Dienst sein müssen, und dass durch sein Leben, das, menschlich betrachtet, auf die seltsamsten Umwege und durch bedrohliche Abbrüche führt, ein höherer Plan von wunderbarer, freilich nicht menschlicher, sondern göttlicher Logik sich zieht. – Und der Kinderlose, Hochbetagte glaubt der Verheissung, dass er der Stammvater des erwählten Volkes sei und ihm noch ein Sohn gegeben werde. War das nicht der reinste Widersinn? Narrte ihn da nicht einfach sein eigener, starrsinniger Wunsch? Und der Sohn wurde geboren, wuchs heran und war für Abraham die Verkörperung der wunderbaren Güte und Macht seines Gottes, der sichtbare Garant dafür, dass über ihm und seinem Hause die unsichtbare göttliche Verheissung stand.

Was ist das für ein Riesenglaube! Neben ihm sind wir allesamt mit unserem Glauben lächerliche Zwerge. Im Lichte dieser ganzen, restlosen, alles wagenden Hingabe erscheint unser Glauben-Haben und Aus-dem-Glauben-Leben als ein armes, gebrochenes, jetzt zwar wollendes, dann aber doch nicht wagendes, doch nicht könnendes, immer wieder zweifelndes und zauderndes Wesen. Und wir reden und rühmen soviel und so stolz von evangelischem, von reformatorischem Glauben! Wahrhaftig, wenn man die alten Abrahamsgeschichten liest, merkt man betroffen und tief beschämt: Es ist im besten Fall ein Gläublein, was wir haben, neben dem Glauben dieses Mannes! Was Wunder, wenn wir mit diesem Gläublein keine Berge versetzen – ach, was reden wir von Bergen? –, nicht einmal mit den Häufchen von Widerwärtigkeiten, von eigener und fremder Torheit, von menschlicher und allzumenschlicher Schwachheit fertig werden, geschweige denn, dass unser Glaube für andere ein Lichtsignal wäre, woran sie sich zurechtfänden, ein Vorbild, das sie mitrisse!

Aber seht, Gottes allsehendem Auge entging eine Gefahr, die grösste Gefahr, nicht, die dem Glauben Abrahams drohte. Diese Gefahr war Isaak. Auch Abraham ist ein Sünder. Auch Abraham bleibt ein Mensch mit menschlichem Fleisch und Blut. Die Bibel verschmäht in ihrer schonungslosen, ungeschminkten Wahrhaftigkeit und Offenheit bei ihren Helden alle Retouchierkünste. Sie erspart uns auch bei Abraham die Mitteilung seiner Entgleisungen und Fehltritte nicht. Die Hagargeschichte zeigt uns, wie auch bei diesem grossen Glaubensmann bisweilen geschah, was bei uns freilich immer wieder geschieht, das, dass wir in Ungeduld und kleingläubigem Wesen der göttlichen Führung nachhelfen wollen, mit unserem Besserwissen meinen nachhelfen zu müssen. Wie verhängnisvoll wir gerade damit unter Umständen dann Gottes Plan durchkreuzen oder doch stören, zeigt uns eben die Hagargeschichte. Vor allem aber nahm Isaak in Abrahams Herzen und Leben mehr und mehr eine Stelle ein, die seinen Gottesglauben zu bedrängen und sein sonst so geschärftes und sicheres Wahrnehmen der göttlichen Führung zu trüben drohte. Um Isaaks willen hatte Abraham die Hagar verstossen und den Ismael preisgegeben. Sollte schliesslich Gott selber hinter Isaak zurücktreten?

Verwundert uns diese Gefahr, die da nicht erst im Anzuge, sondern bereits wirksam war? Ich meine, wir alle kennen sie nur zu gut. Das ist ja stets wieder unsere grosse Not und Schwierigkeit, dass so viel Sichtbares sich dazwischenschiebt, das uns lockt oder erschreckt, blendet oder verwirrt, ja, das uns umstellt und isoliert, packt und gefangen nimmt. Und indem es uns dann derart erfüllt und beansprucht, wird uns der Blick des Glaubens auf Gott verstellt, der Weg zu ihm versperrt, so dass Gott tatsächlich nicht mehr über uns und vor uns steht als Gott, an dessen Willen wir alles zu messen und auf dessen Gnade wir alles abzustellen haben. Und ist's dann nicht oft auch bei uns so, dass wir, nachdem wir vielleicht der Gefangenschaft der Dinge entronnen sind, doch noch von Menschen gefangen gehalten werden? Und liegt nicht für manche das gefährlichste Hindernis bei den Allernächsten, Allerliebsten? Unser Herr und Heiland wusste wohl, weshalb er den Seinen so schroffe Worte zurief wie die: «Ärgert dich dein Fuss, so haue ihn ab! Ärgert dich dein Auge, so wirf es von dir!» und: «Wer Vater oder Mutter, Sohn oder Tochter mehr liebt als mich, der ist meiner nicht wert.» Geschah es denn nicht schon oft, draussen auf unseren Missionsgebieten, aber auch bei uns in der Heimat, dass für einen Menschen, der entschlossen und tapfer Sieg um Sieg errungen hatte über Dinge, die ihn von Gott abziehen wollten, zuletzt sein Kind, sein Ehegenosse, sein Freund zur Fessel wurde, die ihn gefangen nahm und Gott entzog?

Nicht wahr, nach allen diesen Erwägungen steht nun unsere Textgeschichte für uns in einem hellen Lichte und enthüllt uns ihre entscheidende Bedeutung. Man pflegt bei dieser Erzählung immer wieder von einer unbegreiflichen Grausamkeit Gottes zu reden. Ja, so erscheint's jedesmal, wenn nach Gottes Ratschluss ein Verlust, eine Katastrophe, ein Zusammenbruch über uns hereinbricht und Dinge und Menschen uns entrissen werden, die uns beglückten, die die Freude unseres Herzens und der Halt und Schmuck unseres Lebens waren. Aber die Bibel sieht es anders an. Sie sagt, dass Gott uns «versuche», prüfe und eben mit dieser seiner Prüfung uns suchen, uns befreien, uns erlösen, uns für sein Reich retten wolle. «Da versuchte Gott Abraham und sprach zu ihm: Nimm Isaak, deinen einzigen Sohn, den du liebhast, und opfere ihn!» Es war nicht anders möglich, Abraham musste diesen Befehl Gottes buchstäblich verstehen und in seiner ungeheuerlichen Zumutung ernst nehmen. Es ist übrigens bei jeder Prüfung unseres Lebens so. Gott lässt uns nicht zum Voraus schon das Ergebnis derselben, den Segen, die innere Förderung und Reise, ja, vielleicht die letzte wunderbare Wendung sehen, auf die seine Führung mit uns hinaus will. Wir sind noch nicht im Schauen. Diese Prüfungen sind Belastungsproben für unseren Glauben. Was wir dabei sehen und spüren, ist das Nehmen Gottes, sein grausames Zerreissen teurer Bande, sein unerbittliches Zerstören lang gehegter Pläne, liebster Hoffnungen, sind seine Schläge, ist sein Verwunden, ist das bittere Stück Sterben, in das er uns hineinstösst.

Man erlaube mir an dieser Stelle eine Zwischenbemerkung. Es offenbart sich uns in unserer Textgeschichte neben allem anderen gerade auch in der Schilderung dieses Opferganges Abrahams eine Meisterschaft der Erzählung, deren sich die grössten Dichter der Menschheit nicht zu schämen brauchten. So wunderbar schlicht, so natürlich und dabei menschlich, so tief ergreifend und herzbewegend wird uns das erzählt, dass es einen gelüstet, Zug um Zug, Wort für Wort zu nehmen und mit aller Umständlichkeit nach beiden Seiten zu betrachten, nach der menschlichen und nach der göttlichen. Aber das mögt ihr für euch selber daheim dann tun, indem ihr diese Geschichte noch einmal euch zu Gemüte führt. Hier seien unsere Gedanken nur auf die Hauptsache gerichtet!

Abraham ist bereit, seinen Sohn zu opfern. Über den Kampf, den diese Bereitschaft ihn kostet, wird kein Wort gesagt. Genug, dass Gott das weiss! Wahrlich, dieser Mann ist bei allen seinen Schranken und Fehlern, auf seiner im Vergleich mit unserer Zeit und Welt in jeder Hinsicht primitiven Stufe in einem uns unendlich überlegen: in seinem Glauben. Jetzt, wo Gott ihn vors Entweder-Oder stellt – vor was für ein fürchterliches Entweder-Oder! –, wählt er mit blutendem Herzen, aber ohne Klagen, ohne Sichwehren, in schweigender Entschlossenheit Gott, seinen Gott, der ihm sonst so vertraut, so nahe, ja, fast wie ein Freund war und der jetzt in seiner Forderung so unverständlich fremd und hart, so geheimnisvoll grausam ist, wie die Heidengötter, die sich Menschen schlachten lassen. Aber ohne Gott geht's bei einem Abraham nicht mehr; so mag's denn ohne Isaak gehen! Ohne Gott kann ein Abraham nicht mehr leben; so mag er denn zusehen, wie er's fertig bringt, ohne Isaak zu leben!

Ahnen wir etwas von der heldenhaften – nein, das passt bei den Menschen der Bibel nicht –, von der heiligen Grösse, zu der da in unserer Geschichte dieser Nomaden- und Hirtenhäuptling emporwächst? Und merken wir jetzt, worum es Gott in dieser Geschichte geht? Nicht den Isaak will er, sondern den Abraham. Und wenn er den Abraham wieder hat, ganz hat, sicher hat, dann hat er auch den Isaak und alles, was dem Abraham gehört. Mir scheint, da öffnen sich dem Glaubenden Blicke in die letzten Tiefen und Geheimnisse der Nöte und der Prüfungen, denen wir in dieser Welt, wie sie nun einmal durch die Schuld und Torheit der Menschen geworden ist, anheimgegeben sind. Wenn wir das fassen und festhalten könnten, dass hinter allen schweren, dunklen Dingen, die über uns hereinbrechen dürfen, dieser heilige, freilich oft so unbegreiflich harte, so rätselvolle, im Grunde aber immer nur uns suchende, uns für sich suchende, uns wollende, uns für sich wollende, für seine grosse, ewige Sache, für sein göttliches Reich wollende Wille, sein Heilswille, sein Liebeswille steht, und wenn wir das einfach allem Augenschein, allem Zweifeln, allen Anfechtungen zum Trotz durchglaubten, was für eine wundervolle Freiheit und was für eine wundervolle Macht über die Dinge wäre dann auch uns gegeben und wie würden auch wir zum Segen gesetzt, wenigstens für die paar Menschen um uns her!

Aber können wir das festhalten? Abrahams Geschichte ist ein Zeugnis, das uns dazu hilfreich sein will. Und das ganze Alte Testament ist in den Geschichten, die es erzählt, in den Gebeten, die es uns aufbehalten hat, in den Reden der Propheten voll von Zeugnissen, worin Gottesmenschen aus ihren äusseren und inneren Nöten und Kämpfen heraus uns bekennen: «Wir haben es erfahren dürfen, dass Gottes Gedanken und Wege zwar oft genug nicht unsere Gedanken und Wege, dann aber immer so viel höher sind, wie der Himmel höher ist als die Erde.» Uns Kindern des Neuen Bundes aber ist dazu noch das Evangelium gegeben, die Botschaft von Jesus Christus, dem ewigen Sohne des Vaters, den der Vater in die Not und Anfechtung unseres armen Menschenlebens hineingegeben hat, der seine heilige Seele in unaussprechlicher Heilandsliebe unter alle Last, die auf den Menschen liegt, gebeugt hat, auch unter die fluchbetroffene Last unserer Schuld und Sünde, ja, der sich um unsertwillen und für uns zum Opfer und Bürgen hingegeben in den Tod am Kreuz. Zweimal stellt in unserer Textgeschichte Gott die Tat gehorsamen Glaubens bei Abraham fest, jedesmal mit denselben Worten: «Du hast deines einzigen Sohnes nicht verschont um meinetwillen», und beide Mal wendet er ihm erneut sein Wohlgefallen und seine Verheissung zu. Diese Worte rufen uns jenen gewaltigen, mit einem Schwung gleich alles erfassenden und einbeziehenden Schluss des Glaubens in der Seele wach, mit dem der Apostel Paulus uns Gottes Tat und Gabe in der Hingabe Jesu Christi in den Tod am Kreuz ergreifen und uns zu eigen machen heisst: «Welcher auch seines eigenen Sohnes nicht hat verschont, sondern hat ihn für uns alle dahingegeben, wie sollte er uns mit ihm nicht alles geben?» Ist das auch unser Glauben, dann vermag auch uns nichts mehr «zu scheiden von der Liebe Gottes, die in Christo Jesu ist, unserem Herrn, weder Tod noch Leben, weder Engel noch Fürstentümer noch Gewalten, weder Gegenwärtiges noch Zukünftiges, weder Hohes noch Tiefes noch keine andere Kreatur».

Unsere Textgeschichte schliesst wunderbar versöhnt und freudvoll: Abraham darf seinen Sohn behalten; das von ihm innerlich ganz und vorbehaltlos gebrachte Opfer wird ihm von Gott äusserlich erlassen. So endet nicht jede Prüfung. Es sind jetzt wohl auch in unserer Mitte Eltern, denen Gott ein liebes Kind, Männer und Frauen, denen er den treuen Lebensgefährten, sonst Menschen, denen er genommen hat, was hienieden ihr Teuerstes und Bestes schien. Da bleibt uns nur die Zuflucht zum Kreuz. Dunklere Nacht war auf Erden nie als dort. Der Feind triumphierte, denn der Erlöser hing als Verbrecher am Kreuz, sein Werk war zerschlagen, die Schar seiner Gläubigen verstört, über die Lippen Jesu selber schien als erschütternder Verzweiflungsschrei die Klage hervorgebrochen: «Gott, mein Gott, warum hast du mich verlassen?» Und da, gerade da, vollbrachte der Heiland das Werk der Erlösung und geschah, was dann der Hebräerbrief in das Wort zusammenfasst: «Mit einem Opfer hat er in Ewigkeit vollendet, die geheiligt werden.» Und das gibt uns die freudige Gewissheit: Die Gnade, die das für uns, auch für uns getan hat, vermag auch uns durch alle Dunkelheiten und Rätsel durchzureissen und macht's über alles Erwarten und Verstehen hinweg wahr: «Denen, die Gott lieben, müssen alle Dinge zum Besten dienen.»

Aber das ist nun der unverrückbare göttliche Anspruch, der aus unserer Textgeschichte und nicht nur aus ihr, aus der ganzen Bibel und erst recht aus dem Evangelium von Jesus Christus sich vor uns hinstellt: Alles, was wir haben, unser Reichtum und unsere Armut, unsere Erfolge und unsere Enttäuschungen, unser Grosssein und unser Kleinsein, alles, alles und wir selbst gehören Gott, sind für ihn da. Das gnadenreiche, uns von Gottes Güte geschenkte Gegenstück im neuen Bunde zu dieser Opfergeschichte des alten Testaments scheint mir die Kindertaufe zu sein. Da tragen die Eltern ihr Kindlein vor Gott. Und in der Taufe legt Gott seine Hand auf diese Kinder, legt Beschlag auf sie und legt's den Eltern aufs Herz und aufs Gewissen: «Sie gehören mir; sie sind mein eigen. Aber euch vertraue ich sie an, dass ihr sie für mich erzieht und bewahrt, zu meinen Kindern, für meinen Dienst, für mein Reich.» O, was flösse doch in unserer Mitte für eine unerschöpflich reiche Quelle des Heils und des Segens, wenn jede Kindertaufe geschähe mit dem Glauben Abrahams, mit dem Gehorsam, mit der Hingabe Abrahams! Und was wäre für unsere Kirche erreicht, wie strahlte sie Licht- und Lebenskräfte in die Menschheit aus, wenn wir alles, was Gott uns gibt, so hätten, wie Abraham es hatte, nicht für sich, sondern für Gott, und es in Gottes Willen und Dienst gäben, uns damit! Wir können unsere Betrachtung darum nicht anders schliessen als mit der herzlichen Bitte an den himmlischen Vater: Mache uns Kinder des Neuen Bundes, uns Erben der Reformation zu gelehrigen, empfänglichen Schülern des alten Erzvaters in ferner Vorzeit, zu echten Kindern Abrahams!

Amen.

Vom Glauben und seinen Abgründigkeiten

Gustav Benz wurde im Jahr 1866 in Fischingen im Kanton Thurgau geboren. Nach einigen Jahren der Tätigkeit als Pfarrer in Wagenhausen wurde er 1894 vom Evangelisch-sozialen Verein in Basel zum Sekretär und Leiter des evangelischen Arbeitervereins berufen. Angesichts der zunehmenden Industrialisierung und der daraus resultierenden sozialen Probleme hatte dieser Verein das Ziel, Arbeiter und Arbeiterinnen in den Bemühungen um die Verbesserung ihrer Arbeits- und Lebensbedingungen sowie in ihrem Engagement in der Arbeiterbewegung zu unterstützen. All dies sollte aus der Perspektive des christlichen Glaubens geschehen. In seiner Funktion als Arbeitersekretär setzte sich Gustav Benz tatkräftig für die Anliegen der Arbeiterschaft ein, so zum Beispiel für den freien Samstagnachmittag, für die Schaffung einer Arbeitslosenkasse, für den Bau billiger Arbeiterwohnungen oder für die Schaffung von Kinderkrippen. 1897 wurde Gustav Benz Pfarrer der neu gegründeten Matthäusgemeinde in Kleinbasel, wo er bis zu seinem Tod 1937 blieb. Er war stadtbekannt als begnadeter Prediger, dessen Gottesdienste meist bis auf den letzten Platz besetzt waren. In der Gemeindearbeit und in zahlreichen Vereinen und Institutionen, unter anderen in der Basler Mission, setzte er sein soziales Engagement fort. Er war zudem Kirchenrat der Evangelisch-reformierten Kirche Basel-Stadt.

* * *

«In einer Zeit, wo wieder einmal … gegen das Alte Testament Sturm gelaufen wird …», hält Gustav Benz eine eindrückliche Predigt gegen die Kräfte, die das Alte Testament «als fanatisches Judenbuch der christlichen Gemeinde aus der Hand schlagen …» wollen. Gegenstand ist die abgründige Erzählung von der Opferung Isaaks, die von Benz als «Abrahams Opfergang» gedeutet wird. Damit entscheidet sich der Prediger für einen Fokus auf die Erzählung, der in der Auslegungsgeschichte besonders im christlichen Raum gerne gewählt wird, nämlich die Deutung der Gestalt Abrahams und dessen Glaubens.

In der über zweitausendjährigen Auslegungsgeschichte zu Genesis 22,1–19 ist Abraham jedoch oft hinter dem Interesse für die Gestalt Isaaks zurückgeblieben. Die jüdische (und auch die christliche) Tradition hat nämlich gerade für die Gestalten der Bibel besondere Aufmerksamkeit entwickelt, die in den biblischen Texten merkwürdig blass bleiben. Bereits die Septuaginta sowie die apokryphe und rabbinische Literatur entfalteten facettenreiche Sagenkränze um die von den Urkunden «vernachlässigten» Gestalten biblischer Erzählungen. Hintergründigkeiten im hebräischen Text verpflichten gemäss einer rabbinischen Auslegungsregel die Bibelleserinnen und -leser dazu, nachzufragen und weiter zu suchen, nicht zu glätten, sondern gerade das Brüchige kreativ zu verwerten, um dort Brücken zur eigenen Gegenwart zu schlagen. Denn sie bieten dazu Hand, die Erzählungen angesichts eigener Erfahrungen zu aktualisieren. So kommt es, dass entgegen dem scheinbar heilen Ausgang von Genesis 22,1–19 in der Auslegungsgeschichte zur Opferung Isaaks gerade gegenteilig der Vollzug der Opferung Isaaks herausgestellt wird (siehe schon Jakobus 2,21 ff. und Hebräer 11,17 ff.). Mittelalterliche jüdische Auslegungen sehen die Asche Isaaks auf dem Altar liegen. Erst der Morgentau bewirkt Isaaks Auferstehung (Leka Tov zu Gen 31,42). Diese Auslegung hat ihren Anhalt in antiken Überlieferungen, die von der «Asche Isaaks» sprechen und damit ausgesprochen drastisch vom Vollzug der Opferung Isaaks ausgehen (etwa jTaanit 65d). Die weithin im christlichen Raum in Vergessenheit geratene Deutung vom Vollzug der Opferung Isaaks war innerhalb des Judentums seit vorchristlicher Zeit populär und hat auch die neutestamentliche Deutung des Todes Jesu als Sühnetod geprägt. Doch hat sich auch das Christentum eine Erinnerung an diese Deutung von Genesis 22,1–19 als eines Sühnopfers für die Welt erhalten, indem auch im christlichen Raum diese Erzählung «Opferung Isaaks» und nicht etwa «Nichtopferung Isaaks» genannt wird.

Wenn Benz sich für den 24. Juni 1934 dafür entschieden hat, den Schwerpunkt seiner Textinterpretation auf Abraham zu legen, dann setzt er das in einer originellen Weise um, die von der ausgesprochenen Genauigkeit und vom Fleiss zeugt, mit denen Benz bekanntermassen die Bibel studiert und Predigten ausgearbeitet hat. Es ist, als hätte Benz auch die alten Überlieferungen zu Isaak und seiner Opferung verinnerlicht. Eine Vielzahl von scheinbar zufälligen Anspielungen der Predigt haben nämlich nicht nur ihren Anhalt im Bibeltext selbst, sondern scheinen mit der reichhaltig entfalteten Tradition dazu in assoziatives Spiel zu treten:

Schon das von Benz formulierte Ziel seiner Predigt, «zum Bewusstsein zu bringen, in welch einzigartiger Weise uns hier ein wundervoll anschaulicher und eindrücklicher Unterricht im Glauben erteilt wird», und die Wertung, wonach die Erzählung von Abrahams Opfergang ein «Zeugnis von der Erziehung und Führung (sei), durch welche wirklich Gott, der souveräne, heilige Gott, seinen Knecht Abraham zum ersten grossen Zeugen und zum leuchtenden Vorbild des Glaubens gebildet hat», wird im ersten Teil der Predigt mit Assoziationen verwoben, wie sie auch in antiken jüdischen Predigten zur Opferung Isaaks herausgearbeitet wurden, bei Benz freilich in der spezifisch christlichen Deutung, in Abraham den Vater der Glaubenden zu erkennen. «Wie ein gewaltiger Berggipfel» schaue «aus jener fernen Vorzeit dieser Nomadenscheik und Hirtenfürst … in unsere moderne Zeit hinein». In der jüdischen Auslegungstradition zur Opferung Isaaks werden vergleichbare Aussagen gemacht. So heisst es an einer Stelle, Gott habe Abraham «zu einem Zeichen» für die Völker gemacht; «wie ein Wimpel hoch am Mast eines Schiffes» hängt und damit weit sichtbar ist, so sei Abraham sichtbar für alle Völker der Welt.

Nach Benz ist der in «der Welt dreier Religionen, der jüdischen, christlichen und der mohammedanischen», stehende Abraham ein Beweis dafür, wie er ein «begnadigtes Werkzeug … (von Gottes) Offenbarung geworden» sei. Im Blick ist an dieser Stelle die Verheissung an Abraham, welche mit dieser Prüfung auf dem Spiel steht. Schon die rabbinische Tradition setzt die zwei Erzählungen Genesis 15,5 und Genesis 22,5 in Beziehung zueinander, wobei sie nach ihrer spezifischen Auslegungspraxis vor allem dieselben hebräischen Wurzeln der Worte beachtet, die in der deutschen Übersetzung mit «zahlreich» und «dorthin» wiedergegeben werden. In Genesis 15,5 verheisst Gott Abraham, dass «so zahlreich» wie die Sterne am Himmel seine Nachkommen sein werden. Wenn Abraham in Genesis 22,5 zu Isaak spricht, «wir wollen bis dorthin gehen», deutet das Rabbi Jehuda ben Levi mit den Worten: «Wir wollen gehen und das Ende des dorthin/zahlreich schauen» (GenR 56,2), was meint: Wir wollen sehen, was Gott in Genesis 15,5 gemeint hat – sind wohl meine Nachkommen Sterne am Himmelszelt oder real existierende Menschen auf der Erde? Wahrscheinlich mit Bezug auf diese Textbeobachtung legt das Liber Antiquitatum Biblicarum (LAB) Isaak den bemerkenswerten Satz in den Mund: «… durch mich werden die Leute einsehen, dass Gott die Seele des Menschen zum Opfer gewürdigt hat» (LAB 32). Danach würden die Nachkommen Abrahams unter anderem dadurch zu charakterisieren sein, dass ihr gewaltsames Geschick von Gott als Opfer (als Martyrium) mit sühnender Wirkung anerkannt wird. Dann wären diese Erzählungen ein Hinweis auf die künftigen Martyrien der Nachkommen Abrahams. Diese Aussage steht im Kontext von Deutungen der Leidenserfahrungen jüdischer Menschen, die durch die Position der Schwäche und Unterlegenheit gegenüber ihren Peinigern gekennzeichnet ist. Den Peinigern kann alleine noch mit dem widerständigen «Dennoch» begegnet werden, dass sie sich einen Bärendienst erweisen, wenn sie gerade die Besten aus dem Volk ermorden. Denn das Gottesvolk werde einerseits gerade durch solche «Opfer» definiert, andererseits würden diese «Opfer» zur Konsequenz haben, dass die Peiniger für ihre Folterungen und Ermordungen zur Rechenschaft gezogen werden. Seit der Antike wird das gewaltsame Geschick von Jüdinnen und Juden sowie Christinnen und Christen immer wieder mit der Opferung Isaaks gedeutet, sei es, dass das Opfer selbst (Isaak) ins Zentrum der Betrachtung gerückt wurde, sei es, dass die Zurückgebliebenen (Abraham) und ihr Elend in den Fokus gelangten. Zum Beispiel dichtet im 12. Jahrhundert Rabbi Ephraim ben Jakob von Bonn nach dem Massaker der Kreuzzügler von 1196 an den Juden in Köln, das er selbst miterlebt hat:

«Tau der Auferstehung breitete sich über (Isaak) aus, und er ward wieder zu Leben erweckt ...

Gott, tu Gutes an uns ... und lass uns Dein Erbe sein.

Gedenke doch für uns der vielen Bindungen der für Dich Dahingemordeten,

der frommen Männer und Frauen, die gebunden waren für die Gerechtigkeit ...»

Bis nach Auschwitz führt schliesslich die blutige Spur, die mit der Opferung Isaaks gedeutet wurde. Schon das Wort «Holocaust» (griechisch für «Ganzopfer») ist Genesis 22,2 entnommen, genauer der lateinischen Bibelübersetzung Vulgata, in der das Wort «holocaustum» zum ersten Mal vorkommt. Die Deutung der Ermordungen der Unschuldigen als Opfer soll keine Entlastung der Täter sein, sondern im Gegenteil ihre Belastung. Denn das christlich-jüdische Gerechtigkeitsideal postuliert eine Ordnung, in der keine Unschuldigen zu leiden haben.

Benz hat 1934 Auschwitz noch nicht ahnen können. Auch predigt er nicht über das Schicksal von Jüdinnen und Juden seiner Zeit, sondern spricht zu christlichen Gottesdienstbesucherinnen und -besuchern in der Matthäuskirche, indem er sie in ihrer Existenz anzusprechen sucht. Doch er weiss, wovon er spricht. Er, der als «Industriepfarrer» nach Basel gerufen wurde und die Sorgen und Nöte von Arbeitenden und Arbeitslosen unmittelbar miterlebt hat, er, dessen Konfirmanden im Ersten Weltkrieg als deutsche Soldaten an der Front fielen, er, der als Seelsorger in der Matthäusgemeinde unermüdlich «seine» Familien besuchte – bei ihm war durch Erfahrung gedeckt, wenn er meinte, dass seine Predigthörer wie Abraham erleben würden, «dass ein Überzeitliches und Überweltliches zu uns durchbricht, dass ein von allem Sichtbaren unabhängiger, souveräner, nur auf sich selbst ruhender und nur durch sich selbst bewegter Wille mit uns ein Ziel und einen Weg hat. Und in dem Mass, als wir das erfassen, werden wir selber frei und erlöst ...»

Benz stellt nicht etwa das Opfer Christi überbietend dem Opfergang Abrahams gegenüber, wie das in der christlichen Tradition seit Origenes immer wieder versucht wird. Nach Benz hat das Opfer Christi die Christinnen und Christen nicht von Opfergängen oder gar vom alttestamentlichen Deus absconditus, dem verborgenen Gott, befreit, sondern er hebt eindrücklich hervor, dass das, was wir über das Opfer Christi als Gnade zu deuten gelernt hätten, uns mit Abraham verbinde, indem wir uns nämlich «erfasst und umfangen und geleitet (sehen) von demselben Ersten und Letzten, Massgebenden und Entscheidenden, von dem allmächtigen, heiligen, im innersten Grund und Wesen gnadenvollen Willen». Von dieser Erkenntnis hänge ab, ob wir «zu der Bestimmung erhaben und befähigt (werden), um derentwillen wir da sind und nach der in unseren besten Stunden in uns eine tiefe Sehnsucht sich regt». Schliesslich heisse «Glauben», genau dieses zu erfassen. Letztlich sei nicht zu beweisen oder zu verbürgen, dass es sich beim «Glauben» nicht um «Wahn» handle. Denselben Inhalt vermittelt in erzählender Gestalt jene berühmte Passage aus dem Babylonischen Talmud, in welcher der Satan dem Abraham auf seinem Opfergang ins Ohr flüstert, dass es sich einzig um eine Verwirrung im Greisenalter handeln könne, wenn er – auf Stimmen hörend – zur Opferung des einzigen Sohnes schreite (bSanh 98b). Der jüdischen Tradition zufolge hatte Abraham bei seiner letzten Prüfung bereits neun Versuchungen heil überstanden, begonnen mit dem Auftrag, die Heimat zu verlassen, über Hungersnöte, Gefährdungen Saras bis hin zur Vertreibung Hagars und Ismaels. Nicht ohne Pathos stellt Benz selbstkritisch im Vergleich zu Abrahams Glauben fest: «'s ist im besten Fall ein Gläublein, was wir haben ...»

Eine unerwartete Wendung nimmt die Predigt mit der Bemerkung, dass dem grossen Abraham selbst die grösste Gefahr gedroht habe, nämlich Gott hinter Isaak zurücktreten zu lassen, für den er sogar Hagar verstossen und den Ismael preisgegeben hatte. Dieser den gegenwärtigen Leserinnen und Lesern der Predigt unvermittelt entgegentretende Gedanke hat ebenfalls einen Anhalt in der Auslegungsgeschichte. Er wird gemeinhin anlässlich der Interpretation des ersten Verses der Opferung Isaaks entfaltet. In Bezug auf «und es geschah nach jenen Geschehnissen, da versuchte Gott den Abraham» stellten sich die Weisen des Talmud die Frage, welches diese erwähnten Geschehnisse gewesen sind. Gerne wird dabei darauf verwiesen, dass den biblischen Berichten zufolge Abraham anlässlich der Entwöhnung Isaaks ein grosses Fest gegeben habe, jedoch nichts davon erwähnt sei, dass er für Gott ein Opfer für die Auslösung der Erstgeburt geleistet habe. Hat Abraham ob der Freude über Isaak Gott vergessen (vgl. etwa bSanh 89b; GenR 55,4; u. ä.)? So auch Benz: «Liegt nicht für manche das gefährlichste Hindernis bei den Allernächsten, Allerliebsten?» Dem fügt er das Jesuswort bei: «Wer Vater oder Mutter, Sohn oder Tochter mehr liebt als mich, der ist meiner nicht wert.» Wie wir heute aus der sozialgeschichtlichen Forschung wissen, ist die Abwendung von den Herkunftsfamilien für viele charismatische Gemeinschaften gleichermassen notwendige wie schmerzliche Voraussetzung für ihre eigene Existenz. Doch Benz bezieht das Jesuswort direkt auf seine aktuelle Zuhörerschaft, wenn er in diesem Zusammenhang von «einer unbegreiflichen Grausamkeit Gottes» spricht, die dann aufscheint, «wenn nach Gottes Ratschluss ein Verlust, eine Katastrophe, ein Zusammenbruch über uns hereinbricht und Dinge und Menschen uns entrissen werden, die uns beglückten, die die Freude unseres Herzens und der Halt und Schmuck unseres Lebens waren». Solche Prüfungen werden von Benz darauf als Versuchungen gedeutet, die nicht allein Erziehung durch Gott seien, sondern sich vielmehr dadurch charakterisieren lassen, dass Gott uns damit suche und befreie, ja, uns erlöse und rette für sein Reich. Die «Grausamkeit Gottes» bleibt dazu aber in unaufgelöster Spannung stehen.

So ist und bleibt jede Prüfung ungeheuer. Kein süsslicher Ton senkt sich in dieser Predigt von Benz über die Abgründe, die eben auch zu Glaubenserfahrungen gehören. Benz nimmt dazu Bezug auf Römer 8,31 ff., den ältesten Anklang an die Erzählung von der Opferung Isaaks im Neuen Testament. Dort wird die Opferung Christi mit der Opferung Isaaks parallelisiert und damit der Tod des einen durch den Tod des anderen gedeutet. Paulus beteuert mit seiner Deutung des «Opfergangs Gottes» durch den «Opfergang Abrahams» die Gewissheit, dass den Christusgläubigen mit dem Opfergang Gottes zugleich alles geschenkt ist und dass keine Mächte noch Engel sie von der Liebe Gottes trennen können. Benz deutet das mit den Worten: Die «Gnade, die das für uns, auch für uns getan hat, vermag auch uns durch alle Dunkelheiten und Rätsel durchzureissen und macht's über alles Erwarten und Verstehen hinweg wahr: ‹Denen, die Gott lieben, müssen alle Dinge zum Besten dienen.›»

Schliesslich kulminiert die Predigt in einer Erörterung über die Kindertaufe. Alles, was wir haben, Reichtum, Armut, Erfolg, Enttäuschung, Grösse, Kleinheit, «alles, alles und wir selbst gehören Gott, sind für ihn da». Deshalb würden die Eltern ihre Kinder vor Gott tragen, und Gott lege in der Kindertaufe seine Hand auf diese Kinder und lege es «den Eltern aufs Herz und aufs Gewissen: ‹Sie gehören mir; sie sind mein Eigen.

Aber euch vertraue ich sie an, dass ihr sie für mich erzieht und bewahrt, zu meinen Kindern, für meinen Dienst, für mein Reich.›»

Die Stärke dieser Predigt von Benz über Abrahams Opfergang liegt meines Erachtens darin, dass Benz nicht der verbreiteten Deutung der religionsgeschichtlichen Schule folgt, welche die Erzählung von der Opferung Isaaks als begründende Fabel über die Abschaffung des Menschenopfers interpretiert und damit das Schauerliche zu bagatellisieren sucht. Benz erliegt nicht der Versuchung, die Erzählung von Abrahams Opfergang zu verharmlosen, um am Ende der Erzählung einen Gott für den Kinderglauben zu gewinnen. So steht am Ende von Genesis 22,1–19 nicht die Verschonung Isaaks, sondern Benz bleibt sich seiner Auslegung treu, wenn er hervorhebt, dass das Opfer Abrahams von Gott lediglich «äusserlich erlassen» wird. Damit wird die Erzählung in ihrer Sperrigkeit ernst genommen. Mehr noch: Gerade so abgründig, wie diese Erzählung Glaubenserfahrung schildert, so sei Glaube eben. Benz gelingt es, den Opfergang Abrahams christlich zu deuten, ohne ihn zu vereinnahmen und ohne je die Erzählung von der Opferung Isaaks wirklich zu verlassen, über sie zu urteilen oder sie als durch das Evangelium überboten darzustellen. Vielmehr gelingt es ihm innerhalb der Theologie und Sprache seiner Zeit, eine tiefe Wahrheit in ihrer Abgründigkeit auszusprechen und zu deuten, nämlich dass der Glaube weiss, dass wir in Gott gehalten sind und ausser Gott nichts besitzen, ihm gehören, auf ihn geworfen sind und von ihm gerufen werden in sein Reich. Täglich. Überall.

ARTHUR WEIL

Israels Bekenntnis

Predigt, gehalten
in der Synagoge zu Basel
am 2. Januar 1943 /
25. Tebet 5703

Vorbemerkung
Eine Gruppe führender evangelischer Theologen in der Schweiz hat am
24. Dezember 1942 in der «Nationalzeitung» und in anderen Tageszeitungen einen «Weihnachtsbrief an unsere Juden» veröffentlicht, der folgenden Wortlaut hatte:

Liebe Juden in der Schweiz!

Wir feiern Weihnacht, den Geburtstag des Heilandes, des Königs aus dem Hause Davids. Wir können nicht mehr anders, wir müssen Ihnen endlich einmal sagen, was uns Ihretwegen schon lange bewegt. Die namenlose Not Ihrer Brüder und Schwestern lastet auf unserer Seele. Es ist Ihnen vielleicht eine Stärkung, wenn Sie hören, dass evangelische Christen an Sie denken, zu Ihnen stehen und für Sie beten.

Die Drangsale, die unzählige Ihrer Brüder zu erleiden haben, greifen uns nicht nur aus Gründen der Menschlichkeit ans Herz. Wir sind uns darüber völlig im Klaren, dass die Gewalten, die heute zum vernichtenden Schlage gegen das Judentum ausholen, es mit nicht geringerem Grimme auch auf das Christentum abgesehen haben. Mit der Verhöhnung der alttestamentlichen Botschaft wird die Axt auch an die Wurzel der neutestamentlichen Gemeinde gelegt; mit der Zerstörung der Synagoge soll eine erste Bresche geschlagen sein, um dann auch zur Vergewaltigung der christlichen Kirche die Bahn frei zu bekommen. Wehe der Christenheit, wenn sie sich vom heidnischen Denken ins Schlepptau des Antisemitismus einfangen liesse! Wehe der Judenschaft, wenn sie sich jetzt im Widerstand gegen Christus versteifen würde! Beide rebellierten dann wider den Heilsplan der Erlösung, der beide umfasst.

Sie wissen, in welcher Weise wir bisher zu Ihnen gestanden sind, und wie wir versuchen, die Not Ihrer Brüder, die in Todesangst über unsere Grenzen geflüchtet sind, zu lindern. Wir bitten auch um die Kraft, im Gehorsam gegen Gottes Wort treu für Sie einzustehen, wenn Sie je einmal in unserem Vaterlande bedroht werden sollten.

Es betrübt und erschreckt uns, dass das Judenvolk Jesus nicht als den im alten Testament angekündigten Messias erkennt und als seinen Erlöser annimmt. Aber es ist zuerst an uns, Busse zu tun für alles, was von unserer Seite an den Juden gesündigt wurde. Die christlichen Völker haben durch die Jahrhunderte hindurch das alte Bundesvolk Israel nicht in der Geduld Christi ertragen, und darum haben sie es auch in erschütterndem Masse daran fehlen lassen, ihm durch Taten der Gerechtigkeit und Menschlichkeit wirklich glaubhaft zu bezeugen, dass der von den Juden verworfene Jesus aus Nazareth der wahrhafte Sohn Gottes ist, der grosse Erbarmer und einzige Seligmacher auch für das eigene Volk. So ist unsere Schuld noch grösser als die Schuld der Juden. Denn uns war die Binde von den Augen genommen: «Wir sahen seine Herrlichkeit, eine Herrlichkeit als des eingeborenen Sohnes vom Vater, voller Gnade und Wahrheit» – und wir haben uns doch stets wieder als Blinde und an Liebe Arme erwiesen. Das ist uns von Herzen leid. Wir denken mit Schamröte daran, was seit je in «christlichen» Völkern an Israel verbrochen wurde.

Seien Sie versichert, liebe jüdische Brüder und Schwestern, wir beten für Sie, dass der treue Gott Sie heute durch alle Ihre Drangsal hindurch trage und seine herrlichen Verheissungen an Ihnen wahr mache. Wir grüssen Sie im Glauben an das Wort, das in Ihrer und in unserer Bibel steht: «Das zerstossene Rohr wird er nicht zerbrechen und den glimmenden Docht wird er nicht auslöschen. Er wird das Recht wahrhaftig halten lehren.»

(Es folgen die Unterschriften.)

Am Sabbath Parschath Schemoth (2. Januar 1943) hat Herr Rabbiner Dr. Weil in seiner Predigt zu dieser Kundgebung Stellung genommen. Auf Wunsch vieler Gemeindemitglieder haben wir diese Predigt unseres verehrten Herrn Rabbiner dem Druck übergeben, um sie einem weiteren Kreise zugänglich zu machen.

Der Vorstand der Israelitischen Gemeinde Basel.
Basel, im Januar 1943.

* * *

Meine lieben Zuhörer!

I.

Mit dem Einzug der Kinder Israels nach Ägypten war zum ersten Mal das Judenproblem entstanden. Eine andersgeartete und andersgläubige Minorität war nun gemischt unter ein grosses und selbstbewusstes Volk, welches das wahre Wesen des Hebräervolkes weder erfassen noch verstehen konnte. Wo aber ein Volksteil in seinem geistigen und religiösen Verhalten von seiner Umwelt und Mitwelt nicht recht verstanden wird, da bildet sich eine Atmosphäre des Misstrauens, die unter Umständen in offene Feindschaft ausarten kann. Man traut dann dieser «geheimnisvollen» Minderheit alles Mögliche und Unmögliche zu. Man macht sie verantwortlich für alle Gebrechen wie für alles Unglück des Landes. Man hält diese Minderheit für einflussreicher und mächtiger, als sie es in Wirklichkeit ist, und überall sieht man nur ihre «böse» Hand am Werke. So schien es auch den Ägyptern schon gleich nach dem Tode Josefs, als würden die Kinder Israels bereits das ganze Land überfluten, ja, als wären sie schon zahlreicher und stärker als die Ägypter selbst. «Da graute es ihnen vor den Kindern Israels.»

II.

Von diesem Missverständnis, von diesem Misstrauen, von dieser Feindschaft begleitet, ist das Volk Israel, einem Mysterium gleich, durch alle Länder und Völker der Welt gewandert, bestaunt, beargwöhnt, angefeindet, selten nach seinem wahren Wesen erkannt und noch seltener gerecht beurteilt. Und dies ist verständlich. Eine Minderheit, die die Überzeugung in sich trägt, im Auftrage Gottes zu stehen und zu handeln, eine Minderheit, die in ihrer eigenen Sprache zu ihrem persönlichen Gotte spricht, der aber auch Gott und Vater aller Menschen ist, sie konnte und sie kann nicht auf schnelles Verständnis ihrer Mitwelt hoffen und muss vieles ertragen, um der ihr gestellten Aufgabe treu zu bleiben. Es ist daher umso verdienstvoller, dass das Volk Israel Jahrtausende hindurch, im Gegensatz zu einer anders gesinnten, ihm feindlichen Welt stehend, das himmlische Joch auf seinen Märtyrerschultern getragen hat bis zum heutigen Tage, im Bewusstsein der ihm auferlegten verantwortungsvollen Sendung und in der Hoffnung, dass trotz allem der Tag herannahen wird, an dem die Gotteserkenntnis sich über die ganze Erde ausbreiten werde, «so wie die Wasser den Meeresgrund bedecken» (Jes 11,9).

III.

Wir sind überzeugt, dass die Zeit kommen wird, wo auch unserem Volke und seinem religiösen Verhalten inmitten der Völker Gerechtigkeit zuteil werden wird. Gerade das Übermass der Leiden wird das Herannahen dieser Zeit beschleunigen. Tieferblickende und Vorurteilslose erkennen heute schon und bedauern es, dass unserem Volke in allen Jahrhunderten so schweres Unrecht zugefügt worden ist. Insbesondere sind es die religiösen Kreise aller Konfessionen, die ihre bisherige Position gegenüber Israel zu revidieren beginnen. Man betet für Israel, man betet für seine baldige Erlösung aus schweren Nöten, man reicht ihm die hilfreiche und rettende Hand, man verachtet es nicht mehr, man nennt es nicht mehr das «halsstarrige, blinde, von Gott auf ewig verdammte Volk», ja man glaubt sogar und verkündet es, dass das Heil der Welt und die Erlösung der Menschheit in erster Linie von der Bekehrung Israels zu den Heilshoffnungen des Christentums abhängt. «Mit den Juden hat Gott vor den Augen der Welt die Offenbarung seiner Gnade angefangen, mit ihnen wird er sie vollenden.»[1] Man stützt sich dabei auf die Worte des Evangeliums «Das Heil kommt von den Juden».

Dies ist wohl auch die innere Veranlassung zu dem «Weihnachtsbrief an unsere Juden», der von einer grossen Zahl hervorragender Schweizer Theologen und kirchlicher Persönlichkeiten unterzeichnet ist.

Diese an die Judenheit der ganzen Schweiz gerichtete aussergewöhnliche Kundgebung hat uns nicht wenig überrascht, und nicht nur uns Juden, sondern auch viele unserer christlichen Mitbürger. Ist es den Verfassern dieses offenen Briefes, wie sie es selbst gestehen, nicht leicht gefallen, «endlich einmal zu sagen, was sie schon lange bewegt», so fällt es uns als einer seit Jahrtausenden verfolgten Minderheit noch viel weniger leicht, zu der aufgeworfenen fundamentalen Gewissensfrage Stellung zu nehmen. Es kommt dazu, dass die heutige Notzeit, die mit so vielem Tageselend erfüllt ist, für tiefgreifende Religionsdisputationen wenig geeignet ist, auch wenn solche Diskussionen noch so gut gemeint sind. Es könnte dies eher zu einer Entfremdung als zu einer Annäherung der Konfessionen führen. Nichts aber täte uns mehr leid, als wenn durch eine solche Kontroverse das gute Verhältnis, das heute innerhalb der Schweiz zwischen Christen und Juden besteht, durch unzeitgemässes Hervorheben gegenteiliger Glaubensmeinungen getrübt würde.

Wir bekennen hiermit offen, dass wir uns der christlichen Bevölkerung der Schweiz und insbesondere ihren religiösen Führern zu unvergesslichem Dank verpflichtet fühlen für die vielen Liebestaten, die sie unseren Flüchtlingen erwiesen haben und noch täglich erweisen, nicht nur mit ihrem Gelde, sondern, was noch mehr bedeutet, durch Einsatz ihrer ganzen Person. Wir möchten daher nicht den Anschein erwecken, als hätten wir den «Weihnachtsbrief an unsere Juden» nicht gelesen oder als hätten wir ihn achselzuckend oder gar überheblich beiseite gelegt. Nein, wir gestehen es offen, dieser Appell, aus einem geistig so hochstehenden Kreise stammend, der uns so eindringlich zu einer Glaubensänderung auffordert, hat uns stark beeindruckt, seiner Offenheit wegen, seines persönlichen Schuldeingeständnisses wegen und nicht zum wenigsten seiner Nächstenliebe wegen. Eine solche Sprache haben wir Juden von Seiten der Vertreter der Kirche seit 1900 Jahren nicht gehört; nicht gehört haben wir seit den Tagen des Johannes Reuchlin, dass man uns in aller Öffentlichkeit «Liebe jüdische Brüder und Schwestern» nennt. Wir glauben an die Aufrichtigkeit dieser Anrede, und darum glauben wir auch, unseren christlichen Freunden eine Antwort schuldig zu sein. Vor allem aber schulden wir diese Antwort vielen unserer Glaubensgenossen, die von dieser Stelle aus eine solche erwarten.

IV.

Meine lieben Zuhörer! Durch den Eintritt des Christentums in die Welt wurde das jüdische Volk nicht erlöst. Aber auch der christlichen Welt wurde unseres Erachtens die Erlösung nicht zuteil. Die heutige Zeit zeigt uns dies deutlicher als je. Das Himmelreich auf Erden ist ausgeblieben. Uns Juden aber ist die Welt vielfach zum Jammertal geworden. Man könnte die Leiden, die unser Volk seit jener Zeit, mit Ausnahme einiger glücklicher Perioden, über sich hat ergehen lassen müssen, nicht schärfer kennzeichnen, als es der «Weihnachtsbrief an unsere Juden» selbst getan hat, indem er sagt: «Wir denken mit Schamröte daran, was seit je in ‹christlichen› Völkern an Israel verbrochen wurde.»

Das Christentum war in die Welt getreten mit dem Anspruch, die allein seligmachende Kirche zu sein. Seine Parole war: Nulla salus extra ecclesiam, «es gibt kein Heil ausserhalb der Kirche». Wer sich dieser Parole nicht unterwarf, wurde mit Feuer und Schwert bekehrt oder vernichtet. Vor allem war es dem Christentum daran gelegen, das Volk zu bekehren, dem die Persönlichkeit entstammte, den es als seinen Erlöser, als seinen Messias und als den Messias der ganzen Menschheit betrachtet. Alle Mittel wurden im Laufe der Jahrhunderte zur Anwendung gebracht, um die «Halsstarrigkeit» der ungläubigen Juden zu brechen und sie zur Anerkennung des christlichen Glaubens zu zwingen. Man brandmarkt sie durch den gelben Fleck, man sondert sie ab wie Aussätzige, man sperrt sie in finstere, zerfallene Gassen, man setzt sie dem Hohn und dem Spott der

Gassenbuben aus und dem leidenschaftlichen Hass der rohen Volksmassen. Eine wilde Phantasie erfindet die unsinnigsten Anklagen gegen sie, man metzelt sie nieder, man verjagt sie, man holt sie wieder, um sie von neuem zu verjagen, man verbrennt ihre heiligen Bücher, um ihnen den geistigen Nährboden ihres Glaubens zu entziehen. Man disputiert mit ihnen, öffentlich und im Geheimen, die Folter tritt in Aktion und Scheiterhaufen lodern auf, um der christlichen Weltanschauung zum Siege zu verhelfen. Es gibt keinen Leidensbecher, den «man uns nicht ad majorem dei gloriam», «zum grösseren Ruhme Gottes», gereicht hätte. Unser Leidensweg durch die Jahrhunderte ist mit jüdischem Blute getränkt und mit jüdischen Tränen reichlich benetzt.

Doch alles Mühen war umsonst. Das vieltausendjährige «Sch'ma Jisrael»-Bekenntnis war stärker als jedes andere. Wie tief muss der Glaube an den einzigen Gott, wie gross die Liebe zu ihm im Herzen unseres Volkes verankert sein, dass es stark genug gewesen ist, so viele und so furchtbare Leiden auf sich zu nehmen, um seinem Gotte die Treue zu halten. Stumm hat es gelitten, nur im Gebet zu seinem himmlischen Vater hat es Trost und Hoffnung gefunden, aber in seinem Glauben ist Israel nie wankend geworden, so wie es in unserem Morgengebete heisst: «Schau vom Himmel herab und siehe, wie wir zum Gespött und Hohn unter den Völkern geworden sind; den Schafen, für die Schlachtbank bestimmt, sind wir gleich geachtet, dem Tod und der Schande geweiht. Trotz allem haben wir Deinen Namen nicht vergessen, o vergiss auch Du uns nicht» (Ps 44,14–20). Nein, Israel hat mit wenig Ausnahmen seinen Väterglauben nie verleugnet, auch in den schwersten Zeiten nicht; aber täglich betete es und betet noch heute um das Kommen seines Messias, seines Erlösers, der das wahre Himmelreich errichten würde auf Erden, das Reich des Friedens und der Versöhnung, das Reich der Gerechtigkeit und der Nächstenliebe, nicht nur für Israel allein, sondern für alle Menschen, «damit» – wie es in unserem Olenu-Gebet heisst – «die Welt vollkommen werde durch das Reich des Allmächtigen und alle Menschenkinder nur Seinen Namen anrufen. An jenem Tage wird Gott einzig sein – und Sein Name einzig.»

V.

So haben wir Juden den Stifter des christlichen Glaubens nicht etwa deswegen abgelehnt, weil uns in seinem Namen und um seiner Anerkennung willen so viel Leid angetan wurde, sondern weil der Gedanke des einzigen Gottes von Abraham her so tief in unseren Herzen verwurzelt ist, dass wir ihn nicht aufgeben könnten, ohne uns selbst aufzugeben. Aber nie hat Israel um seines eigenen Glaubens willen die Existenzberechtigung der

christlichen Religion geleugnet oder gar das Christentum seines anders-
artigen Glaubensinhaltes wegen bekämpft, und nie hat es das Christentum als seinen Rivalen empfunden. Das Judentum hat keinerlei Forderungen an das Christentum, es hat nur seine messianische Hoffnung, in die
auch das Christentum mit eingeschlossen ist. Auch sind Israels Erlösungs-
hoffnungen vor allem bedingt durch sein eigenes Verhalten, durch seine
eigene Busse und Besserung. Der «Weihnachtsbrief an unsere Juden»
dagegen hält die Erlösung der Menschheit für bedingt durch eine vorher-
gehende Bekehrung Israels.

Hier trennen sich unsere Glaubenswege. Wenn wir also in unserer Antwort auf den «Weihnachtsbrief» die Erwartung und die Hoffnung unserer
christlichen Freunde, die auch wir als unsere Brüder und Schwestern
betrachten, enttäuschen, so sind wir im Gegensatz zu unseren Freunden
der tiefen Überzeugung, dass wir durch Festhalten an unserem Glauben
keineswegs – wie man uns vorwirft – gegen den Heilsplan Gottes rebellie-
ren, im Gegenteil, wir sind der Überzeugung, dass der Heilsplan der göttlichen Erlösung beide Religionen, Judentum und Christentum, umfasst
und zur Voraussetzung hat, dass wir Juden bei unserem Väterglauben
bleiben, so wie wir es seit Jahrtausenden getan. Gerade in unserer unbeug-
samen und unwandelbaren Treue zum einig-einzigen Gott lag in der Vergangenheit unsere religionsgeschichtliche Bedeutung, liegt in der Zukunft
das Heil für alle.

VI.

Dies ist nicht nur die jüdische Auffassung, es ist auch die Ansicht vieler
Christen. So mag für uns Zeugnis ablegen ein tiefgläubiger Christ, ein grosser Gelehrter, einer der besten Kenner des Judentums und des Christentums
zugleich. In seinem Buche «Die Pharisäer»[2] sagt Travers Herford über das
Verhältnis zwischen Judentum und Christentum unter anderem folgendes:

«Es kann die gewöhnliche Antwort, dass das Judentum die Vorbereitung auf das Christentum war, nicht anerkannt werden. Das Judentum ist
ebenso tief in den Herzen und in der Seele seiner Anhänger verwurzelt
wie das Christentum bei den Christen.»

«Die Erfüllung des göttlichen Heilsplanes erforderte das Vorhanden-
sein und den Einfluss beider Typen von Religionen (Judentum und Christentum) und nicht nur des einen. Beide waren notwendig und beide
erschienen zur rechten Zeit in der Welt.»

«Der jahrhundertelange Versuch von Christen, Juden zu bekehren,
zeigt nur, dass die Christen nicht das leiseste Verständnis für das Wesen
der Sache hatten.»

«Die christlichen Bemühungen, die Juden zu bekehren oder das Judentum zu zerstören, waren in Wirklichkeit Attentate auf das eigene Leben, da es Bemühungen waren, eine Religionsform zu unterdrücken, die zwar anders war als die eigene, aber ebenso notwendig wie sie, wenn ihre eigene Aufgabe erfüllt werden sollte. Die Kirche betrachtete ein lebendiges Judentum als eine ständige Gefahr, doch ein totes Judentum wäre ein verhängnisvolles Unheil geworden.»

«Das Judentum wartete und wartet noch immer, nicht aus teilweiser Blindheit, die es befallen, sondern weil das Beste, was es zu geben hat, erst Annahme finden kann, wenn das Christentum sein Werk der Vorbereitung beendet hat.»

Dies ist auch die Auffassung eines der Grössten in Israel, Moses Maimonides, der in seinem Hauptwerk, «Jad Hachasaka»[3], anknüpfend an einen Ausspruch des Propheten Zephanja (3,9), ausführt, dass Islam und Christentum, die beiden Töchterreligionen des Judentums, als Vorboten des Messias zu betrachten seien, dazu berufen, das Gottesreich auf Erden vorzubereiten. Beiden sei weltgeschichtliche Sendung an die Heidenwelt nach dem Ratschlusse Gottes zuerteilt worden.

Diese Auffassung von dem gegenseitigen Verhältnis der Religionen scheint uns die wahre und die versöhnlichste zu sein. Sie stellt keine Anforderung an die andere Religion als die, dass eine jede das Beste aus ihrem Bezirke zum Reiche Gottes beitragen soll. So wird der Heilsplan Gottes gefördert durch die Zusammenarbeit aller Menschen und aller Konfessionen, durch eine Zusammenarbeit im Geiste gegenseitigen Verständnisses und gegenseitiger Verantwortung. In diesem Sinne sollen, ja, müssen wir uns alle bekehren, und in diesem Sinne müssen wir alle täglich streben nach dem Reiche Gottes.

VII.

Meine lieben Zuhörer! Wir sind am Schlusse unserer Betrachtung angelangt und fassen unsere Gedanken in folgenden Worten zusammen:

Wir glauben an das Herannahen und das Heranreifen des göttlichen Heilsplanes. Das tausendfältige Weh, das jetzt über alle Völker der Welt zieht, wird die Saat der Herzen schneller zum Reifen bringen und Entwicklungen zeitigen, wie wir sie vielleicht nie geahnt haben. Damit das Gottesreich auf Erden sich verwirkliche, müssen wir über alle Differenzierungen hinweg auf das grosse Ziel hinblicken, das unsere Propheten für uns und die ganze Menschheit aufgezeigt haben. Ein jeder von uns hat die Pflicht, einen Baustein beizutragen zu diesem messianischen Reiche, dem Reiche einer besseren, mit Gott verbundenen Menschheit.

Wir danken daher den Vertretern der evangelischen Kirche, dass sie, von einem neuen Geiste beseelt, in jahrhundertalte Vorurteile gegen die Bekenner des Judentums eine starke Bresche gelegt und die uns zuteil gewordene ungerechte Behandlung offen und rückhaltlos missbilligt haben, ja, sich mit uns eins fühlen in Not und Gefahr, dies nicht nur auf der Grundlage des Glaubens, sondern – wie sie es selbst betonen – auch auf Grundlage der Menschlichkeit und der Brüderlichkeit.

Wenn sich alle Konfessionen in solchem Geiste der Nächstenliebe und der Gerechtigkeit zusammenfinden, dann sind die Voraussetzungen zum Heilsplane Gottes erfüllt, dann ist die Menschheit wahrhaft bekehrt, nicht durch einen für uns Juden neuen erlösenden Glauben, sondern durch eine für alle erlösende Tat.

Bis zum Herannahen dieser Zeit wird, wie seit Jahrtausenden, in jedem jüdischen Herzen, in jedem jüdischen Hause das unwandelbare jüdische Glaubensbekenntnis ertönen: «Höre Israel, der Ewige ist unser Gott, der Ewige ist einzig.»

Amen.

EKKEHARD W. STEGEMANN

Eine Predigt «aus ernster Zeit»

Rabbiner Weils Antwort auf den «Weihnachtsbrief»

Rabbiner Dr. Arthur Weil (1880–1959) hat in Strassburg und Berlin studiert und in Ägyptologie promoviert. Seine Dissertation «Die Veziere des Pharaonenreiches» (1908) und andere Werke, etwa über «Maimonides und sein Werk» (1954), weisen ihn als einen der Wissenschaft zugewandten Gelehrten aus. 1957 wurde er mit der hohen Auszeichnung eines Ritters der französischen Ehrenlegion bedacht, nicht zuletzt für seine auf Französisch erschienenen historischen Untersuchungen (z. B. Histoire postbiblique, 1920; Histoire sainte illustrée, 1922; Contes et Légendes d'Israël, 1928).

Geboren wurde er in Hatten im Elsass. Gestorben ist er in Basel und beerdigt auf dem Israelitischen Friedhof an der Theodor-Herzl-Strasse. Seine Ausbildung zum Rabbiner erhielt er am orthodoxen Rabbinerseminar in Berlin, das 1873 von dem berühmten Gelehrten Rabbiner Dr. Esriel Hildesheimer gegründet worden war und zur wichtigsten Ausbildungsstätte für «neo-orthodoxe» Rabbiner in Europa wurde. Bevor Rabbiner Weil nach Basel kam, amtierte er in Paris und Bischheim bei Strassburg. Er war wie sein rabbinischer Lehrer der Richtung der deutschsprachigen modernen Orthodoxie verpflichtet, die das Lernen der Tora mit dem Studium der «säkularen» Kultur («Tora im Derech Erez») verbunden hatte und die Quellen der jüdischen Traditionsliteratur mit Methoden wissenschaftlicher Textkritik untersuchte.

Dr. Weil wurde zum Nachfolger von Rabbiner Dr. Arthur Cohn in Basel gewählt und amtierte 30 Jahre (1926–1956). Wie sein Vorgänger und sein Lehrer Hildesheimer war er zionistisch gesinnt, wovon das Buch «Zwischen Gola und Medina» (Basel 1951) Zeugnis ablegt. Es versammelt Predigten und Ansprachen von Rabbiner Weil, unter anderem auch eine Rede vom 15. Mai 1948 in Reaktion auf die Unabhängigkeitserklärung des Staates Israel.

Während seiner Amtszeit zählte die Israelitische Gemeinde Basel zwischen ungefähr zweitausendsechshundert und zweitausendneunhundert Mitglieder. Das war in der neueren Geschichte der Gemeinde der höchste Mitgliederbestand, nicht zuletzt bedingt auch durch die Flüchtlinge, die sich nach Basel retten konnten.

Der «Weihnachtsbrief» –
Solidaritätsbekundung und Bekehrungsanspruch

Heiligabend 1942 erschien ein «Weihnachtsbrief an unsere Juden» in der Schweiz, unterzeichnet unter anderem von den Basler Theologen Karl Barth, Eduard Thurneysen und Wilhelm Vischer und weiteren Theologen und Christinnen und Christen aus dem Kreis des Schweizerischen Evangelischen Hilfswerks für die Bekennende Kirche in Deutschland (SEHBKD). Wenige Tage danach hat der damalige Rabbiner der Israelitischen Gemeinde Basel, Dr. Arthur Weil, darauf reagiert. In seiner Predigt am Schabbat des 2. Januar 1943 will er sowohl den «christlichen Freunden», aber «vor allem» den eigenen «Glaubensgenossen» auf diese «aussergewöhnliche Kundgebung» evangelischer Christinnen und Christen antworten. Er zeigt sich beeindruckt von dem «neuen Geist», der aus diesem Brief spricht. Aber er bekräftigt auch zugleich das «Festhalten an unserem Glauben» und bekennt sich zur eigenen heilsgeschichtlichen Würde des Judentums, weswegen denn auch der Titel, unter dem die Predigt erschienen ist, «Israels Bekenntnis» heisst. Rabbiner Weil nimmt den doppelten Duktus des «Weihnachtsbriefes» in seiner Predigt auf, der sich einerseits in der christlichen Anteilnahme an der «namenlose(n) Not» des jüdischen Volkes, der Zusicherung weiterer Solidarität und in der Selbstkritik am jahrhundertealten christlichen Judenhass zeigt, andererseits aber auch in dem heilsgeschichtlich-judenmissionarischen Anspruch für Jesus von Nazareth als dem «im Alten Testament angekündigten Messias … und Erlöser» der Juden. Kulminiert diese zweite Linie im pathetischen Ausruf eines «Wehe der Judenschaft, wenn sie sich jetzt im Widerstand gegen Christus versteifen würde», so jene erste mit gleicher Rhetorik im «Wehe der Christenheit, wenn sie sich vom heidnischen Denken ins Schlepptau des Antisemitismus einfangen liesse». Das «Schuldbekenntnis», aber auch und vor allem die Solidarität in Wort und Tat mit den verfolgten Juden ist der Anlass dafür, dass die Predigt von einem «neuen Geist» spricht. Allein, es ist nun auch zu beachten, dass der christliche Judenhass, zu dem dieser Brief sich als Schuld bekennt, vor allem auch als ein Hindernis dafür gilt, dass die Juden Jesus als ihren Messias und Erlöser nicht anerkennen. «Die christlichen Völker» haben, statt «das alte Bundesvolk Israel in der Geduld Christi (zu) ertragen», es «in erschütterndem Masse daran fehlen lassen», durch ihr Verhalten zu bezeugen, «dass der von den Juden verworfene Jesus von Nazareth der wahrhaftige Gottessohn ist, der grosse Erbarmer und einzige Seligmacher auch für sein eigenes Volk». Und umgekehrt versteht der «Weihnachtsbrief» die Angriffe auf das Judentum auch als Beginn einer Verfolgung, die schliesslich auch die christliche Kirche mit einbeziehen wird: «Mit der Verhöhnung der alttestamentlichen Botschaft wird die Axt auch an die Wurzel der neutestamentlichen Gemeinde gelegt; mit der Zerstörung der Synagoge soll eine erste Bresche geschlagen sein, um dann auch zur Vergewaltigung der christlichen Kirche die Bahn frei zu bekommen.» Das «dogmatische» Verhältnis, das der Brief zu den Juden einnimmt, ist also durchaus dem traditionellen christlichen Absolutheitsanspruch entsprungen, aber zugleich von einem Bewusstsein grundlegender Zusammengehörigkeit von Christen und Juden geprägt. Letzteres drückt sich zumal in der Anrede der Adressaten und Adressatinnen am Ende dieses Briefes («liebe jüdische Brüder und Schwestern») und in der Bezugnahme auf ein Trostwort des Propheten Jesaja (42,3) aus, «das in Ihrer und in unserer Bibel steht». Für den «Weihnachtsbrief» gibt es einen «Heilsplan» Gottes, der Juden und Christen «umfasst» und in Jesus von Nazareth als Gottessohn, Messias und Erlöser beschlossen ist. Es fehlt im «Weihnachtsbrief» also nicht das traditionelle heilsgeschichtliche und judenmissionarische Inventar, freilich mit einer Ausnahme: der Verwerfungstheologie. Der Basler Theologe Wilhelm Vischer, der die Redaktion des Entwurfs des Briefes leitete, hat es denn auch als eindeutige «Absicht der Verfasser» des Briefes bezeichnet, «die J(uden) zur Bekehrung aufzufordern».[4] Deshalb fehlt die klassische Verwerfungs- und damit Substitutionstheologie, die eine heilsgeschichtliche Ablösung des Judentums durch das Christentum lehrt. Denn gerade um die Frage, in welcher Weise die Nähe oder Zusammengehörigkeit von Christen und Juden theologisch zu beschreiben sei, hatten zumal Barth und Vischer kurz vorher in einem Streit um die Auslegung von Johannes 4,22 die «unlösliche» Beziehung zwischen beiden betont. Das grammatische Präsens im Satz: «Das Heil *kommt* von den Juden» drückt für sie im Unterschied zu Emil Brunner und Walter Zimmerli, die auf der anderen Seite stritten,[5] die weitergehende Bedeutung Israels in der und für die Heilsgeschichte aus. Gerade darin lag auch ein wichtiges Argument für die Judenmission, wie wir noch sehen werden.

Die Predigt – Bekenntnis zur eigenen Sendung
und zur Sendung der anderen
Die Predigt von Arthur Weil nimmt fern von einer apologetischen Haltung zum «Weihnachtsbrief» eine selbstbewusste Position ein. Sie formuliert einen eigenen «dogmatischen» Anspruch für das Judentum, eben ein «Bekenntnis Israels», um dann jedoch auch die Rolle des Christentums «im göttlichen Heilsplan» aus jüdischer Sicht zu würdigen. Die Predigt fand an dem Schabbat statt, an dem im jährlichen Zyklus der Toralesung die

Paraschat Schmoth, also der Abschnitt Exodus 1,1 – 6,1, gelesen wurde. Der Bezug auf diesen Text ist jedoch gering, wenn nicht gar inexistent. Auch die allgemeine Referenz darauf im ersten Satz ist nur Anlass, das Thema der Predigt, nämlich «das Judenproblem», geschichtlich zu lokalisieren: «Mit dem Einzug der Kinder Israels nach Ägypten war zum ersten Mal das Judenproblem entstanden.» Das Stichwort «Judenproblem» ist gewagt. Denn mit ihm bzw. dem verwandten Begriff «Judenfrage» verknüpft sich das ganze Syndrom des antijüdischen und antisemitischen Hasses der Mehrheitsgesellschaften Europas und nicht zuletzt in der damaligen Zeit die euphemistische Bezeichnung «Endlösung», die die grausige Realität der Deportationen und Morde, der Schoah, zugleich verschleiern und rechtfertigen sollte. Immer war mit dem Begriff «Judenfrage» die Unterstellung verbunden, dass die Existenz der Juden als Juden in den europäischen Gesellschaften an sich ein Problem wäre, das gelöst werden müsste. Nicht als Problem der Christen, die ihre Zivilisationsgefährten von Anfang an malträtiert, entrechtet, geschmäht und verfolgt haben, sondern als das der Juden, die an ihrer Identität festhielten und gar stolz auf sie waren, wurde das «Judenproblem» diskutiert. Rabbiner Weil sieht natürlich und benennt auch den Verfolgungszusammenhang des Begriffs, wie wir noch ausführen werden. Der Prediger fordert darum Gerechtigkeit für das jüdische Volk, zeigt jedoch erstaunlicherweise Verständnis dafür, dass dies nicht «schnell» sich einstellt. Denn Israels Selbstverständnis, das Selbst- und Sendungsbewusstsein des jüdischen Volkes, «im Auftrage Gottes zu stehen und zu handeln», ist für ihn Grund des Anstosses, den man an den Juden nimmt. Mit anderen Worten: Indem Israel nicht unterschiedslos in der Mehrheitsgesellschaft untergeht, sondern sich zu seiner einzigartigen Sendung als Volk Gottes an die Völker bekennt und daran festhält, von Gott erwählt zu sein, trifft es auf Argwohn, Misstrauen, Unverständnis und Feindschaft. Israels Martyrium impliziert aber die «Hoffnung, dass trotz allem der Tag herannahen wird, an dem die Gotteserkenntnis sich über die ganze Erde ausbreiten werde, ‹so wie die Wasser den Meeresgrund bedecken›» (Jes 11,9). Das jüdische Volk hat einen Anspruch, weil es erwählt wurde von Gott zu dieser Sendung an die Menschheit. Die biblische Metapher «Licht der Völker», die traditionell diese Sendung Israels beschreibt, fällt zwar nicht. Aber sie ist gemeint. Und Rabbiner Weil interpretiert sie eben auch traditionell als die Mission, die Völker zur Erkenntnis des einzigen Gottes zu führen. Dass die Predigt, wie gesagt, also durchaus auch einen «dogmatischen» Anspruch formuliert, das macht ihre Kraft und Grösse aus. Es geht um etwas, wenn es um die Juden geht, um etwas Entscheidendes für die Menschheit, nämlich um den Glauben, dass in der Anrufung des einzigen Gottes «das Reich des Friedens und der Versöhnung, das Reich der Gerechtigkeit und der Nächstenliebe, nicht nur für Israel allein, sondern für alle Menschen» vorbereitet wird. Gerade hierin nun wird aber ein entscheidender Unterschied zum «Weihnachtsbrief» und zu seiner Zumutung an die Juden deutlich. Während der christliche Absolutheitsanspruch die Bekehrung von Juden zum Christentum erwartet, erwartet der jüdische Anspruch auf die Erkenntnis des einzigen Gottes keine Bekehrung von Christen zum Judentum, sondern eine friedliche, gerechte und solidarische Menschheit durch die Erkenntnis der Einzigkeit Gottes. Genau diesen Unterschied zum Bekehrungsanspruch bezeichnet die Predigt mit den Worten: «Das Judentum hat keinerlei Forderungen an das Christentum.» Und die Bekehrungserwartung des Briefes wird quittiert mit: «Hier trennen sich unsere Glaubenswege.» Rabbiner Weil weist dabei jedoch auch zurück, dass die Juden wegen der christlichen Verfolgung den «Stifter des christlichen Glaubens» abgelehnt hätten. Vielmehr deutet er einen religiösen und theologischen Grund an, wenn er sagt, dass «der Gedanke des einzigen Gottes von Abraham her so tief in unseren Herzen verwurzelt ist, dass wir ihn nicht aufgeben könnten, ohne uns selbst aufzugeben». Mehr betont er aber die Treue zum eigenen Glauben als etwa die Kritik am christlichen. Denn «die heutige Notzeit, die mit so vielem Tageselend erfüllt ist, (ist) für tiefgreifende Religionsdisputationen wenig geeignet». Er möchte «das gute Verhältnis, das heute in der Schweiz zwischen Christen und Juden besteht», nicht «durch unzeitgemässes Hervorheben gegenteiliger Glaubensmeinungen getrübt» sehen. Deshalb stellt er auch fest, dass das Judentum nie «die Existenzberechtigung der christlichen Religion geleugnet» oder das Christentum «bekämpft» hat. Es hat ihm und dem Islam vielmehr, wie er unter Berufung auf Maimonides ausführt, eine Rolle im «Heilsplan Gottes» zugeschrieben, nämlich «Vorboten des Messias» zu sein, «dazu berufen, das Gottesreich auf Erden vorzubereiten». Seine Vision «von dem gegenseitigen Verhältnis der Religionen» ist darum, «dass eine jede das Beste aus ihrem Bezirke zum Reich Gottes beitragen soll». Ja, er spricht von einer Kooperation der Religionen und Konfessionen «im Geiste gegenseitigen Verständnisses und gegenseitiger Verantwortung».

«Weihnachtsbrief» und Predigt – frühe Dokumente
eines christlich-jüdischen Gesprächs
Der «Weihnachtsbrief» wie die Predigt des Rabbiners sind bemerkenswerte Dokumente der Vorgeschichte eines Diskurses, den man heute den «christlich-jüdischen Dialog» nennt. Und sie bringen auch grundlegende

Themen dieses interreligiösen Gesprächs zur Sprache. Wichtig zu erwähnen ist jedoch, dass sie auch in einer persönlichen Kontaktaufnahme zwischen jüdischen und christlichen Bürgern und Bürgerinnen der Schweiz gründen. Denn der «Weihnachtsbrief» ist die Frucht einer Begegnung, zu der die Komiteemitglieder des SEHBKD, der Zürcher Kirchenrat und eine jüdische Delegation von Paul Vogt und Gertrud Kurz nach Zürich eingeladen worden waren und bei der Ende November 1942 der Oberrabbiner der Israelitischen Cultusgemeinde Zürich, Dr. Zwi Taubes, ein Referat hielt. Anlass dieses Treffens wie dann auch des «Weihnachtsbriefes» waren dramatische und besorgniserregende Informationen über Massendeportationen und -vernichtungen von Juden im Osten, die seit 1941 vereinzelt, ab Mitte 1942 zunehmend auch in die Schweiz gelangten.[6] Angesichts dieser Lage ist allerdings erstaunlich, wie allgemein und vage der «Weihnachtsbrief» in der Bezeichnung der stattfindenden Morde blieb. Sowohl das Referat von Rabbiner Taubes als auch ein anschliessender Bericht des Sekretärs der ökumenischen Flüchtlingshilfe Adolf Freudenberg bei dem Zürcher Treffen hatten die antijüdische Politik Nazideutschlands seit 1933 und die Massenmorde in Polen, die «Abschlachtung», wie Paul Vogt und Gertrud Kurz in ihrem Einladungsbrief geschrieben haben, offen benannt und in Einzelheiten dargestellt.[7] Und auch der Entwurf, den der Zürcher Theologe Oskar Farner für den «Weihnachtsbrief» hergestellt hatte, war in dieser Hinsicht eindeutiger. Bei Farner steht: «Die *Schreckensnachrichten* von der namenlosen Not Ihrer Brüder und Schwestern im Ausland lasten mit erdrückender Schwere auf unserer Seele» (Kursivierung von mir, E. St.).[8] Und bemerkenswert ist auch, dass in Farners Entwurf noch stand: «Glauben Sie es uns, liebe jüdische Brüder und Schwestern: unser Herz blutet vollends darob, dass *gerade heute*, wo *unerhörteste Grausamkeit* sich über ihr Volk entladet, die Kirchen weithin dazu *schweigen*» (Kursivierungen von mir, E. St.). Gleichwohl ist nun auch nicht gering zu schätzen, dass evangelische Christen und Christinnen in diesem Brief auf die Juden zugehen und öffentlich zu ihnen stehen, ihre Solidarität und Zusammengehörigkeit zum Ausdruck bringen, und zwar durchaus selbstkritisch. Dieses «Schuldbekenntnis» traf ebenso auf innerchristliche Kritik wie dessen Verquickung mit einem Bekehrungserwarten. Die eingehende Untersuchung der Vorgeschichte des «Weihnachtsbriefes» und des unmittelbar auf seine Veröffentlichung folgenden Echos in der Schweiz, die zuletzt Peter Aerne vorgelegt hat, macht diese Ambivalenz in der Entstehung und ersten Rezeption des «Weihnachtsbriefes» deutlich.[9] Bei aller notwendigen Kritik, die heute zu üben ist, soll jedoch auch beachtet werden, dass der Brief sich an die Seite der Juden stellt und ihnen Schutz und Solidarität zusagt.[10] Das ist von der Indifferenz, die andere übten, deutlich unterschieden, um von Schlimmerem zu schweigen.

Asymmetrien – Bekehrungsanspruch und Leidensgedächtnis

Dennoch muss die Predigt von Rabbiner Weil und angesichts des Publikums, vor dem sie gehalten wurde, auch auf dem Hintergrund des Bekehrungserwartens des «Weihnachtsbriefs» und seiner klassischen christlichen Klischees von Juden gelesen werden. Gerade in Basel hatte die Schweizer Judenmission ihr institutionelles Zuhause. Hier hatte sie prominente Anhänger und Unterstützer, auch aus den Reihen der Unterzeichner des Briefes. Wilhelm Vischer zumal war kurze Zeit Präsident des «Vereins der Freunde Israels», dessen Zweck auch die Gewinnung von Juden für den christlichen Glauben war. Die Judenmission war eines seiner glühendsten praktisch-theologischen Anliegen. Dies war auch in seiner Theologie und zumal in seiner alttestamentlichen Exegese theoretisch grundgelegt[11], zugleich aber von den traditionellen christlichen Autoklischees und antijüdischen Stereotypen durchtränkt.[12] Auch Karl Barth war zu jener Zeit, wie allein seine Unterschrift unter dem Brief zeigen kann, nicht der theologische Gegner der Judenmission, der er später wurde (vgl. KD IV/3,1005). Gewiss, der «Weihnachtsbrief» vermeidet klassische Reizwörter aus dem Umfeld christlicher Judenbilder wie «Verstockung», «Halsstarrigkeit», «Blindheit». Doch das semantische Feld dieser antijüdischen Stereotype kehrt auch in ihm wieder, wenn die Unterzeichner von sich selbst sagen, im Unterschied zu den Juden «war uns die *Binde von den Augen* genommen», und wenn er das schon erwähnte «Wehe» über die Juden ausspricht, sofern «sie sich jetzt im *Widerstand* gegen Christus *versteifen*» würden. Diese Stereotype werden jeweils in christliche Selbstkritik am Judenhass eingebunden, aber als Wurzel desselben nicht erkannt. Noch die schon erwähnte, an Johannes 4,22 behauptete weiter bestehende Bedeutung des Judentums für die gegenwärtige Heilsgeschichte impliziert etwa für Vischer einen ganzen apokalyptischen Mythos. Vischer sagte zur Erläuterung damals: «Es war so und ist so und wird so sein, dass das Heil von den Juden kommt. Und zwar deshalb, weil das Heil allein aus Gnade geschenkt wird und weil die siegreiche Durchführung dieses freien Ratschlusses ein für allemal an die Juden gebunden ist.»[13] Wenn die Juden sich zu Christus bekehrten, dann würde jedoch nach seiner Auffassung die Erlösung kommen. Wo sie das nicht tun, gehe das alte Welttheater weiter.[14] Die Schwäche des messianischen Glaubens der Christen, nämlich dass die Erlösung der Welt noch weiter aussteht, wird damit auf die Juden verschoben. Judenmission und christlicher Absolutheitsanspruch mit ihren antijüdischen Stereotypen und christlichen Selbstklischees jedoch waren natürlich aus jüdischer Perspektive ein klarer und offener Angriff auf die Integrität und Würde jüdischer Identität und verbunden mit schrecklichsten Erinnerungen an christliche Verfolgungen. Nicht zufällig greift die Predigt von Rabbiner Weil diese im jüdischen Kollektivgedächtnis eingebrannten geschichtlichen Erfahrungen mit dem christlichen Absolutheitsanspruch ausdrücklich auf und stellt dem das Festhalten der Juden an ihrem Bekenntnis trotz aller Leiden zur Seite. Im vierten Abschnitt wird dieser Gedanke zentral. Zunächst wird lapidar das Ausbleiben der Erlösung festgestellt, nicht nur für das jüdische Volk, sondern auch für die christliche Welt. Für Rabbiner Weil wird gerade an den christlichen Verbrechen an den Juden, die das Schuldbekenntnis des «Weihnachtsbriefs» anspricht, am deutlichsten, dass diese Erlösung aussteht. Er hat dem selbstkritischen Ansatz des «Weihnachtsbriefes» damit eine Wendung gegeben, die er selbst nicht beabsichtigt hat. Denn näher lag vielen Christen, wie erwähnt, das Ausbleiben der (sichtbaren) Erlösung den Juden und ihrer Nichtanerkennung Jesu von Nazareth als Messias und Erlöser anzulasten. Und wir erwähnten ja auch schon, dass der «Weihnachtsbrief» das Schuldbekenntnis insbesondere mit dem Gedanken verbunden hat, dass die christliche Verfolgung der Bekehrung der Juden hinderlich war. Der Basler Kirchenratspräsident Alphons Koechlin fand übrigens, wie den Archiven zu entnehmen ist, das Eingeständnis von Schuld überhaupt für eine verfehlte Selbsterniedrigung der Kirche vor den Juden.[15] Der Prediger zitiert das altkirchliche *extra ecclesiam nulla salus* und die mittelalterlichen Bekehrungen «mit Feuer und Schwert», um an die Gewaltorgien während der Kreuzzüge mit ihrer Parole «Tod oder Taufe» zu erinnern. «Alle Mittel wurden im Laufe der Jahrhunderte zur Anwendung gebracht, um die ‹Halsstarrigkeit› der ungläubigen Juden zu brechen und sie zur Anerkennung des christlichen Glaubens zu zwingen», sagt er. Und er erwähnt Verfolgungsmassnahmen aus der Geschichte, die, ohne dass dies gesagt würde, grausige Aktualität in der Gegenwart wieder geworden waren, wie die Stigmatisierung mit dem «gelben Fleck», die «Aussonderungen» und so weiter. Rhetorisch kulminiert dieser Abschnitt in dem Satz der Predigt: «Unser Leidensweg durch die Jahrhunderte ist mit jüdischem Blute getränkt und mit jüdischen Tränen reichlich benetzt.» Dem steht nun auf der anderen Seite der Stolz auf die Treue der Juden zu ihrem Bekenntnis zum einen Gott in allen Verfolgungen gegenüber: «Nein, Israel hat mit wenigen Ausnahmen seinen Väterglauben nie verleugnet, auch in den schwersten Zeiten nicht.» Und dazu gehört auch die indirekte Abweisung des christlichen Anspruchs, in Jesus von Nazareth den jüdischen Messias und Erlöser anzuerkennen: «(Israel) betete (täglich) und betet noch heute um das Kommen *seines* Messias, *seines* Erlösers» (Kursivierung von mir, E.St.). Und gleichwohl würdigt die Predigt, um es noch einmal zu erwähnen, die Solidarität, die der «Weihnachtsbrief» den Juden in der Schweiz zusagt.

Schluss

Die Tendenz der Predigt von Rabbiner Weil, Versöhnung und Zusammenarbeit zwischen den Religionen unter ihren jüdischen Zuhörern zu fördern, ist noch heute bewegend, zumal wenn man sie im Bewusstsein der Schreckenszeit liest, in der sie entstanden ist. Wegweisend für den interreligiösen Dialog scheint mir zu sein, dass sie die «Existenzberechtigung» der je anderen Religion ausdrücklich anerkennt, und zwar aus eigenen religiösen Gründen. Für Rabbiner Weil umfasst der «Heilsplan Gottes» auch die Existenz des Christentums und des Islam. Sie werden nicht nur im besten Fall «ertragen», sondern sind «*berufen*, das Gottesreich auf Erden vorzubereiten» (Kursivierung von mir, E. St.), sie haben eine «weltgeschichtliche *Sendung* an die Heidenwelt nach dem Ratschlusse Gottes» (Kursivierung von mir, E. St.). Dies schliesst Absolutheitsansprüche, Bekehrungsversuche und andere Übergriffe auf die jeweils anderen aus, aber durchaus «Religionsdisputationen» über verschiedene «Glaubensmeinungen» ein, freilich zur rechten Zeit. Vor allem aber setzt dies voraus, in der Treue der anderen zu ihrem jeweils eigenen Glauben gerade auch eine Treue zum göttlichen Heilsplan und keine Blindheit oder Verstockung oder Halsstarrigkeit zu sehen. Nichtzugehörigkeit bedeutet nicht Leugnung und schliesst die Anteilnahme am anderen gerade ein. Das ist ein Konzept, das der «Weihnachtsbrief» nicht akzeptieren konnte. Dass es jedoch auch von Christen geteilt werden kann und schon damals geteilt wurde, zeigen die Zitate, die Rabbiner Weil aus dem grossartigen Buch «Die Pharisäer» des britischen Unitariers und grossen Gelehrten Robert Travers Herford in seine Predigt eingeflochten hat. Daran können auch wir heute anknüpfen und knüpfen wir an. Nicht zuletzt hat der in diesem Band Geehrte in vielerlei Hinsicht und mit Wort und Tat für Zusammenarbeit und Frieden, für mehr Verständnis unter den Religionen und speziell auch für die Freundschaft der christlichen Kirchen mit dem Judentum gewirkt. Sein besonnenes, integres und versöhnliches Wesen als Kirchenratspräsident verdient ebenso Respekt und Dank wie sein theologischer Ernst. Etwas von diesem Dank an Pfarrer Dr. Georg Vischer möchte dieser Beitrag zum Ausdruck bringen.

Anmerkungen

1 «Juden, Christen, Judenchristen». Ein Ruf an die Christenheit, herausgegeben vom schweiz. evang. Hilfswerk für die Bekennende Kirche in Deutschland 1939.

2 Übersetzt aus dem Englischen von Dr. Walter Fischel (1928), S. 267–285.

3 Hilchot Melachim XI, siehe hierzu Guttmann: Das Judentum und seine Umwelt, S. 157.

4 Peter Aerne, «Wehe der Christenheit … Wehe der Judenschaft …». Der «Weihnachtsbrief» an die Juden in der Schweiz von 1942 (Teil I), in: Judaica 58 (2002) 234–260: 251.

5 Vgl. dazu Eberhard Busch, Unter dem Bogen des einen Bundes. Karl Barth und die Juden 1933–1945, Neukirchen-Vluyn 1996, 375 f.

6 Vgl. dazu Eberhard Busch a. a. O., S. 493 ff.; Peter Aerne a. a. O.

7 Vgl. Busch a. a. O., S. 496 f.

8 Vgl. dazu Peter Aerne a. a. O., S. 246 f. Dort auch die Archivbelege. Pfarrer H. Rusterholz hat mir dankenswerterweise eine Abschrift des Entwurfes von Farner zur Verfügung gestellt.

9 Vgl. dazu Aerne a. a. O., S. 246 ff.

10 Vgl. Marianne Jehle-Wildberger, Das Gewissen sprechen lassen. Die Haltung der St. Galler Kirche zu Kirchenkampf und Flüchtlingsnot 1933–1945, Zürich 2001, 147.

11 Vgl. Stefan Felber, Wilhelm Vischer als Ausleger der Heiligen Schrift. Eine Untersuchung zum Christuszeugnis des Alten Testaments, Göttingen 1999.

12 Vgl. Ekkehard W. Stegemann, Vom Unverständnis eines Wohlmeinenden. Der reformierte Theologe Wilhelm Vischer und sein Verhältnis zum Judentum während der Zeit des Nationalsozialismus, in: Aram Mattioli (Hg.), Antisemitismus in der Schweiz 1848–1960, Zürich 1998, 501–520.

13 Wilhelm Vischer, Die Hoffnung der Kirche und die Juden, in: Die Hoffnung der Kirche. Verh. D. Schweizer. Ref. Pfarrvereins, 83. Versammlung 28.–30. Sept. 1942 in Liestal, Lüdin AG Liestal, 75–102, zitiert nach dem Wiederabdruck in Communio Viatorum 2 (1959) 17–34:31.

14 Vgl. Vischer a. a. O., S. 31 f. und dazu auch meinen Aufsatz (bes. S. 514 f.).

15 Vgl. Aerne a. a. O., S. 248 f.

RICHÁRD BODOKY

Was passiert mit unserer Kirche? Wie kann sie bestehen?

Gehalten zu Pfingsten 1947
in Budapest/Ungarn

Als sie aber freigelassen waren, kamen sie zu den Ihrigen und berichteten alles, was die Hohenpriester und die Ältesten zu ihnen gesagt hatten. Da erhoben sie, als sie es hörten, einmütig die Stimme zu Gott und sprachen: Herr, du bist es, der den Himmel und die Erde und das Meer und alles, was darin ist, gemacht hat, der du durch den Mund Davids, deines Knechtes, gesagt hast: «Warum tobten die Völker und sannen die Nationen vergebliche Dinge? Die Könige der Erde traten auf und die Fürsten rotteten sich zusammen wider den Herrn und wider seinen Gesalbten.» Denn in Wahrheit rotteten sich zusammen in dieser Stadt wider deinen heiligen Knecht Jesus, den du gesalbt hast, Herodes und Pontius Pilatus mit den Heiden und der Volksmenge Israels, um alles zu tun, was deine Hand und dein Ratschluss vorherbestimmt hatte, dass es geschehen sollte. Und jetzt, Herr, sieh auf ihre Drohungen und verleihe deinen Knechten, dein Wort mit aller Freimütigkeit zu verkündigen, indem du die Hand ausstreckst zur Heilung und Zeichen und Wunder geschehen durch den Namen deines heiligen Knechtes Jesus. Und als sie gebetet hatten, erbebte der Ort, an dem sie versammelt waren, und alle wurden mit dem heiligen Geist erfüllt und verkündigten freimütig das Wort Gottes.
Die Menge der Gläubiggewordenen aber war ein Herz und eine Seele; und auch nicht einer sagte, dass etwas von seinem Besitz sein eigen sei, sondern alles war ihnen gemeinsam. Und mit grosser Kraft legten die Apostel das Zeugnis von der Auferstehung des Herrn Jesus ab, und grosse Gnade war auf ihnen allen. Apostelgeschichte 4,23–33

In unseren Tagen stellen sich immer häufiger und aktueller die Fragen: Was passiert mit unserer Kirche? Wie kann sie bestehen?

Diese sind keine akademischen Fragen, sondern sie sind aufgrund einer – unerbittlichen – Wirklichkeit entstanden, die in unserer christlichen Gemeinde so viel Ratlosigkeit, Hoffnungslosigkeit und Verlassenheitsgefühle hervorruft, dass man unwillkürlich an die erste, vorpfingstliche Gemeinde denken muss. Die Jüngerinnen und Jünger hatten damals keine andere Möglichkeit, als dass sie sich immer wieder die Gestalt Jesu ins Gedächtnis riefen, sich an die Geschichte seines Lebens, Leidens, Todes, seiner Auferstehung und Himmelfahrt erinnerten. Für sie war das eine bereits abgeschlossene Geschichte, die ihnen aber gleichzeitig die Möglichkeit bot, vorwärts zu schauen, trotzdem zu hoffen. Aus der Erinnerung heraus verstanden sie, was sie in ihrer aktuellen Situation einzig und allein tun konnten: in die Zukunft schauen, anklopfen und inständig beten. Es war eine Zeit des gottgewollten Wartens. Jede andere Beschäftigung – wie die Diskussionen über die Fragen des Apostolats oder über den leergewordenen zwölften Platz – brachte nur wenig. Die theoretische Neuorientierung in Organisationsfragen brachte die Sache Christi um keinen Schritt weiter. Sie wurde einzig und allein durch die Erfüllung der Verheissungen weitergebracht. Die scheinbar verlassenen, ratlosen und traurigen, ernsthaft bedrängten Christen von heute wissen, dass sie die Frage nach dem Schicksal der Kirche erst dann richtig stellen, wenn sie auf die eigentliche Frage hinweist: Was wird mit der Sache Christi? – Aus diesem Grund lautet heute die Antwort immer häufiger: Die Kirche kann nur gerettet werden, wenn Gott ihr «Erweckung» schenkt und sie zur lebendigen Kirche macht. Aus dieser Feststellung folgt dann die nächste Frage: Was sollen wir Christen zu dieser Erweckung unsererseits beitragen?

Die Antwort auf die Fragen um die Kirche darf nie von uns – sie kann allein von Gott, durch sein Wort – kommen. In unserem Zusammenhang merken wir, dass die Bibel nicht über die «Erweckung» redet, trotz der Ermutigung, aufzustehen und das Leben nicht zu verschlafen. Die Bibel redet anders: Die Kirche, die Gemeinde wird erst dann «lebendig», erzählt unser Text heute, wenn sie den Heiligen Geist empfängt. Die Jüngerschaft Christi wurde erst zu Pfingsten zu einer lebendigen Gemeinde. Deshalb müssen wir genau unterscheiden und wissen: Wir haben Recht zu behaupten, dass die Sache der Kirche nicht verloren gehen kann, wir haben auch Recht, daran zu glauben, dass sie – im Fall ihrer Erweckung – siegt, wenn sie zur lebendigen Gemeinde wird; aber mit all dem behaupten wir eigentlich bloss dies: Die Kirche bleibt bestehen und siegt, wenn sie den Heiligen Geist empfängt. Was für Folgen hat aber das Ausgiessen und das Empfangen des Heiligen Geistes? In der Pfingstgeschichte wird erzählt: Die Jünger, die nach Jesu Himmelfahrt ausser Schweigen und – im kleinen Kreis – Beten keine andere Möglichkeit sahen, gerieten plötzlich in eine Situation, in der alles in ihnen und um sie zu wanken begann. Sie bekamen aber gerade inmitten dieses Wankens die Gewissheit, dass sie aus der Abgeschiedenheit, aus ihrem Versteck herausgehen mussten. Dabei wussten sie, woher ihre Glaubwürdigkeit beim Reden kam: von den Feuerzungen, vom Himmel, was sie befähigte, für alle verständlich zu reden. Wie oft merken auch wir, dass Menschen, die mit Hilfe des Heiligen Geistes reden, vielleicht viel einfacher formulieren, sich vielleicht gar nicht so genau ausdrücken und trotzdem viel besser verstanden werden, trotzdem viel mehr Kraft ausstrahlen als andere.

Unsere Frage heute ist von sehr persönlicher Natur und brennend aktuell: Kann unsere Kirche überhaupt weiter bestehen, ist sie überhaupt fähig, den Heiligen Geist zu empfangen? Für uns ist das ursprüngliche Pfingstereignis eine blosse historische Tatsache aus frühen Zeiten. Aber was passiert mit uns? Was wird mit uns, inmitten unserer Bedrängnis? Wo liegt der Weg unserer Freiheit?

Unser heutiger Text berichtet über eine Gemeinde, die gerade nach dem wunderbaren Frühling des historischen Pfingstereignisses in Schwierigkeiten geraten ist. Die Kirche hatte viele grosse Feinde, eigentlich war alles, was damals historisch zählte, gegen sie. Gegen sie? Gegen ihren Herrn Christus: «Wahrhaftig, verbündet haben sich in dieser Stadt gegen deinen heiligen Knecht Jesus, den du gesalbt hast, Herodes und Pontius Pilatus mit den Heiden und Stämmen Israels ...» (Apg 4,27), beklagt sich die Gemeinde. Die ganze herrschende Weltmacht, lesen wir da, war gegen ihn: Pilatus und in seiner Person Rom, Herodes und in ihm die Kraft der Nationalisten, die Heiden, aber auch die ganze einheimische weltanschaulich-religiöse Front: das Volk Israel. Wer war dann für ihn? Nur eine kleine unbedeutende Gruppe, unbedeutend innerhalb des Spieles der Grossmächte. Aber diese winzige Gruppe baut auf die Tatsache des Lebens Jesu und auf die zu erfüllenden Verheissungen. Diese wenigen Menschen sehen alles mit anderen Augen an – sogar die aktuelle historische Lage. Sie sind bedrängt, sie sind immer wieder traurig, sie schauen aber auf die Verheissung – und beten in diesem Bewusstsein. Sie beten zu Gott in der Gewissheit: «Herr, du hast den Himmel, die Erde und das Meer geschaffen und alles, was dazugehört» (Apg 4,24). Dieses Bekenntnis heisst aber, dass ich weiss, dass alles, was – und auf welche Weise – mit mir geschieht, meine Aufmerksamkeit in eine bestimmte Richtung lenkt, in eine Richtung, die mich früher gar nicht interessiert hat, die mir heute aber erzählt, dass mein Schöpfer mein Leben in seinen Händen hält und mich nicht aufgibt.

Gott ist aber nicht nur über mir. Er ist Herr des Himmels und der Erde. Daraus folgt die Wende, die die erste christliche Gemeinde erfährt: In ihrer Bedrängnis wenden sie sich an ihren Herrn und klagen über die Taten des Herodes, des Pontius Pilatus, der aufständischen Heiden und der abrechnenden Juden. Plötzlich fahren sie aber fort: «... um alles auszuführen, was deine Hand und dein Wille im voraus bestimmt haben» (Apg 4,28). Diese Gemeinde hat die Gewissheit, dass alles, was scheinbar gegen sie, das heisst gegen Christi Kirche und ihre einzelnen Mitglieder, geschieht, eigentlich aus Gottes unerforschbarem Willen passieren muss. Diese Gewissheit hilft jedoch dem einzelnen Leidenden und nimmt das lähmende Gewicht von seiner Seele weg: Ich leide zwar, weil das Leiden zu dieser Welt gehört, aber ich leide in der Gewissheit, dass Gott all das Schreckliche, das ich momentan erlebe, zum Guten wenden will und auch wird. Ich weiss, dass mein Leben viel tiefer und geheimnisvoller ist, als ich bis jetzt gedacht habe, und dass Gott in meinen Tiefen seinen Sieg vorbereitet.

Deshalb bittet die Gemeinde weder darum, die Feinde zu vernichten, noch darum, sie zu schlagen oder ihnen die Macht zu nehmen – nein, die Gemeinde betet wie folgt: «Doch jetzt Herr, sieh auf ihre Drohungen und gib deinen Knechten die Kraft, mit allem Freimut dein Wort zu verkünden» (Apg 4,29). Mach deine Knechte – trotz aller Teufel der Welt – fähig, das, wofür sie gesendet worden sind, zu erfüllen. – Ihre Bitte hat eine Vorgeschichte: Diese Gemeinde hat bereits erfahren, dass Gott gerade denen, die inmitten einer lebensbedrohlichen Lage leben müssen, durch seinen Heiligen Geist Mut und Kraft bereitet. Diese Menschen wissen, dass gerade in der tiefsten Verzweiflung, bei Anfechtungen und der Gefahr einer endgültigen Resignation Gott da ist. Nicht, dass er an den Umständen etwas ändern würde – nein, er bereitet ein grösseres Wunder vor: Er macht es möglich, dass seine Gemeinde sogar auf ihrem lebensbedrohlichen Weg sein Wort verkündigt. Sie verkündigen das Evangelium, weil sie wissen, dass inmitten der siegestrunkenen und zum letzten Scheitern verurteilten Welt eine einzige Kraft den Sieg haben kann: Gottes lebendiges Wort. Dieses erfüllt unsere Herzen mit einer himmlischen Spannung, es weckt Licht in der Dunkelheit und gibt Kraft für den ungeheuren Weg. Dieses heilt in Jesu Namen und ruft Zeichen und Wunder hervor. Diese Verkündigung ist das eigentliche Gebet für die Erneuerung einer bedrängten Gemeinde.

Auf dieses Gebet antwortet Gott. Wenn er jemanden anspricht, wenn er einen in die Ecke drängt und zulässt, dass dieser verzweifelt, ruft er auch in die Dunkelheit hinein und will eine Antwort bekommen. Er will, dass unsere Stimmen zu ihm gelangen und dass wir dessen gewiss werden, dass die Antwort von ihm selbst ist. Er spricht uns als Vater an und sichert uns seine Liebe zu und will, dass wir verstehen, dass das, was uns zugestossen ist, geschehen musste, damit wir uns in der Tiefe unseres Herzens erneuern und bekennen, worüber wir nur in Symbolen reden können: die Wirklichkeit des Wunders des Heiligen Geistes. Gott antwortet. Unser heutiger Text formuliert wie folgt: «Als sie gebetet hatten, bebte der Ort, an dem sie versammelt waren, und alle wurden mit dem Heiligen Geist erfüllt, und sie verkündeten freimütig das Wort Gottes» (Apg 4,31). – Es ist nicht das erste und auch nicht das letzte Mal passiert. Um den Geist bitten wir immer wieder. Das Entscheidende ist aber nicht, wie die aktuellen Pilatusse und Herodesse der Kirche sind oder unter was für «Heiden und Juden» wir heute leben, sondern dass das, was wir heute zu sagen haben, lebendig bleibt und das Wort Gottes mutig verkündigt.

Dieser Mut ist Freiheit. «Wo Gottes Geist ist, da ist auch Freiheit.» Wie frei waren diese ersten Christen! Sie lebten weiterhin in derselben Umgebung, äusserlich wurden sie von den Heiden und Juden geleitet. Auch hatten sie Angst vor ihnen und sie schlossen manchmal die Türen zu. Aber die Angst konnte sie nicht beherrschen – sie blieben frei. Sie blieben frei, wenn sie um des Evangeliums willen sterben oder leben mussten. Jede ihrer Bewegungen blieb frei. Sie blieben eine freie Kirche, unbeeinflusst davon, ob der Staat frei sei, unter dessen Gesetzen sie leben mussten. Sie blieben frei in ihrer Kraftlosigkeit, weil das Wort Gottes sie innerlich kräftigte. Es waren dieselben, die vor der Ausgiessung des Heiligen Geistes nur gewartet und geschwiegen hatten. Es waren dieselben, von denen die einen Christus verleugneten, die anderen im Garten Gethsemane einschliefen oder die Flucht ergriffen vor der Masse, die «Kreuzige ihn!» schrie – sie alle waren und blieben Sünder, sie alle verstanden aber plötzlich durch den Heiligen Geist, dass ihre Sünden vergeben waren, weil Gott ihnen durch Jesus Christus seine Liebe zugesichert hat. Sie haben verstanden, dass Gott sie durch seine Erziehungsmittel, durch das Elend und das Leiden dieser Welt auf ihre Erneuerung zu seinem Heil vorbereitet hat. Diese Menschen waren so frei, dass die Welt um sie ins Wanken kam. Die Freiheit der Botschaft, die sie verkündigt hatten, konnte weder Herodes noch Pilatus beschränken. Sie fühlten sich sogar einander gegenüber befreit und so wurden sie zu einer Gemeinde. Sie konnten alles miteinander teilen, Traurigkeit und Freude, Last und Hoffnung, ja sogar den eigenen Besitz, Inbegriff der diesseitigen Sicherheit. Nur eines zählte: Christus ist auch für den anderen gestorben, der andere oder die andere ist also Geschwister in Christus. Sie sind Brüder und Schwestern füreinander geworden, so gross war in ihnen die Kraft Gottes, seine Gnade. Diese Kraft ist die einzige Erklärung, wieso diese ungebildeten, ratlosen, kleinen Menschen die Welt durch das Wort Gottes erobern konnten. Deshalb kann die Gruppe der Kinder Gottes nicht zu klein dazu sein, um die grösste Kraft zu haben. Und die kleinste Kraft, die Gott in dein Herz gelegt hat, kann nicht klein genug sein, damit du nicht alle Schwierigkeiten verkraften kannst. Gibt es ein glücklicheres Leben als das, das frei ist, das überall Geschwister hat und aus dieser Kraft lebt? Meine Schwestern und Brüder, wenn wir uns jetzt fragen würden, was es für unsere konkrete Situation bedeutet und wie wir die von Gott geschenkte Kraft, den Heiligen Geist, empfangen könnten angesichts all dessen, was uns durch unsere Sünden und Unverlässlichkeit von Gott trennt, und angesichts der ungeheuren weltlichen Kräfte, die unzähliges Leben zermalmt haben, dann finden wir die Antwort in der Heiligen Schrift: Warte, bete und du kannst dessen sicher sein, dass Gott antwortet. Bereits dann, wenn dein Herz spürt, wie wahr dieses heutige Wort ist, wirst du von Freude erfüllt und du wirst spüren, dass jetzt eine Sache wichtig ist: Jesus Christus ist am Kreuz für dich gestorben und das heisst jetzt und da: Gott ergreift Partei für dich, er ist bei dir in deinen Kämpfen und deinem Elend. Und «wenn Gott mit uns ist, wer mag gegen uns sein»?

Amen.

(Die Predigt wurde übersetzt von Ágnes Vályi-Nagy.)

ÁGNES VÁLYI-NAGY

Was passiert mit den Menschen?
Wie können sie bestehen?

Wie kommt ein Ungar in ein Buch über Basler Predigerinnen und Prediger? Cherchez la femme – könnten wir sagen: Es war einmal ein ungarischer Pfarrer österreichischer Herkunft namens Biberauer, der heiratete eine Baslerin namens Vischer. Und die junge Frau ging nach Ungarn und blieb dort, vergass aber ihre Heimat nicht, im Gegenteil. Dies war der Beginn zahlreicher ungarisch-schweizerischer Kontakte, auch auf kirchlichem Gebiet: Das Basler Diakonissenhaus als Vorbild und Unterstützer der ungarischen Diakonissenhäuser ist ein Beispiel davon.

Richárd (Biberauer) Bodoky, geboren am 6. August 1908, Sohn des reformierten Pfarrers Richárd Biberauer des Älteren und der Martha Vischer aus Basel, war wie sein Vater reformierter Pfarrer und Direktor des ersten, vom Vater 1903 gegründeten, ungarischen Diakonissenbundes Filadelfia. Er studierte Theologie in Budapest und in Strassburg und Philosophie in Szeged (Südungarn). Nach seiner Ordination 1932 übernahm er die Gemeindearbeit in der Filadelfia. Daneben nahm er an der kirchlichen Jugendarbeit aktiv teil. So hatte er unter anderem die Möglichkeit, an der Weltkonferenz des YMCA in Mysore (Indien) teilzunehmen. Fünf Jahre später erschien sein Buch über seine Indienerfahrungen: *Auch das ist Indien* (1937). Er arbeitete regelmässig als Journalist für kirchliche Zeitschriften. Seine schriftstellerische Tätigkeit behielt er bis ins hohe Alter bei. Er hatte einen scharfen Blick, eine klare Sprache und einen erfrischenden, heiteren Humor.
   1939, nach dem Tod seines Vaters, übernahm er die Leitung der Filadelfia. 1942 promovierte er an der Debrecener Theologischen Fakultät mit dem Thema: *Die Mutterhaus-Diakonie in der Kirche*. Im selben Jahr änderte er gemeinsam mit seinem Bruder Georg seinen deutschen Familiennamen in einen ungarischen: Bodoky. Sie protestierten auf diese Weise gegen die nationalsozialistische Propaganda. Sein aktiver Widerstand in den Kriegsjahren zeigte sich in den Diakonissenhäusern, die unter dem Schutz des Schweizerischen und des Schwedischen Roten Kreuzes standen und so viele Menschen retten konnten. In den ersten Nachkriegsjahren durfte er noch Reisen machen: Er nahm unter anderem an den Konferenzen des Weltkirchenrates und des Reformierten Weltbundes teil.

1951 wurde die Filadelfia zwangsaufgelöst, das dazu gehörende Bethesda-Spital verstaatlicht. Die Familie Bodoky – Ehefrau Ágnes Zombory, fünf eigene Kinder und ein Adoptivkind – überlebte die folgenden Jahre nur dank solidarischer Hilfe von Familie und Freunden. Zurückgestuft und ignoriert von der Kirchenleitung lebte Richárd Bodoky zurückgezogen, engagierte sich aber für die ungefähr fünfhundert verunsicherten, teilweise arbeitslos gewordenen Diakonissen. Den Lebensunterhalt für die Familie versuchte er, wie viele seiner Kollegen, durch intellektuelle Schwarzarbeit zu sichern: Er übernahm Übersetzungen unter falschem Namen. Daneben setzte er seine schriftstellerische Tätigkeit fort: Sein Roman *Livingstone* (1966) wurde ein Erfolg – eine Zweitherausgabe wurde aber verhindert.

Ende der sechziger Jahre durfte er wieder ins Ausland reisen. Da suchte er intensiv nach Unterstützung für die alternden Diakonissen. Die besten Beziehungen hatte er zu Basel, zum Diakonissenhaus in Riehen. Nach der Wende gründete er den Diakonissenverein neu, erhielt aber zu wenig Hilfe, ihn tatsächlich wieder zu beleben.

In den letzten zwanzig Jahren seines Lebens beschäftigte er sich ausserdem intensiv mit der Geschichte der Familie Biberauer und stellte eine spannende Familienchronik unter dem Titel *Fremdlinge und Wanderer* zusammen. Richárd Bodoky starb am 9. Januar 1996 in Budapest.

* * *

Richárd Bodoky, allein durch sein langes Leben Zeitzeuge des 20. Jahrhunderts, teilt das Geheimnis zahlreicher leidender Männer und Frauen, bei denen die reale Bedrohung und die Ungerechtigkeiten den Glauben an den gerechten und liebenden Gott um keine Spur geschwächt, sondern gestärkt haben. Wenn man seine Pfingstpredigt vom Jahre 1947 liest, merkt man die Angst und die Verunsicherung wegen der damaligen politischen Lage in Ungarn. Aber von Glaubenszweifel oder Skepsis ist überhaupt keine Spur. Man ist beim Lesen eher geneigt zu denken, dass sogar der Zweifel ein Privileg derer sei, denen es – zumindest einigermassen – gut geht. Die Bedrängten hingegen können sich aber, wenn sie überleben wollen, den Luxus skeptischen Denkens nicht erlauben. Der Prediger Bodoky strahlt die Überzeugung aus, dass Gott die Gefährdeten nicht im Stich lässt und dass man sich in dieser ausserordentlichen Situation ausserordentlich stark und mutig verhalten muss. Den ausserordentlichen Mut zeigt er auch in seinem eigenen Leben: sowohl in der Arbeit im Diakonissenhaus während der Kriegsjahre wie auch nach dem Krieg, in den

Zeiten des kommunistischen Totalitarismus. Er gibt zahlreiche Zeichen seiner inneren Freiheit trotz Bedrängnis. Er ist nicht der Widerstand leistende Hitzkopf, der immer nur Nein sagt, sondern er ist der, der sich seine Taten nicht von den äusserlichen Verhältnissen diktieren lässt. Ein schönes Beispiel dafür ist die Adoption eines verwaisten Kindes in einem der unsichersten Jahre der ungarischen Geschichte, 1947. Gerade in diesem Jahr setzt er ein Zeichen der Hoffnung inmitten der Hoffnungslosigkeit. Nicht aus ideologischen, sondern aus praktischen Gründen: Wenn ein Kind Hilfe braucht, rückt das rationale Bedenken in den Hintergrund.

Leitmotiv seiner Predigt aus demselben Jahr ist der Glaube, dass all die Bedrohung, die passiert, nicht sinnlos sein kann, dass das, was man tatsächlich erfährt, nicht die letzte Wirklichkeit ist. Bodoky predigt gegen die Angst als einzige Realität: Er plädiert für eine andere, für die eigentliche, für Gottes Wirklichkeit, die inmitten tiefster Dunkelheit erscheint, das Chaos erhellt und die Gerechtigkeit wiederherstellt.

Ausgangspunkt der Predigt ist eine Analogie: die nachpfingstliche Gemeinde damals, die kleine ungarische reformierte Gemeinde heute. Beide leben in schlimmen Zeiten voller Bedrängnisse, sowohl von aussen wie auch von innen. Für beide existiert das Wort Befreiung nur in der Vergangenheit, in der lebendig gehaltenen Erinnerung, aus der sie sich ernähren.

Was für einen Hintergrund sollen wir uns da vorstellen? – Nur einige Stichworte: Richárd Bodoky hält seine Pfingstpredigt 1947. Der Krieg ist zwar zu Ende, die Wunden sind aber noch da: Erinnerungen an Verfolgung, Hunger und Tod, an viele solidarische Gesten zwar, aber auch an viel Verrat, auch innerhalb der reformierten Kirche. Die staatliche Reorganisation ist voll im Gang, die anfänglichen demokratischen Bewegungen werden gestoppt, das Mehrparteiensystem wird aufgelöst. Die kommunistische Partei ist dabei, die Macht zu übernehmen und sie ausschliesslich in den eigenen Händen, im Einparteisystem, zu konzentrieren. Um die Machtkonzentration zu begründen, braucht die Regierung neue Feindbilder. Die nächsten Jahre werden die Jahre des Terrors sein, die Zeit der Schauprozesse, der absoluten Unberechenbarkeit eines totalitären Systems, in dem jeder und jede innerhalb einer Stunde vom Freund zum Staatsfeind werden und nach kurzem Prozess hingerichtet oder – fast noch schlimmer – in den Gefängnissen für sein Leben «erledigt» werden kann. 1947 ist das Jahr voller Spannungen und Bedrohungen. Auch die Kirche gibt keinen Zufluchtsort mehr: Die offizielle reformierte Kirche führt teilweise aus Überzeugung, teilweise aus Angst und falscher Kompromissbereitschaft das Diktat des Staates willig aus und schliesst mit ihm einen Vertrag ab, in dem ihr Lebensraum massiv eingeschränkt wird. Ziel des Staates ist, dass die Kirchen, oder im damaligen Sprachgebrauch: diese «klerikalen Institutionen», sich innerhalb der nächsten zwanzig Jahre selbst auflösen.

Das geschieht in den nächsten Jahren. Nicht der Staat schliesst die Institutionen und verjagt die Besten aus der Kirche, sondern sie selbst, die Betroffenen, müssen verschwinden, «freiwillig», aus «Einsicht». Sie werden aufgefordert, das Urteil, das sie erhalten, selber zu vollstrecken und dazu eine gute Miene machen. Bischof László Ravasz muss 1949 freiwillig abdanken. Richárd Bodoky geht es zwei Jahre später ähnlich: Der Leiter der Diakonissenstiftung Filadelfia wird am 8. Juni 1951 «in dringender Sache» zur Kirchenleitung vorgeladen. Da wird ihm kurz und bündig mitgeteilt, er sei dafür verantwortlich, dass sich sämtliche ungarische Diakonissenhäuser bis zum 30. November «freiwillig» auflösen.

Man denkt vielleicht automatisch: Ein mutiger Pfarrer soll doch einfach «Nein!» rufen. Ein totalitäres System ist aber raffinierter, als dass die Mutigen einfach Nein sagen könnten. Richárd Bodoky wusste, dass es jetzt nicht um seine eigene Zivilcourage geht, sondern um das Schicksal von mehr als fünfhundert Frauen, die durch sein Nein die schwersten Konsequenzen von Verfolgung, Demütigung und finanzieller Not tragen müssten: Sie wären sozusagen vogelfrei, sie könnten instrumentalisiert werden, um ein Exempel zu statuieren. Bodoky musste also nach einem Kompromiss suchen, nach einer Lösung, die wie ein Einverständnis aussah, jedoch keines war. Er willigte ein, stellte höflich, aber bestimmt seine Bedingungen: Anerkennung der Dienstjahre der Diakonissen für die Pensionskasse, Erlaubnis für die bereits pensionierten Schwestern, in kirchlichen Heimen leben zu dürfen, Sicherung eines staatlichen Arbeitsplatzes für die jungen Diakonissen. – Mehr war nicht möglich. Aber das Mögliche hat er für seine Diakonissen getan, nicht nur 1951, sondern auch später. Die Sache der Diakonissen war seine grosse Leidenschaft. Glücklich und voller Hoffnungen war er, als er nach der Wende von 1989 die Neugründung unternehmen konnte. Er musste auch dann, in den hoffnungsvollen Jahren nach 1989, viele Enttäuschungen einstecken – doch treu blieb er der Sache bis zum Tod.

Heute betreut seine Tochter diese Arbeit und sie hält auch die Beziehungen zum Diakonissenhaus Riehen weiterhin aufrecht.

Die willkürliche Auflösung der Filadelfia, der Zwang, die Drecksarbeit selber zu erledigen, ist ein Beispiel für die reale Bedrohung in den Zeiten unmittelbar vor der Wende von 1948. Wenn Bodoky, der Prediger, immer wieder fragt: «Was passiert mit unserer Kirche?», dann fragt er sich auch deshalb, weil die Situation nicht nur von aussen, vom ungarischen Staat und von der Besatzungsmacht Sowjetunion her, so bedrohlich ist, sondern weil auch die innerkirchliche Landschaft vor einer gravierenden Wende steht. Die Abdankung von László Ravasz 1949 ist bereits das Resultat des Paktes zwischen dem Staat und der neuen Kirchenleitung, die die staatlichen Interessen bereitwillig befriedigt. Albert Bereczky heisst der neue Bischof, der auch deutschsprachigen Theologen nicht unbekannt sein dürfte: Er korrespondiert sogar mit Karl Barth, der seinerseits – vermutlich vor allem aus diplomatischen Gründen – mit ihm als dem Vertreter der Ungarischen Reformierten Kirche ein gutes kollegiales Verhältnis pflegt. Auch Barth braucht die Revolution von 1956, um hinter die Kulissen blicken zu können und die ungarischen kirchlichen Kräfteverhältnisse klarer zu sehen.

«Was passiert mit der Kirche? Wie kann sie bestehen?» fragt Richárd Bodoky. Und er findet zu Pfingsten eine Antwort, indem er die Analogie zwischen damals und heute aufzieht. Und wie es mit den Analogien in den allermeisten Fällen ist: Sie helfen sehr, eine Situation zu verstehen, am Fremden das Eigene zu erkennen, sich neu zu orientieren. Gleichzeitig läuft jede Analogie Gefahr, sich ad absurdum zu führen, die Fremdheit der anderer Seite des Vergleichs zu verletzen, den alten Text im Interesse der neuen Situation als Mittel zum Zweck zu gebrauchen. In der Distanz von fast sechzig Jahren sind auch an dieser Predigt Spuren einer überzogenen Analogie zu entdecken.

Beide Gemeinden fühlen sich, stellt Bodoky fest, von allen Seiten bedrängt: Die Gemeinde damals fühlt sich sowohl von Pilatus wie auch von Herodes, das heisst von der römischen Besatzungsmacht und auch den judischen Gegnern, ja, sogar den heidnischen Gruppen verfolgt. Fremde und Einheimische, alle verwandeln sich zu einer gemeinsamen, bedrohlichen, kaum auseinander zu dividierenden Gewalt. – Genau wie heute, behauptet der Prediger. Wer Ohren hat, soll es verstehen: Fremde und Einheimische, das heisst heute – ohne dass man darüber klar reden kann – die sowjetische Besatzungsmacht und die ungarische Regierung. Dazu kommen die «Heiden», also der atheistische Staat, und noch dazu kommt die «ganze einheimische weltanschaulich-religiöse Front: das Volk Israel». Den heutigen Ohren tut dieser Vergleich weh: Da wird der damalige innerjüdische Konflikt als jüdisch-christlicher Konflikt dargestellt und zu einem Vergleich in einem innerchristlich-kirchenpolitischen Konflikt gebraucht. Das Fehlen von Differenzierung, die pauschale Beurteilung des jüdischen Volkes als eine – feindliche – ideologisch-religiöse Front ist für heutige Leserinnen und Leser unheimlich. Sie ist aber im Fall des Predigers Bodoky bestimmt nicht mit antijüdischen Gefühlen zu erklären, sondern mit dem unbedingten Willen, eine geradezu perfekte Analogie vorzuzeigen. Sein Zweck ist, die Kräfteverhältnisse festzustellen: Es gehe in beiden Fällen, behauptet er, um eine winzige Gemeinde gegenüber einer feindlichen Welt. Da stehen also Mehrheit und Minderheit einander gegenüber: Die Mehrheit politisiert und ideologisiert ihren Glauben und bedroht die schwindende Minderheit. Die religiös-ideologisierende Mehrheit: Das sind die immer kräftiger werdenden Kirchlichen, die ihr politisches Engagement und ihre bedingungslose Dienstbereitschaft dem Staat gegenüber offenbaren. Die wachsende Zahl der willigen Diener der Obrigkeiten zeigt im Jahre 1947 eindeutig die Tendenz, die in der Reformierten Kirche Ungarns für die nächsten vierzig Jahre mehr oder weniger tonangebend wird. Sie sind die Ideologen der *Theologie des Dienstes*, die nichts mit Diakonie zu tun hat, sondern mit der Bedienung und theologischen Rechtfertigung der real existierenden staatlichen Macht. Die Minderheit, damals die erste christliche Gemeinde, entspricht in der Predigtsituation der innerkirchlichen Minderheit, der inneren Opposition, die nicht mit den Waffen der Politik oder einer Gegenideologie kämpft, sondern die sich kleine Inseln von Anhängerinnen und Anhängern in einer neu erwachten Erweckungsbewegung schafft: Inseln einer emotional geladenen, aktiven Frömmigkeit, die aber nach aussen keineswegs missionarische Ansprüche hat. Es sind eher kleine Gruppen, die nach aussen diakonische Tätigkeit ausüben, in Spitälern und Kinderheimen und sozialen Institutionen arbeiten, nach innen aber, auf dem sicheren Boden der Hauskreise, ihre eigenen Gesetze haben. Es sind Kreise, die weder in politischen Dimensionen denken noch mit den gegebenen oder eventuellen Möglichkeiten rechnen. Sie halten zu den Realitäten Distanz und leben – nach aussen zwar engagiert in der diakonischen Arbeit – nach innen in ihren kleinen Kreisen, geschwisterlich, miteinander solidarisch, verbunden durch ihren Glauben. Sie wollen nicht die gegebenen kirchlichen Strukturen reformieren, sondern sie bitten um den Heiligen Geist, um seine lebendige Kraft gegenüber einer Institution, die nur noch mit strukturellen oder ideologischen Fragen beschäftigt ist. Diese Menschen leisten eigentlich weder aktiven noch passiven Widerstand. Ihr Weg ist, dass sie aus den gegebenen Strukturen aussteigen und nach neuen Wegen des lebbaren Glaubens suchen.

Der nichtpolitische Widerstand gegenüber dem Bestehenden bedeutete damals die Nichtteilnahme am Totalitären und den Versuch, sich nicht erpressbar zu machen. In dieser Situation lag es auf der Hand, die Analogie zu finden: Sie empfanden sich in ähnlicher Lage wie die ersten

Christinnen und Christen gegenüber der römischen Besatzungsmacht. Wie jene sich damals gerade mit der Nichtteilnahme am staatlich Verordneten zum Feind machten, wurden auch die «Erweckten» innerhalb kürzester Zeit dem Staat ein Dorn im Auge.

Die innere Opposition der Reformierten Kirche Ungarns litt unter der Kollaboration der offiziellen Kirche sehr. Besonders prekär war der theologische Verrat – die Positionierung biblischer Zitate in falsche Kontexte und die religiöse Legitimierung jeder innerkirchlichen Untat. Die Bedrohung war also wie ein Krake: Sie hatte viele Arme, und man konnte sich dagegen nicht wirklich wehren. «Wer war für ihn?», für Christus, fragt der Prediger. «Nur eine kleine unbedeutende Gruppe, unbedeutend innerhalb des Spieles der Grossmächte.» So beschreibt Bodoky die eigene Lage kleiner christlicher Kreise des inneren Widerstands.

In so einer Situation kann es schnell passieren, dass man im Gegenzug die eigene Position zu ideologisieren versucht, dass man die eigene Überzeugung als die einzig Richtige sozusagen verklärt. Bodoky vermeidet diese Falle, indem er die Analogie nicht ad absurdum führt. Er schildert zwar die Ähnlichkeit der Situation ausführlich, auch die Ähnlichkeit der Reaktionen innerhalb der kleinen Gemeinden: Die tot geglaubte Gemeinde empfing damals den heiligen Geist und wurde wieder erweckt. Die tot geglaubte Gemeinde heute wartet auf den heiligen Geist, der die Angst wegnimmt und ins neue Leben weckt. Aber die Bibel redet nicht über «Erweckung», erklärt er, Erweckung sei bloss das heutige Wort, das für die heutige Situation gefunden worden sei. Statt über Erweckung redet sie über den Heiligen Geist. Welch ein Unterschied!

Der Geist weht, wo er will – kann er aber von der bestehenden Kirche überhaupt empfangen werden? Der Geist befreit nämlich, er nimmt die lähmende Angst weg, das wird am Beispiel der ersten Gemeinden ersichtlich, erklärt der Prediger. Kann aber dieses Meer von Angst wegen der realen Bedrängnisse überhaupt weggenommen werden? Hat die bedrängte Gemeinde überhaupt noch eine Chance? – Das ist die eigentliche existentielle Frage der Predigt: Ist alles aus, hat uns Gott verlassen, oder sollen wir weiter warten, beten und hoffen? Richárd Bodoky weiss die Antwort. Die Heilige Schrift ermutige und gebe uns die richtige Antwort: «Warte, bete und du kannst dessen sicher sein, dass Gott antwortet. (…) Gott ergreift Partei für dich, er ist bei dir in deinen Kämpfen und diesem Elend.»

Der seelsorgerliche Prediger redet nicht von oben herab. Im Gegenteil: Er teilt das Schicksal mit seiner Gemeinde, er teilt die Gefühle von Bedrängnis, Angst, Hoffnungslosigkeit und Schwäche. Er ist nicht nur der empathische Prediger, sondern auch der mitleidende. Dem auch nichts erspart bleibt, ausser dem Einen: dem Zweifel. Die Furcht vor der Gegenwart und der Zukunft löst in ihm nicht den Zweifel an Gott aus, sondern sie bestärkt ihn in seiner Gewissheit, dass alles, was passiert, auch das Fürchterlichste, das Unverständlichste, das Absurde, mit Gottes unerforschlichem Willen zu tun hat. Bodoky verkündigt den allmächtigen und gütigen Gott, dessen Wille in jedem Ereignis verborgen präsent sei. Er hat die Gewissheit, dass Gottes Wille aber immer derselbe ist: Er will – und er wird – «all das Schreckliche, das ich momentan erlebe, zum Guten wenden». Und: «Ich weiss, dass mein Leben viel tiefer und geheimnisvoller ist, als ich bis jetzt gedacht habe, und dass Gott in meinen Tiefen seinen Sieg vorbereitet.» Der allmächtige und gütige Gott, dessen Wille vor uns verborgen bleibt: Lässt es sich damit in tiefsten Krisen leben? Offenbar ja. Es ist eine Gottesvorstellung, die unendlich viel Vertrauen voraussetzt, aber auch unendlich viel Freiraum gibt. Er gibt die Freiheit zum Widerstand: Weil Gott jede Folge des mutigen und konsequenten Widerstandes zum Guten wenden kann. Und dies gibt Kraft, die Verfolgungen auszuhalten und immer noch treu zu bleiben. Der allmächtige und gütige Gott gibt das Gefühl einer letztlichen Geborgenheit: Sogar inmitten fürchterlichster Ereignisse falle ich nicht aus seiner Hand heraus. Es passiert alles im Rahmen, der nicht von den Mächtigen der Welt, sondern allein von Gott gesetzt wird.

Der Glaube an den allmächtigen und gütigen Gott gibt auch die Kraft dazu, aus den gegebenen Strukturen herauszutreten und nicht auf die Mächtigen zu reagieren, sondern zu agieren: nach den eigenen Massstäben, die nicht von der Welt sind. So verstehe ich seine Interpretation der Apostelgeschichte bzw. seinen Aufruf, nicht nach Vergeltung zu schreien:

Gott bereite in den Tiefen unserer Seele seinen Sieg, sagt er. Wir warten also, so verstehe ich ihn, auf das Offenbarwerden des eigentlichen Willens Gottes. Daraus folgt die Haltung, die die Jüngerinnen und Jünger damals hatten und die auch von uns erwartet wird:

«Deshalb bittet die Gemeinde weder darum, die Feinde zu vernichten, noch darum, sie zu schlagen oder ihnen die Macht zu nehmen – nein, die Gemeinde betet wie folgt: ‹Doch jetzt Herr, sieh auf ihre Drohungen und gib deinen Knechten die Kraft, mit allem Freimut dein Wort zu verkünden› (Apg 4, 29). Mach deine Knechte – trotz aller Teufel der Welt – fähig, das, wofür sie gesendet worden sind, zu erfüllen.» Die Weigerung mitzumachen, auf politische Aktionen zu reagieren bedeutet die Möglichkeit einer Freiheit, die von denen, die nicht mitspielen, auch nicht weggenommen werden kann. Die Freien sind unbestechlich, weil sie nach anderen Gesetzmässigkeiten leben. Nach Gesetzmässigkeiten, die sie nur teilweise kennen. Teilweise wissen sie nichts mehr – den Schlüssel zu Gottes Wegen besitzt niemand von ihnen. Ihnen bleibt nur das geduldige Warten übrig: «Warte, bete, und du kannst sicher sein, dass Gott antwortet.» Diese konsequente Glaubenshaltung in einer Grenzsituation ist kaum übersetzbar für unsere heutige Situation. Uns ist das Privileg des Zweifelns und des Philosophierens gegeben. Uns ist die Möglichkeit gegeben, gewisse Kompromisse ohne Konsequenzen einzugehen. Die volkskirchliche Situation ist kaum vergleichbar mit der Minderheitssituation. Wir fabrizieren uns höchstens Feindbilder, reale Feinde haben wir Gott sei Dank nur selten.

Die Fremdheit des überschwänglichen Stils, der eisernen Konsequenz einer Theologie, die sich nicht erlauben darf, Zweifel an Gottes Güte und Allmacht zu haben, weil es bei ihr auch eine Überlebensfrage ist, kann uns auch als Korrektur dienen und uns neue Fragen stellen, wie wir mit der Andersartigkeit unserer Nachbarinnen und Nachbarn umgehen, wie wir die kontextuellen Unterschiede zwischen Ost und West wahrnehmen und interpretieren.

Die bekannten ungarischen Theologen waren alle «Europäer» im besten Sinne des Wortes: Sie besassen eine breite Kultur von beiden Welten und versuchten, die Unterschiede und die Ähnlichkeiten zu vermitteln, zu übersetzen. Sie hatten ihre kulturellen und theologischen Wurzeln immer an Grenzgebieten: Sie ernährten sich von beiden Seiten und versuchten, auch ihre Früchte für beide Seiten zu bringen. Ihre Freiheit war ihr breiter Horizont. Doch sie standen traditionell an einer Grenze, die für viele Menschen von beiden Seiten gefährlich erschien. Sie wurden häufig aus Vorsicht gemieden, ignoriert oder von beiden Seiten verletzt.

Heute, mit der Öffnung der gefährlichen Grenzen, ist es um so wichtiger, uns an die Grenzen zu wagen und nach den Zeiten zu fragen, die immer noch mit Vorurteilen und Missverständnissen beladen sind. Wichtig ist zu merken, dass es uns beide, Menschen von Ost und West, angeht, was damals über unsere Grenzen hinaus passiert ist.

KARL BARTH

Er ist's

Gehalten am 29. Dezember 1957
in der Strafanstalt Basel

Herr unser Gott!
Unsere Jahre kommen und gehen. Und wir selbst leben und sterben. Du
aber bist und bleibst. Deine Herrschaft und deine Treue, deine Gerechtigkeit und deine Barmherzigkeit haben keinen Anfang und kein Ende. Und
so bist du der Ursprung und das Ziel auch unseres Lebens. So bist du der
Richter unserer Gedanken, Worte und Taten.

Uns tut leid, dass wir auch heute nur bekennen können, dich bis auf
diese Stunde so oft, immer aufs Neue, vergessen, verleugnet, beleidigt zu
haben. Uns erleuchtet und tröstet aber auch heute das Wort, durch das du
uns zu erkennen gibst, dass du unser Vater bist, wir deine Kinder sind,
weil dein lieber Sohn, Jesus Christus, für uns ein Mensch geworden,
gestorben und auferstanden, unser Bruder ist.

Wir danken dir, dass wir diese frohe Botschaft jetzt, am letzten Sonntag
des Jahres, noch einmal verkündigen und hören dürfen. Mach du selbst
uns frei dazu, das Richtige zu sagen und es auch richtig zu vernehmen,
damit diese Stunde dir zur Ehre und uns allen zum Frieden und zum Heil
diene!

Unser Vater …!

Gedenke des Herrn, deines Gottes, denn er ist's, der dir Kräfte gibt.
Deuteronomium 8,18

Meine lieben Brüder und Schwestern!

Wollte Gott, ich könnte dieses «*Er ist's!*» jetzt so aussprechen und ihr könntet es jetzt so hören, dass das «heller als tausend Sonnen» vor uns stehen und unsere Augen blenden würde, dass wir zunächst gar nichts anderes mehr wahrnehmen könnten – um sie uns dann ganz neu zu öffnen und sehend zu machen, so dass wir wahrnehmen könnten, dürften, müssten: die Ewigkeit Gottes und uns selbst von ihr umfangen und erfüllt – Gottes Wege und, mit ihnen vereint, unsere Menschenwege – Gottes Wahrheit und, in sie aufgenommen, das, was wir für Wahrheit halten – Gottes Leben und, von ihm getragen, unser Menschenleben!

Aber ob ich es nun in dieser Stunde gut oder schlecht sage und ob ihr es jetzt besser oder weniger gut versteht: Davon ist die Rede, das ist für uns alle bereit, das wartet auf uns alle, das dürften und könnten wir jetzt alle ergreifen: «Er ist's, der dir Kräfte gibt.» Nicht du selbst gibst sie dir. Kein Mensch kann sie dir geben. Auch die besten Verhältnisse, auch die Erfüllung deiner höchsten Wünsche könnten sie dir nicht verschaffen. Er ist's, der dir Kräfte gibt.

Das Wort steht in einem der schönsten und bewegendsten Kapitel des Alten Testamentes. Ich möchte euch herzlich einladen, wenn ihr wieder allein seid, eure Bibel aufzuschlagen und es (es ist das 8. Kapitel im 5. Buch Mose) für euch nachzulesen. Das Volk Israel wird da angeredet, das seine langen, mühsamen Wege durch die Wüste hinter sich und das verheissene Land seiner Väter vor sich hat. Und da wird nun diesem Volk gesagt: Es solle doch ja nicht meinen, es selbst habe es geschafft, dort hindurchzukommen und hier hereinzukommen. Nein, es ist der Herr, dein Gott, der dich in der Wüste geprüft, aber auch erhalten hat. Und es ist der Herr, dein Gott, der dir dieses schöne Land gegeben hat. Und darum sollst du seiner gedenken: Er ist's, der dir Kräfte gibt!

Aber lassen wir dieses Wort nun einfach ganz unmittelbar zu uns gesagt sein. Denn, nicht wahr, in irgendeinem Sinn gilt es ja sicher für uns alle, dass der Weg, von dem wir in dem nun zu Ende gehenden Jahr und in all den Jahren, die ihm vorangingen, herkommen, auch so ein Weg war, wie er in jenem Kapitel beschrieben ist: ein Weg «durch eine grosse furchtbare Wüste, wo es Feuerschlangen gibt und Skorpione und dürres Land, in welchem kein Wasser ist» (Dtn 8,15)! Und noch viel sicherer gilt das Andere auch von uns, dass wir im Übergang stehen in eine Zukunft, in der es auch mit uns noch gut, und zwar ganz gut werden soll: in eine

Zukunft, in der wir werden aufatmen dürfen, in der wir alle getröstet und erquickt werden sollen. Und eben darum geht nun auch das uns alle an, dass wir in diesem Rückblick in unsere Vergangenheit und in diesem Ausblick in die uns allen verheissene Zukunft nicht vergessen, sondern dessen gedenken sollen: Er ist's, der dir Kräfte gibt. Aller Kummer, den wir schon ertragen haben mögen, wäre ja umsonst erlitten, und alle Hoffnung, in der wir vorwärts blicken, wäre ja Illusion, Einbildung, wenn wir das vergessen, wenn wir das nicht bedenken würden: Er ist's, der dir Kräfte gibt. Aber warum sollten wir das eigentlich vergessen? Es gibt keinen Grund dafür. Warum sollten wir nicht daran denken, uns nicht daran halten wollen? Wir haben allen Grund, das zu tun.

«Gedenke des *Herrn, deines* Gottes!» Also nicht so im Allgemeinen: an Gott! Es geht uns ja immer wieder so, dass wir, wenn wir das Wort «Gott» aussprechen oder hören, an irgendein gewaltiges Allgemeines denken: an ein Höchstes oder Tiefstes, ein Letztes, ein Jenseitiges. Aber seht, dieses Höchste und vielleicht Jenseitige könnte auch bloss ein uns gewaltig zwingendes und beherrschendes Schicksal sein. Vielleicht auch irgendein majestätisches Geheimnis hoch über den Sternen oder ein solches, das in unseren Herzen leben mag. Es könnte aber ebensogut auch eine menschliche Erfindung sein. Dass dieser «Gott», dieser Gott im Allgemeinen, uns Kräfte gebe, das dürfte eine ganz und gar unsichere Sache sein. Woher nähme er sie? Wie käme er dazu, der Herr – und wie dazu, dein Gott zu sein? Ja, und wenn er dein Gott wäre, so könnte das etwas ganz Furchtbares sein; denn dieser «Gott» könnte auch ein böser Herr, könnte auch dein, könnte auch unser aller schlimmster Feind sein.

Der *Herr, dein* Gott – das ist der Gott, der einen Namen, der auch ein Gesicht, der auch einen Charakter hat. Und seinem Namen, seinem Gesicht und seinem Charakter ist mit aller Bestimmtheit zu entnehmen, dass er zwar ein strenger, aber auch ein guter, ein hilfreicher, ein treuer – wie wir ihn als Kinder genannt haben und noch nennen dürfen: ein «lieber» Gott ist. Er ist ein Gott, der es nicht nötig hat, der es auch für uns nicht nötig macht, dass wir uns zuerst eine Meinung, eine Ansicht von ihm machen, eine Theorie über ihn bilden. Er ist nämlich der Gott, der uns längst gesagt hat und immer wieder sagt und sagen lässt, wie und was wir von ihm zu denken haben. Und eben das hat er uns merkwürdigerweise damit gesagt, dass er uns eröffnet hat, was und wie er von uns denkt. Er könnte wohl gering, verächtlich, ablehnend von uns denken. Er tut das nicht: Er denkt hoch von uns! Etwa weil wir so feine Leute sind? Nein, obwohl wir Menschen gar keine feinen Leute sind! Vielleicht weil er uns braucht? Nein, er braucht uns nicht; er könnte es wohl ohne uns machen. Aber weil es ihm zu Herzen geht, dass wir ihn brauchen, bitter, unvermeidlich nötig haben. Vielleicht nur so beiläufig und von oben herab, wie ein grosser Herr sich einmal mit einem kleinen Mann abgeben mag? Keine Rede, er tut es so, dass er sich selber ganz und gar für uns eingesetzt und dahingegeben, sich ein für allemal mit uns verbündet und kompromittiert hat. Er ist der Gott der Weihnacht: der Gott, von dem wir nun wieder haben singen dürfen: «Er ist ein Kindlein worden arm, dass er unser sich erbarm.»[1] Das ist sein Höchstes und Tiefstes, sein Letztes und Jenseitiges, darin ist er ewig und allmächtig und herrlich, darin ist er der Herr: dass er sich unser erbarmt. Und indem er sich deiner und meiner erbarmt, ist er dein Gott und mein Gott. Indem er das tut, ist es gar kein besonderes Kunststück, sondern das Natürlichste von der Welt, an ihn zu glauben, auf ihn zu hoffen und ihn (und darum auch unseren Nächsten!) zu lieben. Er, *dieser* Gott, ist's, der dir Kräfte gibt.

Er gibt dir Kräfte! Eine Kraft ist eine Ausrüstung, eine Fähigkeit, eine Freiheit, etwas zu können. Und nun ist es unser menschliches Elend, dass wir so vieles können sollten, was wir nicht können, dass wir so viele Kräfte brauchten, die wir nicht haben. Es braucht Kraft zum Leben – und es braucht wohl noch mehr Kraft zum Sterben, wobei ich jetzt nicht nur an das denke, was zuletzt mit uns geschehen wird, sondern an das Schwachwerden und Vergehen, das schon durch unser ganzes Leben hindurchgeht, das schon mit unserer Geburt begonnen hat. Es braucht Kraft, jung zu sein, und dann erst recht zum Älter- und Altwerden. Es braucht Kraft, um in den Enttäuschungen des Lebens und im Unglück nicht bitter zu werden, nicht zu verzweifeln, und es braucht erst recht Kraft dazu, wenn es uns gut geht, im Glück, nicht übermütig, eitel und dumm zu werden. Es braucht Kraft dazu, den Versuchungen, die wir alle kennen, zu widerstehen, und es braucht vielleicht noch mehr Kraft dazu, indem man ihnen widersteht, kein selbstgerechter, liebloser Pharisäer zu werden. Es braucht sicher Kraft dazu, gefangen zu sein, wie ihr hier in diesem Hause. Aber glaubt es mir, es braucht auch Kraft, und vielleicht noch grössere, dazu, frei zu sein und von seiner Freiheit den rechten Gebrauch zu machen. Es braucht Kraft dazu, mit dem Mitmenschen, der einem vielleicht auf die Nerven geht und zuwider lebt, auszukommen, und vielleicht noch mehr Kraft dazu, mit sich selber auszukommen, sich selber von Tag zu Tag und von Jahr zu Jahr auszuhalten. Es braucht Kraft zu dem, was ich vorhin das Natürlichste von der Welt genannt habe: zum Glauben, der eine fröhliche Hoffnung und der in der Liebe kräftig ist (vgl. Röm 12,12; Gal 5,6). Ja, es braucht viel und vielerlei und lauter wirksame, beständige Kräfte, die wir alle nicht haben, die wir uns nicht nehmen, die wir uns auch von keinem Menschen geben lassen können, so dass alles Zureden und Aufmuntern: Du musst, Du solltest jetzt ...! ganz umsonst ist. Was wir brauchen, sind die Kräfte, die nur der uns geben kann, der der Ursprung aller Kräfte ist, der sie aber nicht für sich behalten, der sie uns geben will und auch wirklich gibt.

Ja, das kann ich nun freilich nicht beschreiben, wie er das tut! Wie sollte man das beschreiben können, wenn es geschieht, dass Gott uns schenkt, was sein ist, was ihm gehört? Das ist sicher: Er gibt uns die Kräfte, die wir brauchen, hinein in unsere, in deine und meine menschliche Schwachheit: gerade da und dort, wo wir mit unserem Latein am Ende sind. Es wird darum immer etwas Unerwartetes sein, wenn das geschieht. Er gibt sie uns dann immer für die nächste, vor uns liegende Wegstrecke. Er gibt sie uns dann aber jedesmal mit der Verheissung, dass er sie uns wieder geben, dass er uns weitere, grössere, jedenfalls immer wieder die nötigen Kräfte auch für die nächste Zukunft geben wird: Und er gibt sie uns immer mit der Folge, dass wir irgendwo gerade das können, was wir zuvor nicht konnten. Er gibt uns gewiss nicht alles auf einmal, aber immer wieder dies und das für dieses Mal bis zum nächsten. Nicht so, dass du jetzt ein Kraftmeier würdest, aber auch nicht so, dass du ein Schwächling bleibst, der nur eben zappeln, die Hände verwerfen, nur eben (es wird uns noch oft genug passieren!) auf die Nase fallen kann. Er gibt sie dir so, dass du in aller Bescheidenheit, aber auch in aller Bestimmtheit ein Mensch werden darfst, der in Demut mutig seinen Weg geht, der in Dankbarkeit stark sein darf: darum stark, weil es Gottes allmächtige Gnade ist, für die er danken darf.

Der Herr, dein Gott, tut das, er gibt dir die Kräfte, die du brauchst und nicht hast: so gewiss er der Erbarmer ist, so gewiss er sich unser aller in der Krippe von Bethlehem und am Kreuz von Golgatha schon angenommen hat, so gewiss wir in Jesus Christus alle seine Kinder sind, derer zu gedenken er nicht vergisst und nicht müde wird.

So *gedenke* nun auch du des Herrn, deines Gottes! Meine lieben Freunde, wir sind alle miteinander – ich auch, und ich will gerne sagen: ich vor allem – wunderliche Kunden des lieben Gottes. Will sagen: Leute, die es immer wieder nicht merken, dass er es ist, der uns Kräfte gibt – Leute, die immer wieder so gar nicht aufmerksam darauf sind, so gar nicht dankbar und so gar nicht willig, mit leeren Händen zu empfangen, was er uns gibt, was er allein hat, allein geben kann und geben will: die Kräfte, die wir brauchen und die wir so gar nicht haben. Ja, wir sind alle solche wunderliche Kunden des lieben Gottes. Aber bei diesem Geständnis dürfen wir es nun nicht bewenden lassen.

Gedenke des Herrn, deines Gottes! Das heisst: Wache auf aus dem Schlaf deiner grossen Gedankenlosigkeit! Wache auf aus den schönen und weniger schönen Träumen der vielen anderen Gedanken, die dir durch den Kopf gehen! Wache auf zu der Einsicht und Erkenntnis: Er, er ist es, der dir Kräfte gibt. Wenn du dazu aufwachst, dann muss und wird dich ja die Frage überfallen: Wie konnte ich ihn vergessen? Wie konnte ich nur alles andere wichtiger nehmen wollen als ihn? Wie konnte ich mich selbst so in die Mitte aller Dinge rücken? Wie konnte ich nur alle und alles an meinen Wünschen und Urteilen messen? Wie wenn ich die Sternwarte von Greenwich wäre, wo der Grad Null hindurchgeht und also Ost und West sich scheiden! Wie konnte ich? Aber dann keine Zeit verlieren, sondern diesen Nagel einmal ganz fest in die Wand schlagen: Er ist's! Und dann alles andere flugs an diesen Nagel aufgehängt: Er ist die Eins vor all den Nullen und hinter der sie allein etwas bedeuten können. Er misst mit seinem unfehlbaren Massstab. Er urteilt mit gerechtem Gericht. Und vor allem: Er, er allein gibt, was wir brauchen. Er hat es. In ihm ist es in seinem Ursprung. Er will und wird es uns nicht vorenthalten! Das heisst: des Herrn, deines Gottes, gedenken.

Was gilt's: Wenn du das tust – jedes Mal, wenn du des Herrn, deines Gottes, gedenkst, beginnen die Kräfte, die er gibt – wie das Wasser aus dem Felsen unter dem Stab des Mose (vgl. Ex 17,6) – schon zu rieseln, zu fliessen, zu strömen – hinein auch in dein Herz und in dein Leben, Trost, Freude und Frieden auch für das kommende und für jedes noch kommende neue Jahr – Kräfte für dich, gerade für dich!

Ihr möchtet mich fragen, ob man das kann und wie man das kann: des Herrn gedenken. Zwei Antworten auf diese Frage zum Schluss:

Die eine ist die: Des Herrn gedenken ist gewiss eine Sache, die man wie alles Gute einmal anfangen und nicht nur anfangen, sondern auch wiederholen, die man üben muss. Und wenn ihr mich fragt: Wie fängt man das an, wie wiederholt und wie übt man das?, so kann ich euch wohl daran erinnern: eben dazu hält man sich zur christlichen Gemeinde, die es ja auch hier, auch in diesem Hause gibt. Ich bin hier einmal bei einer Diskussion gefragt worden: was eigentlich «die Kirche» sei? Ich könnte jetzt die allereinfachste Antwort geben: Die Kirche ist unser gemeinsamer Versuch, des Herrn, unseres Gottes, zu gedenken. Zur Übung darin hält und hört man die Predigt. Um das zu tun, feiern wir, wie es ja an der Weihnacht auch hier wieder geschehen ist, das Abendmahl, in welchem es gewissermassen leibhaftig wird, dass er es ist, der uns speist und tränkt und also Kräfte gibt. Um dessen zu gedenken, singen wir (mit Sinn und Verstand!) die Lieder unseres Gesangbuches. Und eben dazu dürfen, können, sollen wir in der Bibel lesen. Etwa den 90. Psalm, der anfängt mit den Worten: «Herr Gott, du bist unsere Zuflucht für und für.» Oder den 103.: «Lobe den Herrn, meine Seele und was in mir ist, seinen heiligen Namen! Lobe den Herrn, meine Seele, und vergiss nicht, was er dir Gutes getan!» Oder den wunderbaren 23. Psalm: «Der Herr ist mein Hirte, mir wird nichts mangeln.» Aber ich müsste ja die ganze Bibel anführen, denn sie sagt auf jeder Seite: «Er ist's, der dir Kräfte gibt.» Hast du es schon einmal ernstlich versucht mit all dem, was ich da nur eben andeute – und kannst und willst du dann noch ernstlich sagen: Ich kann das nicht?

Aber eben – und damit komme ich zu meiner zweiten Antwort: auch im Gottesdienst, auch bei der Predigt, auch wenn man das Gesangbuch, auch wenn man die Bibel in der Hand hat und liest, auch dann ist es gewiss nicht so, dass man nun einfach von sich aus im Stande wäre, des Herrn zu gedenken. Es wird nichts daraus, es wäre denn, er selber gebe uns die Kraft gerade dazu! Dass er uns gerade diese Kraft gebe, darum werden wir ihn über alles hinaus, was wir selbst dazu tun können, bitten müssen. Wir dürfen ihn aber gerade um diese Kraft bitten. Und als Letztes sage ich euch jetzt ganz zuversichtlich – ihr braucht es nicht nur zu glauben, ihr dürft es wissen, dass es so ist: Der Herr, unser Gott, hat noch keinen unerhört gelassen, der ihn um die Kraft gebeten hat, seiner zu gedenken. Amen.

Lieber Vater in Jesus Christus, deinem Sohn, unserem Bruder und Herrn! Du hast uns hier zusammengeführt. Bleibe bei uns, geh mit einem jeden von uns an seinen Ort, wenn wir nun wieder auseinandergehen! Lass keinen von uns los! Lass keinen von uns ganz versinken, sich ganz verlieren! Und vor allem: Lass es keinem von uns durch, dass er dich vergesse, deiner nicht gedenke! Und so erleuchte, tröste, stärke du auch unsere Angehörigen in der Nähe und in der Ferne – unsere Freunde und so erst recht auch unsere Feinde!

Vor dich möchten wir aber auch die uns bekannten und unbekannten Sorgen, Bedürfnisse und Nöte aller Menschen bringen: die der christlichen Gemeinde hier und in allen Ländern – die der verantwortlich Mitredenden, Beratenden, Regierenden und Entscheidenden im Osten und im Westen – die der hier und dort Erniedrigten und Unterdrückten – die aller Armen, Kranken und Alten, aller Bekümmerten, aller Verzagten und Verwirrten – die der ganzen Welt, die sich nach Recht, Freiheit und Frieden sehnt. Lass viele, alle und so auch uns erfahren, dass wir in der Hand deiner allmächtigen Gnade sind, die endlich und zuletzt allem Unrecht und Elend ein Ende setzen wird, um einen neuen Himmel und eine neue Erde zu schaffen, in der Gerechtigkeit wohnen wird! Ehre sei dir, dem Vater und dem Sohn und dem Heiligen Geist: wie du warst im Anfang und bist und sein wirst, jetzt und in Ewigkeit! Amen.

Lieder

«Nun jauchzt dem Herren, alle Welt» (nach Ps. 100) von D. Denicke, Strophen 1 – 6
«Sollt ich meinem Gott nicht singen» von P. Gerhardt, Strophen 1, 2, 10
«Nun danket alle Gott» von M. Rinckart, Strophe 3

MATTHIAS BOSSHARD

Des Herrn, deines Gottes, gedenken

Am 10. Mai 1886 in Basel geboren, aber in Bern aufgewachsen, wo sein
Vater als Theologieprofessor tätig war, studierte Karl Barth in Bern, Berlin (bei Adolf von Harnack), Tübingen und Marburg (bei Wilhelm Herrmann). Nach einem Hilfspredigeramt in Genf war er 1911 bis 1921 Pfarrer im Bauern- und Arbeiterdorf Safenwil (Aargau). Hier entstand die
Auslegung des Römerbriefs, deren grosses Echo die Berufung Barths als
Honorarprofessor nach Göttingen zur Folge hatte. Dort lehrte er von
1921 bis 1925, dann von 1925 bis 1930 in Münster und von 1930 an in
Bonn, wo er die Arbeit an seinem theologischen Hauptwerk, der «Kirchlichen Dogmatik», begann. 1933 erscheint die für den Weg der Bekennen-
den Kirche grundlegende Schrift «Theologische Existenz heute!», und ein
Jahr später richtet sich gegen die nationalsozialistische Gleichschaltung
der Kirche das Bekenntnis von Barmen, an dem Karl Barth grundlegend
mitwirkte. Aus Deutschland ausgewiesen, wurde er 1935 als Professor
für Systematische Theologie nach Basel berufen. Gleichzeitig mit einer
weitgespannten kirchlichen, theologischen und politischen Präsenz und
Tätigkeit entstand – jeweils vorbereitet durch seine Vorlesungen – in
zwölf Bänden seine Lehre vom Wort Gottes, von Gott, von der Schöpfung
und von der Versöhnung (ein Band über die Taufe blieb Fragment). Von
1954 an – er war nun 68-jährig – und über seine Emeritierung hinaus hält
Karl Barth regelmässig Gottesdienste in der Basler Strafanstalt («Schällemätteli»). Diese ihm liebe Tätigkeit fällt in die Zeit des dritten Teils der
Versöhnungslehre («Jesus Christus, der wahrhaftige Zeuge»), des charak-
teristischen Vortrags «Die Menschlichkeit Gottes» und der Abschiedsvor-
lesung «Einführung in die evangelische Theologie». Im Ganzen hielt
Barth im «Schällemätteli» 27 Gottesdienste. 1964 hält er noch den Oster-
gottesdienst, danach erlaubt die Gesundheit ihm nicht mehr, dort seine
Predigttätigkeit weiterzuführen. Er brach auch die Arbeit an seiner Dogmatik ab. Sie bleibt ohne Lehre von der Erlösung (Eschatologie) und ohne
eine «Theologie des Heiligen Geistes». Noch einmal befasste er sich ver-
tieft mit der römisch-katholischen Kirche und mit Friedrich Schleiermacher. Am 10. Dezember 1968 starb Karl Barth in seinem Haus an der Bru-
derholzallee 26 in Basel.

* * *

Karl Barth hat dieser Predigt in der von einigen Inhaftierten in der Strafanstalt gesetzten und gedruckten Predigtsammlung «Den Gefangenen Befreiung» (1959) den Titel gegeben: «Er ist's.» Hätte man die Predigt ohne Titel vor sich und müsste ihn selber suchen, könnte man auch «Er gibt dir Kräfte» oder «Gedenke des Herrn, deines Gottes» wählen. Man würde auch dann wörtlich aus dem Predigttext (5. Mose 8,18) zitieren – wie Barth es tut – und man würde auch dann einen der Teile seiner Predigt in den Vordergrund rücken. Diese hat – wenn ich recht sehe – vier Teile. «Er ist's» bildet das Leitwort des ersten Teils der Predigt. Daran schliesst sich ein zweiter, intensiv theologischer Teil an, in welchem unterschieden wird zwischen einem «Gott im allgemeinen» und dem «*Herrn, deinem Gott*». Mit dem Satz «Er gibt dir Kräfte!» beginnt der dritte, mit der Aufforderung «So gedenke nun auch du des Herrn, deines Gottes!» der vierte Teil der Predigt. Dieser vierte Teil – man lese ihn vielleicht noch einmal nach! – erscheint mir besonders bildhaft, er klingt humorvoll, herzlich und macht realisierbare Vorschläge. Der erste Teil der Predigt geht ohne Einleitung und Umschweife zur Sache, er enthält im Kern und in Kürze schon praktisch alles Weitere; Barth beginnt mit zwei sehr kräftigen Eingangssätzen! Charakterisiert man den zweiten Teil der Predigt als den in besonderem Mass theologischen, so könnte man den dritten als den eher individuell seelsorgerischen und den vierten als den gemeindebezogenen, praktischen Teil auffassen. Ich beschränke mich darauf, mir Gedanken zu machen über die beiden Eingangssätze der Predigt und über das «Gedenke des Herrn, deines Gottes».

Der erste Satz

Barth hat oft betont, die Gebete seien gleich wichtig wie die Predigt. Hier macht er es so, dass er an die Gebetsbitte, als Prediger «das Richtige zu sagen» und als Gemeinde «es auch richtig zu vernehmen», im ersten Satz der Predigt anschliesst und diese Bitte eigentlich gleich noch einmal bittet und sagt: «Wollte Gott, ich könnte dieses ‹Er ist's!› jetzt so aussprechen und ihr könntet es jetzt so hören, dass das ‹heller als tausend Sonnen› vor uns stehen und unsere Augen blenden würde …» Hier ist wie in einer Nussschale die Grundsituation der Predigt enthalten: Gott, der Prediger, der Text und die Gemeinde. Dieses allsonntägliche Spannungsfeld hat sich seit fünfzig Jahren nicht verändert, aber Barth geht es in der ihm eigenen Radikalität an. Als Vergleich nimmt er Robert Jungks damaligen Bestseller «Heller als tausend Sonnen», in welchem es um die Atombombe geht. Dann bittet er Gott um eine «Blendung», jedenfalls kann man an jene Szene denken: «In der Nähe von Damaskus umleuchtete

Saulus plötzlich ein Licht vom Himmel ... und als er seine Augen wieder aufschlug, sah er nichts» (Apg 9). Assoziationen mit dem einstigen «senkrecht von oben» und dem «unendlichen qualitativen Unterschied» zwischen Gott und Mensch beim *frühen* Barth stellen sich ein. Während viele von uns heute eine Ausgewogenheit, einen partnerschaftlichen Dialog zwischen Prediger, Text und Gemeinde suchen, bricht hier Gott ein. Er müsste einbrechen! wünscht sich Barth. Und zwar so, «dass wir zunächst gar nichts anderes mehr wahrnehmen könnten». Gottes Offenbaren und unser Erkennen gehen für Barth nicht einfach zusammen. Hier ist ein Bruch, eine Kluft, ein Hiatus. Sender und Empfänger sind nicht kompatibel. Wenn Gott sich offenbart, wird es zuerst einmal «heller als tausend Sonnen» und anschliessend ganz dunkel. Dann aber – so fährt Barth nun fort – möge Gott unsere Augen «ganz neu öffnen und sehend machen». Was gibt es dann zu sehen? Wofür öffnet er unsere Augen, die von sich aus gar nichts sehen können? Er öffnet sie für «Gottes Wege und, mit ihnen vereint, unsere Menschenwege – Gottes Wahrheit und, in sie aufgenommen, das, was wir für Wahrheit halten – Gottes Leben und, von ihm getragen, unser Menschenleben.» Hier sind wir nun bei dem, was dem *späten* Barth teuer ist. Ein Jahr zuvor hatte er in Aarau beim Schweizerischen Reformierten Pfarrverein den Vortrag gehalten «Die Menschlichkeit Gottes». Der Mensch ist das Gott interessierende Wesen, jedes menschliche Wesen, «auch das fremdartigste, verruchteste oder elendeste». Barths Denken kreist um den Friedensbund von Gott mit den Menschen. Auch unser gänzlich Mangelhaftes und Lückenhaftes gehört in diesen Bund hinein. Sogar das, «was wir für Wahrheit halten» – wie hatte seine frühe Theologie damit aufgeräumt! –, wird jetzt gnädig aufgenommen. Zu diesem Unvollkommenen zählt Barth, wie er in seinem Alter oft sagt, seine eigene Theologie. Theologen sind Geblendete, durch Gottes Gnade bestenfalls Erleuchtete, aber nicht Schauende. «Undogmatisch» sieht der grosse Dogmatiker Dogmatik als begrenzt, vergänglich und verbesserungsbedürftig an. Auch von der Predigt sagt er, sie sei eine «Übung».

Der zweite Satz

Dass eine Übung gut oder weniger gut ausgehen kann, davon redet der zweite Satz: «... ob ich es nun in dieser Stunde gut oder schlecht sage und ob ihr es jetzt besser oder weniger gut versteht: davon ist die Rede ...» Gelassenheit breitet sich aus nach dem dramatischen Beginn. Der Prediger braucht nicht alles zu können. Die Hörenden begreifen vielleicht nur wenig. Sie werden nicht vom Saulus zum Paulus. Gottes Wort ist trotzdem da, seine Wirklichkeit umgibt die Gemeinde. Seine Wahrheit hängt nicht daran, dass es gelingt, sie «hinüberzubringen» – ja, was wir «hinüberbringen», ist im besten Fall ein Hinweis auf die uns weit überlegene Wahrheit. – Schon der 26-jährige Safenwiler Pfarrer predigte am Karfreitag: «Die Botschaft des Karfreitag hat ihre Kraft ... ganz abgesehen von dem, was du und ich dazu sagen.» Am Anfang des 21. Jahrhunderts werden wir von der sich ständig perfektionierenden Informationsgesellschaft gedrillt, uns und unserer «message» einen erfolgreichen Auftritt in der Öffentlichkeit zu verleihen. Da kann es zum Nachdenken anregen, wie Barth – vor vierzig Jahren schon – in seiner Altersvorlesung «Einführung in die Evangelische Theologie» realistisch davon spricht, wie schon allein quantitativ die kirchliche Botschaft in einem winzigen Verhältnis steht zu dem, was den Menschen durch Zeitung, Radio und Fernsehen in ununterbrochenem Strom zu Gemüte geführt wird. Was denn die Gotteskraft des Evangeliums sei, fragt er, verglichen mit der Weltwirtschaft, der Naturwissenschaft, der Kunst, der Mode, dem Sport und den mystischen und rationalistischen, moralischen oder unmoralischen Ideologien? Dass Theologie und ihre Grundformen Gebet und Predigt nicht leicht «ankommen» und dass daraus – für die christliche Gemeinde – eine gewisse Einsamkeit resultiert, das gelte es auszuhalten und zu ertragen. Wobei sich dann doch immer wieder – ganz erstaunlich! – Menschen, von denen man es nicht denken würde, von Worten und Gebeten berühren lassen und sich mitbetroffen und mitverpflichtet fühlen!

«Die Botschaft hat ihre Kraft, ganz abgesehen von dem, was du und ich dazu sagen»: Dieser frühe Denkansatz wird in Barths Theologie zur Grundstruktur. In dieser Grundstruktur ist Gott dem Menschen vorgeordnet. Der Mensch muss nicht zuerst etwas sagen, damit Gottes Wahrheit da ist, und nicht zuerst etwas bewirken, damit Gott wirkt. Der Mensch kann es auch nicht. Was Gott wirkt, ist immer schon vorher gewirkt, immer schon vorher gesagt, immer schon vorher da. Der Mensch darf und soll es dann hören, annehmen, gelten lassen, ergreifen. Darin mündet der zweite der kräftigen Eingangssätze: «... davon ist die Rede, das ist für uns alle bereit, das wartet auf uns alle, das dürften und könnten wir jetzt alle ergreifen ...»

«Gedenke des Herrn, deines Gottes»

Im «ekklesiologischen» vierten Teil seiner Predigt sagt Barth, Kirche sei «unser gemeinsamer Versuch, des Herrn, unseres Gottes, zu gedenken». Solches Gedenken, fährt er weiter, sei ein «Aufwachen aus vielen andern Gedanken». Wieder jene Grundstruktur! Wer aufwacht, findet sich vor in einer Wirklichkeit, die vorher schon da ist und da war, die seinem Schlaf und seinem Erwachen vorgeordnet ist. Er hat vielleicht anderes geträumt, Schönes, Schreckliches, Wahres oder Unsinniges, aber das, wofür er die Augen aufschlägt, ist nun viel stärker, ist nun entscheidend, ist nun seine wahre Welt, ist das Erste, von dem er auszugehen hat. Angeregt vom Hymnus «Wach auf, der du schläfst, und steh auf von den Toten, so wird dich Christus erleuchten!» (Eph 5), bringt Karl Barth immer wieder ähnliche Formulierungen in manchen seiner Predigten: «Die Augen auftun» – «sehen, was vor unseren Augen, und hören, was uns laut und deutlich gesagt ist» – «gelten lassen, was schon aufgerichtet, und uns geben lassen, was schon für uns da ist.» Zur Einsicht in die Wirklichkeit Gottes können wir nur erwachen, wir können sie nicht von uns her konstruieren. Nicht nur der Inhalt der Erkenntnis kommt von Gott, sondern von ihm kommt auch der Weg zur Erkenntnis – eben dieses Erwachen! Allein bei ihm sind sowohl der Erkenntnisgrund wie auch der Erkenntnisweg.

Es führt kein Weg von der Menschenwelt zu Gott. Von unseren Gedanken, Ansichten, Vorstellungen, Meinungen, Gefühlen, Überlegungen her können wir nicht aufsteigen zu Gott. Er ist ein Berg, von dem man nur herunterkommen kann. Wer seines Gottes gedenkt, darf den Ausgangspunkt denn auch dort, bei ihm, nehmen: bei dem ganz bestimmten Gott, der «einen Namen, der auch ein Gesicht, der auch einen Charakter hat». Ja, wer des Herrn, seines Gottes, gedenken will, kann sich nur dort den Anfang geben lassen, mit dem er überhaupt erst anfangen kann. Von dort her, wo dieser «Herr, dein Gott» ist, von diesem Berg herunterkommen, das ist ja doch eigentlich gar nicht schwer. Auffälliger- und eigentümlicherweise sagt das Barth immer wieder: An Gott glauben und seiner gedenken sei nicht etwas Schweres, sei kein Kunststück, sei kein «Krampf», sei «das Natürlichste von der Welt» – eben dann, wenn wir frei werden dazu, den Ausgangspunkt zu nehmen bei dem, der sich unser «in der Krippe von Bethlehem und am Kreuz von Golgatha schon angenommen hat». Das ist die Höhe, von der Barths Predigt herzukommen versucht. Und – das wird sofort klar! – diese Höhe ist gerade auch die Tiefe. Diese Höhe ist der Gott des Gnadenbundes in Jesus Christus, der Gott «in der Höhe und im Heiligtum *und* bei denen, die zerschlagenen und demütigen Geistes sind» (Jes 57). Zweifelsohne wird vielen Leserinnen und Lesern Barths Predigt als «ein wenig zu weit oben» vorkommen – wie mir jemand nach der Lektüre bekennen musste. Es stellt sich in der Tat die Frage, ob es möglich wäre, den Ausgangspunkt dort zu lassen, wo Barth ihn sieht und bekennt, und doch vermehrt zu den Anknüpfungspunkten hin zu gelangen, die eine Predigt braucht, um die Hörerinnen und Hörer zu erreichen. Es ginge dann darum, wie es in dieser Predigt geschieht, *zum Menschen hin* zu denken, jedoch mehr, als es in dieser Predigt geschieht, *vom Menschen her* zu denken. Jemand hat mir als Reaktion gesagt, diese Theologie komme ihr vor wie «ein Wald mit lauter hohen Stämmen, aber ohne Unterholz». Christliche Predigt sollte nicht das Unterholz auslichten. Sie sollte nicht über die Befindlichkeit der Menschen und ihre geistige, seelische und gesellschaftliche Situation hinweggehen, sondern zu ihr hingehen. In diese Richtung muss wohl die Arbeit weiter gehen in der Frage nach dem Heiligen Geist, vielleicht auch neu nach der «Theologie des 19. Jahrhunderts», nach der katholischen Kirche und nach den andern Religionen. Barths grosse Vor-ordnung, jenes grosse «Prä» beim Gott der Bibel, müsste dabei nicht vergessen gehen.

Barth sagte, er sei immer gerne in der Basler Strafanstalt, in der dortigen Hausgemeinde, zu Gast gewesen. Als er 1962 eine USA-Reise unternahm, wünschte er sich auch dort (er sei ja in der Schweiz Gefängnisprediger!) Zugang und bekam dann auch besuchsweise Zugang zu Gefängnissen. Er fand die Zustände dort erschreckend. Er war kein Mensch, der über solchen Realitäten «schwebte». Im «Schällemätteli» hat er die zum Gottesdienst Versammelten nicht als einen «Haufen von Köpfen und Leuten» gesehen, sondern als «Gemeinde Gottes auf Erden». Man könne ja, findet er im Blick auf sich – Karl Barth – selbst, «nicht für sich allein, sondern nur in der Gemeinde getrost werden».

Literatur
Karl Barth: Den Gefangenen Befreiung. 1959.
Karl Barth: Die Menschlichkeit Gottes (Theologische Studien, 48) 1956.
Karl Barth: Einführung in die Evangelische Theologie. 1962.
Karl Barth: Die Kirchliche Dogmatik. Die Lehre von der Versöhnung IV/3: Jesus Christus, der wahrhaftige Zeuge, 1959.
Reinhold Bernhardt: Der Absolutheitsanspruch des Christentums. 1990.
Eberhard Busch: Karl Barths Lebenslauf. 1975.

Anmerkungen
1 Vgl. Lied 114 (EKG 15) «Gelobet seist du, Jesu Christ» (1524) von M. Luther, Strophe 3: ... Er ist ein Kindlein worden klein, der alle Ding erhält allein. Strophe 6: Er ist auf Erden kommen arm, dass er unser sich erbarm ...

HANS URS VON BALTHASAR

Nivellierung nach unten

Radiopredigt,
Weihnachten 1963

*Und es begab sich, als die Engel von ihnen gen Himmel gefahren waren,
da sprachen die Hirten zueinander: Lasset uns doch nach Bethlehem hingehen und diese Sache sehen, die geschehen ist und die der Herr uns kundgetan hat. Und sie gingen eilends und fanden Maria und Joseph, und das
Kind in der Krippe liegend. Als sie es aber gesehen hatten, machten sie das
Wort kund, das ihnen über dieses Kind gesagt worden war. Und alle, die
es hörten, verwunderten sich über das, was ihnen von den Hirten gesagt
wurde. Maria aber behielt alle diese Worte und erwog sie in ihrem Herzen. Und die Hirten kehrten zurück und priesen und lobten Gott für alles,
was sie gehört und gesehen hatten, wie es ihnen gesagt worden war.*
Lukas 2, 15 – 20
*Als aber Jesus in den Tagen des Königs Herodes zu Bethlehem in Judäa
geboren war, siehe, da kamen Weise aus dem Morgenland nach Jerusalem, die sagten: Wo ist der neugeborne König der Juden? Wir haben nämlich seinen Stern im Morgenland gesehen und sind gekommen, ihm zu
huldigen. Als jedoch der König Herodes das hörte, erschrak er und ganz
Jerusalem mit ihm. Und er liess alle Hohenpriester und Schriftgelehrten
des Volkes zusammenrufen und erfragte von ihnen, wo der Christus geboren werden sollte. Die aber sagten ihm: Zu Bethlehem in Judäa; denn so
steht es durch den Propheten geschrieben: «Und du, Bethlehem» im
Lande Judas, bist keineswegs «die kleinste unter den Fürstenstädten
Judas; denn aus dir wird ein Herrscher hervorgehen, der mein Volk Israel
weiden wird.»*

Da berief Herodes heimlich die Weisen und erkundigte sich bei ihnen genau nach der Zeit, wann der Stern erschienen sei, und sandte sie nach Bethlehem und sagte: Ziehet hin und forschet genau nach dem Kindlein! Wenn ihr es aber gefunden habt, so meldet es mir, damit auch ich komme und ihm huldige. Und nachdem sie den König angehört hatten, zogen sie hin. Und siehe, der Stern, den sie im Morgenland gesehen hatten, ging vor ihnen her, bis er über dem Orte stillstand, wo das Kindlein war. Als sie aber den Stern sahen, wurden sie sehr hoch erfreut und gingen in das Haus hinein und sahen das Kindlein mit Maria, seiner Mutter. Und sie warfen sich nieder, huldigten ihm, taten ihre Schätze auf und brachten ihm Gaben dar, Gold und Weihrauch und Myrrhe. Und da sie im Traum die Weisung empfingen, nicht zu Herodes zurückzukehren, zogen sie auf einem andern Weg in ihr Land zurück. Als sie aber hinweggezogen waren, siehe, da erscheint ein Engel des Herrn dem Joseph im Traum und sagt: Steh auf, nimm das Kindlein und seine Mutter mit dir und fliehe nach Ägypten und bleibe dort, bis ich es dir sage; denn Herodes will das Kindlein aufsuchen, um es umzubringen. Matthäus 2, 1–13

Man versteht ohne weiteres, dass zuerst die Hirten benachrichtigt werden und für sie der Weg zur Krippe ganz kurz ist, und erst nachher die Könige oder Magier oder was immer diese Herren gewesen sein mögen; und dass, da für sie der Reiseweg lang war, sie, wie Paul Claudel hervorhebt, erst mit erheblicher Verspätung ankamen. Die Kirchenväter hatten keine Mühe, die Dinge allegorisch zu deuten: die Hirten sind die Juden, die als erste da sind; die Heiden kommen von weit her, sie sind folglich die zweiten. Mit mehr Fug wird man sagen: Die Hirten sind arme Leute, und die wohnen ohnedies Tür an Tür mit dem Herrgott, oder um es nochmals mit Claudel zu sagen:

Sie sind so arm, dass es dem lieben Gott gar nicht auffällt.

Und sein Sohn sich gleich zuhause fühlt, wenn er sich ihnen beigesellt.

Reiche haben nach dem Evangelium einen weiteren Weg, weil sie erst über ihre Geldsäcke wegklettern müssen, oder, wenn ihr Reichtum nicht in Gold und Aktienbündeln besteht, sondern zum Beispiel in Wissen, erst über alle ihre fixen und fertigen Begriffe, Meinungen, Ansichten, Erfahrungen und Weltanschauungen hinwegzuturnen haben, bis sie endlich auf dem nackten Lehmboden stehen, wo das Kind in der Krippe liegt. Man weiss nicht genau, wie es bei diesen drei Magiern oder Astrologen zuging und wie der berühmte Stern in ihre Berechnungen gepasst oder nicht gepasst hat, ob er sie zum Aufbruch bestimmte, weil er das *missing link* in ihrem Kalkül war oder vielmehr eine ganz unerwartete Himmelserscheinung, die ihnen nahelegte, den Weg nach Palästina unter die Füsse zu nehmen. Es ist ja vielleicht auch nicht so schrecklich wichtig, ob die ganze Erzählung von diesen Dreien auf exakter historischer Wahrheit beruht, kontrollieren lässt es sich nicht, aber erfreulich und sogar erbaulich ist es doch zu hören, dass sogar Wissenschaftler sich auf den Weg zur Krippe gemacht haben, mochte nun der Stern ihre Weisheit bestätigen oder durchkreuzen. Im ersten Fall hätte sie der geistige Reichtum bis zur heiligen Armut gebracht, im zweiten Fall hätten sie die innere Armut alles menschlichen Wissens eingesehen und so den Weg zur göttlichen Armut gefunden. Es ist nett, dass sie dem Christkind was mitgebracht haben, sogar nicht unbeträchtliche Gaben, aber noch netter, dass sie sich ihrer wirklich entledigt haben, als Dingen von wenig Wert verglichen mit dem entdeckten Schatz im Acker, der gefundenen kostbaren Perle. Sie sind die ersten, die alles verkaufen, um nachzufolgen.

Damit sind sie dann auch auf dem Niveau der Hirten angelangt, und aus beiden Gruppen zusammen kann sich eine erste christliche Gemeinde bilden. Man könnte von einer Nivellierung nach unten reden, denn die Reichen werden arm, die Armen aber werden deswegen nicht reich. Alle nivellieren sich auf *das* Niveau hinab, das Gott selbst, menschwerdend, als das seine ausersehen hat: Armut von Krippe und Flucht und Nazaret und Wüste und Nomadenleben und Kreuz und Grab. *«Der Menschensohn hat nichts, wohin er sein Haupt lege.»*

Höchst ungewohnte Nivellierung, von der Paulus zeugt, wenn er einerseits die Differenz Arm und Reich, Knecht und Herr für aufgehoben erklärt, andererseits doch sagt, jeder solle in dem Stande bleiben, worin der Ruf zum Christen ihn traf. Die Hirten bleiben Hirten, und die sogenannten Könige ziehen, wenn auch auf anderem Wege, wieder als solche heim. Und die Leute zwischendurch, die die Sprossen der Leiter zwischen dem Proletariat und dem Grosskapitalistentum bilden, bleiben die Leute zwischendurch. Wie dem auch sei, eines bleibt wahr: Die Gnade unseres Herrn besteht darin: *«Obgleich reich, ist er um euretwillen arm geworden, damit ihr durch seine Armut reich werdet»* (2Kor 8,9). Ihr, Arme und Reiche, ihr allesamt. Eines Reichtums, der gerade in Christi Armut besteht: Arm aber wird er vor lauter Hingabe. Unser Reichtum ist der Empfang dieser Hingabe und ihr Erwidern durch seine Weitergabe. Ein Prozess der Liebe. Möglich ist es, dass diese austauschende Liebe sich wirklich bis in die sozialen Strukturen hinein auswirkt; ja, man darf sagen: Nur dann, wenn diese Wirkung tatsächlich erfolgt, ist mit dem Christentum ernstgemacht worden. Wenn damit nicht ernstgemacht wird, muss der Kommunismus mit seiner Nivellierung in die Lücke treten und auf seine Art ernst machen. Dann haben aber die Namenchristen ihre Daseinsberechtigung eingebüsst, mitsamt ihren phantastisch organisierten Gemeinden, Pfarreien und anderen Räten, Diözesen, Parteien und Katholikentagen; dann kann bestenfalls noch einmal die Ausgangssituation an der Krippe versuchsweise wiederhergestellt werden, mit Hirten und Königen, um zu sehen, ob die Lektion diesmal besser verstanden werden wird. Ein solcher Wiederholungskurs für sitzengebliebene Christen dürfte eine grosse Gnade des Herrn sein und ein Zeichen seiner grossen Geduld.

Aber wir wollen auch nicht vergessen, dass die Welt im Ganzen ein Übungsfeld bleibt und sich niemals durch blosse Evolution langsam oder rasch in das Reich Gottes verwandeln wird. Dass bis ans Ende die christliche Entscheidung zur Armut mit dem armgewordenen Herrn eine freie Entscheidung der Einzelnen bleibt und keineswegs eine durch die Umstände nahegelegte oder gar schon von selber erwirkte oder durchgesetzte. Vielleicht wird diese Entscheidung in Zukunft irgendwie schwerer werden, weil die Maschinerie der Wirtschaft und Gesellschaft *so* übermächtig den Einzelnen in ihr Räderwerk verfügen und die Luftlöcher persönlichen Atmens immer mehr verstopfen wird. Und doch: Solange Menschen noch ihren Namen verdienen, wird ihnen eine Freiheit verbleiben: im Herzen arm zu sein, um dadurch *viele zu bereichern*. Denn das entblösste Herz, das sich nicht gehören will, macht sich zu Brot und Wein für jeden, der hungert. Das kann der Hirt so gut wie der König und jeder kleine Mann zwischendurch. Das ist ein so unscheinbarer Vorgang wie die tägliche Mahlzeit und doch ein so ungewöhnlicher, dass es Gott selber den Atem verschlägt: «*Wahrlich, ich sage euch: Diese arme Witwe hat mehr hineingeworfen als alle übrigen. Denn alle warfen von ihrem Überflusse zu den Gaben Gottes hinein, sie aber hat von ihrer Armut alles, was sie zu ihrem Lebensunterhalt besass, hineingeworfen.*» (Lk 21,3–4)

HANS-ANTON DREWES

Göttliche Armut, göttlicher Reichtum

Hans Urs von Balthasar ist am 12. August 1905 in Luzern geboren. Nach dem Germanistikstudium in Wien, Berlin und Zürich und der Promotion 1928 tritt er 1929 in den Jesuitenorden ein. Er absolviert die ordensüblichen Studien in Pullach bei München und Lyon (Fourvière), wobei ihn besonders Erich Przywara und Henri de Lubac («Nouvelle théologie») beeinflussen. 1937 wird er Mitarbeiter an den «Stimmen der Zeit» in München. Ab 1940 ist er Studentenseelsorger in Basel. Dort begegnet er Karl Barth und, entscheidend, Adrienne von Speyr. 1950 tritt von Balthasar aus der Gesellschaft Jesu aus, um die Leitung des 1945 gegründeten Säkularinstituts «Johannesgemeinschaft» beibehalten zu können (Gründung des Johannesverlags Einsiedeln 1947, zunächst vor allem zur Publikation der Diktate Adrienne von Speyrs). Er lebt als freier Schriftsteller und Seelsorger weiterhin in Basel, gibt Exerzitienkurse, geht auf Vortragsreisen. 1969 wird er Mitglied der Internationalen Päpstlichen Theologenkommission. 1972 begründet er die «Internationale katholischen Zeitschrift Communio» mit. Am 26. Juni 1988 stirbt von Balthasar in Basel, zwei Tage vor seiner Erhebung zum Kardinal.

* * *

«Basler Predigten» – das hat, spricht man von Hans Urs von Balthasar, einen besonderen Sinn. So ist es ja mit den grossen, tragenden Begriffen oft bei ihm: Sie bekommen fast immer einen neuen, kräftigen Sinn und, indem sie in den denkbar weitesten Horizont gestellt werden, eigentümliche Farbe und Licht. Ähnlich ist es auch hier. Schon mit der *Ortsangabe* verhält es sich besonders. Zwar hat von Balthasar an keinem Ort länger gelebt als in Basel. Aber in mehr als vier Jahrzehnten ist er doch kein Basler geworden. Die Wurzeln, aus denen sich sein Denken speiste, reichten zu tief in die Vergangenheit und zu weit in fremde Sprachen und Kulturen. Einem Besucher in den siebziger Jahren schien es, als ginge er «mit einem unter die Helvetier verschlagenen Kirchenvater spazieren, der sowohl die drei Weisen wie Wilhelm Tell unter seine Vorfahren zählte». Und die *Predigten* von Balthasars, wie sie in zwei Bänden gesammelt vorliegen, sind nicht, wie es sonst wohl der Regelfall ist, in einer Kirche gehalten worden. Es sind einerseits Radiopredigten, die sich also an eine unbestimmt-weite

Hörerschaft richteten, andererseits Ansprachen vor ganz genau bestimmten Hörern, nämlich vor den von ihm gegründeten Gemeinschaften, das heisst vor den drei Zweigen der «Johannesgemeinschaft».

Will man von Balthasar verstehen, muss man sehen, was mit diesem «Säkularinstitut» gewollt ist, dem er – nach seiner Überzeugung: im Sinne seines Ordensvaters Ignatius – gemeinsam mit Adrienne von Speyr geistliche Form und Struktur gegeben hat. Denn diese «Weltgemeinschaft» war die Mitte, um die sich sein Lebenswerk als Seelsorger und Redner, als Autor, Herausgeber, Übersetzer und Verleger aufbaute. Diese Mitte liegt dort, wo eine durchschnittliche Theologie die Peripherie sieht: dort, wo die Kirche in ihrer Sendung in die Welt die Grenze zur Welt überschreitet. Es ist eine grosse, bedeutende Wende in der Ekklesiologie, dass von Balthasar – viele Jahre vor dem II. Vatikanischen Konzil! – diesen Grenzpunkt als Wesensmitte der Kirche erkannte und bestimmte und dass er diesem sozusagen peripherischen Mittelpunkt im Gedanken der «Weltgemeinschaft» eine bestimmte unterscheidbare Form gab, die die Sendung der Kirche «in die volle ungeteilte Welt» deutlich machen und so die Kirche «zu sich selbst befreien» soll. Indem die Mitglieder dieser «Weltgemeinschaft» in ihren Berufen mitten in dieser Welt und zugleich in den sogenannten «Evangelischen Räten» Armut, Ehelosigkeit, Gehorsam leben, erhält in ihr das Paradox, gemäss dem die Kirche und die christliche Existenz überhaupt «in der Welt, aber nicht von der Welt her» ist, «höchste Sichtbarkeit» und «schärfste Prägnanz». Eine «Weltgemeinschaft» bildet als «Brücke zwischen Weltstand und Gottesstand, Laien und Religiösen» die «Mitte der Kirche» und zeigt so ihre «existentielle Einheit». In dieser kirchlich festgelegten und gutgeheissenen Form «der Hingabe des Einzelnen an Gott und sein Weltwerk» ist «nicht nur das äussere ... Zeichen des befruchtenden Ärgernisses aufgerichtet, die Sache selbst, sichtbar oder unsichtbar (und immer wird das Wichtigste des Christlichen unsichtbar bleiben) ist gegenwärtig gesetzt» – die Sache selbst, die «Einsatz Gottes für die Welt» heisst, ein Einsatz, der bis zum Tod am Kreuz, ja, bis zum Mit-tot-Sein mit den Toten geht.

Übrigens zeigt sich zu dem Gedanken, dass als die Mitte der Kirche gerade der Punkt zu bezeichnen ist, wo sich die beiden Forderungen: in der Welt, aber nicht von der Welt zu sein, begegnen, «wo die Naht – ein für allemal und täglich neu – zusammengenäht werden muss», eine sehr bedenkenswerte Parallele im Kirchenbild des späten Karl Barth. In dem ekklesiologischen Paragraphen des dritten Teils der Versöhnungslehre (Kirchliche Dogmatik IV/3, § 72) hat Barth in der Perspektive der Prophetie Jesu Christi, der als der «wahrhaftige Zeuge» (Apk 3,14) selber für sich und sein Werk Zeugnis gibt, die Gemeinde formal durch den «Dienst» an dem prophetischen Wort Jesu Christi bestimmt. Damit ist ihr inhaltlich «die vorläufige Darstellung der in ihm ergangenen Berufung der ganzen Menschenwelt, ja, aller Kreaturen» anvertraut. Der erste und entscheidende Akt dieser vorläufigen Darstellung kann aber kein anderer sein als ein Akt der «Solidarität» mit der Welt, in der alle notwendige Distanz zur Welt und jedes Nein zu ihr «aus der tiefsten Verbundenheit mit der ganzen Menschenwelt und mit allen einzelnen Menschen» kommt.

Von dieser Grundbestimmung her weist Barth kritisch auf eine «Lücke» hin, die in der patristischen wie der scholastischen, in der reformatorischen wie der nachreformatorischen Lehre von der Kirche zu beklagen ist: «Eine Beziehung, gar eine ihr fundamental wesentliche Beziehung» der Gemeinde «nach aussen» – eben zur Welt hin – «scheint in der klassischen Lehre von der Kirche nicht vorgesehen zu sein.» Bemerkenswerterweise nimmt Barth eine Wendung aus der Enzyklika «Satis cognitum» Leos XIII. (1896) auf, die immerhin in die gesuchte Richtung weist: «partam per Jesum Christum salutem ... *late fundere* in omnes homines ... debet ecclesia». «Um dieses late fundere muss es gehen, wenn es bei jener Lücke nicht sein Bewenden haben soll.» Es geht dabei wohlgemerkt um «eine richtige nota ecclesiae». Man erkennt die Kirche als wahre Kirche auch daran, dass sie «im Sinn des Begriffs» *apostolische* Kirche ist: Kirche «im Sprung (oder doch im Anlauf zum Sprung) hinaus zu denen, zu denen sie *gesendet* ist». «*Heraus*gerufen aus der Welt wird und ist die Gemeinde erst recht in sie *hinaus*gerufen. Und die Echtheit gerade jenes ‹Heraus› steht und fällt damit, dass es zwischen ihm und dem ihm unfehlbar folgenden ‹Hinaus› kein Halten gibt, dass ihre Absonderung von der Welt und ihre Zuwendung zu ihr in einer einzigen Bewegung geschieht.»

An diesem für den zukünftigen Weg der Christenheit so entscheidenden Punkt zeigt sich vielleicht besonders deutlich, dass Barth und von Balthasar darum Partner eines paradigmatisch echten und fruchtbaren Gespräches waren, weil sie nach von Balthasars Urteil «auf die gleiche Spannung zwischen Christus-Mitte und Allheit der Erlösung» zielten. Es muss hier offen bleiben, ob die Auffassungen beider von der Kirche «ähnlich bei grösserer Unähnlichkeit» oder «unähnlich bei grösserer Ähnlichkeit» sind. Genug, wenn deutlich geworden ist, dass in der Einheit von «Heraus» und «Hinaus» ein Gemeinsames gegeben ist, das bei von Balthasar im Entwurf der «Säkularinstitute» seinen besonderen Ausdruck gefunden hat.

Die christliche Gemeinde, an die sich eine Predigt im Normalfall richtet, liegt gleichsam auf der Linie, die jene «Weltgemeinschaften» durch die Kirche hindurch in die unbegrenzte Weite der weltlichen Welt ziehen.

Etwas von dieser Bewegung, in der sich Einzelne im «Christsein», das heisst im gehorsamen «Erhorchen des rufenden Wortes» und im «Freiwerden zur erwarteten Antwort», zur Gemeinschaft einer Sendung der Kirche in die Welt sammeln, ist in allen Texten der beiden Sammlungen spürbar. Auch der vorliegenden Predigt sind die drei Richtungsanweisungen Armut, Ehelosigkeit, Gehorsam erkennbar eingeschrieben. Ebensosehr sind von Balthasars Predigten durch eine andere Linie geprägt: durch den «Schnitt», der, wie das ungewöhnlich dichte Vorwort zu den «Radiopredigten» sagt, «stets durch die Mitte gehen» sollte, «die Mitte des Wortes Gottes». «Predigt oder Homilie darf und kann keinen anderen Gegenstand haben als das Eine Wort – in seiner immer einmaligen Selbstdarstellung an jedem Sonntag, jedem Fest.» Klarer und strenger kann das auch auf evangelischer Seite nicht gesagt werden. Mit dieser Festlegung ist zugleich eine wesentliche Eigenheit der Predigten und Schriftbetrachtungen von Balthasars angesprochen: Sie kreisen «immer wieder» um «die gleiche Mitte: das unerschöpfliche Mysterium des einen unteilbaren Glaubens». Er ist unteilbar einer, so wie es auch nur «ein einziges Dogma» gibt. Doch entsprechend der immer neuen Selbstdarstellung des Einen Wortes zerlegt es sich «wie das Licht in einen Regenbogen von Farben», es formt sich «wie ein lebendiger Körper in mannigfache Glieder aus».

Von diesem Bild des «lebendigen Körpers» ist es nur ein Schritt zu dem Begriff, der für von Balthasars gesamtes Werk entscheidende Bedeutung hat, zum Begriff der *«Gestalt»*. Sehr bezeichnend, dass seine gewaltige Trilogie mit ihren 7169 Seiten in 16 Bänden so anhebt: «Schau der Gestalt» (Herrlichkeit. Eine theologische Ästhetik, Bd. I, 1961). Auf die unauflösbar einmalige, organische, sich entwickelnde, einheitlich fassbare Gestalt ist jede Wahr-Nehmung bezogen – oder sie erkennt nicht das Wahre, erfährt nicht das Gute, schaut nicht das Schöne (um an die drei – transzendentalen – Bestimmungen zu erinnern, die allem, was ist, vom Ursprung, von der Schöpfung her zukommen). «Das Erblicken-, Wertenund Deutenkönnen einer *Gestalt*» war für von Balthasar das «entscheidende Werkzeug», das «unentbehrliche Instrument». Er verdankte es, wie er öfter bekannt hat, Goethe. Die Gestalt ist in ihrer ursprünglich wahrgenommenen Einheit mehr als die nachträgliche Summe ihrer Teile. Man kann die Wahrnehmung der Gestalt nicht aus der Auffassung ihrer Teile zusammenstücken. Man kann aber die Gestalt in ihren Teilen betrachten. Und, noch wichtiger, man kann die Gestalt umschreiten, sie von verschiedenen Seiten, in verschiedenen Perspektiven in den Blick nehmen. Man wird dabei immer wieder etwas anderes sehen – und doch immer dasselbe. Das Bild der Linie, des Schnittes, der immer durch die eine Mitte geht, dabei aber immer von einem je besonderen Ausgangspunkt zu einem ebenso besonderen Ziele führt, sagt methodisch-nüchterner das gleiche. Dieser theologische Ansatz bei der ästhetischen Wahrnehmung der Gestalt wird im Zeitalter immer intensiverer Bildbestimmtheit und unvorstellbar gewachsener und weiter wachsender Schaulust kritisch und aufbauend an Bedeutung noch weiter gewinnen. Mit dem synthetischen Blick, den er fordert und braucht, sind bestimmte Eigenheiten des Erkenntnisweges und der Sprache verbunden. Bei unserer Predigt kann man zum Beispiel auch an die heitere Unbefangenheit denken, mit der von Balthasar den Exegeten zusieht, die in zunehmender Spezialisierung einzelne Verse aus den Perikopen isolieren und historisch analysieren: «Mir ist das im Ganzen egal; das gesamte Evangelium ist inspiriert. Hier darf man Hegel recht geben: Das Ganze ist das Wahre.»

So nimmt von Balthasar in dieser Weihnachtspredigt sogar zwei Lesungen aus zwei verschiedenen Evangelien zusammen: das Evangelium vom Weihnachtsmorgen Lukas 2,15–20 und das von Epiphanias Matthäus 2, 1–12. Gerade in der auf diese Weise sichtbar gemachten Gegenüberstellung der Hirten einerseits und der Könige oder Magier andererseits ist nämlich eine Spannung auszutragen, die einfach («ohne weiteres») zu verstehen und doch, wie wir merken, unauslotbar ist. Zuerst die Hirten – hernach die drei Weisen, kurzer Weg – langer Weg: Das lässt sich mit den Kirchenvätern schön auf die zuerst erwählten Juden und die Heiden deuten, die «weiland ferne gewesen», nun aber «nahe geworden sind» (Eph 2,13). Aber von Balthasar, der ja wie kaum ein anderer die Stimmen der alten und der mittelalterlichen Kirche zu hören und zu Gehör zu bringen verstand, folgt hier einer anderen Blicklinie – der sozialen von «arm» und «reich», wenn man so sagen will. Freilich sind «Armut» und «Reichtum» nicht nur in ökonomischer Bedeutung zu nehmen, sondern nach allen Aspekten ihres Gegensatzes zu begreifen. In der Grundsätzlichkeit des «Evangelischen Rates» greift «Armut» weiter und tiefer. Der Ruf in den Christenstand und so auch – wenn man hier mit der katholischen Tradition weiter unterscheiden will – die Berufung zum «Rätestand» kann nach Paulus (1Kor 7,20.24) ja seltsamerweise den Gehorsam fordern, in dem weltlichen Stand zu *bleiben*, in dem einer steht. Der Wechsel in einen anderen sozialen Stand könnte ja zu der Täuschung Anlass geben, dieser Wechsel sei der Gehorsam – der aber doch in *jedem* sozialen Stand zu bewähren und mit *keinem* sozialen Wechsel als solchem geleistet ist. Deshalb ist «arm» zunächst ganz aus der Spannung und der Bewegung zwischen dem göttlichen Reichtum, der sich hingibt und arm wird, und der göttlichen Armut, die reich macht (2Kor 8,9), zu verstehen.

Sehr schön deuten es schon die Verse aus Paul Claudels «Corona Benignitatis Anni Dei» (Chant de l'Épiphanie) an, die von Balthasar in freier Abwandlung seiner eigenen gedruckten Übersetzung zitiert. Claudels Verse scheinen in ihrer rätselhaften Einfachheit überhaupt die Tonart der ganzen Predigt zu bestimmen. Die Hirten sind arm, deshalb wohnen sie in Gottes Nachbarschaft. Die Könige, Magier oder Astrologen (oder was sie nun waren) sind reich und haben darum einen weiteren Weg, denn sie müssen über ihre Geldsäcke hinwegklettern oder über Weltanschauungen hinwegturnen. Waren sie Wissenschaftler, so bleibt noch zu fragen, ob ihr endlich zu Vollendung und Abschluss gebrachtes Wissen oder ob nicht gerade die grosse Störung ihres und alles Wissens sie auf den Weg brachte. Gleichviel, jedenfalls war der Weg lang: Es war der Weg in die Nachfolge. Sie waren die ersten, die alles – nämlich sozusagen sich selbst – verkauften, um ihn zu gehen.

Wieder ist es «nicht so schrecklich wichtig», ob die Erzählung «auf exakter historischer Wahrheit beruht». Damit ist natürlich nicht eine Lizenz im Umgang mit historischer Forschung gemeint. In anderen Zusammenhängen hat von Balthasar durchaus mit historischen Methoden historisch argumentiert. Aber hier geht es um etwas, das mehr ist als in den Einzelheiten exakt, etwas, das in seiner Gestalt wahr ist und darum «erfreulich und sogar erbaulich». Der Prediger spricht davon in einer unverkrampften Gelassenheit, in einer letzten Unbesorgtheit. Sie drückt sich auch sprachlich in einem gewissen gemütlich-freien Ton aus («Es ist nett, dass sie dem Christkind was mitgebracht haben …»). Im Bewusstsein letzter Verantwortung schüttelt man die vorletzte nicht ab, aber man trägt sie als leichte Last. Die alles gründende und alles tragende Verantwortung ist die von uns erwartete Antwort auf die Hingabe, in der sich Gott in Christus weggibt: an die Menschen, an die Welt. Das ist der Stufenweg nach unten, dem die Christen, mitgerissen in Gottes Zug in die Tiefe, folgen (vgl. Röm 12,16). In diesem Zug werden alle arm, um im Empfangen und Weitergeben der Hingabe Gottes den Reichtum Gottes zu gewinnen. Das ist der «Prozess der Liebe», den von Balthasar provozierend (und vielleicht auch ein wenig schalkhaft?) «Nivellierung nach unten» nennt. Eine Losung, die man gerade bei ihm vielleicht nicht erwartet, der, wie sich hier zeigt, allzu einseitig auf die Betonung der «elitären» Rolle der Einzelnen festgelegt wird. Gewiss hätte sich von Balthasar mit Vergnügen die jüngst ausgegebene Parole zu eigen machen können: «Meide die Pädo-kata-gogen: die Herunter-Erzieher.» Man könnte es freilich wissen, wie wenig in von Balthasars Denken – und Leben! – die Vorstellung von den Einzelnen, die entscheiden und die sich deshalb verantwortlich sozusagen hinaufbilden und nicht heruntererziehen lassen sollen, mit dem Traumbild der beati possidentes als happy few zu tun hat. Sie ist im Gegenteil bestimmt durch die Karriere hinab – auf das Niveau, das Gott für sich selbst gewählt hat: «Armut von Krippe und Flucht und …» Man mag schon das eine Probe, eine Lebensprobe auf die Wahrheit des Bildes nennen, vor das die Predigt stellt. Der Prediger nennt aber noch eine andere Probe, eine gesellschaftlich-politische, eine soziale, nun schlicht ökonomisch bestimmte. Er nennt sie mit ganz ruhigen Worten, aber jedenfalls nicht weniger radikal als irgendeiner der Vertreter der «Theologie der Befreiung», zu denen man ihn später in einen verzerrten Gegensatz gebracht hat. Die umfassende Dialektik von göttlich-menschlicher Armut und menschlich-göttlichem Reichtum schliesst – sozusagen bei Strafe des dialektischen Materialismus – auch eine ökonomische Dialektik ein. Der Prozess hingebender Liebe wirkt sich, wo mit dem Christentum ernstgemacht wird, auch in den sozialen Verhältnissen und Strukturen aus, so dass durch eine wenigstens tendenzielle «Nivellierung nach oben» die «Nivellierung nach unten» zeichenhaft auch eine gesellschaftlich-ökonomische Greifbarkeit gewinnt. Doch auch da, wo das geschehen ist und wo es immer neu geschieht, wo also ein «Wiederholungskurs für sitzengebliebene Christen» nicht notwendig ist, kommt es stets von neuem auf die freie Entscheidung der Einzelnen zur «Armut mit dem armgewordenen Herrn» an. Sie üben darin die radikale Kenose des Herzens, «das sich nicht gehören will», das vielleicht auch Bindung und Halt der Ehe hinter sich lässt, das sich in der Nachfolge des sich beim letzten Mahle selber mit Leib und Blut schenkenden Herrn «zu Brot und Wein» macht «für jeden, der hungert». Da geschieht im Alltäglich-Unscheinbaren höchst unerwartet und doch höchst selbstverständlich das Wunder, das «Gott selber den Atem verschlägt».

Literatur

H. U. von Balthasar: «Du krönst das Jahr mit deiner Huld». Radiopredigten durch das Kirchenjahr, Freiburg 2000.

Ders.: Du hast Worte ewigen Lebens. Schriftbetrachtungen, Trier 1989.

Ders.: Zu seinem Werk, Freiburg 2000.

In der Fülle des Glaubens. Hans Urs von Balthasar-Lesebuch, hg. von M. Kehl und W. Löser, Basel, Freiburg, Wien 1981.

E. Guerriero: Hans Urs von Balthasar. Eine Monographie, Freiburg 1993.

MARIANNE KAPPELER

Von den wirklichen Friedensstiftern

Gehalten am 19. November 1978
in der Peterskirche Basel

Selig sind die Friedfertigen, denn sie sollen Gottes Kinder heissen.
Matthäus 5,9

(So kennen wir diese siebente Seligpreisung der Bergpredigt. Wörtlich übersetzt müsste es heissen: Selig sind die Friedensmacher, denn sie sollen Söhne Gottes heissen. Und im lateinischen Neuen Testament heisst es: Selig sind die Pazifisten.)

Liebe Gemeinde!

Ich möchte mit zwei ganz kurzen persönlichen Geschichten anfangen. Zuerst mit der Erinnerung an ein Gespräch mit einer meiner Tanten; es mag in einem meiner letzten Jahre im Gymnasium gewesen sein. Diese Tante war eine der starken Persönlichkeiten jener Frauengeneration, die ohne Beruf, ohne Stimmrecht und gesellschaftliche Möglichkeiten in der aktiven Mitarbeit in nationalen und internationalen Frauenverbänden ein weltweites Engagement gefunden haben. Wir Nichten haben uns immer darüber amüsiert, dass, wie wir beobachteten, die stärksten Männer vor unserer Tante ein wenig Angst hatten, wegen ihres scharfen Urteils, wegen ihrer Zivilcourage, deswegen, weil sie ihre Meinung kompromisslos vertrat, auch wenn sie dadurch sich selber oder anderen Unannehmlichkeiten bereitete. In jenem Gespräch sagte sie: «Das gefällt mir an dir, dass du ein so friedfertiger Mensch bist, oder» – und dann kam einer ihrer scharfen Blicke, «oder bist du einfach ein wenig feig?» – Diese Frage ist damals für mich ein Schock gewesen, und sie ist durch mein ganzes Leben hindurch – ich meine, ein heilsamer Schock geblieben. Ich konnte nie mehr die positiven, vor allem die friedlichen Seiten meines Charakters ohne Anführungszeichen, ohne dieses «Oder» sehen: Oder Feigheit, oder Bequemlichkeit, oder Angst vor dem Risiko, einem anderen weh zu tun und dann die Konsequenzen tragen zu müssen. – Das Zweite: Ich mühe mich seit vielen Jahren vergeblich darum, zwischen Menschen Frieden zu stiften. Es sind durchaus anständige, wohlgeartete Menschen. Sie gehören nicht zu denen, denen das Streiten gefällt. Sie möchten zum Frieden kommen, und doch ist es ihnen bisher, trotz meiner Hilfe, nicht gelungen, die bestehenden Schwierigkeiten zu überwinden.

Liebe Gemeinde, das ist mein ganz persönlicher Hintergrund dieser siebenten Seligpreisung aus der Bergpredigt, ein sehr nüchterner und demütigender Hintergrund. Es mag sein, dass der eine oder andere unter Ihnen in seinem Leben, auf seine Art Ähnliches kennt. Man kommt sich sehr klein vor zwischen all den grossen Schlagworten, die heute um den Frieden, um Friedensarbeit herum gemacht werden; man kommt sich sehr klein vor unter all den Friedenskämpfern auf allen Seiten, die ihrer selbst und ihrer Sache so sicher sind. – Ein nüchterner und demütigender Hintergrund, aus dem heraus man ein wenig jenes erschrockene Staunen der Hirten von Bethlehem begreifen kann, und die Dankbarkeit, dass es nicht nur das ewige Sehnsuchtslied aus Menschenherzen, sondern das Verheissungslied der Engel Gottes war: Friede auf Erden. Der Hintergrund, von dem aus man auch ein wenig begreifen kann, warum Jesus den wirklich Friedfertigen, ohne Anführungszeichen; den wirklichen Friedensstiftern, nicht nur den «Möchtegern-Friedensstiftern» jene seltsame Verheissung gegeben hat: Sie sollen Söhne Gottes heissen.

Liebe Gemeinde!

Hinter dieser Seligpreisung steht der dringliche Aufruf Jesu: Er will seine Leute auf der Seite des Friedens haben; wer seinen Namen trägt, darf nicht dem Unfrieden dienen, darf nicht neutral bleiben, darf sich nicht mit seinem kleinen persönlichen Frieden zufrieden geben, solange Menschen dieser Erde im Unfrieden leiden und zugrunde gehen. Das heisst nicht, dass wir alle dieselben Aufgaben, dieselben Fähigkeiten und Möglichkeiten haben, aber es heisst, dass uns nichts, auch allerlei Misserfolge nicht dispensieren können, an unserem Ort Schritte, und wenn's auch ganz kleine Schritte sind, für den Frieden zu tun. Und da scheint mir, dass es ein paar Punkte gibt, die wir als Christen klar sehen und um jeden Preis festhalten müssen.

Zuerst das Wissen darum, dass der Friede etwas Ganzes und Unteilbares ist. Es gibt keinen Ost- und keinen Westfrieden, keinen weissen und keinen schwarzen Frieden. Es gibt keinen Frieden, den die einen den andern diktieren und aufzwingen. Es ist nicht Friede, wenn die Kriege so weit weg abgehalten werden, dass wir sie nicht zu spüren bekommen. Es ist nicht Friede, wenn die Waffen schweigen, die Menschen aber auf andere Art gebodigt und fertiggemacht werden. Es ist nicht Friede, weil ich und die Meinen unseren lieben Frieden haben, solange andere, Mitmenschen, im Unfrieden zugrunde gehen. Hier hat die Kirche ihr Wächteramt und es ist ein gutes Zeichen unserer Zeit, dass sie überall zu diesem Wächteramt aufwacht. Es ist ein Grund, dankbar zu sein, dass es Menschen gibt, die bereit sind, um des Friedens willen jedes Risiko einzugehen und auch persönliches Leiden auf sich zu nehmen. Es gibt keinen Bilderbuchfrieden, das wird nirgends so deutlich gesagt wie in der Bibel. Ich denke da an den Propheten Jeremia, der die religiösen Führer seiner Zeit angriff, die da sagen: Friede, Friede, und ist doch kein Friede, und das Ende seines Lebens ist das Martyrium gewesen. Ich denke an jenes seltsame Wort Jesu: Ich bin nicht gekommen, Frieden zu bringen, sondern das Schwert, und das Ende seines irdischen Lebens war das Kreuz.

Ein zweiter Punkt: Im Ausdruck «die Friedensmacher» liegt schon auch jenes Friedenstiften zwischen streitenden Mitmenschen drin, von dem ich am Anfang gesprochen habe. Aber zuerst ist doch ganz schlicht dieses andere gemeint: selber Frieden machen, wo man im Unfrieden, im Streit lebt. So wie jeder Hausbesitzer für das kleinere oder grössere Stück Strasse und Trottoir um sein Grundstück herum verantwortlich ist, so ist jeder unter uns in seinem Leben verantwortlich dafür, dass mitten in dieser Welt ein Stück Friedensland da ist und immer wieder neu geschaffen wird. Unser Neues Testament ist in dieser Sache beides, barmherzig und radikal: So viel an euch liegt, sagt der Apostel Paulus, haltet mit allen Menschen Frieden. Und Jesus gebraucht das Beispiel eines Menschen, der auf dem Weg zum Gottesdienst ist und umkehren soll und Frieden machen mit dem, der etwas gegen ihn hat, weil auch das frömmste Tun und das christlichste Leben nichts ist vor Gott, wenn es uns nicht bereit macht, im Frieden zu leben, auch wo es Opfer von uns fordert.

Und zuletzt der Friede mit Gott, jener Friede, den nicht wir Menschen schaffen und verwirklichen, sondern den die Engel Gottes singen. Jenes Kind, das uns geboren ist und von dem gesagt wird: Er heisst der Friedefürst. Ich glaube nicht, dass die Kirche ihr Wächteramt in der Welt recht ausüben kann, ohne selber immer wieder in Unfrieden und Unrecht zu fallen, wenn sie nicht diesen Herrn und Christus in ihrem Mittelpunkt hat.

Ich glaube nicht, dass Menschen in dieser Welt drin für den Frieden arbeiten und kämpfen können, ohne bitter und hart und böse zu werden, wenn sie nicht bis in ihr eigenes Gewissen hinein den Frieden Gottes sich schenken lassen. Ich glaube nicht, dass irgendein Mensch das notwendige Stück Frieden um sich herum zu schaffen vermag, wenn er nicht zuletzt staunend und dankbar von jenem Engellied her lebt.

Damit sind wir, liebe Freunde, bei der Verheissung angelangt: Sie sollen Söhne Gottes heissen. Ich glaube, es ist gut, wenn wir hier beim genauen Wortlaut bleiben: Söhne, nicht Kinder, denn was hier gemeint ist, ist nicht eine Sache von Kindern, sondern von Menschen, die willig und bereit sind, die darum ringen und dafür bitten, dass sie in ihrem Glauben reif und erwachsen und mündig werden dürfen; brauchbar für ihren Meister, geduldige und fleissige Steineträger zum Baugerüst seines Reiches, weil sie in der Hoffnung stehen, dass er selber kommen und vollenden wird in Herrlichkeit.

Amen.

Ein Brief an Marianne Kappeler

Marianne Kappeler wurde am 1. Mai 1905 in Frauenfeld geboren.
Anfang der zwanziger Jahre studierte sie Theologie in Basel, Tübingen,
Berlin und Zürich.
Anschliessend war sie fünfzehn Jahre lang Vikarin in Zollikon.
Am 9. Januar 1944 wurde sie als Pfarrhelferin in der Pauluskirche in
Basel installiert, wo sie zwar eine umfassende Gemeindetätigkeit ausübte;
in ihrem Amt aber von der Austeilung des Abendmahls im Gemeindegottes-
dienst und der Konfirmation ausgeschlossen blieb. 1960 wurde sie zur voll-
amtlichen Pfarrerin in der Leonhardsgemeinde gewählt. 1969 wurde sie
pensioniert, aber sie blieb weiterhin in vielen Gottesdiensten und Gemein-
deanlässen tätig. Marianne Kappeler starb am 23. Juni 1994 in Basel.

* * *

Liebe Marianne Kappeler!
    Es gibt Versäumnisse im Leben, die uns jahrelang schmerzen. Ich kenne
mehrere, natürlich; eines davon ist, dass ich Ihnen auf Ihren freundlichen
Gruss zu meinem Amtsantritt nur geschrieben habe, statt mir die Zeit für
einen Besuch zu nehmen. So habe ich nun nur ein paar Fotos vor mir, die
mir ein liebenswürdiges, ausdrucksstarkes Gesicht zeigen. Ich habe Noti-
zen zu Ihrem Leben gelesen und war wieder einmal beeindruckt von der
Leistung unserer geistlichen Mütter, die uns heutigen Pfarrerinnen den
Weg geebnet haben. Vor allem aber habe ich Predigten von Ihnen gelesen
und in Ihnen Ihre theologische Arbeit, Ihren Glauben und Ihre Fragen
gefunden. Und war beglückt und berührt – und habe einmal mehr bitter
bereut, das späte Gespräch mit Ihnen verpasst zu haben. Zumal ich in den
Jahren als Pfarrerin in der Leonhardsgemeinde immer wieder Menschen
begegnet bin, die voll Liebe und Hochachtung von Ihnen gesprochen
haben. Und der Auftrag an die Pfarrwahlkommission, die mich schliesslich zur Wahl vorschlug, hatte gelautet: Sucht eine Frau! Dahinter, so
wurde mir beteuert, steckte die Erinnerung an eine wunderbare, gütige,
starke und geduldige Frau, die jahrelang bescheiden als Pfarrhelferin und
dann noch wenige Jahre als Pfarrerin in der Gemeinde gearbeitet hatte:
Marianne Kappeler. Ihnen möchte ich danken für viel Vorschusswohlwol-
len, das mir den Einstieg in die Arbeit sehr erleichtert hat!

Eine Predigt musste ich für diesen Band aussuchen, nur eine durfte es sein, und dabei waren es doch gleich einige, die mich in Bewegung gesetzt haben. Wenn also nur eine, dann diejenige vom 19. November 1978.

«Selig die Friedfertigen, denn sie sollen Kinder Gottes heissen.»

Im Juni 2003 hingen am Konfirmationsgottesdienst elf regenbogenfarbige Fahnen in der Leonhardskirche: «Pace», «Peace». Sie waren von Balkongeländern und Fensterkreuzen losgebunden worden, wo sie für den Frieden im kriegsversehrten Irak warben und wohin sie nachher auch wieder zurückkehrten. Wie dringend war da das Nachdenken über den Frieden, über die, die an ihm arbeiten, und über die, die ihn verhindern. Also in jedem Falle über uns.

Genau das haben Sie an jenem 19. November 1978, offenbar als hochgeschätzte Vertreterin des Pfarrers zu St. Peter, auch getan. Und zwar so, dass Sie jetzt in grosser Lebendigkeit vor mir stehen und mich ganz direkt anzusprechen scheinen.

Sie fangen Ihre Predigt an mit zwei sehr persönlichen Erfahrungen. Und da spüre ich, da weiss ich schon, dass Sie mit Ihrer ganzen Person hinter dem stehen werden, was Sie mir sagen wollen. Sie nehmen damit mich als Zuhörerin sehr ernst; wie könnte ich da anders, als Sie als Predigerin sehr ernst zu nehmen.

Sie zeichnen mit Ihrer Tante das Bild einer jener starken Frauenfiguren aus einer Wirklichkeit, die wir uns kaum mehr vorstellen können. Frauen ohne berufliche, politische, gesellschaftliche Stellung fanden für sich eine Möglichkeit, sich für ihre Rechte einzusetzen, indem sie die damit verbundenen Pflichten wahrnahmen, lange bevor sie die Rechte hatten. Es war ein langer Weg; Sie selber, liebe Marianne Kappeler, haben eine wichtige Strecke davon zurückgelegt. Wie mutig kam sich die Basler Kirchensynode vor, als sie 1956 als erste Deutschschweizer Kirche den Frauen, die vorher, wie Sie, nur als Pfarrhelferinnen angestellt waren, das volle Pfarramt zusprach. Sie selber standen damals in der Synode dazu, dass die Einschränkungen in der Berufausübung nicht immer leicht zu tragen gewesen seien. Das persönliche Wort wurde geschätzt und blieb nicht ohne Wirkung. Allerdings – und dieses Zugeständnis mussten die damaligen aktiven Theologinnen mittragen, um die Verfassungsänderung nicht zu gefährden –, allerdings blieb das Vollamt verheirateten Frauen nach wie vor verwehrt, und das sollte noch 20 Jahre so bleiben.

Das persönliche Wort – da ist es wieder, das, was mich an dieser Predigt gleich so gefesselt hat. Sie gestehen, dass die Tante einen Stachel in Ihre Seele setzte, der ein Leben lang wirkte. Welcher Einstieg ins Predigtthema: Verwechseln wir manchmal nicht allzu gerne Friedfertigkeit mit Feigheit,

Bequemlichkeit, Angst? Nämlich dann, wenn Friedfertigkeit zum Laisser-faire verkommt, das zum Unrecht ganz friedlich schweigt?

Damit schon ist das bloss selbstverständlich Menschenfreundliche als mögliches Missverständnis der Seligpreisung gebannt. Die Friedfertigkeit wird in Frage gestellt. Die zweite persönliche Erfahrung, die Sie anfügen, verstärkt diese Stossrichtung. So oft sind Sie als Friedensstifterin bei anderen nicht zum Ziel gekommen. Friede ist ein hartes Geschäft und ein schweres. Wir wirken sehr klein und schwach, wenn wir es trotzdem wagen. Sie geben von sich selber diese Schwäche zu. Das macht es mir als Zuhörerin leichter, zu meinen Versagenserfahrungen zu stehen. Ich bin jetzt wirklich bereit, mich auf die Auseinandersetzung mit der biblischen Provokation einzulassen. Noch einmal betonen Sie: Friedensarbeit findet auf steinigem Boden statt; wer von raschen Erfolgen träumt, macht sich Illusionen. Manche Friedensbewegte Ihrer Zeit sind wohl daran gescheitert. Und die Geschichte hat Ihrer Nüchternheit – leider – Recht gegeben. 1978 war das Jahr des Camp-David-Abkommens, das den Frieden im Nahen Osten in Griffweite zu bringen schien. Und welche Berichte und Bilder erreichen uns heute aus dieser Region! Der Friede ist noch viel schwerer zu gewinnen, als wir in unserer Sehnsucht danach je zu denken wagen. Das ist der bittere reale Hintergrund, vor dem wir, wie Sie sagen, die Stimmen der Engel hören: «Friede auf Erde» und Jesu Zusage an die wirklichen, die ernsthaften, die nüchternen Friedensstifter, dass sie «Söhne Gottes heissen» sollen.

Da, liebe Marianne Kappeler, muss ich eine kleine Beobachtung einflechten, die mir bewusst macht, dass mehrere Generationen Frauengeschichte zwischen uns beiden liegen. Sie reden in aller Selbstverständlichkeit von den «Söhnen» allein; keine weibliche Form erscheint als Verdoppelung irgendwo in Ihrem Text; Frauen sind gewiss inklusive *gedacht, nie aber als* solche *benannt*. Gewiss hat sich kaum jemand in der Gemeinde daran gestört; für viele waren Sie wohl auch bis zu Ihrer Pensionierung und darüber hinaus das «Fräulein Pfarrer». Der Weg, den Sie zusammen mit anderen Pionierinnen für uns geöffnet haben, hat weiter geführt. Bei meiner geistlichen Lehrerin Dorothee Sölle habe ich viel gelernt für meine Sprache im Umgang mit biblischen Texten, aber auch im Umgang mit der zuhörenden Gemeinde. Weibliche Formen sind zur Selbstverständlichkeit geworden; die Frauentheologie hat, ganz auf der Spur, die Sie schon aus persönlicher Motivation, aus persönlichem Bibelverständnis behutsam gingen, kostbare Funde in den scheinbar längst vertrauten Texten gemacht.

Weil aber – aus Ihrer Frauensicht, aus Ihrem Frauenwesen heraus? – Ihre Sprache in keiner Weise die gefürchtete und verspottete «Sprache

Kanaans» ist, mag ich Ihnen gerne und gespannt zuhören. Sie reden von dem Leben, das ich kenne, in einer Sprache, die ich verstehe, die mich führt und die mich neben den Söhnen die Töchter mehr als nur ahnen lässt.

Ausgangspunkt Ihrer Predigt waren die Fragezeichen an unsere Möglichkeiten, wirklich Friedenschaffende zu sein oder zu werden; Ausgangspunkt waren die Misserfolge, unsere Überforderung in dieser Aufgabe. Das hat jedem – sehr wohl denkbaren! – Triumphalismus die Spitze gebrochen. Darum kann ich jetzt umso aufmerksamer und gespannter und bereitwilliger hören, dass dieser Satz Jesu ein einziger dringlicher Aufruf sei. Der Friede ist unter anderem so schwer, weil er unteilbar ist. Auch die Härte der Aufgabe, auch die erfahrenen Misserfolge dispensieren uns nicht davon, die uns möglichen Schritte zu tun. Die uns möglichen – das sind vielleicht die kleinen, die unspektakulären, mit denen keine Lorbeeren zu gewinnen sind. Und vielleicht macht gerade das sie umso härter und umso notwendiger.

Ein zweites Stichwort möchte ich aus Ihrer Auslegung der einen Seligpreisung aufgreifen. Sie postulieren ein Wächteramt der Kirche für den weltweiten, den umfassenden Frieden. Und Sie sehen vermehrt Menschen im Raum der Kirche, die bereit sind, all ihre Kräfte für diesen Frieden einzusetzen. Und das muss heissen: nicht nur davon reden, nicht nur dazu aufrufen. Moralische Appelle, Kapuzinerpredigten genügen nicht. Die Kirche, das heisst die Menschen, die sich als ihr zugehörig bekennen, müssen bereit sein, für den Frieden konkret zu arbeiten und notfalls zu leiden. So hart, so schwer ist das Geschäft des Friedens. Sie erinnern an Jeremia, der den religiösen Führern seiner Zeit das blosse Reden ohne entsprechendes Handeln vorwarf und selber ins Martyrium ging; und an Jesu Wort vom Schwert, das er der Welt statt des Friedens bringe, und an seinen gewaltsamen Tod.

Ihr Ruf nach dem Wächteramt der Kirche hat mich getroffen. Wir leben heute in einer ungeheuren Spannung zwischen dem Frieden in unserem Land, in fast allen Völkern Europas, und dem Krieg unter Religionen und Ethnien, der zwar seinen Ursprung in fernen Ländern hat, aber durch neue Formen, den Kampf auszutragen, uns ganz nah auf die Haut gerückt ist. Angehörige der kriegführenden Religionsgemeinschaften leben mit uns, arbeiten neben uns, für uns, ihre Kinder besuchen unsere Schulen. Zu einem gerechten politischen Frieden in ihren Heimatländern kann die Kirche, können die Kirchen wohl verschwindend wenig beitragen. Aber der Friede ist unteilbar, sagen Sie, und also haben wir alle Teil an ihm, auch hier in Basel. Können wir als Kirche hier mehr tun, können wir unser

Wächteramt, das uns die Seligpreisung aufträgt, sorgfältiger, mit mehr Einsatz, mit mehr Risikobereitschaft und mehr Opferwillen wahrnehmen? Trauen wir uns das Wächteramt nicht mehr zu, weil wir zur Minderheitengemeinschaft geworden sind? Müssten wir uns mehr Autorität anmassen, mehr Hoffnung, mehr innere Gewissheit ausstrahlen, mutiger und liebevoller und neugieriger auf die andern, die Fremden, die uns oft wirklich fremd sind, zugehen und ihnen sagen, dass der eine Friede uns wichtig ist, wichtiger als alles andere, weil es in ihm ums nackte Leben und um die Menschenwürde geht, die genauso unteilbar ist wie der Friede selbst?

Liebe Marianne Kappeler, ich muss Ihnen gestehen, dass wir Kirchenleute heute oft sehr mit uns selber beschäftigt sind, mit unseren Sorgen, die uns der Schwund unserer Mitglieder, unserer Finanzen, unserer einst selbstverständlichen Autorität bereitet. Und mit den Ängsten, die das alles bei uns auslöst. Wie sollten wir da auch noch Wächterinnen und Wächter sein?

Ich habe auf die vielen Fragen, die Ihr Postulat im Sinne der Seligpreisung in mir ausgelöst hat, keine Antworten. Sie werden mir noch sehr zu schaffen machen in den paar Jahren, die ich noch in dem Amt verbleibe, das ich von Ihnen geerbt habe.

Immer wieder führt meine eigene Predigtarbeit in offene Fragen. Und doch gilt es ja dann noch einen Schluss zu finden. Es gilt, in den letzten Sätzen nochmals gut durchzuatmen und über die eigenen Fragezeichen hinauszublicken. Und dabei doch auf dem Boden der Realität und wahrhaftig zu bleiben. Und so höre ich aufmerksam und gespannt den letzten Abschnitt Ihrer Predigt.

Wie am Anfang werde ich auch am Schluss ganz ernst genommen. Die Söhne (und Töchter!) Gottes sind erwachsene, mündige Menschen, die wissen, was sie tun. Die lernen müssen, was sie vermögen aus eigener Kraft, was von ihnen erwartet, verlangt werden darf, was sie verantworten müssen und können und vor wem. Und sie können und sollen ihre Grenzen kennen und akzeptieren. Dort, aber erst dort, an den Grenzen, wenn alles Mögliche gemacht ist, dürfen sie stillhalten in ihrer Anstrengung und erbitten, was sie nicht leisten können.

Friedensarbeit ist eine Arbeit aus Hoffnung heraus und auf Hoffnung hin, sagen Sie mir. Das gilt auch für das schwere Wächteramt der Kirche. Je nüchterner wir die Realität wahrzunehmen wagen, ausgehend von der Brüchigkeit unserer Friedensbereitschaft und von unseren misslungenen Friedensbemühungen, umso brennender wird unsere Sehnsucht und umso tiefer greift unsere Hoffnung, dass wir mit dem Auftrag, Friedensmacherinnen und -macher zu sein, nicht allein gelassen sind. Als einzelne nicht und als Kirche, auch als in-Frage-, in-viele-Fragen-gestellte Kirche nicht.

Liebe Marianne Kappeler, ich habe auf dem kurzen Weg, den ich als Zuhörerin Ihrer Predigt mit Ihnen gehen konnte, ein paar Steine und dazu nahrhaften Proviant in meinen Rucksack gepackt. Haben Sie von Herzen Dank dafür.

Literatur

Dokumente aus dem Archiv zur Geschichte der schweizerischen Frauenbewegung, Gosteli-Stiftung, Worblaufen, Nachlass Marianne Kappeler:
  – Predigt vom 19. November 1978 zu Matthäus 5,9
  – Lebenslauf und Abdankungspredigt von Pfr. Werner Reiser
  – Werner Reiser, «Zum Gedenken: Marianne Kappeler», Basler Zeitung vom 8.7.1994
  – Marianne Kappeler, Mein besonderes Stück Basler Kirchengeschichte, unveröffentlichtes Manuskript, 1976

Wir danken dem Gosteli-Archiv für die kompetente Beratung und Unterstützung.

MARGA BÜHRIG

Die verkrümmte Frau

Gehalten zum Missionsfest
am 15. Juni 1986 im Basler Münster

Liebe Festgemeinde, liebe Schwestern und Brüder!

«Geht hin und lernt» – das haben wir eben gehört. Aus der Wahl dieses Themas für das diesjährige Missionsfest spricht die uns tief betreffende Erkenntnis, dass wir immer nur als Lernende zu den Menschen, die uns anvertraut sind, gehen können. Aber was sollen und können wir lernen?

Dazu möchte ich mit Ihnen eine altbekannte Jesus-Geschichte bedenken, die Geschichte von der Heilung der verkrümmten Frau. Sie wird von Jesus aufgerichtet, aber nicht nur sie und Jesus kommen in der Geschichte vor. Sie lebt ja nicht allein, sie lebt in einem Umfeld, wie wir alle. Bitte achten Sie doch schon beim Zuhören auf die verschiedenen Gruppen von Menschen und fragen Sie sich, wo Sie selbst sich angesprochen fuhlen. Ich lese den Text aus Lukas 13 in der Übersetzung der Guten Nachricht:

Einmal sprach Jesus am Sabbat in einer Synagoge. Unter den Zuhörern war eine Frau, die schon achtzehn Jahre lang krank war. Sie war verkrümmt und konnte sich überhaupt nicht mehr aufrichten. Als Jesus sie sah, rief er sie zu sich und sagte zu ihr: «Du sollst deine Krankheit los sein!» Er legte ihr die Hände auf, und im gleichen Augenblick konnte sie sich wieder aufrichten. Da pries sie Gott.

Aber der Synagogenvorsteher ärgerte sich, dass Jesus die Frau ausgerechnet am Sabbat geheilt hatte, und sagte zu der Menge: «Die Woche hat sechs Tage zum Arbeiten. Also kommt an einem Werktag, um euch heilen zu lassen, aber nicht am Sabbat.» Der Herr erwiderte ihm: «Ihr Heuchler!

Jeder von euch bindet doch am Sabbat seinen Ochsen oder Esel los und
führt ihn zur Tränke. Aber diese Frau hier gehört zu den Nachkommen
Abrahams! Der Teufel hielt sie achtzehn Jahre lang gebunden, und da
sollte man sie nicht an einem Sabbat von ihren Fesseln befreien dürfen?»
Als Jesus das gesagt hatte, waren seine Gegner beschämt; alle anderen
aber freuten sich über die wunderbaren Taten, die er vollbrachte.
Lukas 13,10 – 17

Da ist also eine Frau, schon als solche nicht besonders willkommen in der
Synagoge und dazu noch eine schwer behinderte Frau, unansehnlich,
hässlich. Sie war so verkrümmt, dass sie nur nach unten, auf den Boden
blicken konnte, weder konnte sie den Himmel sehen, noch konnte sie
jemandem in die Augen schauen, und das achtzehn Jahre lang. Was für
ein Leben!

Jesus nahm die Frau wahr, rief sie zu sich, redete sie an und berührte sie,
und sie konnte sich aufrichten. Von einem Augenblick zum anderen wurde
sie aufgerichtet zu ihrer von Gott gewollten Grösse, sie wurde befreit,
geheilt. Im griechischen Text heisst es von ihrer Krankheit, sie habe einen
Geist der Schwäche gehabt, und Jesus sagt in seiner Auseinandersetzung
mit dem Synagogenvorsteher, dass der Teufel sie gebunden gehalten habe.
Sie ist gebunden von etwas, das über sie Gewalt hat und sie zu Boden
drückt. Mir fallen unwillkürlich die Mütter in Südafrika und Zentralamerika ein, die um ihre Kinder bangen und trauern. Mir fallen Mädchen und
Frauen ein, die überall auf der Welt vergewaltigt werden und sich oft nicht
einmal getrauen, ihre Vergewaltiger zu nennen. Mir fallen aber auch die
vielen Frauen ein, die mir in meinem Leben begegnet sind, die nicht werden
durften, was sie hätten werden wollen und können, weil sie ja nur ein Mädchen waren, und die sich nie zu ihrer vollen, von Gott gewollten Grösse
aufrichten konnten und können, oft sogar noch weil in der Kirche ein Bild
von der Frau weitergegeben wurde und noch wird, das sie am vollen,
eigenständigen, erfüllten Menschsein hindert. Ihnen allen – natürlich nicht
nur ihnen allen – aber nach unserem heutigen Text doch gerade ihnen allen
und gerade in allen Formen von Verkrümmung, Beeinträchtigung und
Beherrschung gilt das, was Jesus jener Frau am Sabbat in der Synagoge tat:
sie sollen wahrgenommen, gerufen, berührt und aufgerichtet werden. Ich
glaube, dass es wichtig ist, diesen Text auch so zu hören, nicht nur als die
wunderbare Heilungsgeschichte einer einzelnen Frau, sondern als Ausdruck der weitergehenden, in Gemeinde und Mission weitergehenden
Liebe Gottes zu den vielen, Kindern, Frauen und Männern, die sich allein
nicht aufrichten können zu einem vollen menschenwürdigen Leben.

Heute ist ja nicht nur Missionsfest, es ist auch der Tag der Flüchtlinge in der Schweiz, und morgen – am 10. Jahrestag des Aufstandes von Soweto – hat der ÖRK einen Weltgebetstag für Südafrika ausgerufen, dessen verzweifelte Lage wir im Augenblick wegen der Informationssperre einer sogenannt christlichen Regierung nicht einmal mehr genau wahrnehmen dürfen. Ich denke, dass Sie es mir als Frau nicht übel nehmen, wenn mir in diesem Zusammenhang auch diejenigen einfallen, die den Ruf gehört, die Berührung Jesu erlebt und sich aufgerichtet haben, die aufgestanden sind: Ich denke an Winnie Mandela, die trotz des Schmerzes einer mehr als zwanzigjährigen Trennung von ihrem gefangenen Mann und trotz ständiger Bedrohung ihrer eigenen Person nicht aufgibt, sondern sich weiter in Südafrika einsetzt für Freiheit und Gerechtigkeit. Ich denke an die Komitees der Mütter und Grossmütter in Latein- und Zentralamerika, die ihre verschwundenen Kinder und Grosskinder suchen, die gelernt haben, nicht mehr zu schweigen, sondern ohne Rücksicht auf ihr eigenes Leben mitzuhelfen, Gewalt und Unrecht zu denunzieren. Ich denke aber auch an eine ägyptische koptische Christin, aus einer Kirche stammend, in der Frauen bisher nichts zu sagen hatten, die uns in einem Seminar von Frauen kürzlich diesen Text auslegte und uns ermahnte, zu rufen und unsere Hände zu gebrauchen, um in der Nachfolge Jesu andere ja aufzurichten. Frauen mit aufrechtem Gang, Aufgerichtete, die andere aufrichten. Solches ist in der Missionsgeschichte vielerorts geschehen, aber wir müssen es immer wieder neu lernen, es zu sehen und zu tun.

Doch kehren wir noch einmal zu unserem Text zurück. Da gibt es noch andere Gestalten als die Frau. Da ist der Synagogenvorsteher, ein mächtiger Mann. Er ärgert sich, weil da ein heiliges Gesetz durchbrochen wird, das Sabbatgebot. Wir sollten es uns nicht leicht machen mit ihm. Es wurde wirklich etwas verletzt, das ihm am Herzen lag. Jesus weist ihn zwar scharf zurück, er macht ihn darauf aufmerksam, dass er am Sabbat ja auch für seine Tiere sorge und er darum doch begreifen müsste, wenn eine Frau, die doch auch eine Tochter Abrahams sei, die auch zum gleichen auserwählten Volk gehöre wie er selbst – die seine Schwester sei, würden wir heute sagen –, am Sabbat geheilt werde. Aber er begreift nicht, und ich möchte nochmals sagen: Machen wir es uns nicht zu einfach, verurteilen wir diesen Mann nicht zu schnell. So unkompliziert ist die Wirklichkeit nicht. Da wird etwas durchbrochen, woran er sich sein Leben lang gehalten hat. Da zerbricht eine Welt. Da wird ihm der Boden unter den Füssen weggezogen. Da kommt er nicht mehr heraus. Wie kommt dieser hergelaufene Wanderprediger dazu, eines der heiligen Gebote Israels so zu verletzen, und noch dazu wegen einer Frau. Ich denke an die vielen Männer und Frauen, die es nicht mehr verstehen, dass biblische Texte anders ausgelegt werden, als sie das in ihrer Jugend gelernt haben. Ich denke an die Christen, die nicht begreifen, dass wir heute in Mission und Ökumene die angestammte Kultur anderer Völker ernst nehmen und dass die Stimmen von Christen und auch von Nicht-Christen in der Dritten Welt und von Randgruppen in unserer eigenen Kultur hörbarer werden. Und ich denke auch an die Männer, die es nicht ertragen, dass Frauen, auch ihre Frauen, den aufrechten Gang gelernt haben.

Da sind viele Grenzen durchbrochen worden, die ein Leben lang galten, und es gelingt ihnen nicht, sich an der Freude der Befreiten mitzufreuen. Sie haben Angst um ihren Glauben, um ihre Welt, um ihr Eigentum. Jesus weist den Synagogenvorsteher und seine Anhänger scharf zurück – sie wurden beschämt, heisst es. Sie hätten lernen sollen, den Menschen ernster zu nehmen als das Gesetz, das heile Leben mehr zu lieben als eine abgesicherte, geschlossene Welt. Sie konnten es nicht. Sie wurden beschämt, in eine Lage versetzt, in der sie sich schämen mussten. Vielleicht darf man darin aber auch mithören, dass sie sich wirklich schämten. Dann würde ein kleines Stücklein Hoffnung, der winzige Anfang eines möglichen Lernprozesses drinliegen. Ich möchte es gerne so verstehen, auch wenn ich weiss, dass die harte Haltung solcher gerechter Gesetzesmenschen Jesus schliesslich ans Kreuz gebracht hat. Schliesslich gibt es bei Lukas – noch abgesehen von Jesus selbst – eine dritte Gruppe. In der Übersetzung, die wir gehört haben, heisst es einfach «die anderen», im Urtext heisst es: Die Menge, das ganze Volk freute sich über die herrlichen Taten, die Jesus vollbrachte. Können wir, als Festgemeinde, uns heute diesem Volk, dieser Gemeinde anschliessen und uns mitfreuen? Wir wissen aus dem Neuen Testament, dass zu diesem Volk, zur ersten Gemeinde, alle gehörten – Frauen und Kinder und Männer, Menschen von verschiedener Herkunft, aus allen Schichten der Bevölkerung. Sie freuten sich über die herrlichen Taten von Jesus, im konkreten Fall darüber, dass ein Mensch, eine Frau heil geworden war, dass Jesus sich durch nichts davon abhalten liess, sich einem verachteten und geplagten Menschen zuzuwenden, dass für ihn der Mensch wichtiger war als das Gesetz, das doch auch von Gott kam. Können wir es lernen, uns mitzufreuen, wenn Menschen befreit werden, befreit zu einem vollen Leben? Ich weiss, dass wir da viele Fragen haben. Wir möchten wissen, was für eine Freiheit denn da gemeint sei und ob es auch die volle Erlösung sei oder «nur» eine körperliche: Gesundheit und Wohlergehen. Wir möchten sicher sein, dass da alles inbegriffen ist, was wir als Christen über Sünde und Erlösung gelernt haben. Der alte Synagogenvorsteher in uns meldet sich doch immer wieder. Aber haben wir Vertrauen! In Jesus ist Gottes bedingungslose Liebe mitten unter uns, auch heute, und darum können wir uns freuen, und wir wissen, dass viele Menschen in der ganzen Welt, auch dort, wo Gewalt, Folter und Tod herrschen, aus dieser Kraft leben und aufrecht bleiben. Fügen wir uns ein in die Reihe des Volkes, der Gemeinde, wie wir heute sagen würden, und am heutigen Festtag ganz konkret in die Reihe der Missionsgemeinde und freuen wir uns, dass Jesus unter uns ist, dass er auch uns zum Aufstehen ruft, dass er auch uns ein volles, erfülltes menschliches Leben geben will und dass er will, dass wir dieses weitergeben durch Worte, durch Taten, aber vor allem durch unsere Wahrnehmung.

Ich möchte mit einem Wort schliessen, das ich voriges Jahr in Zentralamerika verschiedentlich gehört habe. Dort haben mir Christen gesagt: Als wir die Wirklichkeit wahrnahmen, so wie sie war, mit all ihrem Leid, da ist uns Christus neu erschienen, da haben wir ihn neu verstanden. Ich möchte uns wünschen, dass wir auch heute unsere Wirklichkeit wahrnehmen und Christus neu begegnen. Amen.

* * *

Auszüge aus dem Brief von Gertrud Stiehle, die die Predigt von Marga Bührig im Münster hörte und ihr diesen Brief mit herzlichem Dank schickte:

«Ich hatte mich an einer Säule ganz hinten beim Westportal des Münsters, mit gutem Blick auf das Schiff, eingerichtet. Von einem Büchertischchen neben mir, an das ich mich während der Predigt stützen wollte, hatte mich ein Helfer vertrieben, und so sitze ich nun daneben auf der Steinstufe. Alle Stuhlreihen sind besetzt von internationalem Volk. Sogar von den Galerien hören alle aufmerksam den engagierten Worten vom Aufrichten der Unterdrückten zu. Da – plötzlich wird die Predigt durchs Leben selbst gehalten: Herein schlurft eine bucklige alte Frau. Dünne, knotige Säbelbeine, teilweise mit Lappen verbunden. Der Kopf liegt schief nach oben auf dem kurzen Hals, Unterlippe und Kinn stehen nach vorn in trotziger Kampfgebärde. Eine schwere Plastiktasche zieht den ganzen kleinen Körper nach links zum Boden hinab. Zielbewusst steuert sie auf mein Büchertischchen zu, versorgt darunter umständlich Plastiksack und Handtasche. Schwer schnaubt ihr Atem, als sie sich in ruckartigen Bewegungen auf das Tischchen hievt, um dann, in labiler Schräglage nach hinten geneigt, den Blick voll ins Kirchenschiff, auf die Kanzel gerichtet, aufmerksam hinzuhören. Ich halte mich daneben, um notfalls Hilfestellung zu geben, und höre nur noch mit halbem Ohr den Worten von der Kanzel zu, weil mich die keuchende Gegenpredigt bannt. Schon naht der Helfer und transportiert die Frau auf einen Stuhl ganz links aussen in der hintersten Reihe, den soeben jemand verlassen hat. Hätte er sie doch sitzen gelassen, wo sie so zufrieden war! Immer wieder versucht sie nun, auf ihren wackligen Beine zu stehen, sich hochzuziehen, um zu sehen. Bei der Einsegnung neuer Mitarbeiter im Kirchen-Chor legt sie sich ganz schräg gegen den Mittelgang, kann sich entgegen jeden statischen Regeln gerade noch halten. ‹Den Stuhl in den Mittelgang stellen!›, denke ich und gehe leise zu ihr, um das vorzuschlagen. Sie blickt mich strahlend an, aber es geht nicht, der Stuhl ist festgemacht – und schon pfeift mich der Synagogenvorsteher zurück: ‹Lassen Sie nur, die tut immer so!› Achtzehn Jahre sind eine lange Gewöhnungszeit ...»

Luzia Sutter Rehmann

Die Auferstehung verkrümmter Frauen

Marga Bührig (1915–2002) war von 1983 bis 1989 eine der sieben Präsidentinnen und Präsidenten des Ökumenischen Rates der Kirchen. Die ökumenische Bewegung war ein wesentlicher Lebenskreis von ihr, zusammen mit dem Engagement für Frieden und Frauenrechte. Sie hatte 1945 das reformierte Studentinnenhaus in Zürich gegründet und jahrelang geleitet. Zahlreiche Freundschaften aus dieser Zeit begleiteten sie ihr Leben lang und bildeten den Keim für ihr frauenbewegtes Leben.

Sie war Mitbegründerin des Evangelischen Frauenbundes 1947, der Zeitschrift «Schritte ins Offene» und sie hat wesentlich bei der SAFFA mitgearbeitet (die zweite Ausstellung, «Die Schweizerfrau, ihr Leben, ihre Arbeit», 1958). 1959 wurde sie zunächst Studienleiterin, 1971 bis 1981 war sie Gesamtleiterin des Evangelischen Tagungszentrums Boldern/ Zürich.

Sie hat mitgearbeitet am Aufbau der «Frauen für den Frieden» in Zürich Ende der siebziger Jahre und gehörte zu den Gründerinnen der Frauenstelle für Friedenspolitik des Christlichen Friedensdienstes 1981. In ihrer Autobiographie «Spät habe ich gelernt, gerne Frau zu sein» zeichnet sie Stationen auf ihrem Weg als Christin, Theologin, Frau und Kirchenpolitikerin nach und ordnet ihr Leben in die Geschichte der Frauenbewegung im 20. Jahrhundert ein. Sie wurde 1998 für ihr Lebensengagement von der Theologischen Fakultät der Universität Basel mit der Ehrendoktorwürde ausgezeichnet. Seit 1999 wird jährlich der von ihr gestiftete Marga-Bührig-Förderpreis vergeben, um feministische Befreiungstheologie zu fördern und bekannt zu machen.

Eine Frau spricht
Am 15. Juni 1986 stand zum ersten Mal eine Frau auf der Kanzel im Gottesdienst des Missionsfestes. Sie war sich sicher der grossen Aufgabe bewusst, als erste Predigerin am Missionsfest aufzutreten. Darum hat sie wahrscheinlich dieses Thema gewählt: die Ausgrenzung und Herabminderung der Frauen. Sie sprach für all die Frauen, die bis zu diesem Datum nur als Zuhörerinnen fungiert hatten. Sie machte deutlich: Auch in der Kirche geht es darum, die Frauen aus dem Hintergrund nach vorne zu holen, sie frei zu binden, zu er-lösen von allem, was sie klein macht, damit sie sich aufrichten und ihren Beitrag leisten können.

Marga Bührig hat nicht sehr gern gepredigt. Das mochte daran liegen, dass sie eine leidenschaftliche Gesprächspartnerin war, eine Zuhörerin und Hebamme, wenn es darum ging, etwas zur Sprache zu bringen und aus den Menschen herauszuholen, damit sie es endlich laut sagen, es sich selbst eingestehen, sich bewusst machen, was sie eigentlich wünschen. Darum hat sie liebend gern mit Menschen Gespräche geführt, in kleinen oder grösseren Gruppen, Seminaren, Veranstaltungen aller Art. Es ging ihr darum, zu hören, was denn die Menschen bewegt, was sie daran hindert, sich zur vollen Grösse aufzurichten. Genaue Fragen stellen, nachhaken und voneinander lernen – all das war ihr näher als predigen.

Darum lädt sie zu Beginn ihrer Predigt die Gemeinde ein, sich zu fragen, «wo Sie selbst sich angesprochen fühlen». Gleich einer Regieanweisung in einer Erwachsenenweiterbildung regt sie die Zuhörenden an, nicht nur das Gehörte aufzunehmen, sondern kritisch mitzudenken. Dafür ist es auch wichtig, dass sie ihren Standpunkt ungeschützt preisgibt, etwa wenn sie sagt: «Ich denke» und «mir fallen dazu ein», «ich möchte» und «ich wünsche». Sie macht sich damit angreifbar – aber auch greifbar, sie ist voll da, präsent. Sie zögert nicht, Farbe zu bekennen, und gewinnt dadurch das Ohr der Zuhörer und Zuhörerinnen. Sie verliert ihre Griffigkeit nicht in theologischen Abschweifungen und Gratwanderungen und versteigt sich nicht in dogmatische Gefilde – wozu auch, es geht ihr um die Begegnung mit Menschen, es geht ihr um diese Erde hier, die wir miteinander gestalten. So bleiben Ton und Ausrichtung ihrer Gedanken stets auf dem Boden, nachvollziehbar und konkret.

Behindert und weiblich: welch ein Leben!

Ich schmunzle, wie sie im Handumdrehen aus der verkrümmten Frau eine «schwer behinderte» und «hässliche» Frau macht. Sie erklärt nichts zu dieser Verkrümmungskrankheit, die auch ein Dämon der Schwäche genannt wird. Sie steuert zielsicher auf einen mehrfach stigmatisierten Menschen hin, die/der gleich mehrere Stigmata der Gesellschaft zu tragen hat: schwer behindert, weiblich und unansehnlich. Damit gelingt ihr schon zu Beginn eine Gesellschaftskritik. Wäre die Frau wenigstens hübsch, könnte sie mit Sympathie oder Erbarmen rechnen. Aber eine unansehnliche Frau hat ihr einziges Plus, zum schönen Geschlecht zu gehören, eben verspielt. Damit wird die Behinderung im Zusammenhang mit dem Geschlecht wahrgenommen und durch die Zugehörigkeit zum weiblichen Geschlecht verschärft. Das heisst, zu den körperlichen Einschränkungen kommen die gesellschaftlichen dazu, die die Behinderte als un-schön und un-weiblich erklären und sie damit zur Unsichtbarkeit verurteilen: Diese hässliche Behinderte gehört nach hinten, nicht nach vorn. Wir möchten sie nicht ansehen müssen. Sie soll still und unauffällig da hinten hocken bleiben. Darauf reagiert der Brief der Predigthörerin. Sie hat genau verstanden, dass es die Auffälligkeit der leibhaftig erscheinenden «buckligen Frau» ist, die Anstoss erregt. Natürlich hat niemand in der Kirche etwas gegen eine solche Frau. Aber sie soll bitte schön nicht stören, nicht in Erscheinung treten: nicht laut atmen, nicht rascheln, nicht ablenken – wovon denn? Davon, dass es im Moment gerade um solche wie sie geht?

Durch die Predigt hat die Briefschreiberin mit geschärften Sinnen das Schicksal der Buckligen wahrgenommen. Diese «bucklige Alte» gibt der Predigerin Recht auf eine markante Weise: Der Bibeltext spricht von dem Alltag, den wir kennen, der uns umgibt. Wer die Augen wagt aufzutun, wird sehen, dass das, wovon die Bibel spricht, sich hier und jetzt bei uns ereignet. Auch hier gibt es verkrümmte Frauen, die nicht unterstützt werden, sondern subtil gestört, gehindert werden bei ihren Unternehmungen. Hatte sie sich auf dem Büchertischchen eine Bleibe eingerichtet, von wo aus sie wenigstens ihrer Haltung entsprechend «auf die Kanzel gerichtet» zuhören konnte, so wird sie samt ihren Taschen und Säcken irgendwohin verfrachtet, auf einen Stuhl, der ihrer Verkrümmung aber nicht entspricht. So sehr erzählt die Predigt die Wahrheit: das Aufrichten der Buckligen steht in der Kirche noch aus!

Eine Auferstehungsgeschichte
Damit berührt Marga Bührig ein Thema, das in der feministischen Theologie zu dieser Zeit noch kaum bearbeitet war: Auferstehung[1]. Die Heilungsgeschichte der verkrümmten Frau in Lukas 13 war kaum in einer Predigtordnung zu finden. So blieb sie vielen unbekannt: «Die Tatsache, dass ich diese Geschichte erst mit dreissig Jahren kennen gelernt habe, obwohl ich ... durchaus bibelkundig war, öffnete mir die Augen dafür, dass ich eine von Männern betriebene Theologie studiert und damit in der Bibel gar nicht meine Erfahrungen als Frau gesucht habe. Seitdem mache ich immer wieder bei Frauen die Erfahrung: Die Geschichte ist unbekannt, spricht Frauen jedoch unmittelbar an, sie lässt Erfahrungen hervorsprudeln ...»[2] In den achtziger Jahren wurde diese Geschichte im Zuge der theologischen Frauenbewegung ausgegraben und weitererzählt. Viele Frauen fanden sich in dieser Geschichte wieder: Auch sie sind im Hintergrund verborgen wie diese Frau und sehnen sich danach, dass jemand sie wahrnimmt und nach vorne holt. Bis in die Körperhaltung hinein fühlen sich viele mit ihr verbunden: «Auch ich lasse meine

Schultern oft hängen, senke den Kopf, schaue vor die Füsse anstatt in die Weite und habe dadurch einen sehr begrenzten Horizont. Und ich kenne viele Frauen, die seelisch und körperlich von den Lasten des Lebens gedrückt, ja fast erdrückt werden. Und ich warte und halte Ausschau, dass Frauen die Last abgenommen und ihnen die Rücken gestärkt werden … Blicken wir auf die Frau, die aufgerichtet wurde, dasteht und jubelt, dann ist sie eine Auf(er)stehungsgeschichte, eine Oster-, eine Feiergeschichte.»[3] Marga Bührig setzte sich in ihren Lebenserinnerungen auch mit Auferstehung auseinander, aber vermehrt erst gegen Ende ihrer Betrachtungen. «Das Wort taucht auf im Zusammenhang mit ihrer Friedensarbeit, der Arbeit für die Ökumene und mit dem Thema Freundschaft unter Frauen. All dies sind Betätigungsfelder und Themen, die ihr im Laufe ihres Lebens immer wichtiger geworden waren.»[4] Sie hatte 1985 mit einer Delegation des Ökumenischen Rates der Kirchen eine Reise durch Zentralamerika unternommen, wo die Begegnung mit Frauen, Männern und Kindern für sie ganz wichtig geworden war: «Die wichtigste Erfahrung bleibt …, dass ich mit eigenen Augen gesehen habe, wie Glaube und Handeln eins werden können und wie aus dem Kreuzweg des Leidens Auferstehung, oder anders gesagt: Widerstand und nicht Kult oder Verherrlichung des Leidens wächst.»[5] Was sie hier kennenlernte, die Auferstehungsbotschaft der Befreiungstheologie, hat sie selbst zutiefst beeindruckt und verändert. Sie spielt am Schluss ihrer Predigt auf diese Reiseerfahrung an: «Ich möchte mit einem Wort schliessen, das ich voriges Jahr in Zentralamerika verschiedentlich gehört habe. Dort haben mir Christen gesagt: Als wir die Wirklichkeit wahrnahmen, so wie sie war, mit all ihrem Leid, da ist uns Christus neu erschienen, da haben wir ihn neu verstanden.» Auch sie hat Christus und die Auferstehungsbotschaft von nun an neu verstanden. In dieser Predigt ist es ihr gelungen, etwas vom Sieg des Lebens zu vermitteln: «… und wir wissen, dass viele Menschen in der ganzen Welt, auch dort, wo Gewalt, Folter und Tod herrschen, aus dieser Kraft leben und aufrecht bleiben.» Aufstehen gegen Tod, Befreiung von unterdrückenden Fesseln, niederziehenden Lasten und sich aufrichten zur vollen, «von Gott gewollten Grösse» – das ist nötig und möglich zugleich! Aufstand für das Leben, Auferstehung wurde für Marga Bührig zu einer tiefen Kraft- und Inspirationsquelle, auch wenn sie die Bedrohung der Welt und des Lebens stets intensiv wahrnimmt. «Es ist mir immer noch – oder vielleicht wieder neu – wichtig, dass die Bibel uns Verheissungen vom Sieg des Lebens über den Tod vermittelt, auch wenn es mir immer noch grosse Mühe macht, sie aus ihrem patriarchalen Kontext zu befreien.»[6]

Mühe mit dem Synagogenvorsteher

Die Predigerin ringt von Anfang an mit der anderen Figur des Bibeltextes, dem Synagogenvorsteher. Sie nennt ihn einen mächtigen Mann, einen, der sich ärgert, weil ein Gesetz gebrochen wird. Sie bittet darum, es sich nicht zu einfach zu machen mit diesem «Gesetzesmenschen», und sie spricht auch vom «Synagogenvorsteher in uns». Die Briefschreiberin, Gertrud Stiehle, hört die Schilderung dieser Figur so, dass sie ihre Wahrnehmung des Helfers im Münster sofort prägt: Wie der Synagogenvorsteher, so erscheint auch dieser als etwas lästiger Ordnungshüter, der wie der Synagogenvorsteher unsensibel für die Nöte der Frau ist. In der Predigt wird der Synagogenvorsteher zum Gegenspieler Jesu und der verkrümmten Frau und genau dies wiederholt sich in der kleinen Erzählung Gertrud Stiehles. Dies zeigt, wie stark die Wirkung der Predigt war und wie unmittelbar die Hörerin verstand.

Doch der Predigerin ist hier ein Schwarzweiss-Raster in die Predigt geschlichen, das sie selbst wohl gar nicht heraufbeschwören wollte: auf der einen Seite die verkrümmte Frau und Jesus, auf der anderen Seite der Synagogenvorsteher und seine Freunde, die Unrecht haben und beschämt werden. Solche Schwarzweiss-Raster verzerren die Wahrnehmung. Erst recht, wenn Ordnung und Gesetz beim Judentum, Freiheit und Erlösung aber auf Jesu Seite angesiedelt werden. Dann schleicht sich theologischer Antijudaismus ein, der sich hier so äussert, dass Jesus einfach recht hatte und der Synagogenvorsteher einfach unrecht. Doch geht es in dieser kleinen Geschichte denn um Recht und Unrecht? Geht es darum: hier Christus und Erlösung, dort Judentum und Unfreiheit? Marga Bührig hat doch selbst in ihrer Predigt gezeigt, dass es in unserer christlichen Gesellschaft sowie in den Kirchen immer noch wenig Befreiung für verkrümmte Frauen gibt und noch sehr vieles aussteht.

Die christliche Theologie hat es sich seit Jahrhunderten zu leicht gemacht mit dem jüdischen Volk, den Pharisäern, den Synagogenvorstehern und Schriftgelehrten des Neuen Testaments. Sie hat sie alle miteinander als Gesetzesmenschen betitelt, die pauschal unrecht hätten, die alle von Jesus eines Besseren belehrt worden seien, die aber hart, stur und unbelehrbar den Gott der Liebe, den Jesus predigte und offenbarte, verkannt hätten. Ausgeprägter christlicher Antijudaismus gibt den Juden die Schuld an Jesu Tod und nicht der römischen Besatzung, obwohl historisch bewiesen ist, dass nur die Römer Todesstrafen aussprechen konnten und keine jüdischen Behörden dieser Zeit. Dass das jüdische Volk sich gegen die römische Besatzung zur Wehr gesetzt hat, wird nicht wahrgenommen. Schon unter der Führung des Propheten Johannes des Täufers versuchte das kleine Volk den Aufstand. Später nahm es mit der Militärmacht Roms den Krieg auf, um sich aus dessen Würgegriff zu befreien. Das alles änderte nichts in christlichen Köpfen: «Die Juden» lehnten Jesus ab und brachten ihn ans Kreuz. Spuren solcher Denkmuster finden sich dort, wo die Predigerin beklagt, dass «die harte Haltung solcher gerechter Gesetzesmenschen» Jesus ans Kreuz gebracht hätte. Doch jüdische Behörden konnten damals niemanden ans Kreuz bringen. Nur die Römer. Diese kreuzigten ihre politischen Gegner reihenweise: «Terroristen», Ungehorsame, Freischärler – der jüdische Zeitzeuge Josephus berichtet von Kreuzigungen in Palästina, die die Römer anordneten, um das Land unter ihre Gewalt zu bekommen. Die Volksmassen standen damals unter enormem Druck, als sie «Kreuzige ihn!» schrieen – einzig solche Berichte wie derjenige von Josephus zeigen, dass die Römer nicht zögerten, Massenkreuzigungen vorzunehmen, auch an Frauen und Kindern.

Antijudaismus-Debatte Mitte der achtziger Jahre
Marga Bührigs Predigt lebt aber nicht vom Antijudaismus. Er «rutscht» ihr noch dazu, er gehört zu dem, was sie gelernt und damals noch nicht durchschaut hatte. In der Mitte der achtziger Jahre begannen feministische Theologinnen diesen «dazugerutschten», unbeabsichtigten Antijudaismus zu erkennen.[7] Ihre Predigt entstand knapp vor dem heftigen Ausbruch einer Antijudaismus-kritischen Debatte in Deutschland, die viele Gemüter bewegte und nachhaltig die Theologie veränderte.

Viele Theologinnen, die eigentlich eine frauengerechte, neue Theologie hervorbringen wollten, hatten sich unversehens in antijudaistischen Klischees wiedergefunden, und es waren jüdische Feministinnen[8] aus den USA, die sie darauf aufmerksam machen mussten, dass Frauen im Judentum keineswegs mehr unterdrückt wurden als in der Kirche und dass die Abwertung der jüdischen Menschen und der Frauen aus demselben dualistischen Weltbild stammt.

Dass diese Debatte im deutschsprachigen Kontext fällig war, zeigt uns die Tatsache, dass sogar in dieser vom friedenspolitischen, weltoffenen Horizont geprägten Predigt solche Abwertungen erkennbar sind: «Da ist also eine Frau, schon als solche nicht besonders willkommen in der Synagoge ...» (als ob die spätere christliche Diskriminierung von Frauen schon im Judentum da gewesen wäre) und wo sie sagt, der Ärger dieses Mannes sei ausgelöst über den Bruch des Sabbatgebotes, «noch dazu wegen einer Frau».

Achtzehn Jahre später ...

Gewöhnlich wurde der Lukas-Text so gelesen: Da fand ein Gesetzesbruch statt und darüber ärgerte sich der jüdische Vorsteher. In der feministischen Theologie wurde wahrgenommen, dass hier eine Frauenheilung stattgefunden hat. Darum, so wurde angenommen, ärgerte sich der Synagogenvorsteher darüber, dass nur wegen einer Frau das Gesetz übertreten wurde!

Mir ist bei einer erneuten Lektüre des Lukas-Textes, also achtzehn Jahre nach dieser Predigt, aufgefallen, dass der Synagogenvorsteher nichts gegen die verkrümmte Frau sagt. Er ist mit keinem Wort frauenfeindlich. Er wendet sich nicht dagegen, dass diese Frau sich zur vollen Grösse aufrichtet. Aber es ist die Übersetzung der Guten Nachricht, die suggeriert, dass er sich über *die Heilung einer Frau* am Sabbat geärgert hätte. Im griechischen Text steht nur, dass er sich ärgerte, «dass Jesus am Sabbat heilte». Weiter fällt mir auf, dass der Vorsteher sich nicht gegen Jesus wendet, sondern gegen eine «Menge». Plötzlich ist da eine Menge Volk. Wo kommt die denn her? Eben noch stand die Frau alleine vor uns. Nun tauchen plötzlich Scharen auf, die wie diese Frau geheilt werden möchten. Offenbar ist da ein Volksauflauf entstanden und der bereitet einigen Leuten Sorgen. Jesus wendet sich gegen diese Leute, nicht gegen den einen Vorsteher. Diese nicht genannten Besorgten spricht Jesus mit «Heuchler» an. Statt mit «Heuchler» sofort gegen die Juden zu wettern, ist es angebracht, den politischen Kontext der Zeit mit zu bedenken. Jesus spricht vom Satan, der viel zu lange geherrscht hat. Mit «Satan» wird gewöhnlich der *Fürst dieser Welt* gemeint, damals also: die Herrschaft der römischen Besatzung. Was Jesus hier ausruft, Befreiung von den Fesseln Satans, ist offener Aufstand – in den Ohren dieser Besatzung und ihrer Kollaborateure und Freunde. Die «Besorgten» haben Angst vor der römischen Regierung, der jeder Volksauflauf verdächtig ist und die Aufstände blutig niederschlägt. Für die Menge aber, die gekommen ist, um befreit und aufgerichtet zu werden, ist diese Botschaft ein Ruf in die Auferstehung, in ein neues Leben, wo keine Macht der Welt mehr verkrümmen, verbiegen, verdrehen kann.

Aufstand ins Leben

Die Frau hat keinen Namen in der Geschichte, aber Jesus nennt sie «Tochter Abrahams». Damit ist sie eine Tochter des Volkes, und in ihrem Schicksal wird das Schicksal des Volkes deutlich. Sie steht nicht für sich allein. Was an ihrem Leib geschah und geschieht, hat mit allen anderen auch zu tun. Es ist Zeit für die Befreiung von der Fessel des Satans – die

Frauen wurden verkrümmt von dieser Belastung, ihr aufrechter Gang zerstört, das ist Zeichen genug dafür, dass das Volk lange, allzu lange gelitten hat! Der Synagogenvorsteher ist nicht der Gegenspieler Jesu und der Frau, die wahren Gegenspieler sind die Besatzer, Kollaborateure, die Profiteure der Jerusalemer Tempelaristokratie, die den «Fürsten dieser Welt» unterstützen oder machen lassen. Der Synagogenvorsteher und seine Freunde sind aber besorgt über den Volksauflauf, der den ruhigen Sabbat unterbricht und allen gefährlich werden könnte. Sie sollen doch nacheinander, an den Werktagen kommen, wenn es weniger auffällt und «sicherer» ist. Das sind unterschiedliche Strategien. Jesus ruft «alles» und «jetzt» – die Besorgten sagen «langsam» und «eins nach dem anderen». Marga Bührig hätte sicher die ungebremste Befreiung bevorzugt, so wie sie am ersten Schweizer Frauenkirchen-Fest in Luzern 1989 zu den Mengen von versammelten Frauen rief: «Wir Frauen sind Kirche – worauf warten wir noch?»

Doch den langen Atem, den es braucht, um Schritt für Schritt einem gesteckten Ziel näher zu kommen, hatte Marga Bührig genauso. Diese Predigt von 1986 ist eine Momentaufnahme in einem dichten Netz von Ereignissen. Zum ersten Mal durfte eine Theologin am Missionsfest-Gottesdienst das Wort Gottes auslegen! Marga Bührig war eine ausgezeichnete Rednerin. Sie hat mit Ausstrahlung gesprochen, was die Predigthörerin Gertrud Stiehle berührte. Das hilft mir die Frage zu beantworten, die noch offen ist: Wieso stehen in der Geschichte des Lukas plötzlich viele Leute da? Woher wussten sie alle, dass hier und jetzt Befreiung geschieht? Sie hatte gejubelt – und schon waren die Leute da. Also hat der Jubel einer einzigen aufgerichteten Frau eine riesige Menge Leute angezogen, die auch aufgerichtet werden wollten. Diese Botschaft hat Marga Bührig gebracht und verkörpert.

Anmerkungen

1 Noch 1991 schreiben Luise Schottroff und Dorothee Sölle: «Eine feministische Diskussion der christlichen Tradition der Auferstehung Jesu steht noch weitgehend aus, möglicherweise, weil das Thema in der Tradition dualistisch und individualistisch besetzt ist.» Artikel «Auferstehung» in: Wörterbuch der Feministischen Theologie. Hg. von E. Gössmann, E. Moltmann-Wendel u. a., Gütersloh 1991, 34–36 (34).

2 Andrea Bauer: Die Heilung einer gekrümmten Frau. In: Feministisch gelesen, Bd. 1, hg. Eva Renate Schmidt u. a., Stuttgart 1988, 210–216 (213).

3 Ebd. 214.

4 Sabine Bieberstein: Eine Schatztruhe voller Erfahrungen. Auf der Suche nach der Kraft der Auferstehung in den Lebenserinnerungen von Marga Bührig, Elisabeth Moltmann-Wendel und Dorothee Sölle. In: L. Sutter Rehmann, S. Bieberstein, U. Metternich (Hg.),

Sich dem Leben in die Arme werfen. Auferstehungserfahrungen. Gütersloh 2002, 130–152 (134).

5 Marga Bührig: Spät habe ich gelernt, gerne Frau zu sein. Eine feministische Autobiographie. Stuttgart 1999 (Erstausgabe 1987), 213.

6 Ebd. 224.

7 Eveline Valtink: Feministisch-christliche Identität und Antijudaismus. In: Von der Wurzel getragen. Christlich-feministische Exegese in Auseinandersetzung mit Antijudaismus, hg. von Luise Schottroff und Marie-Therese Wacker. Leiden, New York, Köln 1996, 1–26.

8 Judith Plaskow: Blaming the Jews for the Birth of Patriarchy. In: Evelyn Torton Beck (ed.), Nice Jewish Girls. A Lesbian Anthology. New York 1982, 250–254.

ELSY WEBER

Früchte bringen zur Ehre Gottes

Predigt anlässlich
der DIAKONIA-Weltkonferenz in Bern,
gehalten am 5. Juli 1987
in der Kapelle
des Diakonissenhauses Riehen

Ich bin der wahre Weinstock, und mein Vater ist der Weingärtner. Jedes Schoss an mir, das nicht Frucht trägt, das nimmt er weg, und jedes, das Frucht trägt, das reinigt er, damit es mehr Frucht trage. Ihr seid schon rein um des Wortes willen, das ich zu euch geredet habe. Bleibet in mir, und ich bleibe in euch. Wie das Schoss nicht von sich aus Frucht tragen kann, wenn es nicht am Weinstock bleibt, so auch ihr nicht, wenn ihr nicht in mir bleibt. Ich bin der Weinstock, ihr seid die Schosse. Wer in mir bleibt und ich in ihm, der trägt viel Frucht; denn ohne mich könnt ihr nichts tun. Johannes 15,1 – 5

Liebe Brüder und Schwestern, liebe Gemeinde!

Als im Jahr 1961 uns die Nachricht erschreckte, dass der schwedische UNO-Sekretär Dag Hammarskjöld bei einer Friedensmission im Kongo tödlich verunglückt sei, da wusste die Welt, dass sie eine Persönlichkeit von ungewöhnlichem Format und grosser Bedeutung für den Weltfrieden verloren hatte. Aber wenige wussten, dass dieser Mann höchster politischer Aktivität seine Wurzeln im christlichen Glauben hatte. Das Letzte, was er las, bevor er seinen Flug mit der politischen Mission antrat, war das bekannte Buch von Thomas von Kempen «Die Nachfolge Christi», und kurz vor dem Abflug sprach er mit seinem Mitarbeiter über den Begriff «Liebe» – Gottes Liebe.

Offenbar hatte dieser Mann das Geheimnis entdeckt, dass, wer fruchtbar sein will, innerlich gespeist werden muss durch die Verbindung mit der göttlichen *Liebe*. Gerade davon redet ja nun das Bild-Gleichnis Jesu, das wir nun gemeinsam bedenken wollen:

«ICH bin der wahre Weinstock ...»

Mit einem Weinstock vergleicht sich Christus. Was für eine Weihe liegt bis heute auf diesem Gewächs! Der knorrige Stamm – die schön geformten Blätter – dazwischen die Schosse – und im Herbst Beere an Beere, dicht gedrängt – eigenartig, dass gerade der Weinstock bis heute nicht von der Technik, sondern direkt von Menschenhand gepflegt sein will. –

Im Alten Testament war er das Bild für das auserwählte Volk, das Gott in die Völkerwelt gepflanzt hatte, damit es gute Frucht brächte. Dass dies so oft nicht eintraf, war nach dem Urteil der Propheten der grosse Schmerz Gottes. –

Und nun gefiel es Gott, dem grossen Weingärtner, seinen einzigen geliebten Sohn als wahren Weinstock in diese Erde zu pflanzen.

«Ich bin der wahre Weinstock», sagt Jesus zu seinen Jüngern, «ihr seid die Schosse. Wer in mir bleibt und ich in ihm, der trägt viel Frucht.»

Der Weinstock wurde Jesus zum Sinnbild für sich und für seine Beziehung zu denen, die ihn kennen und ihn lieben.

So, liebe Gemeinde, wie die Schosse verwachsen sind mit dem Stamm und aus ihm den Lebenssaft ziehen, so lebt auch heute die Gemeinde Jesu nur, wenn sie in enger Verbindung mit Ihm, unserem Herrn und Haupt, steht.

Und Diakonie, diakonische Berufung, können wir nur leben als *Glieder* der Gemeinde. Ist es nicht eine wunderbare Berufung, in der wir stehen? Diese Berufung verbindet uns in dieser Stunde über alle Unterschiede hinweg. Sie ist gross und schön! Sie kann das Herz mit Freude erfüllen, aber sie führt uns auch immer wieder an die Grenzen der Kraft. Wir von uns aus schaffen es nicht. Manches gute Werk können wir zwar von uns aus tun, aber unser Herr möchte von seiner Gemeinde nicht nur Werke, er möchte *Früchte*.

Früchte können wir nie machen, aber Er will sie schaffen, wenn wir nur ganz nah bei Ihm bleiben.

«Ich bin der Weinstock, ihr seid die Schosse. Wer in mir bleibt und ich in ihm, der trägt viel Frucht; denn ohne mich könnt ihr nichts tun.»

Nichts tun? Überhaupt nichts? Tönt das nicht sehr hart in unseren Ohren?

Hart – ja, denn es verletzt unseren menschlichen Stolz. Phantastische Wunderwerke der Technik stehen da, grossartige soziale Einrichtungen sind geschaffen worden und funktionieren auch in säkularen Systemen. Und wir sind froh, wenn damit zum Wohl vieler viel Gutes geschieht. Und doch haben wir genau hinzuhören, wenn unser Herr, der die Wahrheit selber ist, sagt: «Ohne mich könnt ihr nichts tun.»

Jesus meint damit: An mir vorbei könnt ihr nichts tun, was Frucht bringt für die Ewigkeit, was von Bedeutung ist für Gottes Reich, das heute schon da ist und noch in Vollendung kommt.

Das ist ein Wort, das nicht nur die sogenannte Welt angeht, sondern auch uns. Meint man nicht oft auch in der Diakonie, kraft eigener Tüchtigkeit etwas zu sein? Man arbeitet vielleicht mehr als andere, pflichtbewusster als andere. –

O ja, wie oft verwirklichte man sich selbst, tat es aus der eigenen Kraft, zur eigenen Ehre. Aber unserem Herrn ist alles Stolze zuwider.

Den *Demütigen* gibt er Gnade, denen, die es spüren und zugeben, dass sie in sich nichts sind und die – oft durch Verzweiflung hindurch – sich nur noch an ihren Herrn anklammern können. «Allein zu dir, Herr Jesu Christ, mein Hoffnung steht auf Erden ...» Dem Demütigen gibt Gott Gnade. Er weist ihn zu Christus. «Bei ihm ist deine Kraft», sagt er gleichsam. «Lass dein eigenes Ich nur los und wachse nur recht tief in Ihn hinein, dass Er, Christus, dein Alles wird.» Er, Christus, muss wachsen, ich aber abnehmen. Dieses Wort von Johannes dem Täufer war ja auch das Losungswort von Theodor Fliedner, dem Neubegründer der Mutterhaus-Diakonie.

Seht, unsere Fruchtbarkeit in unserem Dienst hängt nie ab vom Mass unserer physischen und psychischen Kraft, sondern davon, dass Christus *an* uns und *in* uns und dann auch *durch* uns hineinwirken kann in diese seine Welt. «Wer in mir bleibt», sagt Christus, «der bringt viel Frucht.»

Dieses *Bleiben* in Christus versteht sich nun allerdings nie von selbst. Es ist bedroht von vielen Mächten und erfordert von uns – erfahren wir das nicht alle – die Bereitschaft zu einem lebenslanglichen Kampf. Es braucht das tägliche Hinhören auf Gottes Wort, das tägliche persönliche Gespräch mit unserem Herrn, unseren konkreten Gehorsam und nicht zuletzt auch die Gemeinschaft mit uns verbundenen Brüdern und Schwestern.

Und dabei wird das dann unsere Erfahrung werden, dass wir bei allem Vorsatz doch immer wieder uns entfernen, dass nur Seine Treue uns hält ... Immer wieder gehören wir selbst zu den Mühseligen und Beladenen, werden schuldig und haben nichts so nötig als einen persönlichen Heiland, der vergibt und trotz allem – trotz allem – uns nicht aus seinem Dienst entlässt.

Diakonie – so ist es schon formuliert worden – ist Dank für Golgatha ... Aus Dank Jesu Liebe weitergeben – weitergeben an wen? An alle!

Es bewegt mich, zu sehen, wie liebebedürftig heute die ganze Welt ist – nicht nur die Menschen in den Slums, in den Flüchtlingslagern, in den Krankenhäusern – auch in den Luxusvillen.

Wo Jesu Liebe und Jesu Leben in unseren Herzen sich entfaltet, da werden wir immer hellsichtiger für die Millionen Nöte unserer todkranken Welt. Das Meer von Blut und Tränen, das uns heute umgibt, und die eigene Ohnmacht, nicht genug helfen zu können, kann gerade uns Christen in Resignation oder in eine innere Rebellion bringen.

Wohl uns, wenn wir dann unseren Blick wieder richten auf unseren Herrn. «Ich bin bei euch», sagt er, «und ich werde wiederkommen in Herrlichkeit.» Jesus kommt wieder, um das Reich seines Vaters zu vollenden. Dort wird einmal kein Leid noch Schmerz mehr sein – auch der Tod wird nicht mehr sein!

Was für ein Ausblick. Was für ein Auftrag, liebe Gemeinde: Unserer heillosen Welt dürfen wir dieses Heil und diese Hoffnung bezeugen – mit Wort und Tat, mit unserem ganzen Sein.

Da dürfen wir einem jahrelang Gelähmten, dort einer krebskranken Frau es zusprechen – oft mit Worten, oft mit einer Handreichung: «Auch du bist geliebt. Auch für dich gibt es noch eine Hoffnung für deine Zukunft.»

Diakonie darf diesen verborgenen, schlichten Dienst beim *Einzelnen* nicht verlassen. Sie darf nicht sich verführen lassen von grossen Planungen und Worten, als ob in der Strukturveränderung der Welt das Heil liege.

Überall, wo aus der Lebensverbundenheit mit Christus ein liebendes Beistehen an einem Mitmenschen geschieht – und wäre es noch so unbedeutend in den Augen der Welt –, wächst *Frucht*, Frucht für *Gottes Reich*.

Liebe Gemeinde, spüren wir es nicht? Wir leben heute in einer Wendezeit. Endzeitliche Signale blitzen auf in den Gewittern der Gegenwart. Es bebt der Boden der Welt, der Boden der Kirche, auch der Boden der Diakonie. Das, worauf wir auch bei uns in der Mutterhaus-Diakonie einmal mit Stolz zeigen konnten, ist vorbei, Werke, Stationen mussten aufgegeben werden. Viele Werke der Inneren Mission werden heute nur noch mit Mühe durchgehalten. Wird die Diakonie sterben?

Jede Krise hat eine Chance. Wo liegt sie?

Ich glaube hier, dass wir uns mit ganzer Entschlossenheit hinorientieren auf unseren Herrn, auf Jesus Christus.

Unser Weinstock-Gleichnis kann uns hier eine Hilfe sein, Hilfe, um uns in der Stille zu prüfen:

Ist es denn nicht so, dass wir uns oft mitsamt unserer gutgemeinten, frommen Betriebsamkeit von unserem Herrn entfernt haben?

War uns unser Dienst nicht oft an erster Stelle und unser Herr nicht wirklich und in Wahrheit unser *Herr*, der Herr, der das erste Wort hat in allen Entscheidungen?

Ich denke, dass es wohl oft vorgekommen ist, dass wir die Prioritäten der Welt den göttlichen Prioritäten vorangestellt, die göttlichen Massstäbe gegen rein weltliche vertauscht haben.

Und – ist es nicht so, dass wir oft auch Ehre und Ansehen bei der Welt allzu hoch einschätzten?

Und – wie oft haben wir an eigenen Ideen festgehalten, wo es um des Herrn willen, um Seines Reiches willen recht gewesen wäre, ein Neues zu wagen ... Jede Krise hat eine Chance – eine Chance dann, wenn sie uns hineinführt in ein demütiges Sich-selbst-Hinterfragen ...

Busse nennt das die Bibel. Sie ist ein Akt der Demut. Aber – den Demütigen gibt Gott Gnade. Die Gnade einer Neubelebung.

Christus weist uns in seinem Weinstock-Gleichnis darauf hin, wenn er sagt: «Jedes Schoss an mir, das nicht Frucht trägt, das nimmt er, der göttliche Weingärtner, weg, und jedes, das Frucht trägt, das reinigt er, damit es mehr Frucht trage.»

Was für eine Verheissung, liebe Gemeinde!

Unser Herr zieht, auch wenn der Boden, auf dem wir stehen, bebt, Seine Hand nicht ab von uns. O nein! Das ist seine Treue und Liebe! Der göttliche Weingärtner ist heute daran, uns zu reinigen, damit uns als Schosse am Weinstock eine neue Fruchtbarkeit geschenkt wird – zu seiner Ehre.

Ihm, dem Vater, dem Sohn und dem Heiligen Geist sei dafür Lob und Preis und Dank.

Amen.

DORIS KELLERHALS UND IRMELIN KRADOLFER

Elsy Weber: Theologin, Diakonisse, Oberin

Elsy Weber (1919–1999) stammte aus Zürich, wo sie die Schulen besuchte und als eine der ersten Frauen Theologie studierte. Ihre hoch geschätzten und prägenden theologischen Lehrer waren unter anderen Emil Brunner, Fritz Blanke, Gotthold Schrenk, Eduard Schweizer und Walther Zimmerli. Ihnen verdankte sie eine solide theologische Ausbildung, die anschliessend ergänzt wurde durch eine engagierte praktische Arbeit in der Flüchtlingshilfe zusammen mit dem bekannten Flüchtlingspfarrer Paul Vogt. In der Kirchgemeinde Seebach wirkte sie ab 1945 zunächst als sogenannte Pfarrhelferin. Die Offenheit der Gemeinde ermöglichte es der jungen Theologin, alle kirchlichen Dienste zu verrichten. Offiziell erhielt sie dazu das Recht erst am 17. November 1963, als die ersten Frauen der Zürcher Kirche ordiniert wurden. Zusammen mit elf Kolleginnen, unter ihnen Ruth Bernoulli-Spörri, Greti Caprez-Roffler und Lydia Schäppi, empfing sie im Grossmünster die Weihe zum pfarramtlichen Dienst. Pfarrerin Elsy Weber entwickelte neben ihren pfarramtlichen Tätigkeiten zahlreiche Aktivitäten. So war sie oft von Frauengruppen und christlichen Gemeinschaften zu Vorträgen und Veranstaltungen, besonders zu frauenspezifischen Themen, eingeladen. Ihre Vortragstätigkeit führte sie auch mehrfach ins Diakonissenhaus Riehen. Von dort erreichte sie die Anfrage, das Amt der Oberin zu übernehmen. 1972, im Alter von dreiundfünfzig Jahren, folgte sie dem Ruf. Sie wirkte während knapp fünfzehn Jahren mit grossem Einfühlungsvermögen, in geistlicher und intellektueller Klarheit. Auch im Ruhestand wurde sie zu Vorträgen gerufen, predigte und hielt Bibelstunden, soweit dies ihre Kräfte zuliessen. So stammt die analysierte Predigt ebenfalls aus der Zeit ihres aktiven Ruhestandes.

* * *

Die Predigt wurde gehalten im Rahmen der Weltkonferenz DIAKONIA, die damals in Bern stattfand. Am Sonntag besuchten die Konferenzteilnehmerinnen und -teilnehmer aus aller Welt die verschiedenen schweizerischen Diakonissenhäuser, um so die aktuelle Situation der Mutterhausdiakonie kennen zu lernen.

DIAKONIA ist eine weltweite Vereinigung diakonisch tätiger Menschen, die als Diakonissen in Ordensgemeinschaften, als Diakoninnen und Diakone in Kirchgemeinden oder im Auftrag der Kirche in gesellschaftlichen und politischen Brennpunkten arbeiten. Die Organisation wurde nach dem 2. Weltkrieg in Holland gegründet mit dem Ziel, Menschen und ihre Organisationen, die um Christi willen diakonisch tätig sind, neu miteinander zu verbinden und das gegenseitige Vertrauen zu stärken. Alle vier Jahre findet eine Weltkonferenz statt, an der jeweils ungefähr fünfhundert Personen teilnehmen. Der Predigtanfang weckt geschickt das Interesse für den biblischen Text. Mit der Erwähnung von Dag Hammarskjöld zeigt die Predigerin, dass es sehr entscheidend ist, worin ein Mensch verwurzelt ist. Was wenige wussten, gibt sie bekannt: «Wenige wussten, dass dieser Mann höchster politischer Aktivität seine Wurzeln im christlichen Glauben hatte.» Kritisch lässt sich allerdings fragen, wie auf jüngere Predigthörer das Beispiel eines vor sechsundzwanzig Jahren verstorbenen Mannes gewirkt haben mag.

Auch lässt sich fragen, ob Elsy Weber mit ihrer von der biblischen Sprache geprägten Wortwahl das Leben des Politikers einseitig interpretiert – doch sind diese Fragen irrelevant, weil die Worte ihr Ziel erreichen: Die Gottesdienstgemeinde wird nun die Ohren spitzen für das Gleichnis Jesu. Dieses hat die Predigerin mit ihrem ersten Abschnitt schon treffend zusammengefasst und gedeutet. Mit den Begriffen «Verwurzelung» und «Fruchtbarkeit» ist der Übergang zum «Bild-Gleichnis Jesu» gegeben: «das Sinnbild … für seine Beziehung zu denen, die ihn kennen und lieben».

Dann spricht die Oberin speziell von ihrem Thema der diakonischen Gemeinschaft, die fruchtbare Gemeinschaft sein will und sein darf. Sie liest dabei wohl auch Bezüge in den Text hinein, die von anderer Hörerschaft missverstanden oder nicht verstanden würden. Sie warnt die Gemeinschaft, die in Gefahr steht, ob ihrer eigenen Tüchtigkeit stolz zu werden: «Den Demütigen gibt er Gnade, denen, die es spüren und zugeben, dass sie in sich selbst nichts sind …» Unter diesem Aspekt liest sie den Satz: «Ohne mich könnt ihr nichts tun.»

Sie sieht sich und ihre Gemeinschaft in einem Gegenüber zur «sogenannten Welt» – heute, kaum dreissig Jahre später, empfinden wir diesen Abschnitt ihrer Predigt als seltsam elitär. Doch schafft sie es, den einzelnen Predigthörenden in klaren Worten auf seine persönliche Glaubensbeziehung immer neu anzusprechen. «Es … erfordert von uns – erfahren wir das nicht alle – die Bereitschaft zu einem lebenslänglichen Kampf. Es braucht das tägliche Hinhören auf Gottes Wort, das tägliche, persönliche Gespräch mit unserem Herrn.» Gleichzeitig verweist sie diesen einzelnen, hörenden Menschen immer wieder auf die mit ihm verbundenen «Brüder und Schwestern». Wir fühlen uns an ihren Lehrer Emil Brunner erinnert.

Diese Gemeinschaft, betont sie, steht immer schon in der Pflicht, zum Wohl des einzelnen, konkreten Mitmenschen zu handeln. Hier spricht sie nun klar kontextbezogen die anwesende Gemeinde, also Vertreter der Vereinigung DIAKONIA, an. Noch heute hören wir ihren unmissverständlichen Vorbehalt gegenüber diakonischen Konzepten, die ohne diesen Dienst am Einzelnen über System- oder Strukturveränderungen heilsam wirken wollen.

Solches Ansinnen ist für Elsy Weber klare «Verführung». Ohne den «verborgenen, schlichten Dienst beim Einzelnen» gibt es keine Diakonie. Doch «überall, wo aus der Lebensverbundenheit mit Christus ein liebevolles Beistehen an einem Mitmenschen geschieht – und wäre es noch so unbedeutend in den Augen der Welt –, wächst Frucht, Frucht für Gottes Reich.» Man spürt der erfahrenen Seelsorgerin ihren reichen Erfahrungsschatz in diesem Dienst an. Sie kennt einige der «Millionen Nöte» einer «todkranken Welt». Hierin hat sich Diakonie zu bewähren. Doch hiervon muss die Predigerin persönlich sprechen und verwendet – einzig hier – die erste Person Singular: «Es bewegt mich zu sehen, wie liebesbedürftig heute die ganze Welt ist – nicht nur die Menschen in den Slums, in den Flüchtlingslagern, in den Krankenhäusern – auch in den Luxusvillen.»

Der Abschluss der Predigt ist stark vom Anlass der Zusammenkunft DIAKONIA geprägt. Die Sorge um den Fortbestand der diakonischen Einrichtungen, die Krise dieser Liebeswerke ist offenkundig.

Nochmals appelliert die Predigerin an jeden einzelnen Predigthörenden. Einer Neubelebung der Diakonie vertraut sie. Auf Gottes Treue baut sie. Sie ermahnt abschliessend zur persönlichen Busse – bildlich verstanden zur persönlichen Reinigung durch den «göttlichen Weingärtner».

Damit scheint die Stärke der Predigt angezeigt zu sein. Zeitlos ist der Zuspruch der Hoffnung, die sich aus dem Weinstock-Gleichnis ergibt: der Zuspruch einer fruchtbaren Existenz, die sich auch im diakonischen Liebesdienst erweist. Wir fragen uns aber, ob Schwester Elsy Weber den Wandel der Zeit nicht zu pessimistisch wahrgenommen habe? Hat sie Diakonie nicht zu stark als Mutterhausdiakonie verstanden, also als diakonisches Engagement von evangelischen Frauen, die ordensähnlich auf einer Glaubens-, Lebens- und Dienstgemeinschaft beruht? Könnte es nicht sein, dass «göttliche Prioritäten» sich in weltlichen Strukturen niederschlagen, die auch Strukturanpassungen der Diakonie erforderlich machen oder rechtfertigen? Liesse sich nicht auch eine Hermeneutik der Soziologie in die Predigt einbeziehen?

Formal besticht die Predigt durch die assoziative Verwendung einzelner Begriffe, die als lose Stichworte zum Predigttext entfaltet werden: Glieder,

Früchte, Demut, Bleiben, Gottes Reich und Busse. Auffallend ist die Schlichtheit und der Ernst dieser Predigt, die, obgleich kontextbezogen gestaltet, uns heute das diakonische Wirken als natürliche Lebensäusserung christlicher Gemeinschaft mit dem Gleichnis vom Weinstock darlegt. Ein lohnendes Unterfangen.

Zum Zeitverständnis

Elsy Weber setzte sich persönlich und innerlich sehr stark – oft etwas pauschal – mit den Zeichen der Zeit auseinander. Sie hat sie mehrfach endzeitlich interpretiert. «Endzeitliche Signale blitzen auf wie Gewitter der Gegenwart.» Diese Zeichen sind für sie aber nicht nur ein gesellschaftliches Phänomen, sie wirken auch in Kirche und Diakonie und hinterlassen Spuren von Verunsicherung. «Das, worauf wir auch bei uns in der Mutterhausdiakonie einmal mit Stolz zeigen konnten, ist vorbei, Werke, Stationen mussten aufgegeben werden. Viele Werke der Inneren Mission werden heute nur noch mit Mühe durchgehalten.»

Ihre Zeitanalyse sieht noch mehr: «Slums, Flüchtlingslager, Krankenhäuser, Luxusvillen» werden von der Predigerin als Orte erkannt, wo Menschen im Heute dringend ein Zeichen der Liebe Gottes benötigen. Das Gefühl von «Ohnmacht» gegenüber einer «todkranken Welt», einer «heillosen Welt» und einem «Meer von Blut und Tränen» erfüllte das Herz der sensiblen Pfarrerin und liess sie immer wieder engagiert zu Gebet und Zeugnis aufrufen.

Das Anliegen von Elsy Weber, Zeitgeschichte und Gottesgeschichte zu verbinden, wird auch durch das Beispiel von UNO-Generalsekretärs Dag Hammarskjöld verdeutlicht, einen Politiker, welcher den Gedanken vom «Bleiben am Weinstock» geradezu lebte. Dass Hammarskjöld vor seinem Tod gerade die Schrift «Nachfolge Christi» von Thomas von Kempen (herausgegeben 1424) las, die im Pietismus in ihrer Aussagekraft neu entdeckt wurde, ist sinnbildlich.

Der Pietismus nahm Gedanken der verinnerlichten Frömmigkeit in Anlehnung an Philipp Jacob Speners (1635–1705) Schrift «Pia Desideria» (1675/76) auf. Kennzeichnend für ihn sind Speners Forderungen nach häuslicher Bibellese, nach der Einrichtung von Bibellesestunden für das Gesinde und Analphabeten und nach der Einrichtung besonderer Versammlungen neben dem öffentlichen Gottesdienst, in denen unter Anleitung der Pfarrer auch Laien die Bibel auslegen und sich dadurch gegenseitig erbauen können. Der allgemeine tägliche Umgang mit Gottes Wort wird von Spener sehr gefördert. Eine weitere Zielvorgabe Speners war die brüderliche Gemeinschaft in den sogenannten «collegiae pietatis», den engeren verbindlichen Gemeinschaften mit klarem Bezug zur Kirche, den «ecclesiolae in ecclesia», den «Kirchlein in der Kirche».

Zum Diakonieverständnis

Elsy Webers Diakonieverständnis ist zum einen sehr stark von ihrem Hintergrund der Mutterhausdiakonie und der daraus erwachsenen Anstaltsdiakonie mit ihren Werken der Inneren Mission geprägt. Zum anderen zeichnet die Predigerin und Oberin i. R. einer Diakonissengemeinschaft das auf die christliche Gemeinde bezogene dynamische biblische Diakonieverständnis, das Christus an die erste Stelle setzt und die geistliche Verantwortung des Einzelnen herausfordert: «Diakonie ist Dank für Golgatha».

«Ich denke, dass es wohl oft vorgekommen ist, dass wir die Prioritäten der Welt den göttlichen Prioritäten vorangestellt, die göttlichen Massstäbe gegen rein weltliche vertauscht haben.» Elsy Weber ruft zum Umdenken auf, wobei sie die gewachsenen, komplexen Strukturgefüge diakonischer Einrichtungen den persönlichen geistlichen Anliegen entgegenstellt: «Phantastische Wunderwerke der Technik stehen da, grossartige soziale Einrichtungen sind geschaffen worden und funktionieren auch in säkularen Systemen. Und doch haben wir genau hinzuhören, wenn unser Herr, der die Wahrheit selber ist, sagt: ‹Ohne mich könnt ihr nichts tun.›»

Der geistliche Anspruch an den Einzelnen, an das Glied der Gemeinde und das Umdenken im gesamten diakonischen Feld mit seinen sozialen Verpflichtungen – ist damit die einzelne Predigthörerin überfordert?

«Diakonie, diakonische Berufung, können wir nur leben als *Glieder* der Gemeinde. Ist es nicht eine wunderbare Berufung, in der wir stehen? Diese Berufung verbindet uns in dieser Stunde über alle Unterschiede hinweg. Sie ist gross und schön! Sie kann das Herz mit Freude erfüllen, aber sie führt uns auch immer wieder an die Grenzen der Kraft. Wir von uns aus schaffen es nicht. Manches gute Werk können wir zwar von uns aus tun, aber unser Herr möchte von seiner Gemeinde nicht nur Werke, er möchte *Früchte*.»

Schwester Elsy spricht hier eine Problematik an, die den diakonischen Einrichtungen, die aus den Mutterhäusern entstanden, bis heute zu schaffen macht. Was im 19. Jahrhundert mit der Entstehung der ersten evangelischen Schwesterngemeinschaften durch die Verbindung von Diakonie und Ordenswesen gewachsen ist, das hat sich im 20. Jahrhundert unter neuen sozialen Gegebenheiten teilweise wieder aufgelöst. Werke der Inneren Mission sind nicht Gemeinde Christi, aber sie sind eine

Lebensäusserung derselben. Ordensgemeinschaften sind ihrem Wesen nach *ecclesiolae in ecclesia*, sie sind Leib Christi und Teil des weltweiten Leibes Christi. Sie wissen sich wohl der Diakonie verpflichtet, doch nicht unbedingt der institutionellen. Sie leben Diakonie, gehen auf die Nöte des Umfeldes ein, aber heute schwerpunktmässig auf die spirituellen, zum Beispiel mit ihren Angeboten zu Stille und Meditation.

Zur Spiritualität

Die Grundanliegen der Spiritualität der früheren Oberin des Diakonissen-hauses Riehen treten in der Predigt deutlich hervor:

Der Glaube drückt sich als *eine lebendige Beziehung* zu Christus aus: «Der Weinstock wurde Jesus zum Sinnbild für sich und für seine Bezie-hung zu denen, die ihn kennen und ihn lieben.» «... so lebt auch heute die Gemeinde Jesu nur, wenn sie in enger Verbindung mit Ihm, unserem Herrn und Haupt, steht.» «Seht, unsere Fruchtbarkeit in unserem Dienst hängt nie ab vom Mass unserer physischen oder psychischen Kraft, son-dern davon, dass Christus *an* uns und *in* uns und dann auch *durch* uns hineinwirken kann in diese seine Welt.»

Glaube vollzieht sich unter dem Vorzeichen der *Demut* als einem wei-teren, deutlich markierten Wesenszug christlichen Lebens: Die Predigerin ermahnt die Gemeinde zu einer Demut, die alles von Gott erwartet.

Die *praxis pietatis* wird poiniert formuliert:

«Es braucht das tägliche *Hinhören auf Gottes Wort*, das *tägliche per-sönliche Gespräch* mit unserem Herrn, unseren *konkreten Gehorsam* und nicht zuletzt auch die *Gemeinschaft mit den uns verbundenen Brüdern und Schwestern.*»

Damit sind die Wesenselemente der pietistischen Frömmigkeit angedeutet.

Die Identitätskrise der Diakonissenhäuser, welche sich in der zweiten Hälfte des 20. Jahrhunderts markant einstellt, ist noch nicht überwunden. Auch die Predigt drückt dies zwischen den Zeilen deutlich aus.

Hinzu kommt in der Predigt der deutliche Hinweis auf Umkehr und Busse. Die in der Diakonie erkannte und beschriebene Krise kann zur Chance werden, «wenn sie uns hinführt in ein demütiges Sich-selbst-Hin-terfragen ... Busse nennt das die Bibel. Sie ist ein Akt der Demut.»

* * *

Ob und wie gut der Jubilar die Oberin Elsy Weber gekannt hat, wissen wir nicht. Doch uns fallen Gemeinsamkeiten auf: nicht bloss, dass wir von beiden wichtige Impulse erhalten haben und dass wir beiden sehr dankbar sind; auch nicht bloss, dass beide in ihren Predigten eine leidenschaftliche Wort-Theologie betreiben, sondern dass sie trotz aller Unterschiede in Amt, Geschlecht und Lebensweise aus ähnlicher pietistischer Tradition zu schöpfen scheinen. Diese kommt auch in der vorliegenden Predigt klar zum Ausdruck.

Literatur
Thomas von Kempen: Nachfolge Christi.
Johannes Wallmann: Was ist Pietismus? in: Pietismus und Neuzeit, Bd. 20, Göttingen 1995.

DOROTHEE HOCH

Das weite Herz

Gehalten am 14. August 1988
im Münster Basel

Wenn uns unser Herz verdammt, ist Gott grösser als unser Herz und weiss alle Dinge. 1. Johannes 3,20

Liebe Gemeinde,

«Wenn uns unser Herz verdammt ...»! Ich weiss nicht, wie viele unter Ihnen sind, die diesen Zustand kennen: «Wenn uns unser Herz verdammt.» Wenn eine innere Instanz uns einredet: «Du bist nichts, du kannst nichts, du hast überhaupt keinen Wert, du solltest überhaupt nicht da sein ...» Mir begegnen immer wieder Menschen mit diesem Problem.

I.

Manchmal sind es Menschen, die als Kind nicht erlebt haben, dass sie für die Mutter, den Vater einzigartigen Wert besassen. Sie haben immer nur die Botschaft bekommen: «Eigentlich hätten wir uns ein anderes Kind gewünscht. Vielleicht statt eines Mädchens einen Bub. Oder einfach ein Kind, das hübscher, gefälliger, gescheiter, anstelliger wäre, mit dem man mehr Staat machen könnte.»

Oder es wurde einem Kind immer ein Bruder, eine Schwester als Vorbild vor Augen geführt. Es bekam so die Botschaft: «Wenn ich nicht bin wie der oder die, wenn ich nicht leiste, was der oder die leistet, dann bin ich nichts.»

Von daher nistet sich dann so ein negatives Lebensgefühl ein: «Ich bin nicht richtig, so wie ich bin. Was ich auch tue, sage, denke, ist sicher von vornherein falsch. Es findet nie Anerkennung. *Ich* finde nie Anerkennung. Mein eigenes Herz verdammt mich.»

Am schlimmsten finde ich es, wenn das Gefühl von Selbstverachtung und Verdammung gleichsam mit der Bibel gezüchtet wird. Wenn das Evangelium statt als Frohbotschaft als Drohbotschaft verkündet und gehört wird; wenn sich Gottes Stimme als die Stimme eines Polizisten, Aufpassers und Richters ins Herz eingräbt und dort ständig das eigene Ungenügen, Nichtssein, die Minderwertigkeit und Verdammungswürdigkeit einprägt; wenn dann das eigene Herz ständig gegen uns spricht.

Lassen Sie uns jetzt einen Moment lang daran denken, wie während Jahrhunderten von der Kirche und Theologie vor allem den Frauen von der Bibel her ihre besondere Minderwertigkeit und Verderbtheit nachgewiesen worden ist. Es fängt an mit der sogenannten Sündenfallgeschichte: Dort schon sei Eva das Tor zum Verderben geworden, seither seien die Frauen schuld an allem Bösen in der Welt. Sie seien der schlechte, minderwertige Teil der Menschheit. Als Beweis dafür wird dann angeführt, dass Christus ja Mann und nicht Frau geworden sei und damit erwiesen habe, welches der bessere Teil der Menschheit sei. Und endlich wurde – und wird zum Teil bis heute – den Frauen in Maria das Idealbild der Frau: zugleich keusche Jungfrau und Mutter, vorgestellt. Ein unmögliches Vorbild, das jeder Frau von vornherein ihr Ungenügen bestätigt!

Das tönt jetzt vielleicht überholt und stimmt in dieser Weise vor allem noch für die offizielle katholische Lehre. Aber ich höre auch bei uns heute oft Frauen – und zwar auch junge, moderne Frauen! – klagen, dass ihnen das Gefühl von Minderwertigkeit und Selbstverachtung eingeimpft worden sei; dass sie darunter leiden, wie die Gesellschaft und besonders die Kirche den Frauen nicht traut, und vor allem ihnen nicht viel Gutes zutraut … Hier bleibt uns noch viel aufzuarbeiten!

Doch jetzt, abgesehen von diesem Spezialfall «Frau»: Mir begegnen immer wieder Männer und Frauen, deren christlicher Glaube vor allem durch Selbstverachtung und ein ständiges Armsündergefühl geprägt ist. Damit verbindet sich dann oft die Angst vor Strafe und Schicksalsschlägen sowie der innere Drang sowohl zur Selbsterniedrigung als auch zu immer höherer Leistung. Das macht das Leben zur Qual und treibt oft in die Depression. Es ist, als ob alle Stimmen der Eltern, Lehrer, Pfarrer und Vorgesetzten, die ihnen eingeredet haben, sie seien wenig oder nichts wert, sich zu einer einzigen inneren Stimme verdichtet hätten, die sie noch als erwachsene Menschen unbarmherzig verfolgt. Manche versuchen, diese lästige innere Stimme zu übertönen durch äusserlich forsches Auftreten. Wie auch immer – ich vermute, dass die meisten von uns, gerade als Christen, mindestens Momente kennen, wo die Verzweiflung an uns selber uns spüren lässt, wie es ist, «wenn unser Herz uns verdammt».

II.

Unser Text hilft uns nun zu sehen, dass es dann eben *unser Herz* ist, das uns verdammt. Es ist *meine* innere Instanz, die ich nicht zum Schweigen bringen kann. Diese innere Instanz ist dann für mich die höchste Autorität. Sie bestimmt mein Selbstgefühl, mein Denken und Handeln. Es kommt uns dann gar nicht mehr in den Sinn, dass es noch eine andere Instanz geben könnte.

Unser Text sagt: Doch, die gibt es. Da ist *Gott*. Gott ist grösser als unser Herz, und er weiss alle Dinge. Er weiss, was wir sind, was wir nicht sind, was wir werden können. Er hat die Übersicht. ER ist die höchste Instanz.

Wenn wir also die eigene innere Stimme absolut setzen und zur höchsten Instanz erklären, dann machen wir Gott Konkurrenz. Und *dieses* Unternehmen, «sein wollen wie Gott, richten an Gottes Stelle» – das bekommt in der Bibel den Namen «Sünde». Nicht so sehr die eigene Verderbtheit, die unser Herz verurteilt, sondern eben gerade das eigene Urteilen und Richten – das trennt uns dann von Gott. Hier sieht die Bibel den Menschen in höchster Gefahr: Denn dann sind unsere Gedanken, Herzen und Sinne so voll mit unserem eigenen Urteil, dass wir gar keine Organe mehr frei haben um wahrzunehmen, was denn Gott selber als letzte Instanz uns zuspricht und anbietet.

Gott redet anders mit uns als unser eigenes Herz! Da sind zum Beispiel all die grossen Einladungsworte, die er durch Jesus an uns richtet: «Kommt her alle, die ihr mühselig und beladen seid, ich will euch erquicken» (Mt 11, 28).

«Ich bin gekommen zu suchen und zu retten, was verloren ist» (Lk 19,10). «Ich bin gekommen, dass ihr Leben und volles Genüge haben sollt» (Joh 10,10). «Wer zu mir kommt, den will ich nicht hinausstossen» (Joh 6,37). Das sind alles nicht «fromme Sprüche», sondern das haben Menschen gehört und für uns aufgeschrieben, die darin die rettenden Anweisungen für ihr Leben erfahren haben: konkrete Anweisungen für Menschen, die sich selber unwert fühlen, verachten und klein machen, weil sie nur ihrer eigenen inneren Stimme vertrauen und diese nicht abstellen können. Es gibt genug Geschichten im Evangelium, die erzählen von Menschen, die das so erlebt haben: die sich selbst verachtet und von anderen verachtet gefühlt haben und die bei Jesus plötzlich spüren, dass sie für ihn und damit für Gott wertvoll sind, und die sich darum dann auch selber wieder als wertvoll erfahren.

Zum Beispiel die *Frau aus Samaria,* die in ihrer Stadt so verachtet war, dass sie nicht mit den anderen Frauen frühmorgens Wasser holen geht, sondern ganz allein in der brütenden Mittagshitze zum Brunnen schleicht, um nur ja niemanden anzutreffen. Und dann begegnet sie ausgerechnet Jesus. Er gibt ihr Wert und Würde, indem er sie als Gesprächspartnerin völlig ernst nimmt – während die Jünger sich aufregen, dass er mit einer Frau, und erst noch mit «so einer» redet (Joh 4).

Oder die *Ehebrecherin,* die gesteinigt werden soll, die selber überzeugt ist, dass sie den Tod verdient hat, und schweigend vor Jesus steht. Sie hat sich aufgegeben und erwartet nur noch das Urteil. Und dann erlebt sie, dass Jesus sie gerade nicht verdammt, sondern ihr zutraut, dass sie fortan mit sich und ihrem Leben anders umgehen wird (Joh 8).

Oder endlich jener *Zachäus,* von allen verachtet als Geldmensch, Betrüger und Kollaborateur mit den Römern. Als er erlebt, dass Jesus ausgerechnet ihn besucht und ehrt und für wert erachtet – da ist er plötzlich auch sich selber etwas wert. Und das wird bei ihm so deutlich: Indem er das weite Herz von Jesus erfährt, wird sein eigenes Herz weit. Jetzt haben die Leute, die er vorher nur übervorteilt und geschunden hat, weiten Raum in seinem Herzen. Er muss sie nicht mehr schädigen, er kann ihnen Gutes gönnen (Lk 19).

Liebe Mitchristen, so etwas kann auch bei uns passieren, wenn wir uns den Geschichten aussetzen, die von Jesus erzählen. Er ist ja nicht nur damals in jenen Begegnungen da. Er will *heute* – durch diese Geschichten! – in *unser* Leben hineinkommen. Wir sollen und dürfen wie jene Leute, die ihm damals begegnet sind, dieselbe Erfahrung machen: Jesus, dieser einzigartig wahre Mensch und so zugleich vollmächtige Vertreter Gottes – dieser Jesus, in dessen Herz alle Menschen ohne Unterschied Platz hatten, der gibt auch mir meinen Wert. Der sagt auch zu mir im Namen der höchsten Instanz: «Du bist anerkannt, du darfst leben, du sollst aufatmen.» So dass auch ich dann, wie Zachäus, ein neues, weites Herz bekomme, in dem andere Menschen Platz haben. Sogar solche, die ich vorher um keinen Preis zulassen wollte oder konnte. Wo ich sagte: «Wenn der oder die da ist, dann bin ich nicht dabei. Wenn der oder die auch in den Himmel kommt, dann will ich nicht dorthin.» Menschen, die ich unmöglich finde, die ich aufgegeben, abgeschrieben habe, die für mich erledigt sind. Oder ganze Menschenklassen, die für mich nicht «dazugehören»: vielleicht die Leute von der anderen Partei, von der anderen Rasse, vom anderen Volk, von der anderen Kirche oder Religion.

Wie eng doch oft unsere Herzen sind! Und wie sehr das zusammenhängt: Wenn *uns* unser Herz verdammt, dann müssen wir auch andere verdammen! Und wenn wir erfahren, dass unser Herz im Herzen Gottes Platz hat, dann bekommen auch wir ein weites Herz, in dem andere Platz haben!

III.

Vielleicht möchten Sie mir jetzt eine Frage stellen: Das gilt doch alles nur für die, die eben sich selber verdammen, die also an sich selber leiden. Was aber ist mit den andern? Es gibt doch Leute, die sich absolut nicht selber verurteilen oder minderwertig vorkommen, sondern die im Gegenteil immer *die anderen* anklagen, heruntermachen und verdammen: Leute, die nicht an sich selber leiden, sondern die ihre Umgebung leiden machen und es oft nicht einmal merken? Haben die auch Platz in Gottes Herzen? Sollen die etwa auch Platz haben in unserem Herzen? Wenn sie uns doch ständig weh tun?

Zunächst gilt hier, dass auch diese Menschen ihre eigene Lebensgeschichte haben. Vielleicht haben sie früher Unterdrückung und Verachtung erfahren, und es sind andere an ihnen schuldig geworden. Das weiss Gott auch. Und er weiss auch, dass irgendwo tief innen auch in solchen Menschen eine Sehnsucht da ist nach Verständnis, nach Liebe und Gemeinschaft – eine Sehnsucht, die nur so verkehrt und pervertiert ist, dass sie sich ihre eigene Grösse und Wichtigkeit mit dem Kleinmachen der andern erkaufen müssen.

Aber ich denke, dass gerade Gott am meisten darunter leidet, wenn Menschenart so pervertiert und so weit entfernt ist von dem, was sie sein könnte. Und eben so – im *Leiden Gottes um diese Menschen* – sind auch sie seinem Herzen trotz allem nahe, ist ein Platz dort reserviert auch für sie. Und so gilt es auch für uns, ihnen ein Plätzchen im Herzen zu gönnen, inmitten und gerade wegen der Schmerzen, die sie uns verursachen. Wir können sie nicht einfach streichen und fallenlassen. Jesus hat sogar für seine Mörder gebetet: «Vater, vergib ihnen.» Und uns weist er an: «Bittet für die, die euch verfolgen und weh tun.»

Er sagt nicht, wir sollen sie umarmen! Wohl aber: Bittet für sie. Das heisst: Nehmt sie mit zum Herzen Gottes, wenn ihr es im Gebet aufsucht, und befehlt sie Gott an. Es kann Gutes bei ihnen bewirken, wenn jemand freundlich an sie denkt. Und auf alle Fälle ist es für *uns* gut, wenn wir sie nicht abschreiben, sondern sie mit all ihren Ecken und Kanten tragen und so vor Gott bringen. Wer weiss, wie oft wir selber zu jenen Menschen gehören und anderen Leid zufügen, ohne es zu merken. Dann sind wir froh, wenn sie uns weiter tragen und ertragen, bis wir wieder selber spüren, wie es um uns steht.

IV.

Gott ist grösser als unser Herz. Wenn unser Herz gegen uns spricht, so spricht Gottes Herz für uns. Das ist die Botschaft unseres Textes. Darin steckt die ganze Botschaft der Bibel von Vergebung und Liebe. Dass wir in Gottes Herz hineinpassen, trotz unserer Stacheln, Ecken und Kanten, dass wir nicht hinausgestossen oder fallengelassen werden, ja, dass Gott sich eher von unseren Stacheln und Kanten verwunden lässt und es aushält mit so mühsamen Leuten – DAS ist doch «Vergebung»!

Ich glaube nicht, dass Vergebung meint, Gott werde uns gleichsam aufspalten: den guten Teil von uns annehmen und den schlechten Teil wegwerfen. Sondern Vergebung heisst, dass er uns *als ganze Person,* mit unserer ganzen Lebensgeschichte, mit all unseren Ecken und Kanten in sein Herz aufnimmt und es mit uns aushält. Weil er nämlich diese Welt nicht ohne oder gegen uns, sondern mit uns zusammen gestalten will zu einer Welt der Liebe! Weil er uns zu Partnern und Mitarbeitern haben und es deshalb immer neu mit uns probieren möchte! Und so – wenn ich mich mit meiner Art und Unart von Gott umschlossen, getragen und geliebt weiss, dann kann ich es mit mir selber und mit den anderen auch wieder aushalten und anfangen, ein wenig zu lieben.

Was anderes machen denn Ehegatten, die sich trotz Schwierigkeiten gegenseitig tragen und beisammen bleiben? Was anderes machen Eltern, die ihre Kinder trotz Rebellion und allen Wunden, die sie ihnen täglich beibringen, nicht verstossen, sondern im Herzen behalten? Und alle, die im Gefängnis, unter Folter, Ungerechtigkeit und Verfolgung daran festhalten: «Nicht mitzuhassen, *mitzulieben* bin ich da!»

Der Zusammenhang, in dem unser Text steht, ist denn auch: die LIEBE. Der Ursprung aller Liebe ist das weite Herz Gottes. Und davon lebt unsere kleine menschliche Liebe, dass wir in Gottes Herzen Platz finden. Wenn wir dort anerkannt und zuhause sind, dann können wir es uns leisten, auf das Verdammen, Kleinmachen und Verachten – sowohl bei uns selber als bei den anderen – zu verzichten. Dann können wir heranwachsen zu dem, was mit Menschsein in der Liebe gemeint wäre.

Ich wünsche jedem von uns die Sehnsucht nach dem weiten Herzen: nach dem weiten Herzen Gottes, das uns Raum gibt, und nach dem weiten Herzen in uns, das uns selber und den anderen Raum zum Leben bietet. Amen.

CHRISTINE BALLMER-HOFER UND KATRIN KUSMIERZ

Predigt – die grosse Einladung

Dorothee Hoch wurde 1917 im Pfarrhaus von Bülach geboren. Nach ihrer Matur am damaligen Mädchengymnasium in Basel und dem Besuch des Basler Sozialkurses studierte sie während der Kriegsjahre an den Universitäten Basel und Zürich Theologie. Nach Abschluss ihres Studiums und nach dem Vikariat im Tessin absolvierte sie kurz nach dem Krieg einen längeren Auslandsaufenthalt in Frankreich als Mitarbeiterin der CIMADE (Comité Intermouvement Auprès Des Evacués), einer internationalen ökumenischen Organisation, die sich um Kriegsgeschädigte, Arbeiter und Kriegsgefangene kümmerte. 1950 kehrte sie nach Basel zurück und war fortan in verschiedenen Bereichen tätig: Sie unterrichtete unter anderem in der Basler Mission im Kurs für ausreisende Frauen, war Seelsorgerin im Spital Riehen und zudem eine der Mitbegründerinnen der «Basler Abendbibelschule» (später Evangelische Arbeitsgemeinschaft Christ und Welt). 1959 wurde sie ins Pfarramt am Basler Frauenspital berufen. Einige Jahre später absolvierte sie als eine der ersten Schweizer und Schweizerinnen überhaupt eine sechsmonatige Ausbildung im Rahmen des *Clinical Pastoral Training*. Sie wurde zu einer der Pionierinnen des CPT in der Schweiz und liess sich zur Supervisorin weiterbilden. Die Tätigkeit der therapeutisch-seelsorgerlichen Begleitung hat sie nach ihrer Pensionierung 1979 weiter ausgeübt und dabei vor allem Frauen, darunter viele Theologinnen und Pfarrerinnen, auf ihrem Lebensweg begleitet und unterstützt. Dorothee Hoch verstarb 1996.

* * *

«Auch die Predigt – so wurde mir klar – kann nicht mehr darin bestehen, den Hörer zu belehren, ihm gewisse Glaubenslehren und ‹Wahrheiten› aufzudrängen, sondern sie soll ihm Gott als vertrauenswürdigen Freund darstellen und ihm so Lust wecken, sich auf sein Angebot einzulassen: Predigt als Fest, wo die grosse Einladung geschieht und Menschen aufatmen dürfen, statt dass sie mit schweren theologischen Sätzen befrachtet oder mit unmöglichen Forderungen belastet werden. Sie sollen Nahrung bekommen, nicht mit Rezepten weggeschickt werden» (20).[1]

So charakterisiert Dorothee Hoch in ihrem theologischen Lebensbericht «Von Karl Barth zu einer Theologie der Erfahrung» den Kern der homiletischen Aufgabe. Die Predigt als Einladung, als Gesprächsangebot, als Ort des Aufatmens, Auftankens, als essentielle Stärkung des Menschen – damit ist nicht nur Dorothee Hochs Verständnis von Predigt umschrieben, sondern ebenso die Grundhaltung, die ihre seelsorgerliche Tätigkeit geprägt hat. Ist die Predigt die mündliche Verkündigung der Einladung Gottes an den Menschen, so ist die Seelsorgerin deren konkrete Personifizierung im direkten Gespräch mit ihnen. Diese Haltung war das Resultat ihrer langjährigen Praxis als Seelsorgerin im Frauenspital und als Supervisorin, aber auch ihrer stetigen Auseinandersetzung mit aktuellen Strömungen in der Theologie und Psychologie. So wurde ihre Theologie weit und offen; sie wollte den Menschen Mut machen, sich selber auf die Suche nach ihrem Glauben zu machen «und von da in die Weite und Freiheit hineinzuschreiten, die Gott jedem seiner Menschengeschöpfe offen hält» (7).

In der vorliegenden Predigt, die Dorothee Hoch am 14. August 1988 im Basler Münster gehalten hat, sind die Spuren dieses Werdeganges deutlich erkennbar. Die Auseinandersetzung mit ihrer Predigt ermöglicht so auch einen Blick auf die Frau, die mit ihrer ganzen Persönlichkeit und ihrer Lebensgeschichte hinter diesen Worten steht. Nach ihrer Pensionierung hat Dorothee Hoch auf Anregung und Einladung von Werner Reiser eine Reihe von Predigten im Münster in Basel gehalten. Es hat ihr grosse Freude bereitet, gerade als Frau im Münster zu predigen.

Die Predigt ist geprägt von zwei dialogischen Grundstrukturen, die beide für das theologische Denken Dorothee Hochs bezeichnend sind:

Zum einen entwickelt sie ihre Gedanken stets im inneren Gespräch mit ihrem Gegenüber, den Hörern und Hörerinnen. Die dialogische Struktur zieht sich weiter durch die ganze Predigt hindurch und wird unter anderem explizit im dritten Teil: «Vielleicht möchten Sie mir jetzt eine Frage stellen?» Die Gemeinde ist ihr ebenso Gesprächspartnerin, wie es eine Person in einem Seelsorgegespräch wäre. Sie begegnet ihren Hörern und Hörerinnen mit derselben zugewandten, seelsorgerlichen, ja, fast therapeutischen inneren Haltung: Sie nimmt ihre Situation wahr, hört zu, denkt sich in sie hinein und sucht gemeinsam mit ihnen eine Antwort auf die offenen Fragen des Lebens.

Neben dem Gespräch Hörer – Sprecherin findet in der Predigt zudem ein zweiter kontinuierlicher Dialog statt: derjenige zwischen den konkreten Erfahrungen, die zur Sprache kommen, und der biblischen Überlieferung. In diesem Dialog steht und entsteht «Theologie der Erfahrung». Die Kategorie der Erfahrung spielte für Dorothee Hoch mit den Jahren eine zunehmend wichtige Rolle in ihrer theologischen und seelsorgerlichen

Tätigkeit. «Von Karl Barth zu einer Theologie der Erfahrung»: Der Titel ihres theologischen Lebensberichtes deutet schon die Spanne an, innerhalb deren sich Dorothee Hochs theologische Entwicklung vollzog. Nach dem Gymnasium und einem längeren Aufenthalt in England begann sie zunächst eine Ausbildung zur Sozialarbeiterin. Nebenbei reizte es sie jedoch, wie sie schreibt, «die Gedankenwelt der theologischen Männergesellschaft kennenzulernen» (15), und sie besuchte einzelne Vorlesungen an der Basler Theologischen Fakultät bei Karl Barth, Adolf Köberle und Paul Häberlin. Nach kurzer Zeit wechselte sie ganz zum Theologiestudium über – damals für eine Frau ein ungewöhnlicher Weg. Besonders Karl Barth hatte einen grossen Einfluss auf ihr frühes theologisches Denken. Die «kristallklare, systematisch kompakte Darstellung der Barthschen Dogmatik» begeisterte sie ebenso wie die grundsätzliche Erfahrung, dass «man in der Theologie sehr wohl den Verstand brauchen kann, soll und darf, und daran sogar Spass haben kann» (15 f.). Ein grosser Markstein in ihrer theologischen Entwicklung war jedoch der Moment, als sie 1959 als Seelsorgerin an das Basler Frauenspital berufen wurde. Schon bald machte sie die Erfahrung, dass sie mit ihrem theologischen Denken Barthscher Ausprägung, wie sie es an der Universität geschätzt und gelernt hatte, nicht weiterkam und die Menschen dort nicht erreichte. Die knappe seelsorgerliche Ausbildung hatte ihr als Instrument der Seelsorge die Bibel mitgegeben. Ein biblisches Wort anzubringen, war zu dieser Zeit das zentrale Anliegen und Ziel eines Seelsorgebesuches (später nannte sie es «das pastorale Ei legen»). Dorothee Hoch beobachtete jedoch, dass die überwiegende Mehrzahl der Frauen im Spital kaum mehr eine tragende Beziehung zu Bibel und Kirche hatten. Das Wort allein reichte nicht mehr. Im Ringen mit dieser Situation und auf der Suche nach neuen Formen der Seelsorge wurde Dorothee Hoch durch ein Referat des holländischen Pfarrers Heije Faber auf die Ausbildung im Rahmen des *Clinical Pastoral Training* aufmerksam gemacht. Sie entschloss sich, in den USA eine sechsmonatige CPT-Ausbildung zu absolvieren. Hier gelangte sie zur Einsicht, dass «das Evangelium in der Tat (von seltenen Ausnahmen abgesehen!) nicht ‹senkrecht von oben› als etwas Fremdes wirkt, auch nicht ausschliesslich durch das ‹Wort›, sondern dass es nur gelebt und *erfahren* werden kann: als Annahme, als Nähe, als Vergebung, Versöhnung, als Liebe, die konkret wird» (20). Der Mensch muss zuerst einmal die Realität menschlicher Annahme erfahren haben, bevor er es von Gott glauben kann. Theologie schliesst also die persönliche Erfahrung stets mit ein. Wie wir von Gott sprechen, welche Bilder wir uns von ihm machen, ist geprägt durch unsere eigene Lebenserfahrung und -situation. Eine

Theologie der Erfahrung stützt sich jedoch nicht nur auf die innerseelischen Erfahrungen des oder der Einzelnen ab, sondern muss sich an der Gotteserfahrung messen, die Jesus uns vermittelt. Jesus ist die Mitte der Bibel, in ihm offenbart sich uns Gott als ein Gott, der «sich uns in Wort, Leben und Sterben von Jesus zeigt als menschenfreundlicher, solidarischer Gott, der für die Menschen ein Leben in Freiheit, Gemeinschaft, Liebe und Licht bereit hält» (13). Darum war für Dorothee Hoch stets die tägliche Beschäftigung mit dem Wort Gottes so wichtig.

Fortan war ihre seelsorgerliche und theologische Tätigkeit stark geprägt von der Auseinandersetzung mit der Psychologie. Die theologische Entsprechung dieser zunächst seelsorgerlich und therapeutisch begründeten Einsichten, die sie zu einer Theologie der Erfahrung führten, fand Dorothee Hoch später unter anderem in der Befreiungstheologie und in der feministischen Theologie. Beide nehmen die konkrete Situation der Menschen, ihre Erfahrungen, die sie mit und in ihrem alltäglichen Leben machen, als Ausgangspunkt theologischer Reflexion.

Die verschiedenen Teile der Predigt können in diesem Wechselspiel zwischen Erfahrung und biblischer Überlieferung verortet werden: Gleich zu Beginn, im ersten Satz der Predigt, wird das Anliegen Dorothee Hochs deutlich, von konkreten menschlichen Erfahrungen auszugehen. Die Hörer und Hörerinnen sind direkt angesprochen, werden persönlich hineingenommen in die Überlegungen der Predigerin. Sie und ihre Situation sind der Ausgangspunkt der Predigt, vor allem immer auch Menschen, die nicht zu den Mächtigen und Starken der Welt gehören. Im zugrunde liegenden Predigttext sieht Dorothee Hoch eine wesentliche Erfahrung des Menschen gespiegelt: Das eigene Herz, die eigene innere Stimme ist es, die uns verdammt, klein macht, einschüchtert und uns jeglichen Selbstwert abspricht. Dieser Haltung ist sie in ihrer Arbeitspraxis immer wieder im Gespräch mit Menschen begegnet. Und nicht zufällig schildert sie diese Erfahrung als eine, die vor allem auch von Frauen gemacht wird – auch in Kirche und Theologie. Sie hängt, so bedauert Dorothee Hoch, mit einem bestimmten Gottesbild zusammen als dem «Polizisten, Aufpasser und Richter». Selbstverachtung und ein ständiges Armesündergefühl sind die Folge davon. Diesem Gottesbild versucht Dorothee Hoch in ihrer Predigt ein gänzlich anderes entgegen zusetzen.

Im zweiten Teil lässt Dorothee Hoch den biblischen Text zur Sprache kommen. Er hilft, die eigene innere Instanz auf den ihr zustehenden Platz zu verweisen: Nicht zuoberst und als letztgültiges Wort über den Menschen soll sie stehen, sondern über ihr steht Gott, der grösser ist als unser Herz. Die innere Instanz zur höchsten Autorität zu erklären, das ist in ihren Augen das, was die Bibel «Sünde» nennt: «Gott redet anders mit uns als unser eigenes Herz!» Dies verdeutlichen die biblischen Textbeispiele, die «grossen Einladungsworte». Predigt als die grosse Einladung Gottes: Hier wird dieser Gedanke explizit. Es sind Geschichten von Menschen, die erfahren haben, dass sie für Jesus wichtig und wertvoll sind und sich dadurch selber wieder als wertvoll achten können: die Frau aus Samaria, die Ehebrecherin, Zachäus. Gegen Ende des zweiten Teils schlägt Dorothee Hoch wiederum den Bogen zu ihren Hörern und Hörerinnen. Auch sie, wir sollen dieselbe Erfahrung machen wie die drei biblischen Personen: Jesus, in dessen Herzen alle Menschen ohne Unterschied Platz hatten, sagt auch zu uns: «Du bist anerkannt, du darfst leben, du sollst aufatmen.» Wenn wir selber erfahren, dass unser Herz in Gottes Herz Platz hat, dann bekommen auch wir ein weites Herz, in dem andere Platz haben. Müssen wir uns selbst nicht mehr verdammen, dann müssen wir auch andere nicht verdammen. So hat dieses Wissen um das weite Herz Gottes konkrete Folgen für unser eigenes Leben.

Im dritten Teil folgt Dorothee Hoch sodann einem imaginären Einwand ihrer Hörer und Hörerinnen. Was ist mit jenen Menschen, die sich selber nicht verurteilen, sondern im Gegenteil die anderen heruntermachen und verdammen? Haben sie auch Platz in Gottes Herzen? Ja, sie haben Platz in Gottes Herzen, weil er ihre Herzen, ihre Lebensgeschichte, ihre Probleme und Sehnsüchte kennt. In seinem Leiden an und mit ihnen sind sie Gott nahe. Sollen sie Platz in unserem Herzen haben? Ja und nein: Nichts Unmögliches, Unrealistisches, so Dorothee Hoch, ist hier von uns verlangt. Wenn wir diese Menschen auch nicht umarmen können, so sollen wir für sie beten, sie mitnehmen zum Herzen Gottes.

Die aus den geschilderten menschlichen Erfahrungen und verwendeten biblischen Texten gewonnenen Erkenntnisse führen Dorothee Hoch und mit ihr die Hörer und Hörerinnen schliesslich im vierten Abschnitt zu einem bestimmten theologischen Verständnis von Vergebung. «Gott ist grösser als unser Herz. Wenn unser Herz gegen uns spricht, so spricht Gottes Herz für uns.» Vergebung heisst dann, dass Gott «uns als ganze Person, mit unserer ganzen Lebensgeschichte, mit all unseren Ecken und Kanten in sein Herz aufnimmt und es mit uns aushält.» Wichtig ist ihr dabei: Die dunklen Seiten werden nicht einfach negiert und abgespalten, sondern sind angenommen als unweigerlicher Teil unserer Existenz. In ihrem theologischen Lebensbericht schildert Dorothee Hoch, dass es ihre eigene Erfahrung in einer Psychoanalyse war, die sie zu dieser zutiefst theologischen Einsicht geführt hat. «Ich erkannte, dass Vergebung nicht im Wegzaubern von Sünde und dunklen Flecken besteht, sondern in der befreienden Erlaubnis, es mit allem, was bei mir schief gelaufen, dunkel und verworren ist, auszuhalten und zu vertrauen, dass ich noch wachsen und brauchbarer werden kann» (21). Weil Gott es mit uns aushält und uns nicht verdammt, dürfen auch wir es mit uns aushalten und müssen uns nicht verdammen. Wenn wir selber erkannt sind, dann können wir heranwachsen zu dem, was mit Menschsein in der Liebe gemeint wäre.

Am Schluss der Predigt steht ein Wunsch, kein Merksatz, keine Forderung, kein Rezept: «Ich wünsche jedem von uns die Sehnsucht nach dem weiten Herzen: nach dem weiten Herzen Gottes, das uns Raum gibt, und nach dem weiten Herzen in uns, das uns selber und anderen Raum zum Leben bietet.»

Durch den konsequenten Rekurs auf die konkrete menschliche Erfahrung gelingt es Dorothee Hoch, in der Predigt die biblische Botschaft für ihre damaligen (und heutigen) Hörer und Hörerinnen relevant und erfahrbar werden zu lassen. Nur in diesem Wechselspiel gewinnt die biblische Botschaft für den Einzelnen, die Einzelne an Bedeutung und trägt dadurch zur positiven Veränderung menschlicher Existenz bei.

Ihren eigenen Anspruch, wie sie ihn in dem eingangs erwähnten Zitat formuliert, hat Dorothee Hoch mit dieser Predigt mehr als erfüllt.

Literatur

Dorothee Hoch: Von Karl Barth zu einer Theologie der Erfahrung. Theologischer Lebensbericht und letzte Predigten, Basel/ Berlin 1993.

Doris Brodbeck, Yvonne Domhardt, Judith Stofer (Hrsg.): Siehe ich schaffe Neues. Aufbrüche von Frauen in Protestantismus, Katholizismus, Christkatholizismus und Judentum, Bern 1998

Dokumente aus dem Archiv zur Geschichte der schweizerischen Frauenbewegung, Gosteli-Stiftung, Worblaufen, Nachlass Dorothee Hoch
– Dorothee Hoch: Rückblick auf 33 Jahre Pfarrertätigkeit, besonders auf 20 Jahre im Frauenspital Basel. Unveröffentlichtes Manuskript, 1979
– Lebenslauf von Dorothee Hoch, von ihr selber verfasst. 2. Juli 1992
– Werner Reiser: Predigt bei der Bestattung von Frau Pfr. Dorothee Hoch (ohne Datum)
– Diverse Korrespondenz zur Predigt «Das weite Herz».

Wir danken dem Gosteli-Archiv für die kompetente Beratung und Unterstützung und das Zur-Verfügung- Stellen des Bildmaterials.

Anmerkungen

1 Diese und alle nachfolgenden Seitenangaben in Klammern beziehen sich auf: D. Hoch, Von Karl Barth zu einer Theologie der Erfahrung. Theologischer Lebensbericht und letzte Predigten, Basel/Berlin 1993.

GEORG VISCHER

Die Saat geht auf

Gehalten am 21. Juli 2002
in der Theodorskirche Basel

An demselben Tage ging Jesus aus dem Hause und setzte sich an den See.
Und es versammelte sich eine grosse Menge bei ihm, so dass er in ein Boot
stieg und sich setzte, und alles Volk stand am Ufer. Und er redete vieles
zu ihnen in Gleichnissen und sprach: Siehe, es ging ein Sämann aus zu
säen. Und indem er säte, fiel einiges auf den Weg, da kamen die Vögel
und frassen's auf. Einiges fiel auf felsigen Boden, wo es nicht viel Erde
hatte, und ging bald auf, weil es keine tiefe Erde hatte. Als aber die Sonne
aufging, verwelkte es, und weil es keine Wurzel hatte, verdorrte es. Eini-
ges fiel unter die Dornen, und die Dornen wuchsen empor und erstick-
ten's. Einiges fiel auf gutes Land und trug Frucht, einiges hundertfach,
einiges sechzigfach, einiges dreissigfach. Wer Ohren hat, der höre!
Und die Jünger traten zu ihm und sprachen: Warum redest du zu ihnen in
Gleichnissen? Er antwortete und sprach zu ihnen: Euch ist's gegeben, die
Geheimnisse des Himmelreichs zu verstehen, diesen aber ist's nicht gege-
ben. Denn wer da hat, dem wird gegeben, dass er die Fülle habe, wer aber
nicht hat, dem wird auch das genommen, was er hat. Darum rede ich zu
ihnen in Gleichnissen. Denn mit sehenden Augen sehen sie nicht und mit
hörenden Ohren hören sie nicht; und sie verstehen es nicht.
Matthäus 13,1 – 13

Liebe Schwestern und Brüder,
   überaus reichlich streut der Sämann in unserem Gleichnis seinen Samen
aus. Dennoch scheint es zunächst, als ob seine Saat nirgends aufgehen

könnte, so vieles hindert, dass die Samenkörner Wurzeln schlagen, spriessen und wachsen können: der harte Weg, wo der Same nicht eindringen kann, der untiefe Boden, der nicht genug Grund gibt zum Entfalten, die Disteln, welche die Saat ersticken. Und trotzdem, so reichlich gesät, findet die Saat auch guten Boden, geht auf und bringt Frucht, hundert-, sechzig-, dreissigfältig – auf jeden Fall überaus genug.

Das Gleichnis hat aber dann eine eigenartige Fortsetzung. Ich lese diese Verse noch einmal, die wir eben gehört haben: *Und die Jünger traten zu ihm und sprachen: Warum redest du zu ihnen* – zum Volk nämlich – *in Gleichnissen? Er antwortete und sprach zu ihnen: Euch's gegeben, die Geheimnisse des Himmelreichs zu verstehen, diesen aber ist's nicht gegeben. Denn wer da hat, dem wird gegeben, dass er die Fülle habe. Wer aber nicht hat, dem wird auch das genommen, was er hat. Darum rede ich zu ihnen in Gleichnissen, denn mit sehenden Augen sehen sie nicht und mit hörenden Augen hören sie nicht; und sie verstehen es nicht.*

Ganz eigenartig ist das doch. Dass der reichlich ausgestreute Same des Wortes Gottes nicht bei allen Frucht bringen soll. Dass die Wahrheit der Botschaft Jesu, des Evangeliums, verhüllt werden soll für viele. Wie sollen wir das verstehen?

Liebe Schwestern und Brüder, ich muss euch jetzt ein Stück Dogmatik zumuten. Glaube, der Verstehen sucht, muss Glaubenslehre üben. Ich lege euch ein Stück Glaubenslehre aus dem Heidelberger Katechismus vor, dem Glaubensbuch, aus dem unsere reformierten Väter und Mütter generationenlang ihren Glauben gelernt haben. Er steht heute noch in manchen reformierten Kirchen im Gebrauch, zum Beispiel in Norddeutschland und Holland. In diesem Katechismus heisst die 21. Frage: «Was ist wahrer Glaube?» Und die Antwort, die dazu zu lernen ist, lautet:

«Wahrer Glaube ist nicht nur eine feste Erkenntnis, durch die ich alles für wahr halte, was Gott in seinem Wort uns offenbart hat, sondern auch ein herzliches Vertrauen, welches der heilige Geist durchs Evangelium in mir wirkt, dass nicht allein anderen, sondern auch mir ewige Gerechtigkeit und Seligkeit von Gott geschenkt ist, und das aus lauter Gnade allein um des Verdienstes Christi willen.»

Das ist eine sehr dichte Formulierung, und darum will ich sie mit etwas anderen Worten wiederholen. Der wahre Glaube, wird hier gesagt, hat zwei Dimensionen, zwei Aspekte: Einmal, dass ich im Glauben für wahr halte, was Gott in seinem Wort uns von sich sagt und zeigt. Das reicht aber nicht. Dazu muss kommen, dass in meinem Herzen ein Vertrauen wirkt, dass die Offenbarung Gottes keine allgemeine Wahrheit ist, sondern eine Zusage, die mir persönlich gilt, dass mir eine bleibende

Gerechtigkeit und ein unverlierbares Glück geschenkt sind von Gott, nicht weil ich das selbst mit meinen guten Taten verdienen würde, sondern aus lauter Gnade, weil Christus das für mich zustande gebracht hat. Und dieses Vertrauen kann ich auch nicht selbst machen, das muss der heilige Geist in mir wirken. Glaube ist also einmal: ein Wissen, ein Annehmen dessen, was in der Schrift uns offenbart wird, und zum anderen: ein Vertrauen, dass dies mir gilt. Glaube, man kann es auch viel kürzer sagen, ist Vertrauen auf die Gnade. Darauf, dass uns ein ganzes, ein erfülltes, ein unverlierbares, ein vollkommenes Leben geschenkt ist, dir und mir. Und das gilt trotz alledem, was dich daran zweifeln lässt oder sogar verzweifeln machen will. Trotz all der Hindernisse, auf die du mit deinem Leben stösst und die dich immer wieder dazu zwingen, deinen Lebensentwurf neu zu fassen; trotz aller Mühen, die du in dir selbst und um dich herum feststellst und die dich fast zum Ersticken bringen, weil du meinst: So kann ich doch nicht leben, so kann doch aus meinem Leben nichts werden, wenn ich immer und immer wieder hier zu kämpfen habe und dort nicht ans Ziel komme! Trotz aller Infragestellungen, die dir sagen: Wer bist du schon? Schau doch andere, die bringen's viel weiter, die entfalten ihr Leben viel besser! Trotz aller Beschädigungen auch, die du in deinem Leben erleidest, wenn du merkst: Da ist etwas verloren gegangen, da ist etwas kaputtgegangen, was nicht wieder gutzumachen ist; ich muss als beschädigter Mensch weitergehen auf meinem Weg. Trotz aller Oberflächlichkeiten auch, wenn du denken musst: Jetzt habe ich Tage zugebracht mit eitlen Dingen und nutzlosem Tun. Wann bin ich denn je irgendwo in die Tiefe gedrungen mit dem, was ich tue, was ich rede, was ich bin?! Trotz aller Sorgen, die dich drücken und dich seufzen lassen, wie du die Tage, die noch vor dir liegen, denn bestehen und gestalten sollst. Trotz aller Anfechtungen, die dir sagen: Du bist einsam, ganz allein in einer kalten Welt, ein Staubkörnchen. Wer kümmert sich um dich? Wo soll denn ein Gott sein, der dich kennt und dem du etwas wert bist? Trotz all dem, liebe Schwestern und Brüder, trotz all dem, was dir und mir den Lebensmut ersticken will, es gilt: Du bist Gottes Kind. Du bist in der Hand des Ewigen. Er hat dich gesucht, er hat das Wort seiner Liebe an dich gerichtet, er sagt dir: Ich will dein Gott sein, und du sollst mein Kind, Teil meiner Gemeinde, meines Volkes sein. Du darfst vertrauen, dass das, was du bist, ein Ganzes ist, ein Erfülltes.

Was ist wahrer Glaube? Nicht nur eine feste Erkenntnis, durch die ich alles für wahr halte, was Gott in seinem Wort uns offenbart hat – nämlich: dass er unser Gott sein will und wir sein Volk sein sollen und dürfen –, sondern auch ein herzliches Vertrauen, dass nicht allein anderen, sondern auch mir ewige Gerechtigkeit und Seligkeit – und «Seligkeit» meint ja dieses Ganzsein, dieses Unverlierbarsein – von Gott geschenkt ist. Und das aus lauter Gnade, allein um des Verdienstes Christi willen. Allein darum, weil Gott selbst sich in seinem Sohn auf den Weg gemacht hat, um dir und mir zu begegnen, um dein und mein Bruder zu werden.

Aber nun – wir kommen zurück auf die Fortsetzung unseres Gleichnisses – ist solcher Glaube «nicht jedermanns Ding», wie es im zweiten Thessalonicherbrief heisst. Und, wenn wir ehrlich sind, er ist auch nicht einfach unser Ding. Jedenfalls nicht unser Ding in jeder Stunde und an jedem Tag unseres Lebens. Glauben haben wir nicht, wir tragen ihn nicht an uns als eine Eigenschaft. «Wir sind gläubige Menschen!» Was für ein Ausspruch! Als ob Glauben eine Eigenschaft wäre. Aber Glaube ist nicht Gläubigkeit. Jedenfalls nicht die gutmütige Einstellung, dass man halt alles zunächst einmal für wahr hält, was erzählt wird oder was geschrieben steht. (Glaube kann im Gegenteil manchmal sehr kritisch sein.) Glaube ist nicht ein blosses Für-wahr-Halten von Glaubenssätzen, dass ich einfach glaube, was der Pfarrer sagt, glaube, was der Lehrer sagt, glaube, was die Tradition sagt. Glaube ist nicht die Eigenschaft der Gläubigkeit.

Und Glaube ist erst recht nicht zu verwechseln mit Religiosität, dass mich fromme Gefühle durchrieseln, wenn ich eine Kerze sehe oder wenn ich in einen heiligen Raum trete, oder dass ich gern geistliche Musik höre. Das sind Geschmacksdinge, sind Neigungen und Gefühlsdispositionen, das ist nicht Glaube. Glaube ist keine Eigenschaft.

Glaube ist, wenn ein Wort mich trifft, das Gott spricht, das ich höre und das mir etwas «offenbart», etwas Neues, «Unerhörtes» sagt, was mir nicht von selbst einfallen, was ich nicht erfinden kann: dass ich einen Vater im Himmel habe und einen Bruder in Jesus Christus und darum Gottes Kind bin und zu seiner Gemeinde gehöre. Dass mich ein Wort trifft, das mir sagt: Du bist Gegenstand meiner Liebe. Und dass dieses Wort in mich eindringt und in mir Wurzel schlägt und Frucht trägt; dass ich mich als geliebten Menschen erkenne und dann auch als solcher mein Leben gestalte und teile mit anderen.

Glaube, noch einmal, ist keine Eigenschaft. Glaube ist Zuwendung. Glaube ist eine Begegnung, ein Ergriffenwerden, so wie die Liebe. Liebe ist ja auch keine Eigenschaft. Es gibt liebe Menschen, einfach lieb, aber die sind noch lange nicht Liebende und Geliebte. Glaube wie Liebe sind Ereignisse, sind Begegnung, wo plötzlich Augen hell werden, zwei sich erkennen und wissen: Wir gehören einander, wir sind füreinander da. So ist das im Glauben zwischen Gott und uns.

Solcher Glaube muss geschehen, immer wieder neu geschehen, so wie das auch mit der Liebe zwischen Menschen ist. Sie kann erkalten, kann zur Gewohnheit werden, und dann ist sie schon verloren. Immer wieder neu muss sie sich ereignen in einer neuen Begegnung unter neuen Bedingungen.

Nun sagt Jesus zu seinen Jüngern: *Euch ist's gegeben, die Geheimnisse des Himmelreichs zu verstehen.* Was anderes heisst das, als eben die Zeichen der Liebe zu erkennen und zu verstehen, die Gott uns gibt. Die Zeichen seines Friedens, die Zeichen seiner Gerechtigkeit, die eine geschenkte Gerechtigkeit ist, dass er uns in seinen Augen und vor sich gross und geliebt macht. Solche Zeichen, wie sie auf dem Abendmahlstisch vor uns liegen und wir sie miteinander teilen: Brot und Wein. Zeichen, in denen wir erkennen sollen den Leib und das Leben unseres Heilandes Jesu Christi, in dem sich Gott uns geschenkt hat in liebender Zuwendung und in dem er uns erneuert.

Seht, sagen uns diese Zeichen, das ist das Geheimnis des Himmelreichs, dass ich mich euch mitteile, dass ich mich euch schenke, damit ihr gestärkt und mit einem neuen Leben begabt weitergehen sollt. Dies ist der Same, den wir heute empfangen. Möge er Frucht bringen. Ja, möge er Frucht bringen, liebe Schwestern und Brüder, es ist ja ein kräftiger Same. Das Gleichnis sagt es ja: Seht den Sämann, wie er ausstreut in überreichem Masse, er streut es überall hin, er schaut nicht, ob es sich da oder dort besonders lohnt, sondern er streut aus weit und breit. Und der Same hat Kraft und bringt Frucht dreissig-, sechzig-, hundertfältig. (Ich habe die Steigerung lieber, wie sie Lukas erzählt.)

So ist es ja in der Schöpfung Gottes, so tut es der Schöpfer, er hat seinen Geschöpfen, Pflanzen und Tieren die Kraft gegeben, hundert- und tausendfach Samen zu produzieren, in reichem Überfluss, damit auf jeden Fall genug Frucht wächst. So ist es.

Was aber Gott in seiner Schöpfung angelegt hat – und ich möchte darum heute, liebe Schwestern und Brüder, das Sommerlied von Paul Gerhard mit euch von der ersten bis zur letzten Strophe singen, weil es da so schön in Worte gefasst ist –, was Gott in seiner Schöpfung angelegt hat, dieser Reichtum an Lebenskraft, das ist Gleichnis und Verheissung. Eine Verheissung für uns, was der in seiner Schöpfung verborgene Gott als offenbarter, als gekannter, als geliebter Gott mit uns tun will.

Nun ist es allerdings so – wir kommen nochmals zum verhüllenden Charakter des Gleichnisses zurück –, dass Gleichnisse nicht unmittelbar einsichtig sind. Das Gleichnis der Schöpfung, von dem wir täglich umgeben sind, ist vieldeutig. Man kann darin genauso gut Grausamkeit und

Gewalt sehen wie Liebe und Gnade. Man kann genauso gut Zerstörung und Tod finden wie Leben und Erneuerung. Das Gleichnis enthüllt seinen Sinn erst dann, wenn unser Herz von der Liebe berührt wird, die hinter der Schöpfung lebt. Wenn eine Offenbarung geschieht, wie zwischen zwei Menschen, wenn sie ihre Liebe entdecken, Herzen sich auftun, Augen leuchtend werden und man hinter die Oberfläche sieht: Ja, da ist Liebe, da ist jemand, auf den ich mich verlassen kann. Das Gleichnis kann erst seinen Sinn entwickeln, wenn solche Begegnung geschieht.

Wenn ich zum Beispiel meiner Frau einen Blumenstrauss heimbringe, dann ist dies ein vieldeutiges Zeichen. Sie kann denken: Er hat wieder mal ein schlechtes Gewissen, weil er nie zu Hause ist, oder was weiss ich, wie sie meine Blumen deuten kann. Erst wenn Offenbarung geschieht, wenn das Zeichen erkannt wird in der Begegnung der Liebe, wenn das Wort deutet: Ich liebe dich! und das Herz antwortet: Ja, ich bin geliebt, ich freue mich darüber! – erst dann ist das Gleichnis verstanden.

Deshalb ist der Glaube nicht jedermanns Ding und nicht das Ding jeder Stunde, weil er eben keine Eigenschaft ist, sondern sich ereignen muss, hier und heute, wann es dem Liebenden gefällt, dem oder der Geliebten sich zu öffnen, und das Herz des oder der Geliebten sich auftut, erst dann ereignet sich auch der Glaube.

Trotzdem beschäftigt uns die Frage: Warum ist der Glaube nicht jedermanns Ding? Warum trifft das Evangelium nicht jedes Herz und erfüllt es mit Frieden, heute, hier und überall? Bei Franz Rosenzweig, einem tiefsinnigen jüdischen Denker aus dem frühen zwanzigsten Jahrhundert, in seinem Buch «Stern der Erlösung» habe ich dazu einen wichtigen Gedanken gefunden, der mir für diese Predigt wegleitend war. Rosenzweig geht eben davon aus, dass Gottes Liebe nicht Allliebe ist, keine Eigenschaft Gottes, die immer und überall wirkt, sondern etwas, was sich je und dann zu seiner Zeit ereignet, wenn Gott Menschen erwählt, sie vor sich stellt und sich ihnen offenbart als ihr geliebter und liebender Gott. Rosenzweig schreibt:

«Vom ‹all-liebenden› Vater weiss die Offenbarung nicht; Gottes Liebe ist stets ganz in dem Augenblick und an dem Punkt, wo sie liebt, und nur in der Unendlichkeit der Zeit, Schritt für Schritt, erreicht sie Punkt auf Punkt und durchseelt das All. Gottes Liebe liebt, wen sie liebt und wo sie liebt; keine Frage hat das Recht, ihr zu nahen, denn jeder Frage wird einmal die Antwort werden, indem Gott auch ihn, den Frager, der sich von Gottes Liebe verlassen glaubt, liebt. Gott liebt immer nur, wen und was er liebt. Aber was seine Liebe von einer ‹Allliebe› scheidet, ist nur ein Noch-nicht; nur noch nicht liebt Gott alles ausser dem, was er schon liebt. Seine

Liebe wandelt in immer frischem Trieb durch die Welt. Sie ist immer im Heute und ganz im Heute, aber alles tote Gestern und Morgen wird in dieses sieghafte Heute einmal verschlungen, diese Liebe ist der ewige Sieg über den Tod; die Schöpfung, die der Tod krönt und schliesst, kann ihr nicht Stand halten; sie muss sich ihr ergeben in jedem Augenblick und darum auch in der Fülle aller Augenblicke, in der Ewigkeit» (S. 183). Gott hat Zeit. Er geht durch seine Schöpfung. Und wenn jemand fragt: Sucht er mich nicht? Warum bin ich nicht geliebt?, dann ist dieses «Nicht» nie ein «Nie und nimmer», sondern nur ein «Noch nicht». Und schon die Frage zeigt, dass Gott zu dir auf dem Weg ist. Ja, er kommt, der grosse Liebhaber, der auch dich liebhaben wird, der auch dir seine Liebe offenbaren wird. Kein «Nicht», bloss ein «Noch nicht» ist das Geheimnis der verhüllten und verborgenen Liebe Gottes, Schwestern und Brüder.

Ja, gross ist das Geheimnis der Liebe, sowohl in unserem Menschenherzen wie auch im Herzen Gottes erst recht. Grüble nicht, frage nicht lange, warum dies und jenes nicht erfüllt ist in deinem oder einem anderen Leben. Es ist nur ein «Noch nicht»! Tu dich der Liebe Gottes auf, die sich dir offenbart, und gib sie weiter. Amen.

RUDOLF BOHREN

Überaus reichlich

Georg Vischer wurde 1939 in Oetwil a. See (Kanton Zürich) geboren. Er studierte in Basel und Tübingen Theologie und war anschliessend für ein Jahr Assistent im Bereich der Praktischen Theologie an der Kirchlichen Hochschule in Wuppertal. Nach Vikariat und Ordination (1965) übernahm Georg Vischer ein Pfarramt in Buus/Maisprach. Während dieser Zeit wurden ein einjähriger Studienaufenthalt in Boston/USA und die Mitarbeit in der Western-Avenue Baptist Church, einer afroamerikanischen Gemeinde in Cambridge/Massachusetts, zu einer seine Theologie und Praxis stark prägenden Erfahrung. 1974 erwarb er an der Andover Newton Theological School den Grad eines Doctor of Ministry.

1976 bis 1980 folgte eine weitere Assistenzzeit bei Rudolf Bohren, der nun Praktische Theologie in Heidelberg lehrte. Dort beschäftigte Georg Vischer sich hauptsächlich mit Fragen der Predigt und der Seelsorge sowie mit der Ausarbeitung seiner Dissertation zum Amtsverständnis in der ökumenischen Diskussion. 1980 erlangte er an der Theologischen Fakultät der Universität Basel die Doktorwürde mit der Arbeit «Apostolischer Dienst: fünfzig Jahre Diskussion über das kirchliche Amt in Glauben und Kirchenverfassung».

Von 1980 bis 1992 wirkte Georg Vischer als Pfarrer in der Gemeinde St. Theodor im Kleinbasel und als Seelsorger im Kinderspital. Er engagierte sich u. a. bei der Gründung der Gassenküche und als Präsident des Vereins für missionarischen und diakonischen Dienst im Kleinbasel (Alterspflegezentrum Gustav Benz-Haus).

Bis zu seiner Pensionierung im Jahr 2004 war Georg Vischer Kirchenratspräsident der Evangelisch-reformierten Kirche Basel-Stadt. Seine Amtszeit war unter anderem geprägt durch die umfassende Strukturreform der Basler Kirche, die unter anderem die Aufteilung der Kirchgemeinden und die Organisation der kantonalkirchlichen Ämter neu regelte. Diese Neustrukturierung war mitunter eine Antwort auf die sich verändernden gesellschaftlichen Rahmenbedingungen im zu Ende gehenden 20. Jahrhundert, die die Kirche vor neue Herausforderungen stellten. Diese Wandlungsprozesse zu analysieren, zu verstehen und nach ihren Konsequenzen für kirchliches Handeln zu fragen, war deshalb ein fortwährendes Interesse Georg Vischers und das Ziel verschiedener von ihm mit organisierter wissenschaftlicher Symposien[1] sowie der Basler Kirchenstudie von 1997.[2]

Zentrale Anliegen für Georg Vischer waren zudem die Ökumene und die vielfältigen Beziehungen der lokalen zur weltweiten Kirche. Er war unter anderem Präsident der Arbeitsgemeinschaft christlicher Kirchen und setzte sich darüber hinaus für die Zusammenarbeit der Kirchen in der Regio TriRhena ein. Georg Vischer war zudem im Vorstand der Basler Mission. Auf der Basis von freundschaftlichen Beziehungen aus der Zeit seines Amerikaaufenthaltes wuchs sein Engagement für COREED (Christian Organisation for the Rural and Educational and Economic Development) in Andhra Pradesh/Indien, einer christlichen Nichtregierungsorganisation, die sich für Dalits (Kastenlose) einsetzt. Georg Vischers Bestreben war und ist es nicht nur, konfessionelle und geographische Grenzen zu überschreiten, sondern ebenso den Dialog mit anderen Religionen zu fördern. Nebst seinem Engagement im Interreligiösen Forum Basel beteiligte er sich an der Gründung der Stiftung Christlich-jüdische Projekte und regte ausserdem die Stiftung des Basler Preises für Integration an.

Georg Vischer ist verheiratet mit Dorottya Vischer, geborene Bodoky, und Vater dreier erwachsener Söhne. (*Biografische Skizze von Katrin Kusmierz*).

Die Haupttätigkeit – und zugleich die beste Leistung –
der Kommentare: das Vollschreiben der Ränder.
(Hans Ulrich Gumbrecht, Die Macht der Philologie)

Erinnerung
Als ich seinerzeit nach Basel kam, fand ich dort Prediger, die Lehrer waren, und Lehrer, die Prediger wurden. – So soll es sein. Auch waren da Gemeinden, jede anders und jede vermittelte einen unauslöschlichen Eindruck: Zuerst pilgerte ich nach St. Jakob zu Wilhelm Vischer, da wurden die Gottesdienste schön. In Oekolampad dann eine knisternde Erwartung, die nicht enttäuscht wurde, begleitete einen doch Walter Lüthi mit seinen Predigten später ins Pfarramt. Im Münster wurde zunächst ein alter Basler Herr mein Lehrer, der im Zylinder ins Münster kam. Ein Zeichen, vieldeutig, wie der Blumenstrauss, den der Prediger seiner Frau bringt. Da schmückt sich einer mit dem Vornehmsten, gibt so seinem Herrn die Ehre, für den das Beste gerade gut genug ist, und entblösst sein Haupt, wenn er das Münster betritt und Eduard Thurneysen predigt. «Etliches fiel auf gute Erde.» Es war eine hohe Zeit der Predigt damals in Basel. «Überaus reichlich» war die Saat. Um so mehr freue ich mich heute über die Predigt von Georg Vischer. – Ich nehme sie als Merkmal einer

guten Erde, begrüsse sie als Beginn neuer Zukunft. Die Predigt ist ein Versprechen.

Hören und Lesen

Eine Predigt hören ist etwas anderes als sie lesen. Zum Hören hilft mal mehr, mal weniger die hörende Gemeinde, der alte Herr mit dem Zylinder, die knisternde Erwartung in Oekolampad oder das Gähnen schon bevor der Prediger den Mund auftut. Es soll ja vorkommen, dass eine Gemeinde sich versammelt, ohne etwas zu erwarten.

Im Gottesdienst höre ich eine Predigt in und mit der Gemeinde. Eine gedruckte Predigt lese ich zunächst für mich selbst, wenn ich nicht Gelegenheit habe, sie anderen vorzulesen. Während ich im Gottesdienst eine Predigt in der Regel nur einmal höre, kann, ja, muss ich eine Predigt mehrmals lesen, muss sie studieren, um sie gegenüber meiner Vergesslichkeit in Schutz zu nehmen. Predigten sind zu studieren gegen das Dumm-Werden des Satzes, gegen die Trägheit des Geistes. Wer es schafft, mit einer Predigt umzugehen, steht schon hinter dem Glücklichen des Ersten Psalms, der «Lust hat an SEINER Weisung, über seiner Weisung murmelt tags und nachts» (nach Martin Buber).

Man kann fragen, warum *Predigten* lesen, warum sich nicht mit der Schrift begnügen? Schon in der Reformationszeit behaupteten etliche, Bibellesen genüge dem vom Geist Erleuchteten. Es gehört aber offenbar zu Gottes Ratschluss, dass ihm selbst die Schrift nicht genügt, dass er Ausleger beruft, die sagen, was in der Schrift Sache ist. So verweist Calvin darauf, dass Paulus aus der Nützlichkeit der Schrift nicht nur den Schluss ziehe, dass alle sie lesen müssen, «sondern auch, dass es Lehrer geben muss, die sie auslegen. Beides gehört zusammen» (Calvin zu 2 Tim 4,1).

Für den immer noch nicht genügend aufgeklärten Zeitgenossen mag das offene Geheimnis anstössig sein, dass Gott Sämänner und Säfrauen braucht, damit in Stadt und Land sein Weizen blüht. In einer Zeit, da die Droge Fernsehen unsere Gemeinden mehr und mehr versteppen lässt, wird es nötig und heilsam sein, sich an die grosse Rolle der Postille, des gedruckten Predigtwortes in der Reformationszeit, zu erinnern und sie neu zu beleben. Wie gut, dass es die «Basler Predigten» gibt; wie gut, dass die hier vorliegende Sammlung einen Querschnitt durch die Predigtgeschichte Basels bietet, eine ausgezeichnete Möglichkeit für die Glieder der Gemeinde, sich theologisch weiterzubilden. – Das ist doch ein grosser Schade vieler Frommer – und erst recht vieler Unfrommer –, wenn sie im Denken Kinder und theologisch unwissend bleiben! Wie sagt doch Calvin: «Der Glaube besteht nicht in Unwissenheit, sondern in Erkenntnis» (Inst. III, 2,2 f.).

Und Oswald Bayer beginnt das erste Kapitel seines neuen Buches über «Luthers Theologie» mit dem provokativen Satz: «Jeder Mensch ist Theologe» (2003, 15). Darum müssen wir auch jeden Menschen zur Predigt einladen und die Predigten müssen gut werden, damit «jeder Mensch» ein guter Theologe werde. Das Wohl einer Stadt hängt ab von der Theologie seiner Einwohner und die will studiert sein. Weil der Glaube nicht in Unwissenheit, sondern in Erkenntnis besteht, muss der Prediger der Unwissenheit den Kampf ansagen. Diese Predigt ist eine Kampfansage an die Unwissenheit. In solcher Polemik liegt ihre Qualität. Sie gestaltet die ganze Predigt, beginnt mit den ersten Sätzen und endet mit dem letzten. Was zur Kenntnis gebracht werden soll, ist die Frohbotschaft, das überaus Reichliche, dem nichts abzubrechen ist.

Der erste und der zweite Satz

Mit dem ersten Satz öffnet der Prediger die Tür für die Zukunft Gottes und seiner Gemeinde: «Überaus reichlich streut der Sämann seinen Samen aus» – auch in der Stadt Basel. Welch ein schöner Anfang. «Überaus reichlich streut der Sämann den Samen aus.» Georg Vischers Predigt gewinnt im Wiederlesen, ein Zeichen, dass das Saatgut keimfähig geblieben ist. Der Prediger hat Erkenntnis, die sich nicht – auch nicht durch den Text! – verführen lässt: Dem «dennoch scheint es zunächst …» steht sofort das «auf jeden Fall überaus genug» gegenüber! – Ich erlebe das bei meinen Schülern oft, dass sie den Text zur Sprache bringen wollen und hoch anstimmen mit einem ersten Satz, aber im zweiten müssen sie der schnöden Welt die Reverenz erweisen, das heisst, man fürchtet dann die Zeitgenossen, bevor man Gott fürchtet. Man möchte den Menschen nahe kommen und vergisst, dass Christus nicht nur der Mittler ist zwischen Gott und Mensch, sondern auch zwischen Mensch und Mensch, zwischen Prediger und Gemeinde, dass der Heilige Geist unsere schwachen Worte stark machen muss.

Gerade dieser Predigttext könnte den Prediger nur zu leicht dazu verleiten, sich über die Bodenbeschaffenheit Basels, seine Botanik und Ornithologie zu verbreiten, um damit ins Gesetzliche, Langweilige abzugleiten. Das tut er nicht, sondern er folgt dem Text über das Gleichnis hinaus.

Als Student hielt ich meine erste Predigt in Eptingen über den gleichen Text und verbreitete mich genüsslich über das ausgestreute Saatgut und sein prozentual mehrheitlich trauriges Schicksal. Die Wirkung meiner Predigt muss enorm gewesen sein: Sichtbar und hörbar ging ein zunehmendes Gähnen durch die Bankreihen, bis endlich das erlösende Amen kam.

Mit der «eigenartigen Fortsetzung» tut der Prediger eine Tür auf in einen Raum, wo weder Vögel noch Sonnenglut, noch Dornenwucherung das Sagen haben und niemand gähnen kann. Da wird die Gemeinde vor das Geheimnis des Himmelreiches geführt, das den Jüngern gegeben wird. Und dies Geheimnis birgt ein Rätsel, das auch der Prediger nicht einfach auflösen kann: «Dass die Wahrheit der Botschaft des Evangeliums verhüllt werden soll für viele. Wie sollen wir das verstehen?» Eine gute, eine gefährliche Frage, gefährlich vor allem für den Prediger, sich hier von neuem verführen zu lassen, nun am Rätsel herumzudoktern, eine eigene Antwort sich anzumassen; das wäre ein Weg, auf dem er sehr schnell in Eptingen landen würde. Ein kluger Prediger ist darin klug, dass er sich selbst nicht für klug hält. Darum geht Georg Vischer einen anderen Weg; er geht zu den Vätern und Müttern im Glauben. Jetzt braucht es gleichsam eine neue Predigt, eine neue Anrede: «Liebe Schwestern und Brüder, ich muss euch jetzt ein Stück Dogmatik zumuten.» «Ich muss», sagt der Prediger, «ein Zwang liegt auf mir» (1Kor 9,16), sagt der Apostel, «ich muss euch jetzt ein Stück Dogmatik zumuten» – Lehre also.

Der Heidelberger Katechismus
Es könnte wohl sein, dass die «lieben Schwestern und Brüder» in der Theodorskirche Dogmatik als «Zumutung» empfinden – ein kirchlicher Denkzwang. Es scheint, Dogmatik sei aus verschiedenen Gründen in Verruf gekommen: Vielleicht von der Aufklärung her, als das Bürgertum den Kirchenglauben durch Religionsglauben ersetzte und man nach seiner eigenen Fasson selig werden wollte. Oder schlicht aufgrund der menschlichen Trägheit, die sich dagegen wehrt, Gott zu denken. Möglicherweise sind die Dogmatiker allzu gerecht und erklären lieber, was nicht gedacht sein darf, als dass sie die Denkwege eröffnen, die zu Gott führen. Vielleicht liegt es auch an der Anlage der Dogmatik selbst. Als mit dem Mittelalter die Kirche ins Dorf kam, flächig und lokal wurde, hat man analog den Parochien die Dogmatik in loci aufgeteilt und oft vergessen, dass Jesus sich als «der Weg» bezeichnet hat (Joh 14,6).

«Wie sollen wir das verstehen?», hatte der Prediger gefragt. Auch das Verstehen ist ein Weg. «Glaube, der Verstehen sucht, muss Glaubenslehre üben.» Glaubenslehre üben wir, indem wir die Angst vor der Dogmatik überwinden und in ihr unser Leben entdecken.

Jede Predigt ist eine Art Hochseilakt, in dem es gilt, Balance zu halten zwischen Betontem und Unbetontem. Ebenso wichtig wie das, was der Prediger sagt, ist das, was er nicht sagt. Die Wahl der Worte setzt Weisheit voraus, eine Weisheit, die um so besser zum Vorschein kommen und zu erfreuen vermag, je intensiver man sich der Predigt aussetzt. Auch beim Predigen besteht die Kunst im Auslassen.

Georg Vischer ist ein diskreter Prediger. So wie er nicht nach Eptingen zu reisen braucht, muss er beim Reizwort «Dogmatik» nicht auf die Pauke hauen, um für die Dogmatik Reklame zu machen. Auf diese Weise würde er ins Gesetzliche abgleiten; aber der Prediger begründet sein «muss» mit einer sachlichen Feststellung, seinem Fortissimo folgt sofort ein Piano ohne Druck auf die Hörer und Hörerinnen: «Ich lege euch ein Stück Glaubenslehre aus dem Heidelberger Katechismus vor ...» Der Prediger setzt voraus, dass die Gemeinde fähig ist, selber zu urteilen. Zunächst genügt die Vorlage.

Mit dem Katechismus hat die Gemeinde ein Stück Seelsorge verloren, indem er mit der Frage 21 Lehre übereignet: «ein herzliches Vertrauen, welches der Heilige Geist durchs Evangelium in mir wirkt, dass nicht allein andern, sondern auch mir ewige Gerechtigkeit und Seligkeit von Gott geschenkt ist ...» Die Struktur wiederholt sich in der Frage 53. Dem doppelten «in mir» und «auch mir ... geschenkt» steht in der Lehre vom Heiligen Geist eine fünffache Zueignung gegenüber, «dass er auch mir gegeben ist, mich durch wahren Glauben Christi und all seiner Wohltaten teilhaftig macht, mich tröstet und bei mir bleiben wird in Ewigkeit». Die christlichen Minderwertigkeitsgefühle, unter denen viele Gemeindeglieder leiden, ist eine Folge unserer Katechismusvergessenheit.

Eine eigenartige Parallele: Vom Gleichnis ging der Prediger weiter zu dessen Fortsetzung und von der Fortsetzung geht er weiter zu einem «Stück Dogmatik». Dogmatik ist ja – recht verstanden – auch eine Art Fortsetzung der biblischen Texte. Und das ist ein Grundschade heutiger Predigt, dass sie's den Leuten recht machen will und ihnen nicht auch Dogmatik zumutet. In vielen Predigten kann man zudem beobachten, dass der Prediger vom Text abbiegt, wenn eine neue Anrede ein neues Thema ankündigt. Hier ist es anders. Hier wird der Heidelberger Katechismus helfen, den Text aufzuschliessen, auszulegen.

Glaube und Gläubigkeit

«Glaube ist also einmal: ein Wissen, ein Annehmen dessen, was in der Schrift uns offenbart wird, und zum anderen: ein Vertrauen, dass dies mir gilt.» Im Wissen und Geltenlassen der Schrift wird die Saat aufgenommen und im Vertrauen, dass sie mir gilt, trägt sie Frucht. Da klingt das «Dennoch» des zweiten Satzes aufs neue an: Da zeigt sich, Glaube hat Seltenheitswert; er ist «nicht jedermanns Ding» (2Thess 3,2). Er ist – darauf legt der Prediger grossen Nachdruck – keine menschliche Eigenschaft, sonst wäre er ja nichts Neues. Weil er vom Heiligen Geist lebt, kann er das nicht sein: Gläubigkeit. – «Gläubig», ein schwieriges, ein verstümmeltes Wort. Es gibt Christen, die führen es wie Salzsäure im Mund, die alle übergiesst, die nicht wie sie «gläubig» sind. Sie schliessen damit das Himmelreich zu.

Im letzten Sommer predigte ich an der 95. Eigen-Konferenz im Emmental – ein Predigtmarathon von vier Tagen auf einem abgelegenen Bauernhof. Die junge Bäuerin hatte eben ein Kind geboren. Als jemand sagte, «sie ist auch gläubig», war das ein Satz ohne Salzsäure; es hiess, sie hat eine feste Erkenntnis und ein herzliches Vertrauen. Würde die junge Mutter von sich sagen: «Ich bin gläubig», tönte es vielleicht schon anders.

Wenn aber die Saat aufgeht, werden wir mit dem Apostel sagen: «Wir alle spiegeln mit aufgedecktem Angesicht die Herrlichkeit des Herrn wider» (2Kor 3,18). Und solche Spiegelung wird etwas anderes sein als eine so leicht säuerlich wirkende Gläubigkeit. Die Herrlichkeit des Herrn werden wir in dem Masse widerspiegeln, wie wir «die Zeichen der Liebe» erkennen, «die Gott uns gibt». Da wird der Abendmahlstisch gedeckt, an diesem Tisch stecken wir mitten drin im Geheimnis des Himmelreiches, dass Gott sich uns mitteilt. Da formuliert der Prediger einen Spitzensatz: «Dies ist der Same, den wir heute empfangen.» Zu ihm gehören Folgesätze: «Ja, möge er Frucht bringen, liebe Schwestern und Brüder … Und der Same hat Kraft und bringt Frucht dreissig-, sechzig-, hundertfältig.»

Die neue Anrede signalisiert ein Crescendo, dann sagt der Prediger «ich» und setzt sich in Klammer, redet wie nebenbei, sagt, dass ihm die lukanische Fassung lieber sei. Da auch die Bibelleser heutzutage in der Regel den biblischen Text nicht präsent haben, werden sie zu Hause hoffentlich bei Lukas lesen: «Das in dem guten Boden sind die, welche in einem feinen und guten Herzen das Wort, das sie gehört haben, behalten und Frucht tragen in Beharrlichkeit» (Lk 8,15). An einem solchen Klammersatz kann man sich klar machen, was ein Prediger für die Predigt bedeutet. Einem Studenten würde ich einen solchen Satz als Naseweisheit ankreiden. Bei Georg Vischer lese ich nach und werde um ein Aha-Erlebnis reicher. Das Geheimnis der matthäischen Prozente liegt in der lukanischen Beharrlichkeit.

Eine erneute Anrede schafft einen dramatischen Höhepunkt, der Prediger «möchte das Sommerlied von Paul Gerhardt mit euch von der ersten bis zur letzten Strophe singen». Da kehrt das «überaus reichlich» des Gleichnisses im Lied wieder. «Was Gott in seiner Schöpfung angelegt hat, dieser Reichtum an Lebenskraft, das ist Gleichnis und Verheissung» und bleibt als Gleichnis verhüllt.

«Das Gleichnis enthüllt seinen Sinn erst dann, wenn unser Herz von der Liebe berührt wird, die hinter der Schöpfung lebt, wenn Offenbarung geschieht wie zwischen zwei Menschen, wenn sie ihre Liebe entdecken ...» Das bleibt nun nicht graue Theorie. Auch ein Blumenstrauss, den der Prediger seiner Frau bringt, braucht ein Deutewort. In dieser Selbstaussage erreicht die Predigt ihren Höhepunkt. Nach dem doppelten Crescendo nun sozusagen wieder ein Klammersatz: «Wenn ich zum Beispiel meiner Frau einen Blumenstrauss heimbringe ...», bleibt es allemal mehrdeutig, braucht es ein Deutewort und ein Herz, das antwortet. Gesegnet ist ein Prediger, der so von seiner Ehe reden kann. Gibt er sich selbst zum Beispiel, wird einsichtig, dass der Glaube nicht jedermanns Ding sein kann.

Aber immer noch quält die Frage: «Warum ist der Glaube nicht jedermanns Ding?» Da muss der Prediger der Gemeinde erneut «ein Stück Dogmatik zumuten». Er tut das sehr diskret. Hatte er sich zuerst den reformatorischen Vätern zugewandt, gibt er jetzt Franz Rosenzweig das Wort – wir predigen besser, wenn wir auch anderen aus der Ökumene das Wort erteilen; da rückt einer dem Himmel näher. Hier muss ein

Ereignis jüngster Kirchengeschichte

bedacht werden, das sich im Verborgenen anbahnte und nach tausend Jahren des Schreckens erst langsam, langsam sich durchsetzt, eine Geschichte, in der wir stehen, indem wir lernen, dass wir nicht ohne Altes Testament und nicht ohne die Juden Christen sein können. Der «Stern der Erlösung», in dem Vischer «einen wichtigen Gedanken» fand, der ihm «für diese Predigt wegleitend war», ist 1921 erschienen und leuchtete zunächst gleichsam hinter den Wolken.

Als ich mein Studium begann, wurde das Neue Testament vor allem «antijudaistisch» erklärt. Man war bestrebt, seinen Gegensatz zum Judentum herauszukehren, wobei man vergass, dass es wohl von Juden geschrieben worden war. – Besuchte ich in Bern meinen Lehrer für Neues Testament, hing über seinem Schreibtisch – ein Hitlerbild.

Seitdem ist in der Forschung – und nicht nur in der Forschung – Umwälzendes passiert, das sich auch in Kirchen und Gemeinden auswirkt. Aus der Flut von Literatur nenne ich nur zwei Titel: Paul van Buren, Eine Theologie des christlich-jüdischen Diskurses, 1988; Hans-Joachim Kraus, Rückkehr zu Israel. Beiträge zum christlich-jüdischen Dialog, 1991. «Was seine Liebe von der All-Liebe unterscheidet ist nur ein Noch-nicht; nur noch nicht liebt Gott alles ausser dem, was er schon liebt.» Der Prediger gibt Franz Rosenzweig Recht, indem er ihn zitiert, und der Jude bestätigt seinerseits die neutestamentliche Predigt, eröffnet sie neu. Das «Noch-nicht» verweist auf das Verhüllende des Gleichnisses.

Zur Schönheit dieser Predigt gehört die Korrespondenz, die Entsprechung von Anfang und Schluss. Dem «überaus reichlich» des Anfangs entspricht das messianische «Noch-nicht» am Schluss. Da geht die Saat auf. Auch die Zitate aus dem «Heidelberger Katechismus» und dem «Stern der Erlösung» entsprechen einander, indem sie beide den biblischen Text erhellen. Die Einheit mit den Vätern und mit Israel *macht diese Predigt stark*.

Auch das sei noch angemerkt: Diese Predigt bestätigt den Reformator und der Reformator bestätigt den Prediger: «Früh und spät lädt Gott uns ein und umarmt uns, sooft sein Wort an uns ergeht, zur Bezeugung seiner väterlichen Liebe. Persönlich kommt er uns entgegen in seiner Besorgnis um unser Heil» (Calvin zu Jer 7,25 f.). «Tu dich der Liebe Gottes auf und gib sie weiter. Amen.»

Nachwort zur Methodik
«Leide mit mir für das Evangelium nach der Kraft Gottes» (2 Tim 1,8).

Dazu Calvin: «Durch seine Kraft werden wir siegen.»

Wer eine Predigt bespricht, muss in die Haut des Timotheus schlüpfen, muss mit dem Prediger leiden; das setzt voraus, dass er nicht *am* Prediger leidet. So wird der Leser zum Befehlsempfänger des Predigers, der sprachlichen Signalen folgt. Nur so gilt der Satz: «Predigtkritik ist Lob der Predigt», nur so gibt es Predigt zum Weitersagen.

Paulus hat dem Timotheus die Hände aufgelegt. Timotheus hat vom Apostel Geist empfangen. – Wenn ich sage, «die Predigt hat mich angesprochen», meine ich: Sie hat mir Geist vermittelt, den ich annehme, dem ich folge. «Seinen Geist, den edlen Führer, gibt er mir in seinem Wort.»

Das Mitleiden des Timotheus mit dem Apostel, das Mitleiden des Predigtlesers oder -hörers mit dem Prediger vollzieht sich «nach der Kraft Gottes» und kann darum nicht schwächlich sein oder gar larmoyant. – «Leiden» ist ein grosses Wort. «Leiden für das Evangelium» wird in einer Kirche, die sich mit der Gesellschaft arrangiert hat, zum Fremdwort. Es verbirgt sich. Ich lese es aus der Frage: «Warum ist der Glaube nicht jedermanns Ding?»

Solange mich diese Frage nicht berührt, kann ich den Geist, den diese Predigt vermittelt, nicht aufnehmen. Solange bleibe ich sitzen und kann dann meinetwegen das Elend des Christentums beklagen, das nicht zuletzt mit der alten Schwärmerei zusammenhängt, man könne ohne Predigt Christ sein oder ohne Erkenntnis glauben. Machen wir uns lieber auf den Weg, den die Predigt geht, vom «Überaus reichlich» zum «Dennoch», vom quälenden «Warum» zum befreienden, messianischen «Noch nicht». Folgen wir dem Geist der Predigt, singen wir nochmals das Sommerlied, dann merken wir vielleicht, wie diese Predigt den messianischen Charakter des Liedes freilegt:

«Hilf mir und segne meinen Geist
mit Segen, der vom Himmel fleusst,
dass ich dir stetig blühe,
gib, dass der Sommer deiner Gnad
in meiner Seele früh und spat
viel Glaubensfrüchte ziehe,
viel Glaubensfrüchte ziehe.» (RG 537,13)

Diese Bitte wird nicht unerhört bleiben: «Durch seine Kraft werden wir siegen.» Die Saat geht auf.

Anmerkungen

1 Vgl. beispielsweise: Albrecht Grözinger, Georg Pfleiderer und Georg Vischer, Protestantische Kirche und moderne Gesellschaft. Zur Interdependenz von Ekklesiologie und Gesellschaftstheorie in der Neuzeit, Zürich 2003.

2 Manfred Bruhn (et al.), Ökumenische Basler Kirchenstudie: Ergebnisse der Bevölkerungs- und Mitarbeitendenbefragen. Berichtsband, Basel 1999; vgl. auch: Georg Vischer, Zusammengehören in der Kirche – Reflexionen zur unterschiedlichen Beteiligung von Christinnen und Christen an ihren kirchlichen Institutionen, in: Albrecht Grözinger, Manfred Bruhn, Kirche und Marktorientierung: Impulse aus der Ökumenischen Basler Kirchenstudie, Freiburg 2000.

Quellenverzeichnis

JOHANNES OEKOLAMPAD
Predigt über 1Joh 2,3 – 6, aus dem Lateinischen übersetzt von Ernst Staehelin, in:
Das Buch der Basler Reformation, herausgegeben von E. Staehelin, Basel 1929,
S. 74 – 80 (Textbasis: In epistolam Joannis apostoli primam Joannis Oecolampadii
demegoriae, Basel 1524, fol. 25 ff.).

JOHANN JAKOB GRYNAEUS
Ein Christliche Predig/von vnsers Herren vnnd Heylands Jesu Christi Nachtmal/in
welcher angezeigt wirt/wie es von denen so auß Gott und lebendige Glider Christi
seind/besucht werde/zu jrer Lehre vnnd freud in Christo Jesu jrem Haupt. Gehalten im Münster Sontags/den 12. Wintermonats/be der heyligen Communion/im
jar 1598, Basel 1598.

HIERONYMUS ANNONI
Die Predigt ist handschriftlich überliefert im Nachlass Hieronymus Annoni, CI 2,
72. Handschriftenabteilung der Universitätsbibliothek Basel.

JOHANN PETER HEBEL
Aus: Werke, Band 1, herausgegeben von Wilhelm Altwegg, Zürich, 2. durchgesehene Auflage, o. J., S. 518 – 528 (Gibt den Text aus Johann Peter Hebels Sämtliche
Werke, Neue Ausgabe, Band VI, Predigten II, Carlsruhe 1838, S. 221 – 235).

JOHANNES FREY
Eine Predigt über die Aufklärung. Basel 1789.

WILHELM MARTIN LEBERECHT DE WETTE
Aus: Predigten theils auslegender theils abhandelnder Art, von Dr. Wilhelm Martin Leberecht de Wette, Dritte Sammlung, Basel 1833, S. 102 – 116.

HERMANN ANANDRAJA KAUNDINJA
Lebensgeschichte des Hermann Anandraja Kaundinja, eines ehemaligen Braminen, nunmehrigen Predigers an der deutsch-evangelischen Gemeinde und zweiten
Lehrers an der Katechistenschule zu Mangalur, Provinz Canara, Westküste von
Ostindien. Von ihm selbst niedergeschrieben und vorgetragen bei seiner Ordination zum Missionar am 20. Juli 1851 in der Stadtkirche zu Leonberg (Württemberg) durch Herrn M. S. T. Kapff, königl. Württembergischen Prälaten und
Consistorialrath. Hrsg. Evangelische Missionsgesellschaft zu Basel, Basel 1853.

ADOLF CHRIST
Rede des Herrn A. Christ, gehalten im Grossen Rat am 7. Dezember 1858, betreffend den Antrag des Kandidaten Hörler auf Abschaffung des Ordinationsgelübdes
weiland Rathsherr von Basel, als Manuskript gedruckt, Bern 1884.

ALFRED ALTHERR
Antrittspredigt, Basel 1874.

LEONHARD RAGAZ
Ein Wort über Christentum und soziale Bewegung.
Aus: Schweizerisches Protestantenblatt, 26. Jahrgang, Nr. 17, 25. April 1903.

EDUARD THURNEYSEN
Aus: Die neue Zeit. Predigten 1913–1930, hrsg. von Wolfgang Gern, Neukirchen 1982.

GUSTAV BENZ
Abrahams Opfergang. Gedruckt als Heft im Verlag der Evangelischen Buchhandlung Basel, Basel 1934.

ARTHUR WEIL
Israels Bekenntnis. Predigt, gehalten von Rabbiner Dr. A. Weil in der Synagoge von Basel am 2. Januar 1943/25. Tebet 5703, Basel 1943 (Broschur). Wiederabgedruckt in: Aus ernster Zeit. Religiöse Betrachtungen 1932–1945 von Dr. Arthur Weil, Rabbiner der Israelitischen Gemeinde Basel, Basel (o. J.), S. 252–264.

RICHÁRD BODOKY
Die Predigt stammt aus dem unveröffentlichten Nachlass von Richárd Bodoky und wurde von seiner Tochter Agnes Bodoky übergeben.

KARL BARTH
Aus: Den Gefangenen Befreiung, 1959, wiederabgedruckt in: Karl Barth-Gesamtausgabe, I. Abt., Predigten 1954–1967, herausgegeben von Hinrich Stoevesandt, Zürich (1979) 2003, S. 104–112.

HANS URS VON BALTHASAR
Aus: Du krönst das Jahr mit deiner Huld. Radiopredigten durch das Kirchenjahr, Einsiedeln, Freiburg 2000, S. 259–261.

MARIANNE KAPPELER
Predigt zu Matthäus 5,9. Dokumente aus dem Archiv zur Geschichte der schweizerischen Frauenbewegung, Gosteli-Stiftung, Worblaufen, Nachlass Marianne Kappeler.

MARGA BÜHRIG
Die Predigt stammt aus dem unveröffentlichten Nachlass von Marga Bührig und wurde von Elsi Arnold und Else Kähler übergegeben.

ELSY WEBER
Die Predigt ist einem internen Schwestern-Monatsheft des Diakonissenhauses Riehen von 1987 entnommen.

DOROTHEE HOCH
Aus: Basler Predigten, 52. Jahrgang, Nr. 11, November 1988.

GEORG VISCHER
Aus: Basler Predigten, 66. Jahrgang, Nr. 9, September 2002.

Abbildungsverzeichnis

S. 13: JOHANNES OEKOLAMPAD
© Porträtsammlung der Universitätsbibliothek Basel.

S. 25: JOHANN JAKOB GRYNAEUS
© Porträtsammlung der Universitätsbibliothek Basel.

S. 41: HIERONYMUS ANNONI
© Porträtsammlung der Universitätsbibliothek Basel
S. 51–55: (Hieronymus Annoni:) Geistliches Kauffmanns-Lied über Matth. Cap. VI. v. 21. Wo euer Schatz ist, da ist auch euer Herz, Basel, zu finden im Bischoffischen Buchladen, 1758.

S. 63: JOHANN PETER HEBEL
Kupferstich von Friedrich Weber nach einer Vorlage von Karl Josef Agricola (1814), Osterrieth, Freiburg i. Br.

S. 79: JOHANNES FREY
Gemälde eines unbekannten Künstlers aus dem Jahr 1793, im Privatbesitz; die Eigentümer konnten trotz intensiver Suche nicht ausfindig gemacht werden; wir bitten, mit dem Verlag Kontakt aufzunehmen; Bildvorlage nach Sandra Kobelt, Nonkonformist am Pranger. Die Entwicklung von Johannes Frey vom Pietisten zum Anhänger der Revolution 1743–1800, Bern, Berlin u. a. 1998.

S. 95: WILHELM MARTIN LEBERECHT DE WETTE
© Porträtsammlung der Universitätsbibliothek Basel.

S. 109: HERMANN ANANDRAJA KAUNDINJA
© Archiv der Basler Mission, QS-30.001.0246.01, Bildunterschrift (Original): Kaundinja, Hermann Anandraja, wahrscheinlich 1851.

S. 125: ADOLF CHRIST
© Porträtsammlung der Universitätsbibliothek Basel.

S. 137: ALFRED ALTHERR
© Porträtsammlung der Universitätsbibliothek Basel.

S. 153: LEONHARD RAGAZ
© Porträtsammlung der Universitätsbibliothek Basel.

S. 167: EDUARD THURNEYSEN
© Porträtsammlung der Universitätsbibliothek Basel.

S. 179: GUSTAV BENZ
© Porträtsammlung der Universitätsbibliothek Basel.

S. 195: ARTHUR WEIL
Bild aus: 90 Jahre Schomre Thora Basel, 1895–1985, Basler Druck- und Verlags-anstalt, Basel, Seite 105.

Autoren und Autorinnen

Christine BALLMER-HOFER, Pfarrerin, geb. 1950, studierte in Basel, Tübingen und Wien Theologie und absolvierte anschliessend ihr Vikariat bei Dorothee Hoch am Frauenspital Basel und bei Theophil Schubert in Riehen; Seelsorgerin am Claraspital Basel und Familienfrau.

Rudolf BOHREN, Prof. Dr. theol, geb. 1920, studierte in Bern und Basel Theologie und promovierte bei Oscar Cullmann. Nach mehrjähriger Pfarramtstätigkeit in der Schweiz 1958 Ephorus und Professor für Praktische Theologie an der Kirchlichen Hochschule Wuppertal; 1972 Berufung an die Kirchliche Hochschule in Berlin; von 1974 bis zur Emeritierung 1988 o. Professor für Praktische Theologie an der Universität Heidelberg.

Matthias BOSSHARD, Pfarrer, geb. 1949, studierte in Basel, Tübingen, Berlin und Zürich Theologie. Nach Tätigkeiten in Paris (Jugendarbeit) und Nigeria (Theological College of Northern Nigeria) Pfarrer in St. Antönien (Graubünden), Luzern-Lukas und seit 1989 an der Peterskirche in Basel.

RUDOLF BRÄNDLE, Prof. Dr. theol., geb. 1939, Studium der Theologie in Basel, Göttingen und Paris. 1964–1974 Pfarrer in Kilchberg/BL, Promotion und Habilitation in Basel. 1977–1985 Pfarrer an der Leonhardsgemeinde in Basel. Seit 1985 Professor für Neues Testament und Alte Kirchengeschichte an der Theologischen Fakultät der Universität Basel. 1986–1993 Präsident der Christlich-Jüdischen Arbeitsgemeinschaft der Schweiz; 2000–2003 Präsident der Konkordatsprüfungsbehörde.

Bernhard CHRIST, Dr. iur., geb. 1942, promovierte mit einer rechtshistorischen Dissertation in Basel. Freiberuflicher Advokat und Notar in Basel; von 1979 (bis 1988 und 1992) bis 2003 Mitglied des Grossen Rates Basel-Stadt, den er 1984 präsidierte; Kirchenrat der Evang.-ref. Kirche Basel-Stadt. Neben andern gemeinnützigen Ämtern Präsident der Karl Barth-Stiftung.

Franz CHRIST, Pfarrer, Dr. theol., geb. 1944, studierte Theologie in Basel, Berlin und New York (STM des Union Theological Seminary) und promovierte bei Eberhard Jüngel in Tübingen. Zuerst Pfarrer in der Schaffhauser Landgemeinde Beggingen, dann in Muttenz, und seit 1983 am Basler Münster. Mitherausgeber der «Basler Predigten», Präsident der Vereinigung der Protestantisch-kirchlichen Hilfsvereine der Schweiz und der ökumenischen Stiftung Beinwil.

Hans-Anton DREWES, Dr. theol., geb. 1946, Studium der Theologie in Bonn, Zürich und Tübingen, Promotion 1979 in Tübingen mit einer Arbeit über Hermann Kutter, Mitarbeiter im Institut für Hermeneutik der Evangelisch-theologischen Fakultät der Universität Tübingen, von 1988 bis 1997 Redakteur der «Zeitschrift für Theologie und Kirche», seit 1997 Leiter des Karl Barth-Archivs in Basel und Herausgeber der Karl Barth-Gesamtausgabe.

Hildegard GANTNER-SCHLEE, Dr. phil., geb. 1941, studierte Kunstgeschichte, Volkskunde und Soziologie. Kuratorin am Kantonsmuseum Baselland und freischaffend tätig.

Marianne GRAF-GRETHER, Pfarrerin, geb. 1946, aufgewachsen in Riehen. Nach dreizehnjähriger Tätigkeit als Lehrerin am Holbeingymnasium Theologiestudium in Basel und Vikariat bei Ines Rivera in der Oekolampadgemeinde. 1990 Wahl zur Pfarrerin in der Leonhardsgemeinde Basel.

Albrecht GRÖZINGER, Prof. Dr. theol., geb. 1949, Studium der Theologie in Tübingen und Mainz; Pfarrer der Evangelischen Landeskirche in Würtemberg, nach Lehrtätigkeiten an den Universitäten Mainz und Heidelberg und an der Kirchlichen Hochschule Wuppertal seit 1997 Ordinarius für Praktische Theologie an der Universität Basel.

Sr. Doris KELLERHALS, Pfarrerin, lic. theol., geb. 1953, nach der Matura in Münchenstein/BL Studium der Mathematik, Biologie und Geographie an der Universität Basel. Mittellehrerdiplom und vier Jahre Schultätigkeit. Seit 1981 Diakonisse im Diakonissenhaus Riehen, seit 1986 Oberin desselben. Von 1982 bis 1986 Studium der Theologie in Basel und Erlangen.

Irmelin KRADOLFER, Pfarrerin, geb. 1956, studierte Theologie in Basel, Tätigkeiten in verschiedenen kirchlichen Arbeitsfeldern, u. a. in der Spitalseelsorge. Theologische Mitarbeiterin am Diakonissenhaus Riehen, seit 1998 Kirchenrätin mit Schwerpunkt Diakonie und Migration, Familienfrau.

Lukas KUNDERT, Pfarrer, Dr. theol., geb. 1966, Studium der Theologie in Basel und der Judaistik in Jerusalem. Bis August 2004 Industriepfarrer im ökumenischen Pfarramt für Industrie und Wirtschaft beider Basel. Promotion an der Theologischen Fakultät der Universität Basel. Lehraufträge für Judaistik an der Theologischen Fakultät Basel. Nachfolger von Pfr. Dr. Georg Vischer als Kirchenratspräsident der Evangelisch-reformierten Kirche Basel-Stadt.

Katrin KUSMIERZ, lic. theol. VDM, geb. 1972, studierte in Basel und Pietermaritzburg (Südafrika) Theologie. Vikariat in Kleinhüningen, gegenwärtig persönliche Referentin des Kirchenratspräsidenten der Evangelisch-reformierten Kirche Basel-Stadt.

Niklaus PETER, Pfarrer, Dr. theol., geb. 1956, Studium in Basel, Berlin und Princeton, Assistent für Systematische Theologie in Basel, Lektor für Theologiegeschichte, danach Studentenpfarrer in Bern, seit 2000 Leiter des Theologischen Verlages Zürich. Mitglied der Redaktion der Zeitschrift «Reformatio».

Georg PFLEIDERER, Prof. Dr. theol., geb. 1960, Studium der Theologie in München, Tübingen und Heidelberg, Promotion und Habilitation an der Evangelisch-theologischen Fakultät der Ludwig-Maximilian-Universität München. Seit 1999 Professor für Systematische Theologie/Ethik an der Universität Basel, Pfarrer z. A. der Evangelischen Landeskirche in Baden.

Martin SALLMANN, PD Dr. theol. VDM, geb. 1963, Studium der Theologie in Basel und Bern, Dissertation zum lateinischen Hauptwerk Huldrych Zwinglis, Habilitationsschrift zu Predigten der Basler Orthodoxie. Privatdozent für Kirchengeschichte an der Theologischen Fakultät in Basel und Beauftragter für Theologie des Schweizerischen Evangelischen Kirchenbundes in Bern.

Peter Schmid, Dr. theol. h. c., geb. 1951, Ausbildung zum Sozialarbeiter und Religionspädagogen in Basel und Berlin, von 1975 bis 1987 im Landrat, von 1989 bis 2003 Regierungsrat des Kantons Basel-Landschaft und Vorsteher der Erziehungs- und Kulturdirektion. Zur Zeit ist er u. a. Mitglied des Rates des Schweizerischen Evangelischen Kirchenbundes und Präsident des Hochschulrates FHBB.

Klaus Seybold, Prof. Dr. theol., geb. 1936, Studium der Theologie in Tübingen und Heidelberg, 1961–1964 Vikar der Württembergischen Landeskirche und Repetent am Theologischen Seminar Blaubeuren, 1964 Wiss. Assistent an der Universität Kiel, Promotion zum Dr. theol. und Habilitation, Privatdozent, seit 1979 Professor für Altes Testament an der Theologischen Fakultät der Universität Basel.

Ekkehard W. Stegemann, Prof. Dr. theol., geb. 1945, Promotion und Habilitation an der Universität Heidelberg, 1982–1985 Professor für Biblische Theologie an der Universität Bayreuth, seit 1985 Professor für Neues Testament an der Universität Basel. Präsident der Stiftung für Jüdische Studien an der Universität Heidelberg und der Christlich-Jüdischen Arbeitsgemeinschaft beider Basel.

Luzia Sutter Rehmann, Dr. theol., geb. 1960, studierte in Basel und Montpellier (F). Promovierte mit einer Arbeit über Apokalyptik im Neuen Testament in Kassel (D) und habilitierte sich 2001 an der Theologischen Fakultät der Universität Basel im Fach Neues Testament. Von 1987 bis 1996 Leiterin der Projektstelle für Frauen der Evangelisch-reformierten Kirche Basel-Stadt. Seither freischaffende Forscherin und Autorin.

Ágnes Vályi-Nagy, geb. 1954, hat Deutsch, Französisch und Spanisch in Budapest und Theologie in Basel studiert und abgeschlossen. Seit 1981 in der Schweiz, 9 Jahre Universitätspfarrerin in Basel und seit 2004 Gemeindepfarrerin in Therwil. Übersetzerin und Herausgeberin ausgewählter theologischer Werke ihres Vaters Ervin Vályi-Nagy.